【记忆丛书·地方文革】

山西文革史稿

The Cultural Revolution in Shanxi Province (II)

下 卷

石名岗 执笔

李辅 修订

美国华忆出版社

Remembering Publishing. USA

Copyright © 2025 by Remembering Publishing, LLC. USA

ISBN： 978-1-68560-179-9 (Paperback)
　　　 978-1-68560-180-5 (eBook)
Remembering Publishing, LLC
RememPub@gmail.com

The Cultural Revolution in Shanxi Province (Volume II)
By Shi Minggang / Li Fu

山西文革史稿（下卷）

石名岗　执笔

李辅　修订

出　版： 美国华忆出版社
版　次： 2025 年 6 月　第一版　第一次印刷
字　数： 287 千字

All Rights Reserved.
No part of this book may be reproduced in any form or by any electronic or mechanical means, including information storage and retrieval systems, without permission in writing from the publisher. The only exception is by a reviewer, who may quote short excerpts in review.

作品内容受国际知识产权公约保护，版权所有，侵权必究

下卷目录

第八章　战火重起 381

　第一节　红卫兵造反运动的终结 381

　　1．毛泽东派出工军宣队，制止清华武斗　/ 382
　　2．工人阶级领导一切　/ 384
　　3．"先锋"和"桥梁"被赶下台　/ 387

　第二节　毛泽东以武对武，用解放军解决问题 391

　　1．三个重要文件　/ 391
　　2．艰难的第三次大联合　/ 393

　第三节　朝野权力之争 395

　　1．红总站不适应"在野党"的环境　/ 396
　　2．汾、平、介、灵炮声隆　/ 403
　　3．最后的战场在临汾　/ 408
　　4．山西的"最早"和"最晚"　/ 413

第九章　军管：结束革命群众运动的最后手段 415

　第一节　《七·二三布告》结束了山西的群众运动 415

　　1．《七·二三布告》的大背景　/ 415
　　2．《七·二三布告》出台　/ 418
　　3．谢振华临危受命　/ 422

　第二节　稳定措施之大清理 424

　　1．军队进入山西的千家万户　/ 425
　　2．清理行动在太原　/ 427
　　3．清理行动在介休　/ 429

4. 三个重头人物的下场 /431

第三节　稳定措施之学习班 444

1. 转桌子拧灯泡的笨办法 /444
2. 石家庄的"干部集中营" /446
3. 造反派领袖们难过的日子来到了 /448

第四节　稳定措施之干部下放 453

1. 一项使人妻离子散的政策 /453
2. "黑灯瞎火"的日子 /455

第五节　初出茅庐的得与失 458

1. "唯生产力论"创粮食产量历史最高 /458
2. "解放干部"失大于得 /459

第十章　谢振华："反大寨"没有"好下场" 461

第一节　毛泽东为何青睐陈永贵 462

1. 毛泽东的"共产主义实验" /462
2. 陈永贵其人其事 /463
3. 大寨在阶级斗争中崛起 /467

第二节　大寨"墙里开花墙外香" 470

1. "大寨精神"难服众 /470
2. 昔阳经验是"继续革命"理论的样板 /475
3. 谢振华与大寨的分歧："大公无私"，
   还是"先公后私"？ /476
4. 段立生与大寨分歧："一大二公"，
   还是"三自一包"？ /479
5. 好官李辅与大寨分歧："革资本主义的尾巴"，
   还是"救民于水火"？ /485
6. 中共十大：极左派重占优势 /488

第三节 《三上桃峰》一剧惊天下 491
  1. 小地方出大戏 /491
  2. 非样板戏走红天下 /493
  3. 大戏出"大拐" /494

第四节 "老红军"斗不过"伪村长" 503
  1. 周恩来放虎归山：六十九军的同志要顾全大局 /503
  2. 政治局批斗谢振华 /506
  3. 省委扩大会议："批林批孔批谢曹" /511
  4. 刘、谢时代评述 /516

第十一章 罕见的民主事件：王谦落选人大代表 518

第一节 王谦其人其事 518
  1. 王谦的简历和性格 /519
  2. 封建社会主义的"始作俑者" /520
  3. 阴差阳错成为"走资派" /527

第二节 东山再起的"秘密" 529
  1. 王谦：接触灵魂的检查 /529
  2. 省委扩大会议上的王、陈结盟 /532

第三节 罕见的"党内民主"事件 537
  1. 震惊全国的王谦落选事件 /537
  2. 民主的胜利和失败 /540

第十二章 文革中的普罗米修斯们 545

第一节 "继续革命"的思想受到质疑 545
  1. 毛泽东的信和《五七一工程纪要》 /545
  2. 红联站思想的分野 /553

第二节 张、赵揭竿 556
  1. 从"裴多菲俱乐部"开始 /556

  2. 张赵集团是这样产生的 / 558

  3. 超越时代的纲领 / 562

 第三节 谜一样的"中央二委" 576

  1. 形形色色的传说 / 576

  2. "中央二委"的"诞生" / 578

  3. "中央二委"的真与假 / 582

 第四节 王谦亲自督破"张、赵"案 585

  1. 张赵事发 / 585

  2. 王谦提升侦破级别 / 587

  3. 王谦乘胜扩大战果 / 591

 第五节 "张、赵"事件的意义 595

第十三章 毛泽东的最后一拳：批邓，反击右倾翻案风 597

 第一节 "四五"的火山 597

  1. 总理在悲愤中死去 / 597

  2. 人民"扬眉剑出鞘" / 601

 第二节 王谦批邓的大动作 606

  1. 批邓：张铁生的"预警" / 606

  2. 毛泽东最高指示："资产阶级就在共产党内" / 608

  3. 王谦大动作之一：举国无双的批邓誓师大会 / 609

  4. 王谦大动作之二：张赵、"四五"一勺烩 / 611

  5. 王谦大动作之三：策划批邓的两本书 / 614

 第三节 自然的历史规律淹没"四人帮" 615

  1. "三十二人大字报"和"八·二三"对极左派
   王谦的冲击 / 616

  2. 中国出了大事情 / 619

  3. 1976年10月6日：中国社会的转弯点 / 621

第十四章 "文革后"的文革：疯狂的山西"倒清查"运动 625

第一节 三晋开始大恐怖 627
1. 全省大逮捕、大隔离、大揭批 / 627
2. 陈永贵、王谦扩展势力范围 / 629
3. 王谦另立的"清查"标准 / 632

第二节 "反大寨"冤案何其多 635
1. 李顺达冤案 / 635
2. 岳增寿冤案 / 636
3. 山西："反大寨奇冤"比比皆是 / 641

第三节 张赵案"冤上加冤" 645
1. 张赵案扩大了一百倍 / 646
2. 王谦比"四人帮"手更黑：张赵被判死刑 / 649

第四节 谢曹势力大"遭殃" 656
1. "三句话和两本书"的故事 / 656
2. 谢、曹体系干部群众人人自危 / 661
3. "拨乱更乱"的基层 / 667
4. 山西只有三个"四人帮" / 669

第十五章 平反与"反平反"的斗争 672

第一节 文革派和反文革派的大争论 672
1. "真理标准讨论"大展开 / 672
2. 十一届三中全会的不足 / 675

第二节 张赵集团的"半拉子"的平反 678
1. 胡耀邦及最高人民法院介入"张、赵"案 / 678
2. 张赵集团平反，但很不"痛快" / 682

第三节 "谢、曹"平反路迢迢 686
1. 陈永贵、王谦及山西省委对十一届三中全会的抵制 / 686

2. 中纪委工作组遇到了阻力 / 687
　3. 王谦被调离，谢曹案获平反 / 692
　4. 青年干部的失落 / 694

第十六章　文革后的怪状 701

第一节　复辟派成了"还乡团" 701

第二节　文革的革命者不被原谅 702
　1. 一场是非不分的革命 / 702
　2. "三种人"是个伪命题 / 703
　3. 林彪、江青应该得到客观公正的评价 / 704
　4. 文革主要是党内干部之间的斗争 / 705

第三节　最后的冤案 706
　1. 极左派李立功祸害山西 / 706
　2. 清理"三种人"制造冤案之一：县委书记李辅 / 707
　3. 清理"三种人"制造的冤案之二：李兆田、段立生 / 711
　4. 迫害和排挤牛发和、陈惠波 / 712
　5. 清理"三种人"无理可言 / 714

尾　声　回到原点和新的开端 716

后　记 726

参考文献 730

【附录一】一星突陨众友悲——悼名岗　李　辅 732

【附录二】"杠头先生"二三事——纪念老友石名岗　启　之 734

【附录三】为民造福者被开除党籍——李辅的无愧人生　吴　象 .. 742

【附录四】《山西文革史稿》读后　李飞飞 747

第八章

战火重起

到 1968 年 7 月份，毛泽东虽然口头上还说喜欢"大打"，实际上他老人家已经控制不了局面，无论是学生，还是工人农民；无论是造反派，还是保守派，都不听毛的话了。"革命群众"的造反精神，毛也厌烦了。他决定另起炉灶，稳定局面。

1968 年 7 月底，毛泽东决定让"工人阶级占领上层建筑"，不久，毛又做出了"知识青年到农村去，接受贫下中农再教育"的指示，大中学生满怀革命热情奔赴广大农村。毛的这一举措，对学校内的两派争斗，起到了釜底抽薪的作用，同时也削弱了学生对社会"煽风点火"的力量。

第一节 红卫兵造反运动的终结

以蒯大富为首的清华大学井冈山是首都红卫兵五大主力中的第一主力，是毛泽东和中央文革摧毁"刘邓集团"的主力中的主力，可以说，清华井冈山从诞生开始就一直在为毛泽东的无产阶级革命路线"鸣锣开道"。在运动的发动阶段，上千万的红卫兵从全国各地到北京进行革命的大串联，除了接受毛泽东的接见以外，就是到清华、北大去看、抄大字报，学习文革的经验，清华、北大俨然成了文革中的"延安"，成了革命青年和红卫兵们向往的地方；在运动发展阶段，各省各地都可以看到清华大学井冈山学生们作为"先锋"和"桥梁"的身影，他们把毛泽东的文革的"星星之火"，点燃到了全国，形成了燎原之势。从这个角度讲，毛泽东应该感谢清华井冈山。

1. 毛泽东派出工军宣队，制止清华武斗

清华井冈山兵团在 1967 年 4 月发生分裂，分成了"团派"和"四一四"派（先称为"四一四串联会"，一个月后，改为"井冈山兵团四一四总部"）。中央文革一直支持"团派"，压制"四一四派"，毛泽东曾经说过"四一四上台不行"。清华井冈山兵团的分裂，说明了革命阵营在革命中分裂是必然的。应该顺便提一下的是，山西红联站的行为有点像清华"四一四"派，但却一直得到清华"团派"的支持，这是因为首都赴晋造反大队的邢晓光是"团派"的，这说明哪一个阵营都不可能是纯粹的。

1968 年 4 月 23 日至 7 月 27 日，清华大学开始了清华史上著名的"百日大武斗"。双方针对大礼堂、东区浴室楼、科学馆进行抢占与争夺。蒯大富组织了清华大学井冈山兵团文攻武卫总指挥部，总体指挥团派的战斗行动。其中 5 月 30 日凌晨攻击"四一四"派的战役进行的特别激烈，导致多人死亡。之后，双方各占一区，形成对峙局面，当然团派的势力大，占的地盘要大得多。在一百天的时间内，双方动用了各种冷兵器、热武器、特大弹弓、燃烧瓶，最后发展到了手榴弹及自动、半自动武器。据后来统计，"百日大武斗"导致 18 人阵亡，1100 多人受伤，30 多人终身残疾，直接经济损失折合人民币逾 1000 万元。

1968 年 7 月 27 日，北京市革命委员会从 60 多个工厂抽调了 3 万多人（另有一说是 10 万人），组织首都工人毛泽东思想宣传队（简称工宣队）进驻清华大学，不明就里的清华井冈山进行了抵抗，在相互对峙的十几个小时中，最后开枪造成 5 名工宣队员死亡，731 人受伤。这就是闻名全国的"7·27"事件。

1968 年 7 月 28 日凌晨，毛泽东召见聂元梓、蒯大富、韩爱晶、谭厚兰和王大宾"五大领袖"，批评了蒯大富。蒯大富当场投入毛泽东的怀中痛哭。五大领袖返回学校，动员手下放下武器，停止战斗。8 月初，工宣队（包括军宣队）进驻北京各大专院校，接管学校的领导权。8 月 5 日毛泽东将外国来宾赠送的芒果转赠清华大学工宣队，

13 日接见工宣队代表，8 月 25 日中共中央、国务院、中央军委、中央文革联合发出《关于派工人宣传队进驻学校的通知》，给工宣队以强大的政治支持。26 日《人民日报》发表姚文元署名文章《工人阶级必须领导一切》，公布了毛泽东最新指示："实现无产阶级教育革命，必须有工人阶级领导……工人宣传队要在学校长期留下来，参加学校中全部斗、批、改任务，并且永远领导学校。在农村，则应由工人阶级的最可靠的同盟军贫下中农管理学校。"派驻工宣队的工作，在全国范围内迅速展开。仅 9 月 5 日后的一周内，上海市就选调了 3.1 万产业工人进驻全市 10 个区的 513 所中学、129 所小学。除了学校，他们还被派遣到文联、作协、新闻出版、剧院、体委、科研院所、医院等文化、教育、科技、卫生、体育的上层建筑单位，城市街道和上述单位的五七干校。远离城市、产业工人不多的地方，这一角色则由农宣队（农民毛泽东思想宣传队）充任。

毛泽东的举动常常出人意料，他对首都五大红卫兵领袖后期的一些所做所为早已不感冒，原因是红卫兵造反过了头，开始不听他的话了。毛泽东本来可以用"合法"解决红卫兵"武斗"问题（其实红卫兵武斗远远比不上工农兵的武斗），如：发一个最高最新指示，或命令派部队进驻等等。毛泽东在事先不通知的情况下，派"工宣队"突然进入清华大学校园，引起学生误会，以为是外单位来清华武斗，发生流血冲突，工宣队是无辜的，责任应该在清华井冈山头头蒯大富和毛泽东身上。

五大领袖并不知道毛泽东对他们已经不感冒，仍然感觉良好，以毛泽东的御林军自居。聂元梓在她的《回忆录》记述了那次毛泽东接见五大领袖的情况，毛泽东的行动和许多话让人费解：

接见五大领袖时，蒯大富由于要处理清华的事情去的比较晚。

蒯大富走进来，号啕大哭。毛泽东起身迎他，在座的人也站了起来。蒯大富依附在毛泽东身上边哭边说："主席救我、主席救我！杨余傅黑后台……"毛泽东被蒯大富悲痛所感染，含着眼泪说："工人是我派去的"。蒯大富说："这不可能。"江青说："蒯大富，安静些，不要激动！蒯大富，你不要激动，你坐下来。"蒯大富晕头转向，不知怎么回事。

毛泽东说:"蒯大富要抓黑手,这么多工人去'镇压'红卫兵,黑手到现在还没有抓出来,这黑手不是别人,就是我嘛!他又不来抓,抓我好了!本来新华印刷厂、针织总厂、中央警卫团就是我派去的,怎么对待校园的武斗,我说你们去做做工作看看,结果去了三万人。"

毛泽东说:"你们抓黑手,黑手就是我,对于你们毫无办法。你们打下去没有出路,要消灭四一四也不行,我还是倾向你们这派,因为四一四那个思想我不能接受。但是对四一四要争取群众,领袖也要争取些,周泉缨(清华学生,四一四的理论家)的文章(指《四一四思潮必胜》)我已经看了,主要口号:打江山不能坐江山,说蒯大富只能把权交给四一四。"

毛泽东在此次接见中还说:"一听打仗我才高兴,北京算什么,无非是冷兵器,开了几枪,四川才算打,双方有几万人,有枪有炮,听说还有无线电。"

2. 工人阶级领导一切

毛泽东接见之后,非但没有解决五大领袖的思想问题,反而增加了他们的疑虑。聂元梓在《回忆录》里说:

我对此前一天"首都工农毛泽东思想宣传队"为制止武斗,突然开进清华大学,受到蒯大富为首的清华大学"井冈山"的武力抵抗,以致死伤数十人,这件震动北京市乃至全国的大事内情有了了解。但我始终困惑的是,为什么不直接先跟蒯大富说一声呢?他不仅是清华大学学生组织的头头,他还是北京市革委会的常委,我还是副主任呢,为什么就不告诉我们呢?

清华大学明明在武斗,处在一种紧张气氛中,悄然来了这么一大群人,对一个青年学生来说,他会怎么想,将怎样对待?作为高层领导应该这么处理问题吗?工人的死伤是无辜的,事后召见会上有何表示?!

召见会内容主要是批评学校武斗问题，但只字不提三月二十五日北京七个大学同一时间来北大打武斗的事件，只批评我们这些人在校内一不批、二不改，斗是斗，就是搞武斗。武斗的罪魁祸首是谁？挑动武斗的后台不就在那里坐着吗？还装着正人君子的样子，还摆着一副堂堂的中共领导人的样子，在训斥这些青年学生和我。当时我还认为毛主席仍在那些人的蒙骗中。我还准备写报告向毛主席揭露他们呢。"

当我们从湖南厅出来，在门口时谢富治说："毛主席批评了你们，一句话你们都不检讨。"我没理他。

所谓召见会，不是接见会，是自"文化大革命"运动以来，自表态赞扬红卫兵运动以来，对红卫兵组织的负责人一次最直接时间最长的谈话，这时候宣告该是"红卫兵小将犯错误的时候了……"其实错误早就犯过了，红卫兵已经当了替罪羊，该赶到山上和农村去了。该惩办红卫兵头头和群众组织头头了，所以这次召见实际是毛泽东亲自宣告：工人阶级领导一切，红卫兵运动结束。

从此以后，毛泽东再没有接见过五大领袖。1968年底到1969年初，除不是学生的聂元梓留在北京挨整外，其余四人都被分到边远或艰苦的地方去劳动，开始了他们曲折的人生经历。

工宣队进校后，使学校的工作，走上了正规的"斗、批、改"之路，目标又对准已经没人搭理的走资派、反动学术权威和"狗崽子"们。

之后，毛泽东又作出了一些似乎难以让人理解，又难以经受住科学理论和社会实践考验的"最高指示"，如："工人阶级必须领导一切""工人阶级走上上层建筑舞台""工人宣传队要在学校长期留下来，参加学校中全部斗、批、改任务，并且永远领导学校"等等。

"工人宣传队要在学校长期留下来，参加学校中全部斗、批、改任务，并且永远领导学校"只是毛泽东的一厢情愿。少数工人阶级住在学校长期不劳动，没有知识，也不懂教育管理，估计只能看门，赚钱太少，自己就住不住了。事实也是如此，根据邓小平1977年9月

"工宣队问题要解决,他们留在学校也不安心"的指示,同年11月6日中共中央转发教育部党组报告,各地进驻大、中、小学的工宣队全部撤出了学校。

在毛泽东接见五大领袖时有一个花絮,可以引起人们的深思。聂元梓回忆:

会快要结束了,韩爱晶突然提出:"毛主席,我想请教您一个问题,再过五十年,一百年,如果中国出现了分裂,你也说自己是毛泽东思想,他也说自己是毛泽东思想,出现了割据混战局面我们怎么办?"毛主席回答:"这个问题问得好,韩爱晶你还小,不过你问我,我可以告诉你,出了也没啥大事嘛,一百多年来,中国清朝初二十年,跟蒋介石不也是打了几十年嘛,中国党内出了陈独秀、李立三、王明、博古、张国焘,什么高岗、刘少奇多了,有了这些经验比马克思好。"

韩爱晶是一个挺有思想的人。他提出的问题实际上是说,毛泽东你死了以后怎么办?毛泽东并没有回答韩爱晶的问题,只是说没啥了不起。韩爱晶给毛泽东出了个难题,毛泽东也没法回答,因为毛泽东至此还没有给他的后人摸索出一套科学的治理国家的方法,给他的后人留下一套维护国家政治、经济稳定的制度,只能由它"乱去"。韩爱晶还点到一条毛泽东的痛处,就是"滥打毛泽东思想旗号"的问题。毛泽东根本没有回答这个问题。

毛泽东此举也未必对自己有利。文革后清华四一四的理论家周泉缨在他的著作《文化大革命是历史的试错》中指出:"蒯大富能够而且敢于下令向工宣队开枪,无疑显示了蒯大富在误认为中央发生了反毛的政变的条件下,敢于进行武装反抗,所以蒯大富无愧为无产阶级左派的英雄"。(周泉缨《文化大革命是历史的试错》273页)在周泉缨看来,蒯大富和清华井冈山无疑是毛泽东的"死士"。毛泽东把自己的"忠实追随者和卫士"置于死地,至少是不明智的。

3. "先锋"和"桥梁"被赶下台

上世纪六十年代的中国知识青年和学生退出文革历史舞台的方式和境遇却显得特别的悲惨和悲壮。

《大事记》记录了工宣队进入一些主要的大专院校和文化单位的时间：

9月27日，革命在发展，历史在飞跃。山西第一支工人毛泽东思想宣传队开进了山西大学，在解放军的有力配合下，雷厉风行，廿八日就实现了两大派大联合，山大形势急剧好转。

同日，在中央举办的毛泽东思想学习班，太工两派达成大联合，成立革委会的协议。

11月4日，山西工人毛泽东思想宣传队在解放军的配合和支持下，进驻山西老大难单位——太原工学院。工宣队进校后，高举毛泽东思想伟大红旗，迅速实现了两大派革命大联合和三结合。

11月17日，经北京军区十一月五日批准，中国人民解放军4733部队对025部队（航校）实行军事管制，工宣队随军管人员进驻。

11月23日，工宣队在解放军支持下进驻省党校。

11月26日，晋中工人毛泽东思想宣传队成立，进驻山西轻工业学院。

11月27日，工宣队进驻山西人民广播电台。

11月28日，中国人民解放军四六五三部队奉命来到太原，组织军宣队进驻了许多重要厂矿和学校。

12月11日，工宣队进驻山西日报社。

学校是"铁打的营盘，流水的兵"，当时的大学是五年制，在工宣队进校时，66、67、的学生已经毕业分配，学校里只留下了五分之三的低年级学生。1968年底68届也分配了。大学的学生自然没有太大的闹腾劲了。

轻院东方红的一些同学们回忆了工宣队进校的情况。

1968年11月26日，晋中工宣队（军宣队）进校进的很突然，许多同学都在宿舍门前聊天，晋中工宣队（军宣队）排着队打着红旗浩浩荡荡开进了学校，工宣队（军宣队）的数量至少与学生的比例是一比一，也就是说，至少有两千工人和军人在几分钟内开进了学校，无论是东方红，还是八一八的同学都很诧异。那个时代信息不灵，虽然知道了清华大学进了工宣队，并开了枪，毛泽东也有了指示，但觉得还很遥远，轮到自己头上还是感到突然。

也许是早有准备，晋中工宣队（军宣队）立即开会把学生编成连、排、班编制，重新安排了宿舍，原来的每个宿舍是十人，现在也是十人，不过是五个学生，五个工（军）宣队员。学校一下子增加了这么多人，连教室住满了人。工宣队进校后第一个举动是改变买饭方式，给人的第一个感觉就是吃不上饭。工人习惯的吃饭方式是用钱票买饭，吃多少买多少；学生吃饭的方式是凭饭票领饭，每人一份。而且，食堂的大师傅数量也不够，方式也不适应。每天吃饭必须排30到40分钟队，去得晚一些，饭菜都凉了，真让人受不了。估计工人师傅们吃惯了家里的饭，也不一定能适应学校这样差的伙食。

工宣队进校后第二个举动是把校领导"收监"。原校领导虽然被免职，但一直很逍遥，没人批，没人斗，没人管，照领工资。这种情况几乎持续了两年，工宣队进校后要进行斗、批、改，就要先甄别谁是走资派，对党委书记王忠、院长杨国祯、校长兰生祯、副校长王声等进行了隔离。

工宣队的第三个举动是清理阶级队伍。

1968年5月25日，中共中央、中央文化大革命小组发出《转发毛泽东关于〈北京新华印刷厂军管会发动群众开展对敌斗争的经验〉的批示的通知》。新华印刷厂介绍的主要经验是："建国18年来，这个厂的阶级斗争一直极其尖锐、激烈，军管人员进厂后，狠抓阶级斗争不转向，放手发动群众开展对敌斗争。具体做法是：对于广大革命群众，必须坚决依靠，也要善于引导；对于犯了严重错误的人，必须从严要求，也要注意团结；对于一小撮阶级敌人，必须狠狠的打击，也要分化瓦解，指明出路。"在清理阶级队伍运动中，各地采用军管会和进驻工宣队的方式，对在文化大革命进程中，以各种名义，各种方式揪出来的地主、富农、反革命、特务、叛徒、走资派、漏网右派、国民党"残渣余孽",进行一次大清查。

晋中工宣队把全校的老老少少的履历、家庭出身、家庭成员及社会关系统统登记了一遍,做好了"清理阶级队伍"的准备工作。这次"清理阶级队伍"运动又把建国以来的阶级斗争运动重复了一遍,所不同的是,以往的运动只是针对某一种或几种对象,这次是把包括走资派在内的过去运动的对象又统统过了一遍。由于各地文革运动发展的不平衡,比如有些地方还没有稳定下来,这次"清理阶级队伍"运动进行了有三年之久。工宣队为了让人们体验"阶级剥削"的"残酷",特地进行了一次"忆苦思甜"活动,安排食堂做了一顿"忆苦饭",把玉米面窝头改成了糠窝头,把"水煮白菜"改成了"水煮白菜帮",让学生们真正体会了一下"旧社会的苦"和"新社会的甜"。

到1968年12底,按省革委的指示,1968届学生进行了分配,山西轻工业学校的五分之三的学生进行了工作分配,剩下的学生绝大部分是东方红的人了,学校的群众运动基本风平浪静了。最后应该指出的是,工宣队的成员虽然是从榆次各厂(铁路、晋华、经纬、专建等单位)的两派群众中选派的,但不是没有派性,其领导成员大多是晋中总司的。由于有所谓"派性",八一八的个别负责人还延迟了分配工作。据说,在离校之前,部分东方红的成员还闯进了禁闭室,批斗和打了八一八"保的"革命干部王忠、兰生祯、王声等人,看管的工宣队人员没有干涉这种行为。

虽然是文革中分配的单位大多不理想(出身有问题的和成分较高的分配的地域偏远),尽管大学生和中专生都分配到了工人岗位上,他们还算是比较"体面"地退出了文革的历史舞台,而中学生的"待遇"就要差多了。

1968年12月22日,《人民日报》发表《我们也有两只手,不在城里吃闲饭!》的编者按语。在介绍了甘肃省会宁县城镇的一些居民,包括一批知识青年到农村安家落户的事迹后,引述毛泽东的指示:"知识青年到农村去,接受贫下中农再教育,很有必要。要说服城里干部和其他人,把自己初中、高中、大学毕业的子女送到乡下去,来一个动员。各地农村的同志应当欢迎他们去。"随即在全国各地开展了知识青年"上山下乡"运动,大批城市知识青年下放到了农村劳动。毛泽东还说:"农村是个广阔天地,在那里是大有作为的"。按毛泽东的指示,全国人口来了一个"乾坤大挪移"。后来被称为"老三届"(66、67、68届高中毕业生)和"小三届"(66、67、68届初中毕业生)成了上千万知识青年中的首批践行者。那些十五六岁到二十挂零还是孩子的青少年,被迫失学,背井离乡,到那无亲无故的陌生而艰苦的地方去"改造",有些地方知青的状况真是显得痛心,感到凄惨。尤其是北京、天津、上海三个大城市的知青,到黑龙江、内蒙、新疆、云南等地生产建设兵团去插队,真是连下辈子的苦都受完了。如果再加上后来的回城的辛酸苦辣,这一代人的青春都折腾在了这片"广阔天地上"了。毛泽东的这一举措,与文革一样也是"史无前例"的,真正地让这一代人"吃了二遍苦,遭了二茬罪"。

太原市的中学生比较"幸运",开始时没有插队,而是分配了工作,不知是得益于哪位领导的"土"政策。1969年这些三届中学生同时毕业时,先是太原西山矿务局招煤矿工人,有些沉不住气的学生们,害怕上山下乡,就先去了矿山;接着山西省的各大、中企业也开始招工,消化了大批中学生的就业问题;后来,又在太原市组建了修建京(北京)原(原平)铁路的铁路建设兵团(类似于生产建设兵团,但不发服装),绝大多数人员来自太原市的中学,连以上干部由太原市的公安系统的干警担任。这批中学生,在寒冷的晋北高原受了两年苦之后,回城分配了工作。只有一些家庭出身有问题的中学生上山下乡插了队,虽说也有一定数量,但毕竟比其他省市要强得多。

戍边和屯田是中国历代统治者由战争转入和平时采取的处理多余军队的办法,毛泽东也不例外。在上世纪五十年代,他用这种办法处理了多余的军队,建立了庞大的生产建设兵团;在六十年代的文革,他用这种办法开始处理已经不需要的造反派红卫兵。但毛泽东并没有能够用这种办法制止住武装斗争,因为这时的战争的主力已经不是大学生和中学生,而是他依靠的工人阶级和贫下中农。

第二节 毛泽东以武对武，用解放军解决问题

学生离开文革历史舞台后，从1968年5月开始，中央为了稳定全国的局势采取了一系列措施，军队成为维稳的唯一力量。

1. 三个重要文件

《大事记》记载：1968年5月16日，中央召开了全国煤炭会议，着重稳定煤炭产地的局势。周恩来、陈伯达、康生、江青等中央首长接见了山西核心小组成员，针对山西问题做了重要指示。中央首长传达了毛主席关于对待人民群众态度的最新指示。江青同志说："个人野心家是深渊谁要掉进去就出不来了。""现在山西形势大好，敌人都出来了，要很快团结起来，抓敌人，抓黑手。""你们对敌人，对阶级敌人不动手术，我们要动（指逮捕罗枫奇）。""你们自己毁灭一个红色政权，怎么行呀！"

5月26日，周恩来、陈伯达、康生、江青等中央首长接见全国煤炭会议代表。在会上江青批评了刘格平等人的"反军"作法。中央文革对刘格平态度的变化，使参会拥刘派的代表有点措手不及，一下子转不过弯来。参会的阳泉代表、阳泉"6.28"（拥刘派）的负责人梁宝贵"奋起"发言反驳江青，控诉军队在阳泉的"罪行"，歌颂刘格平的"功绩"。被江青严肃批评："你那个刘格平就没有错误？没有缺点？据我知道军队比地方做得好。""严重的是你控诉我们的军队！"参会的另一位阳泉代表安克，是一位拥刘派的革命干部，深知反驳江青造成的"厉害"，急忙起身说："梁宝贵有点神经。"其实，梁宝贵挺直的，不知利害，敢于在江青面前谈自己的看法。不过，用精神病解释梁宝贵在会上的冲动行为，连小孩子都不会相信，况中央首长乎？

6月17日，周恩来等中央首长接见了出席煤炭会议的部分代表和山西核心小组成员。会议着重谈了山西问题，批判了"一派掌权"

的错误思想，强调了关于两派联合掌权的原则，指出解决阳泉问题取得了经验，对解决山西问题领导上就有信心了。同日，中央军委从河北、晋东南调集部队进驻，配合阳泉驻军，收缴了大批武器。6月25日，陈永贵、谢振华代表省核心小组赴阳泉解决问题，梁宝贵被抓，安克下台。陈、谢总结了处理阳泉问题的三条经验：一是依靠中央指示精神，直接掌握群众；二是依靠解放军；三是揪出坏人实现革命大联合。阳泉局势暂稳。

1968年6月21日，省城太原发生袭击解放军军车事件。红总站机床烈火的年轻工人傅海鹏干了一件蠢事，早早地毁灭了自己。山西机床厂是一座老牌的军工厂，在阎锡山时代就是著名的冲锋枪厂。建国后成为我国军工的支柱企业之一（代号247厂）。为了保证"抗美援越"的需要，5月9日，毛主席、林副主席亲自批示四六四二部队进驻山西机床厂，制止武斗，收缴武器，恢复正常生产。红总站机床烈火的一部分骨干无法在厂内设置据点，就由其负责人傅海鹏带领，占据了位于太原市五一路和府东街的交叉路口的北城区委、区政府的办公楼作为据点。21日晚，山西省军区在军区礼堂举行了"拥军爱民"联欢晚会，参加晚会的4642部队的人员（有说是4642部队毛泽东思想宣传队人员），在晚会结束后，乘军车返回驻地路过北城区委时，突然遭到红总站机床烈火的火力伏击。此次伏击解放军事件，造成解放军方面死亡一人（赵进学）、伤七人（其中重伤三人）。"6.21"事件惊动了省核心小组。6月22日，山西省核心小组就"6.21"事件做了三点指示。一是住北城区委人员，凡有嫌疑者全部扣留；二是全部收缴楼内武器，楼上人员暂不放行；三是由4642部队支左委员会及公安局军管会组成联合调查小组对事件进行调查。后傅海鹏被枪决。

1968年7月3日，中共中央发布关于制止广西武斗问题的布告，毛泽东批示："照办"，这就是著名的《七·三布告》。《布告》宣称："最近两个月来，在广西柳州、桂林、南宁地区，以中国赫鲁晓夫为首的一小撮走资派及其在广西的代理人、叛徒、特务、反革命分子和没有改造好的地、富、反、坏、右分子，蒙蔽和欺骗一部分群众制造了一系列反革命事件。"中央要求广西的无产阶级革命派和广大革命群众，在广西革筹小组领导下，在人民解放军驻广西部队支持下，努力实现停止武斗，保证运输畅通，交回抢去的援越物资，交回抢去的解放军装备，依法惩办杀人放火、破坏交通运输等现行反革命分子。并号召"广西无产阶级革命派和广大革命群众，驻广西的人民解放军全体指战员……向阶级敌人发动猛烈进攻。"7月18日，毛泽东亲自在湖南支左领导小组《宣传贯彻执行〈七三布告〉情况汇报》上批示："请考虑可否把此件转发各地，另加几句督促话。"随后中央通知指示："《七三布告》是毛主席的伟大战略部署，要力求深入人心家喻户晓。"

7月24日，毛泽东又亲自批示发布了中央关于陕西武斗问题的《七·二四布告》。《七二四布告》类似于《七·三布告》，在二十天的时间内，接连发布了《七·三布告》《七一八通知》《七二四布告》三个重要文件，这说明毛泽东和中央确实对各地武斗的状况着了急，开始准备以武对武，用解放军解决问题。

2．艰难的第三次大联合

8月10日，山西省革命委员会发布公告，为红联站"九·五"事件平反。此公告说明了刘格平及省革委立场的松动。但红联站认为这种松动是刘格平被迫作出的：公告吝啬到只有七十七字，并且把九月五日在省革委门前发生的事与决死纵队等攻打七一大楼的事混为一谈。

8月15日，毛泽东接见在京的部队毛泽东思想学习班的代表，对刘格平说："你们有希望吗？还在大打吗？你们要组织大量宣传队，要宣传嘛！"

中央主持的冶金、军工工作会议（即：中央召开的国防工业部分工厂和一机部、化工部部分协作工厂抓革命促生产会议。简称"八一五"会议）开幕，着重解决冶金、军工单位的文革问题。

8月20日，刘格平在中央学习班山西班上传达了康生的电话指示:"福建今天成立革委会了,新疆、广西也快成立革委会了。你们夺权快两年了,还联合不起来,看起来里面有坏人的,你周围有坏人,有宗派主义。毛主席几次接见你们,还联合不起来,这是对毛主席忠不忠的问题,是听不听毛主席话的问题,是革命不革命的问题,要开展批评与自我批评,你们要好好抓一下。你们宣传贯彻毛主席'8.15'最高指示的通知也看到了,里边没有大联合。要把大联合搞起来。你们对《七三布告》《七二四布告》看起来动得不够快,打电话给曹中南同志,让他们好好抓一下。"

8月24日,在京的太原市两大派负责人又签订了大联合协议。协议分八条,再次强调了解散跨行跨业组织问题。

9月6日,晋中成立军管委员会,接管了原公检法工作,晋中野战军"军长"、汾西矿务局东方红负责人曹世华被捕。不久,晋中野战军解散。

9月16日,周恩来等中央领导接见了军工、冶金会议代表,太原重机厂、太原兴安化学材料厂的代表参加了接见。周恩来尖锐指出:"山西是反动的'多中心论','以我为核心'。"周总理在会上点了两个人的名,一个是原太原重机厂厂长罗枫奇,另一个是山西红卫机械厂(即位于侯马市的山西平阳机械厂,军工单位,代号874厂)厂长李宝庆,说他们是坏人。关于太重革委会问题,周恩来说:"既然要经过军管这个阶段,就重新做起。"至20日,在"八一五"会议上,揪出了许多山西的"坏人"和走资派,有山西晋西机器厂的王正、新华化工厂的孟宪钢、山西机床厂的普观仿、太原兴安化学材料厂的海晏等。

10月13日,晋中实现了革命大联合,晋中革命委员会成立。王振国任革委会主任;刘新田(陆军第69军第207师政委)任第一副主任;陈尔云(晋中军分区司令员)、刘生毅(晋中军分区政委)、宋志明(原文水县县长)、刘汉儒(原晋中专员公署商业局局长)、李兆田(原晋中专员公署水利局技术员、晋中革命造反总司令部主要负责人)、王金海(经纬纺织机械厂工人、晋中地区批判刘少奇邓小平黑司令部联络总站负责人)任副主任。

鉴于《七·三布告》《七一八通知》《七二四布告》的压力，中央又连续召开煤炭、军工、冶金会议，举办了各省群众组织负责人中央学习班，要求两派负责人和各大企业在会议上签署两派的大联合协议和企业内部的大联合协议。刘格平及两大派负责人这次不能纯粹玩"虚"的了。省革委和支左领导小组组织了军队的毛泽东思想宣传队（简称军宣队）进入了各大中型企业，组织了工人毛泽东思想宣传队（简称工宣队）携军宣队进入了各大院校和文化新闻单位。到11月初，各大社会组织均已解散，各大、中企业均已实现革命大联合，建立了大联合委员会（简称大联委）共同掌权，条件成熟后，进而成立了"三结合"的革命委员会（革委会的主要负责人一般是军队人员）。形成了企业工人被军队管理，学校和文化新闻单位被工人管理的奇特局面。

第三节　朝野权力之争

1968年10月13日至31日，中国共产党第八届扩大的十二中全会在北京举行。全会批准了在江青、康生、谢富治等人主持下，写成的《关于叛徒、内奸、工贼刘少奇罪行的审查报告》，作出了把刘少奇"永远开除出党，撤销其党内外一切职务"的决定。全会还通过了准备召开九大的几个文件。中共八届十二中全会对刘少奇的处理，体现了毛泽东的无产阶级文化大革命取得了全面胜利，也标志着无产阶级文化大革命的群众运动应该结束了。

当毛泽东依靠"工宣队"解决学生中两派大联合的问题时，很容易达到目的，原因是学生是一个不稳定的阶层。无论进不进工宣队，学生终究要毕业，或就业，或深造，学校虽好，毕竟不是久留之地。工人、农民则不同，他们需要长久待在一个地方，他们不肯轻易放弃已经得到的利益。山西的红总站和决死纵队就是这样的。

1. 红总站不适应"在野党"的环境

经过 1968 年 9 月以后的大联合，山西省各地各单位基本都成立了"三结合"的革委会。这时的革委会与 1967 年的革委会有很大区别，那时的革委会以革命干部为主，1968 年的革委会与其说是"三结合"，不如说是"五结合"。在新的革委会中，有两派的群众代表，两派的干部代表，再加上军代表，岂不是"五结合"？在两派代表平衡以后，军代表就成为决定因素。军代表似乎是中立的，红总站一贯的"反军"态度使军区和 69 军派来的军代表具有了强烈的倾向性，所以，在大多数的基层革委会中，兵联站就占据了优势。在山西省的领导机构中，解放军支左委员会几乎与省革委"平起平坐"；在省革委中，袁振和兵团的"倒戈"，军队力量的加强，也使刘格平和红总站成为少数派。这是"一·一二"夺权后从来没有出现过的局面，红总站和决死纵队在一系列的变故中居然变成了"在野党"。在刘格平"飞扬跋扈"的时代，做惯了"执政党"的红总站，绝对不能适应"在野党"的位置，他们必然要"奋起"改变这种窘况。

1968 年 12 月 5 日，周恩来在中央各部委大联委负责人会议上做了重要讲话。指出必须紧跟毛主席伟大战略部署，巩固和发展革命的大联合、"三结合"，谨防阶级敌人以极左的面貌出现，打着反击"二月逆流"的幌子，进行反革命活动。12 月 11 日，山西省革委召开传达周恩来"12.5"重要讲话大会，刘格平、张日清、袁振在会上讲了山西形势，指出必须巩固和发展山西大好形势，不许打着反击"二月逆流"的幌子，退出大联合，退出革委会，反对解放军。制造社会大乱。不过，在当时，毛泽东的嫡系首都高校五大领袖都不听毛泽东的话，有谁还在乎周恩来、刘格平、张日清、袁振的话。

12 月 8 日，原红总站、决死纵队的部分人员署名"红色工人"，贴出许多"把山西二月逆流的黑后台揪出来示众！""坚决打倒谢振华"等大标语；原决死纵队以"冶金工业部第十三新冶金"的名义发表《紧急声明》，题目是《关于全面落实党的八届十二中全会公报，誓把我省两条路线斗争进行到底》。《声明》说："山西被几个黑手压着的两条路线斗争的盖子重新炸开了。""刘少奇及其同伙在山西的黑爪牙黑干将们……策动了自上而下的反革命夺权,一时之间,恶浪滚滚,妖风阵阵,把山西推向了资本主义复辟的边缘。"《声明》还说:"当前的两条路线的斗争,是一场血淋淋的阶级大搏斗",要"冒着敌人的炮火前进!"同日,原决死纵队、红总站的下属单位在冶金工业学校召开了批斗"刘、陈、刘"大会,并出动宣传车、卡车上街游行。

12月15日,已经解散了的红总站,鉴于舆论和信用上的压力,实在是不好恢复"红总站"的名称,就打着"太原工人"的旗号,由郝庭云指挥,以电信局和电管局革委会的名义,汇集近三万人,举行了反击"二月逆流"的大游行,重新拉起队伍,杀上社会。参加这次游行的有原十三冶决死纵队、太重红旗、决死十六团、山医工学干等组织。参加游行的群众组织分别打着自己行业的名称,如:冶建工人、机械工人、锅炉工人、纺织工人、煤矿工人等等,表示自己没有违背中央精神,不是跨行业的组织,甚至不是组织,而是单个工人的集合体。

太原工人亮相后,先后冲击了《红太原》报社和《山西日报》社,与进驻该社的工宣队和军宣队发生冲突。与此同时,以高翔为首的原太原工学院指挥部(学院内以太工永红为主体的红总站下属组织)的一部分学生和山西大学原八一四的一部分学生与"太原工人"相配合,则打出了"太原红卫兵"的旗号,提出了"要工人阶级,不要工总司"的口号,对校工宣队和军宣队提出了异议。

原兵团工总司、红总司和红联站的各组织却是打着各单位"大联委"和革委会的"官方旗号",与太原工人、太原红卫兵进行对抗,又一轮的大战似乎又要开始了。显然,太原工人、太原红卫兵已经成为"非法"的了,连刘格平似乎也无法替他们说话了。

在新年刚过的1969年1月3日晚,"工人领袖"杨承孝、郝庭云在十三冶开会,策划恢复"山西革命造反总指挥部"。商定:由杨承孝担任总指挥,郝庭云等四人担任副总指挥,太重红旗的吴军担任参谋长。据当时的内部人士透漏,会议上,杨承孝说:"这次干成了,就和省革委'平起平坐';干不成,就……"会议还决定,抽调 300 辆汽车作战准备,要恢复"一•一二"夺权时总指挥部的权力,起码要把市革委的权力夺回来。看来,新成立的"山西革命造反总指挥部"是准备拼死大干一场了。

1月5日,刚刚恢复的"山西革命造反总指挥部"发布《山西革命造反总指挥部誓师宣言》。《宣言》指出:

在党的八届十二中全会公报的战斗号召下,我省一场由工人阶级打先锋,广大无产阶级革命派总动员,奋起反击"二月逆流"和为"二月逆流"翻案的人民战争已经打响,一小撮刘少奇的爪牙、杨成武的干将、卫王王的死党、刘陈刘的同伙,完全陷入革命人民的包围之中,一二•八革命风暴正向纵深发展,席卷全省,其势锐不可当挡,迅猛异常!

革命的浪潮,排山倒海,造反的吼声,惊天动地!全省煤矿工人、钢铁工人、铁路工人、建筑工人、电业工人、交通工人、纺织工人、冶建工人、化工工人、机械工人、手工业工人和各个部门的产业工人、各个行业的革命群众,统统杀上阵来,汇成一支无坚不摧、无攻不克的浩浩荡荡的产业工人大军,向着"二月逆流"和为"二月逆流"翻案的黑干将们发起了猛烈的冲锋!敌人的气焰被打下去了,敌人的阵角被冲击开了!

《宣言》是这样判断当前形势的:

两年多来的无产阶级文化大革命,经过了几个反复,取得了节节胜利,但是,由于刘少奇的爪牙、杨成武的干将、卫王王的死党、刘陈刘的同伙的竭力破坏,山西工人阶级仍然没有形成一支主宰沉浮、左右形势、捍卫我省红色政权的坚强核心,从而使革命受到严重的损失。

想当年,在震撼世界、席卷全省的"一月风暴"中,光荣诞生了英雄的山西革命造反总指挥部,在伟大统帅毛主席的指引下,顶逆风,战恶浪,叱咤风云,气壮山河!把卫家王朝打了个落花流水!在我省无产阶级文化大革命中建立了不朽功勋!她英雄的名字,将永远载入史册，记下她光辉的业绩！

然而，正是在那股"二月逆流"中的黑干将们，三番五次、千方百计地对她大下毒手，终于，山西革命造反总指挥部被他们残酷地迫害、疯狂地镇压、无情地扼杀了！

从那以后，革命造反派的队伍被分裂，工人运动被镇压，卫家王朝死灰复燃，刘陈刘反党集团日益嚣张！

从那以后，一小撮阶级敌人对红色政权肆意摧残，牛鬼蛇神到处泛滥，以毛主席为首、林副主席为副的无产阶级司令部的一切指令全不能贯彻、落实。

从那以后，山西的大权被几个混蛋们所把持，他们大肆推行反动的多中心，大力贩卖刘少奇的"黑六论"，把山西推向了资本主义全面复辟的边缘。

《宣言》宣称："当前，正面临着我省文化大革命的第三次革命。我山西革命造反总指挥部明白布告全省：我们恢复战斗，就是要向一小撮阶级敌人夺取政权！把被一小撮"二月逆流"和为"二月逆流"翻案的黑干将们所抢去和骗去的一切权力统统夺回来！我山西革命造反总指挥部，将一如既往，坚定不移地支持刘格平政委，一如既往，坚定不移地支持陈永贵同志，全面贯彻落实毛主席亲自批示"照办"的《七月会议纪要》，坚决支持徐志远同志，坚决支持任、王、张！誓死捍卫大寨红旗！"

《宣言》号召："凡我总指挥部原属组织，立即归队，凡愿加入我总指挥部的基层单位，立即报到，在以毛主席为首、林副主席为副的无产阶级司令部的指挥下，统一认识，统一政策，统一计划，统一指挥，统一行动，做好牺牲一切的准备，立即投入战斗！"

1969年的1月不是1967年的1月。1967年的1月，领袖和群众都具有强烈的革命激情，巴不得把革命的对象碾成齑粉；1969年的1月，领袖和群众都对革命感到厌恶，巴不得赶快稳定下来。只有杨承孝这样在革命中有快感的人才希望天天"革命"。杨承孝在一月革命风暴中，担任山西革命造反总指挥部总指挥，指挥千军万马，可以说是"威风八面",他当然想过这样的日子。杨承孝在担任过总指挥之后,常以"工人领袖"自居,认为自己在"一·一二"夺权中的作用居功至伟。杨承孝过高估计了自己的能力。其实"一·一二"夺权胜利的条件有二:一是红联站、兵团在1966年四季度造省委的反形成的群众基础;二是刘格平、张日清、袁振等人得到了毛泽东和中央文革的支持(或许就是中央文革策划的),并不是杨承孝本人有多大的号召力,杨承孝不过是得到了一个机遇而已。山西革命造反总指挥部原来本身就是一个临时权力机构,相当于革命夺权时期的"临时革命政府",当召开全省革命组织代表会议选举产生革命委员会以后,总指挥部的"临时革命政府"职能已经自然消亡,总指挥部也没有存在的必要了。杨承孝要恢复山西革命造反总指挥部,无非是妄图重新获得"执政"之权,这个想法当然不会得到包括红总站在内的群众组织的赞同。

时间不会倒流,历史不会后退,想回到1967年的1月,自然是一种空想。恢复山西革命造反总指挥部,不符合大多数人的意愿。军队和兵联站自不必说,其实也不符合刘格平的意愿。按《宣言》的意思,总指挥部要恢复到1967年1月时的权力,岂不是要把刘格平的一些权力也夺回去吗?1967年4月成立的红总站,原来也不是总指挥部的下属单位,他们的既得利益也不少,不一定想冒重新扯旗造反、进行"第三次大革命"的风险。

恢复山西革命造反总指挥部显然很不合时宜,是在错误的时间、错误的地点发动的一次错误的行动。

果不其然,在1月6日召开的红总站下属组织负责人的会议上,东风兵团负责人雷维林说,他(们)不知道恢复山西革命造反总指挥部的事,也不同意恢复山西革命造反总指挥部,还是主张采用"太原工人"的名称。

1月7日,由于红总站大多数下属单位的反对,"恢复山西革命造反总指挥部临时领导小组"发出《关于撤销恢复山西革命造反总指挥部的决定的声明》。宣称:"鉴于没有充分讨论和它本身有错误","不利于当前对敌斗争","声明作废《誓师宣言》,撤销办事机构。"

山西革命造反总指挥部恢复不到两天即告撤销，说明这确是一场闹剧。事后，面对刘格平，黄锐庵也不承认自己参与了这件事情，说是杨承孝、郝庭云他们搞的；而郝庭云也不承认是自己搞的，也说是杨承孝搞的。对于此事造成的恶劣影响，大家都回避承担责任，把责任推在杨承孝身上。

对于杨承孝这一举动，晋东南三代会（红卫兵代表大会、工人代表大会及贫下中农代表大会）、阳泉三代会、晋中工代会（筹）都发表声明表示谴责。

刚刚实现"革命大联合"不到一个月的太原市，大字报、大标语的大战又重新开始，零星的战斗又开始重燃。下面是比较大的武斗：

1月18日，原决死纵队的负责人王国太率领原决死纵队、冶校八八红旗、党校指挥部、财院抗大等四百多人，武装袭击原红联站冶校东方红。战斗中，冶校东方红学生曲树仁被手榴弹炸死。

1月29日，建工部八局第二安装公司办公大楼受到太原工人的攻击，向楼内60多名职工和解放军战士开枪射击，投掷手榴弹，并纵火烧楼，致使楼内30多名职工受伤，其中重伤9人，2人生命垂危。4名解放军战士也遭毒打。参加这次攻击行动的有"建八二安工人""太塑工人"、原"决死十六团""建八四指挥部""建八二机指挥部"等十九个单位的千余人。

3月21日，流落在外的"锅炉工人"会同原"决死十六团""钢中（太钢中学）红卫兵"等一百多人，趁午饭之机，携带小口径步枪、手榴弹、铁棒、匕首分乘三辆卡车，分三路偷袭太原锅炉厂军管会、大联委、群专（群众专政）办公室，厂区，宿舍区，抢走公章三枚、全部专案材料及照相机一部，驻厂军宣队和厂大联委常委张若芹遭到殴打。后"锅炉工人"被闻讯赶来的大联委群众所围困，急忙中从二楼扔下一枚手榴弹，炸死了年轻工人赵文明。手榴弹的爆炸引起了大联委群众的愤怒，"锅炉工人"寡不敌众，最终逃散，少数被俘者遭到残酷拷打。

山西的形势变化再次引起中央的重视，1月14日晚七点半，周恩来亲自打电话通知山西省核心小组，在山西的十三冶、十二冶两派各派十五名代表三天内赴京参加中央冶金、军工会议,并点名陈广仁(十三冶技术员、红总部负责人)、杨承孝必须到会。中央的冶金、军工会议从1968年8月15日开始,开到了1969年1月14日,竟然没有开完,这种马拉松会议可谓创了世界纪录。周恩来可能不放心十三冶参会人员是否能自觉按时按人头到会,1月16日晚,再次亲自打电话通知:由4642部队组成军管组,负责组织领导十二冶、十三冶代表准时参加中央冶金、军工会议。17日,十三冶两派参会代表在解放军的协助下乘车赴京。开会代表被"押送"进京也是一个世界纪录。

1969年1月30日22时,周恩来在北京饭店接见了十二冶、十三冶出席冶金军工会议的代表,对党的八届十二中全会公报发表以来,山西省出现的几件大事,作了明确表态:冲击查封《山西日报》社;搞《誓师宣言》,重拉山头;"太原工人"单方面搞庆祝"一·一二"两周年大会;抢劫汾阳十余辆汽车等事件都是错误的。周恩来强调了两派都是革命群众组织,要联合起来。2月12日,参加冶金军工会议的十三冶两大派负责人在京达成"五不"(即不动气;不动口;不动手;不带武器;不动用武器)协议,人们怀疑这又是一纸空头协议。

中央对山西人实在有点挠头,2月16日,恼火的中央首长们又一次在人民大会堂东大厅接见了参加冶金军工会议的山西代表。参加接见的中央和中央文革首长有周恩来、康生、江青、张春桥、谢富治、黄永胜、温玉成等,负责冶金军工会议的粟裕、陈华堂(福州军区空军司令员,国防工业军管小组副组长,国务院第三机械工业部军管会主任)、朱互宁(总参空军处处长,国务院冶金工业部主持工作的军代表)等同时参加了接见,山西省核心小组的陈永贵、曹中南、袁振及省军区、4642部队负责人赵冠英、李金时也参加了接见。在接见中,中央首长指出:"山西落后了,要赶上去","要先搞革命的大联合","要归口闹革命","联合起来,揪出坏人"。某中央首长恼火地说:"再不搞好大联合,再不执行毛主席的指示,不听中央、中央文革和周总理的指示",就要"动员全国二十八省、市的工人去造反。"中央首长还批评了分裂工人阶级队伍,破坏国家财产的恶劣行为。接见中,陈永贵和曹中南做了自我批评。陈永贵说:"我过去是反派性的,十二中全会后也陷入了派性。山西工作落后,很痛心,有责任,有错误。"

过了半个多月,中央看到山西实在是没什么起色,只好第三次办起了中央毛泽东思想学习班山西班。3月5日,中央、中央文革电示山西省革委,经中央文革碰头会议研究决定,组织太原地区社会两大派的主要负责人赴京参加中央办的毛泽东思想学习班学习。3月7日,省革委根据中央、中央文革电示,发出通知,要求太原地区两大派负责人赴京参加学习班的学习。红联站被指定的人员是段立生、赵凤岐、王玉花、陈虎雄、于永革等九人。同日,省革委还通知了省汽修、灯泡厂、橡胶厂、第二发电厂、太纺、制药厂、山西机器厂、汾西机器厂、冶炼厂、造纸厂等10个工厂及基建系统、省委机关三百五十人,也赴京参加毛泽东思想学习班。

3月13日下午,中央办的毛泽东思想学习班山西班群众组织头头在北京民族饭店举行了开学典礼,陈华堂、朱互宁及驻学习班工宣队负责人参加了会议。陈华堂在会上讲了话,要求学员们端正学习态度,认真学习毛泽东思想。

毛泽东的"好办法"在山西使用了两次都没有起了太大的作用,想来第三次也不会起更大的作用,毛泽东及中央文革"就像一个巫师那样不能再支配自己用符咒呼唤出来的魔鬼了"(《共产党宣言》语)。

2. 汾、平、介、灵炮声隆

1969年第一季度,山西的总体形势是,省会太原市两派重新出现新的对峙,虽然战斗是零零星星,声势却很大,影响也很大;北边的雁北和忻县地区比较平静,军干和革干的关系没有太大的矛盾,也没有太大的武斗;阳泉和晋东南地区拥刘的造反派遭到沉重打击,被军队掌握了局势;晋中和晋南虽然进行了革命大联合,但两大派还没有完全决出胜负,且下面各县局面还很混乱,在中央和省革委把注意力集中在太原市的时候,晋中、晋南成为山西两大派争夺的焦点。

在晋中平原的西部,交城、文水、汾阳已经被晋中总司方面所收服;在平原的东部,平遥为晋中总站所占领,双方围绕着中间地带、汾西矿务局机关所在地介休,在汾(阳)平(遥)介(休)灵(石)或许还有孝义地区,展开了一场争夺战。

1968年12月10日开始,灵石县总站会同流落在外的晋东南红字号、阳泉628、陕西红工机部分人员,连续四天冲击4655部队驻灵石县营部。14日中午,殴打了正在开会的营教导员、营长等人,并将灵石县人民武装部副政委渠志凯殴打致死。

12月21日,晋中总站在介休地区开始统一行动。

介休市是一个县级市,位于山西省中南部,太岳山北侧,汾河南畔,因位于南同(大同)蒲(蒲州,现运城一带)铁路以南,与平遥、灵石被当地人称为"铁南地区",全市总面积744平方公里,人口共72万人。介休历史悠久,以春秋时晋文公的臣子介子推(在晋文公早年流亡时期,曾割股奉君,在晋文公返国封赏时被忘记)死亡在其境内的绵山(介山)上而得名。当时的介休县有许多大企业,如:汾西矿务局局机关、矿务局机修厂、洗煤厂、介休纺织厂、山西印染厂、介休造纸厂等,一个小小的县城职工人数在万人以上。这样重要的城镇自然是两军的必争之地。

介休的两派,一派叫作"介休地区批刘邓挖黑二三线联络总站",简称"批挖站",属晋中总站方面;另一派叫作"兵团工总司介休县革命造反总指挥部",简称"兵团",属晋中司方面。汾西矿务局属国家统配煤矿,由山西省煤管局管理,其管辖范围涉及三个县七个矿(灵石县:富家滩、张家庄、南关、两渡;孝义县:柳湾、水峪、高阳;介休县:总部及机修厂、选煤厂等),两派有单独的组织。

据原山西印染厂党委副书记王廷文回忆,1968年12月21日,介休批挖站组织介纺东风红联、驻山印建设工地群众组织七一战斗队,会同批挖站印染厂的下属组织,包围了兵团山印红联驻地,把玻璃砸烂,屋顶掏洞,打伤多人。23日,批挖站联系了平遥总站、汾阳总站及流亡在外的晋东南红字号、陕西红工机、阳泉826,统一行动,砸了介休县革命委员会,在全县到处打人、抓人,山印红联驻地再次被砸。该日,介休县革委已经无法在县城办公,只好把县革委及各机关办公机构,转移到县城东南山上的连福公社办公,各单位兵团组织也随同县革委上了山。当时的山西印染厂还没有投产,许多徒工在上海、郑州、天津、北京实习,在厂的上山人员就有160多人。

12月31日,总站方面的汾西矿务局东方红,会同平遥、汾阳及流亡在外的晋东南红字号、陕西红工机、阳泉826二百多人,携带各种武器,占领了介休火车站,抢劫行李房,拦截383次列车。围攻殴打刚刚下车的驻汾西矿务局首席军代表、4642部队陈广维副团长等三人。驻介休火车站军管会人员和车站职工前往阻止时,也遭到殴打。陈广维副团长等二人重伤;驻站军管人员十七人被打,四人重伤;职工五十一人被打,二人重伤。

到1969年1月份,介休形成了这样的局面:介休批挖站建立了自己单方面的革委会,占据县城办公;原三结合的介休县革委和县人武部在山上打游击,在连福公社办公,如招兵、行文等公务都在山上进行;汾西矿务局的兵团方面占据着局机关办公大楼。三层的办公大楼,一层是军代表(军代表支持兵团一方)办公场所,二层是局革委会办公场所,三层是武装人员的住所,楼顶是装着沙子的麻袋筑成的工事,有轻、重机枪及小炮。汾西矿务局机关办公大楼距县城西关的城墙也就几百米的样子,楼顶的机枪、小炮经常与城墙上的批挖站的武装进行对射,惊扰着胆小的老百姓。

有意思的是,指挥兵团方面武装的张锡满,是有传奇经历的抗日英雄,老游击队长。张锡满,介休上梁人,抗战时期,任介休一区武委会主任、轮战队队长,因是近视眼,戴着一副眼镜,号称铁南的"实瞎子"。1950年,任平遥县城关区武装部长;1959年任平遥县手工业局副局长;1965年调介休县新华书店任党支部书记。1969年,在介休的老百姓中把张锡满传说的很是传奇。有人说,有一次兵团占领火车站,看见了张锡满,身穿军大衣,宽宽的皮带,插着两把盒子炮,脖子上挂着一个大号的望远镜,很是威风;还有人说,张锡满的部队有许多抗战时期的老民兵,枪法很准,就是年纪太大,扛不动枪,打仗的时候由年轻小伙子扛枪，由老民兵来打仗。指挥"批挖站"方面武装的伍连福，是部队退役下来的一个营长，指挥一批退伍军人，很会打正规战。老百姓传言，张锡满总是打不过伍连福，可能是张锡满战术落伍的原因。

1969年3月9日，介休批挖站、汾西矿务局东方红，联合汾阳、平遥、灵石总站组织及晋东南红字号部分人员，共一千多人，袭击了驻扎在连福公社的介休县革委及其它机构。据《大事记》称：此次行动"打死打伤抓走革命群众多人。公用被子150余条，医院器械药品，粮食三万余斤，汽车自行车及其它公私财产，被一抢而空。介休县革委会13日就此发出《紧急通告》，严正指出：'39事件是一小撮阶级敌人有组织、有预谋、有步骤，有指挥地破坏毛主席的伟大战略部署的极其严重的政治事件，这种行为是反动的。'"这次被袭事件的发生有介休县革委"疏忽"的原因，此后，介休县革委只好搬到距离介休县城二十几公里的更偏僻的山区上梁公社的上梁村（现介休市张兰镇上梁村）。上梁村是张锡满的老家，有着良好的群众基础，革委会总算有了一个安定的家，一切似乎回到了抗战时期。

流落在汾阳附近的平遥总司为了防止平遥总站突袭汾阳方面，3月10日凌晨，平遥总司烧毁平（遥）汾（阳）公路大桥。平汾大桥是平汾公路的咽喉，钢架结构，大火燃烧了好几个小时，烧毁桥板数十米，彻底阻断了平汾公路。

1969年4月1日，中共第九次全国代表大会在北京开幕。次日，介休批挖站组织数千各厂群众集会庆祝九大开幕，会后进行了大游行。不知为何，游行队伍游着游着就游出了介休城西关，出了自己的势力范围。当游行队伍到达汾西矿务局大楼前时，游行队伍中的武装人员意图攻楼，大楼汾西矿务局兵团方面的武装人员突然开了枪，并投下了手榴弹，游行队伍顿时乱了套，四散逃走。此次冲突，游行群众死三十几人，伤几十人。据山西印染厂一游行人员回忆，枪声一响，他们连忙向路旁的矿务局宿舍的小巷子里跑，他曾经回头一看，在他后面跑的一个人，后脑被子弹击中，从前面穿出，整个面门都被掀了下来，立即扑地死亡。此事起因至今不明，可能是介休批挖站认为,兵团方面不敢向庆九大游行群众开枪,计划利用人多势众拿下汾西矿务局大楼。按《七·二三布告》以后的官方说法,是批挖站的部分人员企图炸掉汾西矿务局大楼旁的变压器,导致楼上开枪,因此事件,批挖站的游行的指挥人员被枪决。该事件当时影响极大,据说台湾国民党方面在介休设有间谍电台,当天就发报给台湾,第二天台湾广播电台就报道了该事件。未几日,介休批挖站汇集十三县联军进攻兵团所占据的汾西矿务局招待所,守卫招待所的张家庄矿的兵团人员阵亡三十几人,被俘人数不明,招待所被攻克。最终,汾西矿务局兵团人员全部撤离局本部,到山上与张锡满部会合。

九大以后,中央说,"文化大革命取得了伟大胜利",而山西看不出胜利的景象,武斗升级,局部战争打得更加凶残。

1969年5月21日,介休兵团工总司会同平遥、汾阳、孝义、灵石四县的总司人马约数千人,围攻介休县城,意图收复介休县城。总司方面一开始进行的比较顺利,很快占领了大半县城,包围了西北城墙根下的原县委、县人委所在地。此时,从县委大院中开出了一辆用拖拉机焊成的土坦克,上有四挺机枪,总司方面的进攻立即受阻。有勇者向土坦克下塞了一捆集束手榴弹,未见效果,土坦克继续来回向四处射击,战斗进入胶着状态。

可能是批挖站方面用电话向省城告急,当日,陈永贵赶到介休进行调停,双方达成了停火三天的协议。总司方面可能觉得继续攻打县城无望,汾阳、平遥、孝义、灵石总司的队伍各自回了各自的驻地,介休总司的队伍撤回到了距离县城约十几公里的窑则头村(现属张兰镇)休整,以为是平安无事了。

没想到,在5月22日早晨7时左右,介休批挖站撕毁协议,会同平遥、汾阳、孝义、灵石四县总站及晋东南红字号、陕西红工机数千人,突袭窑则头村,张锡满率领的三四百人被包围。据当时被包围的山印红联的工人回忆,那天早晨,有的人休息,有的人洗衣服,突然一声枪响,把哨兵打倒。待人们发现敌人时,机枪已经扫到了院子里。张锡满脖子上挂着两枚手榴弹,准备一旦面临被俘时就与敌同归于尽。张锡满带着部分人员,来到村后。他让警卫员冯茂盛侦察一下一条沟里有没有敌人,冯茂盛侦查后没有发现敌人,老练的游击队长张锡满就这样带着一部分人突围了出去,剩余的人员被打散。山印红联的工人还回忆该厂青工王华寿的脱险过程,王华寿来不及跟随大队突围,就藏在一个砖窑里,把枪藏在砖缝中,借了一套窑工的衣服穿上,脸上抹了一把黑,混在窑工中,躲过了一劫。此役,总司方面张锡满的弟弟和侄子阵亡,其余战斗伤亡不明。批挖站活捉总司70多人,就地枪决27人,其余被带回县城拷打折磨。战斗死亡情况不明,至少应有三、四十人。总司方面遭到惨重损失,老游击队长张锡满一败涂地,被打回老窝上梁公社,直至《七·二三布告》以后才返回县城。

3. 最后的战场在临汾

俗语说:"不叫的狗最厉害"。用这个俗语来形容应该是很恰当的,现在反映晋南两派斗争的资料很少,不说明晋南的武装斗争不激烈。

晋南位于山西省西南部,在山西以其独特的人文民俗和厚重的历史文化而形成的区域称谓。晋南是中华文明的发祥地之一。十多万年前,我们的先祖丁村人就在晋南汾河谷地劳动、繁衍、生息。据史书记载,上古时期尧建都平阳,之后舜都蒲坂、禹都安邑。中国第一个王朝——夏也诞生在这里。商朝时期,晋南为冀州之地。西周时,"桐叶封弟"的典故就发生在这里,周成王封其弟叔虞于唐,建立古唐国。叔虞的儿子燮父因境内有晋水,就把唐改称晋,这就是春秋时期称霸一方的晋国,这也是山西的简称晋的来源。晋南因在黄河东岸,故又称之为河东,秦、汉时期设河东郡,唐置晋州,宋、元、明、清为平阳府,民国初属河东道,新中国成立后设立晋南专区。上世纪七十年代初晋南专区分设临汾地区和运城地区,所辖石楼县划归吕梁地区。在山西民间仍习惯上将韩信岭以南的临汾和运城称之为晋南。晋南还是山西的粮棉之仓、铁煤之库。临汾钢铁厂、临汾纺织厂、运城盐化局、中条山有色金属公司都是晋南的大型企业。晋南的军工工业也很发达，平阳机械厂、风雷机械厂等都是我国军工的支柱产业。这么一块肥肉，自然成了争夺的焦点。

临汾地区的两派，一派叫"1.26"，由1967年1月26日进行晋南地区夺权而得名，由当时参加夺权的红二司和职工造反兵团为主组成，属于红联站观点，其中山西师范学院革命造反大队本身就是红联站的组织；另一派叫"3.18"，由1967年3月18日向"1.26"派进行反夺权而得名，属拥护刘格平的总站派。"1.26"派本是在运动初期的批判资产阶级反动路线的造反派，阴差阳错地跟着红联站反对刘格平，在一月革命后，受到了军分区（当时张日清还是支持刘格平的）和027部队（十二航校）的压制，3月18日被反夺权后，一直不太得势。5月10日晋南区革命委员会（同年8月改称晋南地区革命委员会）成立时，也没有得到多少名额。晋南区革命委员会主任是石珉（原山西省粮食厅副厅长），主要的副主任有王毅（晋南军分区副司令员）、孟力（空军第12航校校长）、杨力耕（晋南军分区副政委）。在与"318"的对抗中，由于"318"有部队（尤其是027部队）的支持，"1·26"多次被赶出临汾城。到1968年10月，晋南实现了革命大联合，地区革委会主任换成了吕树品（陆军第69军第107师副政委），"126"派借助69军的帮助，成了"执政党人"。而"318"派与太原的红总站一样在各单位成了"在野党"。

"318"派当然不会服气，他们自己的"革委会"搬到了侯马，在"3.18"派实力比较强的晋南南八县开始积蓄力量，成立了战时指挥机关"晋南八县武装捍卫红色政权总司令部"，总司令是当时鼎鼎大名的劳动模范王传河。当时所说的南八县是哪八个县？行政区划几经沿革，按照现在的县市已经很难严格划清。不过大体上说，应与历史上的蒲州地面比较接近。按民国年间的区划，应该说的是河津、临晋、猗氏、安邑、解县、虞乡、芮城、平陆，其中的临晋、猗氏，1950年代合成临猗，安邑大体相当于现在的盐湖区，解县虞乡合成了永济。按六十年代后期的划分，盐湖区就是当时的运城，再加上闻喜、新绛，也是八个县。"晋南八县武装捍卫红色政权总司令部"以八县为基地，步步为营，逐步向北推进。占领了侯马、曲沃、襄汾、洪洞、霍县等城镇，开始南北合击"1.26"所占的临汾城。1969年7月，南八县联军加上晋南北部的"3.18"的力量完成了对临汾城的包围，晋南革委会、支左委员会及各县"1.26"的骨干力量被围困在临汾城内。

临汾城号称"卧牛城"，城高四周低，易守难攻。当年徐向前率领晋冀鲁豫军区八纵、十三纵及太岳军区、吕梁军区地方部队6万余人，再加上晋冀鲁豫边区300万人民群众的后勤支援，围攻由两万阎锡山军队防守的临汾城。从3月7日开始，到5月17日攻克，经过了72个昼夜顽强奋战，可见临汾城之难攻程度。

新华社记者李果在他所著的《我当记者》（香港天马图书有限公司，2007年10月出版）一书中描写了文革中的临汾战役：

掌权的"318"派把革委会迁到侯马后，从各县调集了大批民兵，号称万人大军，有百门大炮，并于7月1日向守城的"1·26"派发起了大规模的攻坚战。城内约有5000人的武斗人员，抢了一个军火仓库，配备有新式机关枪等现代化的武器。这场战斗异常激烈，晋南地委的办公大楼被炸，死伤了不少人员，武斗战场硝烟弥漫，一片狼藉。

临汾市农民工子弟学校校长张树斌先生在其回忆录《黄河岸边草》第十五章中详细描述了七·一大战爆炸地委大楼的战事：

临汾城里126贴的大标语是：打到风陵渡，解放全晋南！而临汾城外城南（注：318派）贴的标语是：踏平临汾城，消灭1·26！

临汾大战的黑幕终于在七月一日，亦即共产党生日那一天的凌晨拉开。符合战争的常规，这说明318派背后有高参，有军人指挥。事实上是，318派攻打临汾的突破口并没有选在战线漫长的由我们守卫的南城墙，而是选在军分区所在的西城墙。因为，军分区所在的西城墙上本来就有一个进出城墙的通道，不过，平时是堵着的。而那天3.18派进来时，是开着的，这说明，这个洞是提前被军分区的人挖开的。而且，是军分区的人将这一挖开洞的消息告诉了318派的，否则，318派不会黑天半夜从这个洞里爬进来。这一系列的问题，说明

第八章 战火重起

七一大战实际上是由军分区的一些人与 318 派合谋很久,而且很周密的一次企图消灭 1·26 派的大战。

被引进洞的 318 先头部队是由临汾造纸厂红大刀纵队的头头曹国璋带领的。其成分主要由三部分人组成:学生敢死队和洪洞县的民兵与乡宁县的民兵。被引进洞的 318 先头部队遇到的第一个障碍是新绛县造反派,由于是凌晨,除过站岗的人,其他人都睡在城墙的据点里。318 先头部队打死站岗的人,把其余八人全部用刺刀捅死。我当时正在南城墙值哨,突然听到军分区所在的西城墙方向传出阵阵喊杀声。之后,就枪声大作。后来听说:当天 318 派的总指挥是蒋经亭,是陈百川在临汾动力厂的师傅。这师徒二人一人是 318 派的司令,一人是 1·26 派的司令。原计划先头部队进来后,先夺取西城门,把西城门占据之后,大部队从西城门进来,然后,夺取地委、再夺取鼓楼、水厂。这三个制高点夺取后,攻进临师,全歼 1·26,活捉齐有臣、陈百川。这是一套完整的作战计划,而且是一套周密的、符合战术军事原则的计划。说明有军方参与。然而,计划是计划,变化是变化,计划赶不上变化。318 派的先头部队消灭了 1·26 派的第一个据点---新绛造反派后,迅速南移攻向西城门。可是,他们在这里遇到了硬头货。由王忠孝和毛福民等永和造反派的那挺重机关枪开始发威,猛烈的扫射使他们不能靠近半步,城门打不开,318 派的后续部队只能爬在西城墙外的野地里。这为 1·26 派的扭转局面赢得了最宝贵的时间。与此同时,被打蒙了的 1·26 指挥部迅速清醒过来,立即调动洪洞造反大队和万荣九二五造反派与郭家庄民兵连赶赴西城墙,经过激烈的争夺战,全面控制了西城墙,彻底断绝了 318 派的后续部队进城的可能性。这是 1·26 派这次战斗中最绝妙的一步。

曹国璋带领的先头部队看见夺取西城门无望,就去占领地委大楼,因为,地委大楼与军分区仅一墙之隔,而且,地委大楼 1·26 派没有设据点。318 派的先头部队占领地委大楼后,迅速通过临一中,向鼓楼接近,准备夺取鼓楼制高点。但被鼓楼上的建筑公司造反派顶住了。这样,对于 318 派的先头部队来说,西城门与鼓楼拿不下来,就不可能攻进临师，拿下水厂又无望，后续部队又进不来，于是，只有困守地委大楼。真成了关门的狗，瓮中的鳖。但怎样拿下地委大楼里3.18派的先头部队，这对于1•26派的头头们来说，是一个巨大的难题。这时，为了指挥方便，能居高临下观察地委大楼的动静，1•26指挥部已经临时搬上了水厂的水塔，那天水塔上的会议我没有参加，几十年后，我在临汾办学校，陈百川因家庭原因，在我的学校里住了半年多，两人闲来无事，就扯这些过去的事。据他说，当时，1•26的七大常委都在水塔上。经过反复研究，认为，首先是肯定不能过夜，打了一整天，已经是下午了，如果过夜，318派的后续部队从其它地方进来，就面临全面失控的危险，那就前功尽弃了。所以，必须在天黑以前解决。但怎么解决，强攻伤亡太大，因为，就地委大楼的形势来说，318派在暗处，126在明处，318有依托，126没有依托，所以，强攻肯定不行。那就只有一条路，炸！可是，炸地委大楼，这承担的政治风险太大了，用现在的话说叫，尚属全国首例。所以，七大常委全部签字，要进监狱一起进，要判死刑一起死，十分悲壮！正在这时，从地委大楼用绳子吊下来的被318派困在楼里的126派的家属报告说：被困的126派家属都在大楼的两头，318派持枪的武斗人员都在楼梯口。于是，决定炸楼梯部位。但是，炸药怎样能送进去，又成了问题。有人提出利用鼓楼东大街上放的那辆坦克（318用拖拉机制造的）吸引火力，然后，乘机将炸药送进楼梯。于是，通知各连队立即寻找坦克手。结果，侯马一个大个子被选中，他立即就去开那辆土坦克，竟然顺利地开进了地委大院，并绕大楼转圈，318派也不知道自己造的这土坦克绕大楼转圈是要干啥？于是，所有的火力都集中到这坦克身上。1•26派乘机将炸药送进一楼楼梯口。当然，此前1•26已经控制了一楼。一切准备妥当，总攻击，也即爆炸时间定在下午四点整。又是一阵难熬的寂静，坦克已经退出地委，1•26的人也随坦克撤出了一楼，同时，也停止了射击，318派也停止了射击。突然，一声巨响，地委大楼土石乱飞，烟尘四起。

由于我们事先知道要炸地委大楼，所以，这次没有惊悸，只有兴奋。我们当时有自己的守卫任务，没有去参加围攻地委大楼的总攻击。那天下午，临师的操场上摆放了二十一具尸体，白花花地放着二十一口棺材。叮叮咚咚钉棺材的声音，非常刺耳。第二天，为这二十一位同志开了盛大的追悼会。会后，我爬上西城墙，看到城墙下一具具尸体。听说，那天318派一共死了四十多人，大部分是洪洞县与乡宁县的民兵。我还跑到地委大楼去看，楼背后从一楼到四楼（一共只有四层）的楼梯全部炸塌。塌下来的砖石底下埋着多具身穿黄衣服，剃着光头的318派先遣队员的尸体。我拽着钢筋爬上二楼和三楼，看见到处都是断壁残垣。当时，炸塌的楼下还把晋南地委唯一的一辆伏尔加黑色小轿车压扁了。

张树斌先生的回忆说明晋南两派战争的惨、烈。

南八县联军急切难以攻下临汾城，就一方面采取了围困措施，一方面准备待调集重武器齐全后再进攻临汾。"318"为了围困临汾城，控制了临汾火车站和临汾铁路局，无视国家铁路运营计划，在同蒲线南段私自开通"三一八次"列车，用于调遣人员和装备，遏制对方的人员和物资的调遣。7月下旬，"318"派调集了可以武装两个炮兵团的一百多门大炮（老百姓传说是晋南军工厂自制的），准备在1969年8月1日发动总攻，临汾危在旦夕，晋南的局势已经到了最危急的时候……

4. 山西的"最早"和"最晚"

在中央接见山西群众代表时多次说过，山西夺权最早，现在落后了。这真所谓是：天下未乱晋先乱，天下已治晋未治。

中央批评的当然不对，山西的"最早"和"最晚"，是其客观条件决定的，并不是刘格平少数人或山西人能决定了的。况且，毛泽东和中央自己也无法决定，"毛泽东亲自发动和领导的无产阶级文化大革命"的"早"与"晚"，何况区区的山西人乎？

山西的"最早"，是源于山西人的"马列主义"水平高，常能紧跟毛泽东和党中央的英明决策；还有山西的领导干部与刘少奇、彭真、薄一波关系密切，早早成了党中央的"靶子"；再有山西是"另类"干部的"集中营",犯了错误的黄克诚、刘格平、刘贯一、袁振、陈守中等都贬到山西来做官,给主流干部造成了威胁。

山西的"最晚",是源于山西的革命对象和保守派力量强,迟迟不肯"就范"。先是卫王王,后是刘陈刘,再有袁振和"军内一小撮"。像法国大革命一样,越到后来,不断地从革命阵营中分裂出了革命对象,保守派力量好像也是越来越强,给革命造成了"大麻烦"。

山西的"最晚",还源于山西的造反派的"不断革命"的思想及造反派有坚硬的后台。山西的革命造反派从1967年1月开始,号称进行了三次大革命,要把有不同观点的干部全部打倒,岂能得势久乎?造反派干部刘格平有中央文革作坚硬的后台,从1966年底开始,刘格平就是毛泽东及中央文革打倒刘少奇及彭真、薄一波等六十一叛徒集团的一枚重要棋子,对于这枚重要棋子,中央文革舍不得轻易抛弃。革命造反"群众"陈永贵是大寨红旗的扛旗人,腰杆更是很硬。山西的造反派跟着这两位"特别革命"的人,岂能停止革命的步伐?

山西的"最晚",也源于中央内部两派势力斗争的涨消。中央一阵子支持这一干部,一阵子支持那一干部;一阵子支持这一派,一阵子支持那一派;一阵子支持地方,一阵子支持军队,搞得革命群众无所适从。

毛泽东口头上说不赞成周泉缨的"四一四思潮",但他采取的措施却博得了清华四一四派的喝彩,这间接地证明了确实是"四一四思潮必胜"。毛泽东不是不喜欢继续革命,而是不喜欢那些已经不听他的话的革命造反派了。也许是为大乱的形势所迫,也许是中央内部保守势力开始占优,也许是真的厌烦了革命造反派了,反正毛泽东和中央已经下决心在全国结束这场混乱的革命群众运动了,向山西的革命造反派开刀的时候也到了!

第九章

军管：结束革命群众运动的最后手段

法国革命和俄国革命的历史告诉我们，军事管制是结束革命民主，结束革命群众运动的最有效的也是最后的手段，毛泽东要结束群众运动似乎也没有其它的好法子，即使他主观上不愿意利用军队保守派的势力，为了稳定全国形势，也只好借助于军管了。

第一节 《七·二三布告》结束了山西的群众运动

1.《七·二三布告》的大背景

1969年4月1日至4月24日，中国共产党第九次全国人大代表大会在北京举行。中共全国代表大会召开的时间很不正常。中共第六次代表大会于1928年在莫斯科召开，那次的党章规定，党的代表大会每年举行一次。但中共七大于1945年在延安召开，相隔了17年，超期了16年；中共八大于1956年在北京召开，与党的七大相隔了11年，按七大党章应每三年召开一次，超期了8年；党的九大在1969年召开，与党的八大相隔了13年，按八大党章应每五年召开一次，超期了8年。这种超期现象说明了党内民主生活极不正常。如果说在战争的特殊时期不正常的会期还可以理解的话，在革命即将成功的重大转折时期（如1948年）、在党的政治经济政策出现重大失误需要调整的时期（如1961年），真正需要召开党的代表大会的时候，却都违反党章，没有召开党的代表大会，原因至今都没有说清楚。

然而，党的九大也不是在党内铁板一块的情况下召开的。经过1967年和1968年的斗争，虽然刘、邓、陶、彭、薄、陆、杨都下了台，文革小组组长陈伯达也转了向，聚集在林彪、周恩来周围，开始或明或暗与毛泽东及康生、江青、张春桥等为首的中央文革唱起了对台戏，还不断地造成了毛泽东不得已的让步，山西形势的不断变化就说明这一点。

九大前夕，由林彪负责、陈伯达起草的题为《把我国建设成为强大的社会主义国家而奋斗》的九大政治报告，由于其中心内容较多地强调了"发展社会主义生产力，提高全国人民的物质生活水平和文化生活水平"，而被康生、江青、张春桥等人批为"唯生产力论"，最终被毛泽东否决。后来，九大采用了康生、张春桥、姚文元三人起草的体现"继续革命"思想的政治报告。九大前夕关于政治报告的争论，体现了中央内部不同路线的斗争。

九大前夕，双方还就政治局委员和常委的名单进行了争论，双方都做了让步，结果江青与黄永胜都未进常委。

吴法宪回忆说，党的九大以后，"中央文革小组实际上是不存在了。虽然没有明令撤销，但在中央下发的文件中，中央文革小组的名称已经看不到了。"中央的日常事务的处理，已经由"中央政治局会议代替了中央文革碰头会"。

邱会作在与其子的《心灵的对话》中也提到了九大以后中央政治局会议的微妙变化："过去的中央碰头会，名义上是周恩来主持，事实上是江青当家。'九大'以后的政治局会议，才真正由周恩来主持了。周因故不能到，陈伯达、康生也主持过政治局会，但从来没有让江青主持过，不是江青当家了。""过去的中央碰头会，江青不到不能开会。'九大'以后的政治局会，江青不到照样开会。过去碰头会之前，周恩来总要谦恭地问一句：'江青同志，我们开会吧？'江青不点头不答话，周恩来一般不会马上宣布开会。'九大'以后的政治局会，周恩来仍习惯地问一句：'江青同志，我们开会吧！'不管江青回不回答，照样开会，这句话仅仅是礼仪了。""周恩来变成了真正的主持人，他很尊重大家的意见，只要多数人同意的事情，不管江青同意

第九章 军管：结束革命群众运动的最后手段

不同意，周恩来就拍板决定。如果江青提出异议或纠缠，周恩来照样继续支持讨论其他的事，把她客气地'晾'在一边。"对于周恩来的变化，邱会作是这样回答的："周恩来能够这样做，主要有两条：上有毛泽东的信任，下有老同志和军队的支持。"

常参加中央政治局会议的人员的力量对比也发生了变化。要求继续革命的极左派有康生、江青、张春桥、姚文元四人，或许还有谢富治；军队和保守的势力有陈伯达、叶群、黄永胜、吴法宪、李作鹏、邱会作六人，周恩来在内心是保守的，外表是骑墙的。

九大前后，国际局势非常紧张，1969年3月，中苏这对过去的社会主义兄弟之间为了争夺乌苏里江主航道中心线中国一侧的珍宝岛发生军事冲突，战斗从2日开始，断断续续打到20几日，已经到了团级以上规模。非社会主义阵营的国家对中国的文革和毛泽东"输出革命"的思想也有着很多非议，这就造成了中国恶劣的国际环境。

"攘外必先安内"。毛泽东想要应付复杂的国际环境，必先稳定国内形势。再加上国内的纷乱的形势，大大影响了国内的生产和生活，总不能一直乱下去，毛泽东只好牺牲曾经为他的文革立过汗马功劳的造反派了。在这一点上，江青似乎与毛泽东有些不同。江青似乎对造反派更有感情，在九大上，极力为造反派说话，希望中央委员会中多几个造反派委员。

毛泽东不但有放弃造反派的思想，而且也找到了主张放弃造反派的势力，这就是军队。看过邱会作、吴法宪、李作鹏等人回忆录的人都知道，这些军队干部对造反派恨之入骨。1967年7、8、9三个月"揪军内一小撮"的运动又使得广大军队干部受到冲击，又加深了军队干部对造反派的仇恨。如果让这股势力去解决造反派问题是再恰当不过的了。

看来，造反派，尤其是极端的造反派真是快倒霉了，因为毛泽东准备出手了。在这个时期，山西的造反派还在不知进退地自顾自地进行着武斗，似乎有点"不识时务"。

2.《七·二三布告》出台

1969年4月8日,出席九大的山西全体代表给全省广大革命群众发出公开信,指出:晋中、晋南、太原等地的少数地区、少数单位,还在破坏毛主席的伟大战略部署,干扰斗争大方向,内战不休,武斗不止。有的还在拉拢队伍,打派旗,搞分裂。有的地方在阶级敌人的策划和挑动下,破坏交通,烧毁桥梁,抢劫仓库,抢夺人民解放军的武器,殴打枪杀解放军指战员,这是不能容忍的!公开信向全省工人阶级、贫下中农、革命的知识分子、广大革命群众呼吁:坚决贯彻落实毛主席的一系列指示,坚决执行《七·三》《七·二四》布告和中央首长"2.18"指示和《五不协议》,立即制止武斗,迅速实现归口大联合,搞好本单位的斗批改。要在革委会和军管会的领导下,抓革命,促生产,促工作,促战备,以最新最优异的成绩,向"九大"献厚礼,向毛主席表忠心,为实现全省一片红,夺取无产阶级文化大革命的全面胜利而奋斗。

4月13日,山西省革命委员会、核心小组发出《关于贯彻中央负责同志指示的紧急通知》。《通知》说:中央首长在"九大"期间对山西作出了多次指示,指出在庆"九大"期间还在武斗,还不归口大联合,太不像话了。《通知》要求各地各单位立即认真落实中央首长的指示,立即制止武斗,迅速实现归口大联合,迅速解散跨行跨业的组织和"××工人"组织,力争早日实现全省一片红,向九大献厚礼,向毛主席献忠心。

按说在九大期间,就像在奥运会期间一样,大家都给奥运大家庭面子,象征性地不进行交战,以示向往和平。但山西的群众组织一点不给九大面子,照样是你说你的,我打我的。大联合以后拉出来的队伍"太原工人""太原红卫兵"照旧单独活动。榆次大联合后拉出来的组织晋中"一把火",甚至像一支城市游击队,在4月15日、21日,几十人手持冲锋枪、半自动步枪,分别袭击了榆次县食品厂和晋中地区公安机关军管会,打伤、炸伤解放军干部战士多人。

其实,无论是重拉队伍,还是继续武斗,都不能怨群众。非要把

第九章　军管：结束革命群众运动的最后手段

不同政治主张的两群人，搞到一块进行"大联合"，本就不合情理。即使两派都是革命组织，但各自实现革命的方法不同，也没法走到一路上去，所以没有大联合掌权的道理，连"革命"的毛泽东与"革命"的刘少奇都不能实现一下"革命的大联合"，况群众乎？要解决两派群众的矛盾，"革命的大联合"的方法已经失效，如此，想要平息内乱，就只好借助军队了。

1969年7月，山西局势已经到了不可收拾的地步时，中共中央再次召开了解决山西问题的会议。根据会议讨论的结论，中央发出了在山西文革史上的一个极其重要的文件，即中发（69）41号"七·二三"布告。其正文如下：

中国共产党第九次全国代表大会以来，在伟大领袖毛主席关于"团结起来，争取更大的胜利"的号召的鼓舞下，全国形势大好。山西省同全国一样，形势也是好的。但是，在太原市、晋中、晋南的部分地区，混在各派群众中的一小撮阶级敌人和坏头头，利用资产阶级派性，蒙蔽一部分群众，抗拒执行中央历次发布的通令、命令、通知和布告，犯了一系列极其严重的反革命罪行：

一、组织专业武斗队，搞打、砸、抢、抓、抄，危害人民生命财产安全，破坏社会革命秩序。

二、抗拒实行中央决定的革命大联合、革命三结合的方针，破坏已经实现的革命大联合、革命三结合的革命委员会，另立山头，制造分裂，提出"武装夺取政权"的反革命口号，向无产阶级进行反夺权。

三、冲击人民解放军机关、部队，抢夺人民解放军的武器装备，殴打、绑架、杀害人民解放军指战员。

四、破坏铁路、公路、桥梁，武装袭击列车，抢夺交通工具，抢劫旅客财物，危害旅客生命安全。

五、抢占国家银行、仓库、商店，私设银行，抢劫国家大量钱财。

六、用武力抢占地盘，构筑武斗据点，实行反革命割据，残害人民群众，向群众敲诈勒索，派粮派款。

七、煽动、威胁工人停工停产，煽动农民进城武斗，破坏工农业生产和国家计划。

中央认为，这一小撮阶级敌人和坏头头破坏落实"九大"提出的各项战斗任务，破坏无产阶级专政，破坏无产阶级文化大革命，破坏社会主义建设的罪行，是违反广大人民利益的，山西广大人民极为痛恨。为此，中央决定：

一，中央重申过去发布的"七·三""七·二四"布告和其他通令、命令、通知，任何组织和个人都要坚决、彻底、全部地执行，不许违抗。

二，双方立即无条件停止武斗，解散各种形式、各种名称的专业武斗队，撤除一切武斗据点，上交一切武器装备。凡放下武器的，或回原单位，或由解放军集中训练。

武力强占地盘、拒不执行本布告、负隅顽抗者，由人民解放军实行军事包围，发动政治攻势，强制缴械。逃跑流窜者，由人民解放军实行追捕，归案法办。

隐藏、转移武器，利用国家的工厂和物资私造武器的行为，都是严重的犯罪，必须依法论处。

三，解放军的武器、弹药、车辆和其他装备物资，一律不许侵犯。抢夺解放军的一切装备，必须无条件全部退回。对挑拨军民关系的阶级敌人，要给予坚决打击。

四，立即无条件恢复铁路、公路交通运输。撤销同蒲路南段非法的"三·一八次"列车。

冲击车站，袭击列车，破坏铁路、公路运输，抢劫车站物资、车辆，搜查、抢夺旅客财物，都是土匪行为。对极少数坏头头和反革命分子，要逮捕法办。

五，银行、仓库、商店等国家财产，任何人不得霸占、抢掠。要严办抢劫国家财产的主犯，追回抢劫国家的一切物资和资金。

六，对杀人放火和其他罪大恶极的现行犯罪分子，应当发动群众检举；对确有证据者，要列出他们的罪行，交给当地群众家家户户讨论，并依法惩处。

七，对煽动、威胁职工离开生产和工作岗位的坏人，必须依法惩办。至于一般受欺骗而离开生产和工作岗位的群众，应进行教育，动员他们回本单位抓革命、促生产、促工作。自布告公布之日起，逾期一月不回工厂生产、不回机关工作者，工人、职员停发工资。如继续顽抗，长期不回者，责成山西省革命委员会视情况予以纪律处分，直至开除。

对回本单位的人应当欢迎，保证其人身安全，不许歧视和打击报复。如加迫害，必须追究责任，严肃处理。

八，凡分裂革命大联合、破坏革命三结合的行动，另立的山头，一律是非法的，中央概不承认。重新拉起的队伍，都要立即解散，实行归口大联合。

党的政策历来是：坦白从宽，抗拒从严，首恶必办，胁从不问，受蒙蔽无罪，反戈一击有功。两派中的坏人，由两派群众各自清理。要执行毛主席的无产阶级政策，严格区分两类不同性质的矛盾，团结一切可以团结的力量。对一小撮阶级敌人要坚决打击，同时也要执行毛主席"给出路"的无产阶级政策。

中央相信，山西两派群众都是革命的。中央号召山西的工人阶级、贫下中农和广大革命群众、革命干部，更高的举起毛泽东思想伟大红旗，在山西省革命委员会的领导和人民解放军的支持下，认真落实"九大"提出的各项战斗任务，发展、巩固革命大联合和革命三结合，夺取无产阶级文化大革命和社会主义建设的更大胜利！

一九六九年七月二十三日

"七·二三"布告发出的一个月后，党中央又对边疆各省、市、自治区发出了类似于"七·二三"布告的"八·二八"命令，自此，全国的大规模群众运动基本结束，各企业和单位进入了军管阶段，无产阶级文化大革命也进入了上层的政治斗争阶段。

顺便提及，按曹中南子女的回忆录，"七·二三"布告是由曹中南组织人员，在太原迎泽宾馆起草的。

3. 谢振华临危受命

"七·二三"布告发出后,为使布告尽快得到落实,中央又在中南海怀仁堂举行了另一次会议,会议结束前,周恩来总理代表党中央宣布:由 69 军副军长谢振华(接替刘格平)担任中共山西省核心小组组长(后经省党代表大会选为省委第一书记)兼革委会主任。同时,中央军委也任命谢振华为北京军区副司令员兼山西省军区司令员、军区党委第一书记。谢振华开始主持山西党政军全面工作。69 军政委曹中南成为谢振华主持山西党政军全面工作的最主要助手。谢振华、曹中南终于替代袁振、张日清站在了山西文革的风口浪尖上了。

谢振华,1916 年 9 月至 2011 年 8 月,江西省崇义县上堡乡甲子村人。1929 年 13 岁参加革命,1932 年加入中国共产党,开国少将。在土地革命战争时期,曾任红 3 军团 5 师 14 团政委等职。抗日战争时期,曾任八路军总部特务团政委,新四军 3 师组织部长兼敌工部长等职。解放战争时期,任第三野战军 30 军军长等职。解放后,曾任中国人民志愿军、中国人民解放军 21 军长,69 副军长等职。谢振华参加过多个著名战役,如湘江战役、淮海战役、上海战役等。谢振华是我军为数极少的在三个野战军或其前身都工作过的将领之一。

曹中南,1914 年生,河北景县人。1933 年加入中国共产党,1938 年参加八路军,开国大校,1961 年晋升少将。抗日战争时期,任冀南民军第三纵队政训处政训员,八路军东进纵队第五支队政治部组织科科长,第三团政治处民运股股长,第七旅教导队教导员,旅政治部组织科科长,中共清河县委书记,冀南军区第六军分区政治部副主任、主任。解放战争时期,任晋冀鲁豫野战军第二纵队六旅政治部主任。1947 年调回豫北从事地方军事工作。1949 年组建第十四纵队时任第四十二旅政治部主任。参加了邯郸、陇海、定陶、豫北、安阳、新乡、黄河铁桥等战役战斗。中华人民共和国成立后,任华北军区白求恩国际和平医院政治委员,华北军区干部部组织统计处处长兼军衔奖励处处长,第 69 军政治部主任,北京军区政治部干部部部长兼军区军事法院院长，中国人民解放军第65军副政治委员，第69军政治委员。曹中南在69军中的地位被人们形容成"69军头脑"，应该是不可替代的智囊式人物。

在1967年"一月革命风暴"刮起的时候，69军正驻扎在河北保定。不久，河北省委和保定地委均被冲击夺权，谢振华曾经请省委书记刘子厚、地委书记李悦农到69军避难，并协助地方有关人员把重要文件和被夺取的公章从造反派手中要回来交还地方。为此，69军被当地的造反派称之为"保皇军"。

1967年3月，中央军委调整京畿驻军，嫡系部队38军替代69军驻扎保定，转而支持造反派。69军则从河北调入山西，担负支左和部分厂矿军管任务，以确保煤炭基地的正常运转。1967年12月，山西形势一直未见好转，中央提议由69军负责主持山西的支左工作，当时谢振华是69军副军长，曹中南是政委。毛泽东听完周恩来对谢、曹情况的介绍后说：看来这两个人的条件都还好，一个有丰富的作战经验，是老红军出身，经过了长征，完全可以信得过；另一个长期搞地方武装斗争，对地方上、部队上的政治工作比较熟悉。我看就让曹中南进入省核心小组里，让谢振华负责山西的支左工作，把整个山西的形势稳定下来。

谢振华指挥军队很有经验，他请示中央军委批准后，调动了北京军区驻晋各部队及从河南调入的第一军的一个师，共二十多个团的部队，进入了山西省各地、各大单位进行军管，深入宣传"布告"精神。

谢振华在他的《难忘的回忆》中写道："在不到一个月的时间内，武斗不仅被制止了，而且武斗队还自动向指定地点交出各类武器七万多件。拆除了各机关、学校内构筑的武斗工事。解散了武斗队数千个。至此长达两年之久的大规模武斗得到了制止，社会正常秩序初步得到恢复。"

第二节　稳定措施之大清理

虽然九大报告有过激烈的争论，从党的九大可以看出，群众组织已经很不吃香了。在中央委员会中，真正的下层或造反派组织的代表只有王洪文、徐景贤等十几人，其中还有好几个是劳模。从山西的情况来看，陈永贵进中央，虽然其造反的因素占了很大的成份，但劳模的因素也不可小觑。山西进中央候补委员的群众组织代表韩英、王体不是山西省的主要群众组织领袖，过程有点戏剧性。在召开全国煤炭会议时，韩英是大同矿务局的代表，王体是阳泉矿务局的代表，同为群众组织的代表，韩英是年轻干部，王体是老工人。此二人在煤炭会议上的发言受到周恩来的重视，在九大上被周恩来提名担任了中央候补委员。

李辅在《所忆所思七十年》中提到了这件事：韩英并没有参加"九大"，九届一中全会要召开，突然"敲门"通知韩英参加全会。韩英还以为弄错了，根本认为不可能。韩英原名韩赢，名字也不对。经过矿务局党组织与中央核实，此韩英就是彼韩赢。这是怎么回事呢？原来"九大"会议期间，讨论中央委员名单，周总理提出山西对国家的煤炭贡献很大，中央委员中应该有煤炭系统的代表人物，让山西提名。刘格平只顾打派仗，争权夺利，提不出合适人选。后来周总理提出，在全国煤炭会议上，大同矿务局有一个主管生产的负责人发言，顾全大局，狠抓生产，就很不错么？刘格平赶紧打电话问大同矿务局那个人是谁，才知道是韩英。电话中也弄不清赢是那个音，就写成英，成为历史趣事。阳泉矿务局的老工人王体，也是在全国煤炭会议上发言反对搞武斗，反对打砸抢，主张搞好生产，也被周总理记住，提为中央候补委员。事后，人们把出乎意料当选的中央委员称为"敲门委员"。

在九大的中央委员和候补委员中，军队干部和劳模占了很大的比例，造反的革命干部也有一定比例，真正的造反派群众组织代表微乎其微，这说明毛泽东和军队干部已经达成妥协或共识，就是群众运

第九章 军管：结束革命群众运动的最后手段

动不能再进行下去了。

全国清理"造反派"的行动早在从 1968 年 7 月就开始了。就像清华大学井冈山分裂为团派和四一四派一样，在 1967 年的夺权为界限，全国的群众组织几乎都发生了新的分化和组合，也就是说造反派也都发生了分裂。之后，造反派中的激进派和保守派之间的武装斗争越演越烈，中央不得不下了一系列布告、通令及通知来制止大乱的局面。7 月 3 日，中央发布了关于广西问题的"7·3"布告，广西军区就对"422"派进行了一边倒的无情镇压；7 月 24 日，中央又发布了关于陕西问题的"7·24"布告，陕西的造反派也受到同样的遭遇。当时中央要求全国都执行"7·3""7·24"布告，再加上 7 月 27 日毛泽东一手部署的工宣队进清华的事件，全国的造反派，无论是激进派，还是保守派几乎都面临着被整肃的局面，只不过保守派由于军队的支持日子稍微好过些罢了。在刘格平和陈永贵两个"硬头货"的支持下，山西的激进派能坚持一年之久，也实属不易。

我们之所以称之为"大清理"，没有称之为"大镇压"，一是因为对群众组织的清理一般是与清理阶级队伍运动一起进行的，二是清理的过程没有那样激烈。山西是在"一打三反运动"中镇压了一批指挥、策划武斗，造成严重伤亡和严重后果的坏头头。这是后来能稳定住形势的关键措施。广西对造反派"422"派的清理行动是军队与相对保守的群众组织"联指"联合进行的，过程中还打着清理"反共救国团"的旗号，所以清理的特别残酷，可以称之为"大镇压"。山西则不同，山西的清理是由军队独立进行的，军队毕竟要对中央承认的两派革命群众组织"一碗水端平"，并且军队要讲政策，所以，相对广西来说，手段要温和得多。

1. 军队进入山西的千家万户

1969 年 8 月以后的山西，仿佛回到了 1949 年的中国，身着绿军装的军人走进了机关、工厂、学校、商店及乡村。

山西省委、省革委各机关负责人中有不少由解放军的各级别负责人兼任,各县的县革委的主要负责人也有一些是由各县武装负责人兼任。为了体现部队"一碗水端平"(即对两大派组织不偏不倚)的立场,防止军队有所谓"资产阶级派性",中央军委还把山西省各军分区的人员与河北省各军分区的人员进行了整体调换,比如,晋中军分区与保定军分区作了调换。相应地各县人民武装部也进行了对换。从后来的效果看,这种调换也没有什么太大的作用。军队之间总是相通的,在介绍本地情况、交接工作时,不免谈谈自己的看法。另外,军队不是傻瓜,谁反军?谁拥军?军队心里大致总有个谱。还有,军管的主力69军,从1967年第一季度就进入了山西,冷静观察,辨是非、不表态,以至于后来,红总站和决死纵队把矛头指向了谢振华、曹中南及69军,从后来的问题的处理中,在省城的大的问题上,在老百姓看来,69军"一碗水"端得还比较平。红总站有人认为端得不太平入。

许多工厂实行了"天天读"制度。现在的人可能不知道什么是"天天读"制度,"天天读"制度就是每天要读一段毛泽东的书。班前或班后(一般是班前)开半小时的会,进行"天天读"。会前,全体起立,右手高举《毛主席语录》,由班长领头,大家齐喊:"敬祝毛主席万寿无疆!万寿无疆!!万寿无疆!!!";"敬祝林副主席身体健康!身体健康!!永远健康!!!"然后,由班上的工人中文化程度较高、口齿伶俐、性格活跃的人,读一段毛主席著作了事。这种形式主义,使人厌烦,心有不满,嘴不敢说。

解放军进入各工厂各单位按照中央部署,立即开始了清理阶级队伍运动。建国后进行了那么多运动,阶级队伍还是不纯,不知道什么时候这个队伍才能纯洁?也可能永远也不能纯洁,旧的阶级异己分子清除完了,新的阶级异己分子又产生了,像刘韭菜一样,清理阶级队伍运动,应该一直进行下去。不过,清理阶级队伍运动的办法挺有意思。由以农民出身为主的解放军的基层干部和战士,领导工人阶级的阶级队伍,正好把领导阶级和被领导阶级颠了一个个儿。看来,政治理论永远要服从于实际需要。需要"工人阶级领导一切"时,工人阶级可以进入一切领域;工人阶级需要被领导时,任何阶级也可以

第九章　军管：结束革命群众运动的最后手段

领导工人阶级。

　　清理阶级队伍运动搞得特别严，有些刚刚参加工作的青年学生，说错点话、做错点事，动辄就被打成反革命、阶级异己分子。有些地方有些单位甚至搞了"文字狱"，有些小知识分子喜欢随便写画，有时在报纸上写了几个字，有些积极分子透过报纸看到反面的字，就构成了"反动"的话，这些随便写画的人立马就成了反革命分子。各单位、各企业也都办起了学习班。这时候的学习班已经变了味。开始时的学习班是处理两派矛盾的地方，或者是保护受冲击的干部的地方。到清队时，学习班已经成了"牛棚"，里面关着形形色色的有问题的人员，"费尽脑汁"地交代问题。这种"费尽脑汁"有两层意义。一是为了过关，没问题也要"费尽脑汁"地想出问题；二是为了以后脱罪，想出的问题帽子虽大，问题却不能大。这种"牛棚"还不同于文革初期的"牛棚"，那时的"牛棚"关的是"走资派"和"反动学术权威"；这时的"牛棚"关的是"群众"，美名曰"群众专政"。这说明文革打击的对象的范围越来越大，也说明文革打击对象发生着变化。

　　这时的阶级斗争到达了"草木皆兵""风声鹤唳"的地步。在太原锅炉厂流传着这样的一个小故事：有一天的夜里，某车间的一扇小门响了一下，值班人员第二天就把此事汇报给了车间主任。该车间主任不敢怠慢，连忙汇报给了驻厂首席军代表张营长。张营长指示："这是阶级斗争新动向，要立即进行追查。"车间主任回去后，向各班组了解情况，班组长们反映没有丢什么东西。主任又向值班人员了解详细情况，值班人员说："可能是那天晚上风大，门没有插好，被风刮得哐当了一声。"主任以为然。主任又去向张营长汇报，说是风刮的，也没丢东西。没想到张营长回答说："这是一股妖风，继续追查！"

2. 清理行动在太原

　　1970年在山西开始的清理造反派的运动很像1950年的镇压反革命运动。中央把"杀人权"下放到了省里，据说这种现象只有两回，一回是1950年的肃反运动，另一回就是文革的清理造反派的时候。当时的政策也很简单，就是"一命抵一命"。以太原锅炉厂为例来说明这种政策。

太原锅炉厂始建于1958年，由太原矿山机器厂一部分干部和工人、工建机械厂及安装公司锅炉检修队三个单位的人员组成。到文革时，成为一个千数人左右的制造工业锅炉的市属中型企业。在文革中分成了属于决死纵队的革命造反指挥部（简称指挥部）和属于兵团工总司的革命造反司令部（简称司令部）。指挥部由成分好的工人、干部及一部分代县来的农民轮换工组成，运动初期，起了老红卫兵的作用；司令部是由建厂初期从山西矿山机器厂调来的大部分干部和城市招来的工人组成，难免其中有成分不好的人员。指挥部人数少，打不过司令部，再加上河西区是工总司的天下，河西区的主厂区由司令部占着；指挥部没办法，只有占领位于太原市北部的老厂区，那里是决死纵队的天下。老厂区属弹丸之地，指挥部时时想着联合外单位的人马打回主厂区。为此就发生了两起打死人的事件。

一起是前述的1969年锅炉工人及指挥部杀回厂里手榴弹炸死人的事件。结果在"七·二三"布告后，投掷手榴弹的人被枪决。

另一起则是埋伏偷袭死人的事件。当时粮食供应比较紧张，要本（粮食供应本）、要票（粮票）、按比例（粗、细粮按比例）、定地点（购粮门市部）购粮。锅炉厂距市区较远，该地区购粮点少，买粮需要排很长时间的队，所以，有的人就早晨五、六点钟前去排队，以便能早点买到粮，白天能去上班，或者去办别的事。那一天早晨六点左右，锅炉厂的工人李保全，欲提前去排队买粮。李保全所住的单身楼是太锅宿舍区的司令部方面的武斗据点，外面有围墙，由于时间太早，大门未开，李保全就准备翻围墙出外买粮。这时在围墙外埋伏着两名指挥部的武斗人员，李保全在围墙上一露头，埋伏在外面的卢正红抬手一枪，正中李保全的脑袋，一枪毙命。也许是命该如此，平时练枪法也不至于打得这么准，恰好这一次就这么准，岂非命乎？李保全固然命不好，卢正红的命也好不到哪里去，最终为李保全抵了命。

两个太锅指挥部的为司令部的人抵了命，另有一位司令部的人为指挥部的人抵了命。

在党的九大上，中央文革和军队的人组成了一个貌合神离的中央政治局。这样的一个政治局能不能派出真正的公正的第三者令人怀疑，即使执行者"一碗水端平了"，那也是上层力量平衡的结果。比如说，中央文革支持刘格平，中央军委支持张日清，为了照顾中央军委和中央文革的"面子"，谢振华只好"一碗水端平了"；再比如说，广西自治区革委会主任、军区司令员韦国清在"7.3"布告发布后，受到了中央文革和中央军委的双重支持，不需要"一碗水端平"，他"一碗水端得很不平"，对反对他的广西造反派"4.22"派下手很重。在《炎黄春秋》2012年第11期公安部退休干部宴乐斌所写的《我参与的广西文革遗留问题》一文中，提到韦国清纵容军代表和支持他的"联指"派人员烧杀奸淫，甚至到了吃人肉的地步。对于这些行为，韦国清一直"捂着盖子"，以至于错案一直到文革后的1983年才得到纠正。

其实，对于文革中所谓武斗死人的情况也应该区别对待。武斗中战斗的死人事件，当以战争伤亡来对待，不应追究当事者的责任。在战争中，双方都持有武器，是你死我活的决斗，谁打死谁的可能都有，这就是一般不对参加具体战斗者进行惩罚的原因。对战争罪行的惩罚一般是针对挑起战争的战争领导者和在战争中杀害平民及战俘者。文革中的两派的武装斗争，无论叫作"武斗"也好，或者叫作"战争"也好，如果抛开两派的"是非"不提，其发动的责任在上层，故应由上层负责；杀害和虐待对立面的群众和战俘，是违背人性的做法，其执行的责任在下层，故应由下层负责。按后来实际操作的结果，上层负的责任太轻，而下层负的责任太重。

3. 清理行动在介休

省城的清理行动基本上可以说是基本上"一碗水端平了"，各地、县的清理行动则不那么端的平了。我以介休县为例说明下面的清理行动的情况。

1969年"七·二三"布告发布后，在山上的介休县革委和工总司介休指挥部终于下了山，从领导到群众一个个兴高采烈，真像是八年抗战终于胜利一样。两派实现了大联合，县革委主任由县武装部长担任，张锡满担任了副主任。69军107师进驻了各大企业和学校，工厂的生产形势恢复了正常，老百姓都认为这下子太平无事了。

1970年，清理行动突然开始。县军管会首先追查了窑则头村和九大游行发生的血案。

窑则头村血案是介休批挖站的一次报复性的军事行动。此次行动在战斗中互有伤亡，问题是批挖站枪毙和虐待俘虏的行为令人发指。当时军管会不但追查了具体枪毙和虐待俘虏的执行者，而且因此事件抓了批挖站的负责人。

九大游行开枪事件，本是汾西矿务局兵团方面开的枪，至少应付一定责任。但事件追查的结果不是如此，军管会的《布告》认定，批挖站个别坏人趁庆九大游行之机，企图炸毁汾西矿务局大楼的变压器，造成事件的发生，最后把事件的制造者判了死刑。

这两次事件都由介休批挖站负了全责，批挖站的负责人伍连福等以下七人，也就是批挖站的一至七把手，均被判处了死刑。

最富有戏剧性的是，批挖站介休纺织厂东风红联的负责人王大头的遭遇。介休纺织厂几千人的大厂，王大头是介休纺织厂的工人，一般的人不知道他的真名叫什么，只知道他的绰号。王大头在介休是个厉害角色，掌管着介纺的武斗队。据说，该武斗队无恶不作，设有刑讯室，经常毒打抓来的群众，强奸妇女，介休的老百姓常用王大头的名字来吓唬孩子。在清理造反派时王大头被军管会逮捕，由于王大头没有背负人命，军管会判了王大头无期徒刑。第一次审判结果公布后，介休的群众议论纷纷，意见很大。军管会根据群众意见（注意：不是根据法律），认为王大头罪行累累，不判死刑不足以平民愤。对王大头进行了第二次审判，改判为死刑，立即执行。

介休各企业和单位也开始了对批挖站的干部和骨干的清理。山西印染厂副厂长门观德原来是山西轻工业学校副校长，也是老干部。1965年山西印染厂开始建厂时，调至印染厂任副厂长。文革时，站

第九章　军管：结束革命群众运动的最后手段

在造反派一方，反对厂长刘瑞峰，后来成了批挖站结合的革命干部。也不知道有什么具体的罪名，门观德在一次批斗大会后，被县军管会五花大绑押上解放牌卡车游街后逮捕。同时被逮捕的还有批挖站方面的一般干部高培德。之后，印染厂又开始了对批挖站骨干的清理。工人中的骨干被各所在车间（当时称为"连队"）批斗，然后开除厂籍。这些干部和工人在后来的批林批孔运动开始后，中央的造反派势力重新得势后才给予了平反。

应该一提的是，山西印染厂批挖站方面的工人大多是西三县（离石、中阳、临县）的人氏，因为老家也很穷，其中一名叫张拖顺的工人被开除后，已不适应老家的生活，干脆干起了讨饭的营生。张拖顺在太原讨饭遇困的时候，曾经得到过一位讨饭的难友的救助。张拖顺平反后，给该难友买了一套新衣服，在饭店请吃了一顿饭，临了给了50元钱。这个来自贫困山区贫下中农（其实贫困山区的地主也不富）的小伙子知恩图报，人性还不错，却不好好地工作和学习，不知造得哪门子的反？也许是党叫造反就造反，也是听党的话的结果。

4. 三个重头人物的下场

省城的革命群众组织中可能没人不知道杨承孝、汤建中及郝庭云这三位决死纵队、兵团及红总站的重头人物。中央学习班后，这三人成为山西第一批被清理的造反派的领袖级人物。

杨承孝在山西的文革中是一个风云人物。他能够当上决死纵队总指挥、山西革命造反总指挥部总指挥和山西省革委常委，应该也不是偶然的。显然，杨承孝是一个有一定的志向的工人，否则肯定不会起来造反。他能够服住那么多工人，也肯定有他的过人之处。比如说读过一些书、豪爽、胆大、讲义气、有一定口才这一类的能服住工人的性格和素质。杨承孝本可以当一个"正正派派"的工人领袖，但刘格平和丁磊不把杨承孝往"正道"引，却把杨承孝引导成了"打砸抢的领头人"，致使杨承孝"罪恶累累"。

据李辅回忆，杨承孝早在中央学习班时就被控制，回山西时与学习班学员们乘坐着一趟列车，只不过没有行动自由。回太原后被关押。

据段立生回忆，省革委曾经召开常委会讨论杨承孝的罪行，决定判处杨承孝死刑时，谢振华、曹中南、陈永贵、刘灏、宋捷、段立生等都参加了会议。在会上，省革委明确了杨承孝的家庭出身和本人的问题，宣布了再次的外调结论，即杨承孝出身于反动的国民党军官家庭，本人系劳改释放犯。陈永贵在会上很不情愿地承认，自己看错了人，受了反革命分子杨承孝的欺骗。

在欧阳青所著的《百战将星谢振华》（解放军文艺出版社出版）一书记录了杨承孝被镇压一事：

山西的群众对杨成效（应为杨承孝。下同）又恨又怕，谢振华和六十九军也早就对之忍无可忍。

"七二三布告"公布后，谢振华就说："是该收拾杨承效这个恶棍的时候啦！"

省委将杨成效的罪状印发全省进行讨论，广大人民群众一致拥护省委对他实施严惩的判决。当谢振华向中央政治局汇报杨成效的罪行时，连'四人帮'也不敢为他辩护。政治局最后批准了山西的报告。不久，山西省委在太原市五一广场将杨成效公审后执行枪决。全省人民拍手称快。

1970年8月27日，山西省公检法军管会对杨承孝的罪状进行了公布，全文如下。

中国人民解放军山西省公检法军事管制委员会

通　　知

现行反革命分子杨承孝，出于反革命阶级本性，恶毒攻击伟大领袖，污蔑无产阶级司令部，疯狂进行反革命阶级报复，行凶杀人有计划地破坏无产阶级文化大革命，犯了一系列极为严重的反革命罪行。现将其反革命罪状公布于众，希各级革命委员会以及军管会组织广大革命群众进行讨论，狠批杨犯的反革命罪行，并根据国法提出处理意见，各级公安机关军管会（组），及时收集情况，报省公检法军管会。

此通知
一九七〇年八月二十七日

附：现行反革命分子杨承孝罪状

现行反革命分子杨承孝，男，三十六岁，鞍山市郊区人，出身反革命家庭。原系十三冶金公司电焊工，文化大革命中混入群众组织，窃据了省革委常委、十三冶革委会第一副主任等职务。其父杨绍周，外号"杨扒皮""杨阎王"，曾充任日伪警佐、警备大队长、蒋匪"清剿"大队长等反动职务，是一个沾满人民鲜血的刽子手。

杨犯极端仇视我党和社会主义制度，恶毒污蔑伟大领袖，诽谤无产阶级司令部，疯狂破坏无产阶级文化大革命，大搞反革命阶级报复，犯了一系列极其严重的反革命罪行。

一、恶毒攻击、污蔑伟大领袖毛主席和无产阶级司令部，疯狂反对毛泽东思想。一九六九年在中央办的毛泽东思想学习班，多次极其恶毒的攻击伟大领袖。并数次借唱革命歌曲之际，恶毒攻击战无不胜的毛泽东思想。

长期偷听敌台广播，一贯仇视党和社会主义制度。早在一九五七年，杨犯就污蔑合作化"搞糟了"；一九五九年庐山会议罢了反革命修正主义分子彭德怀的官后，杨犯为彭德怀鸣冤叫屈；在三年自然灾害期间，杨犯借机攻击社会主义制度，污蔑说"人死的太多了，连买棺材都得排队"。

二、行凶杀人，进行反革命报复，破坏无产阶级专政。

一九六七年四月，太原迎新街派出所，中共党员，学习毛主席著作积极分子，五好民警李希哲同志，为捍卫毛主席无产阶级革命路线，用大字报揭露了杨犯的反革命家史，杨犯怀恨在心，主谋策划，于同年八月十九日将李希哲同志绑架至省物资局大楼,杨犯私设公堂,非法审讯,指使暴徒使用钢鞭、木棒、三棱皮带轮番对李进行毒打,将李打得皮开肉绽,死去活来,致李活活惨死。李死后,李的父亲李宜基满怀悲愤前往质问,打手赵××按杨犯的旨意威胁说:"你的儿子是反革命,死了活该!"又将李希哲的父亲活活气死。

杨犯还组织了大批专业武斗队,镇压群众、制造白色恐怖。经查证实仅十三冶专业武斗队就先后抓捕、殴打、关押、刑讯革命群众达1036人,其中有2人被打死,65人致残,两名孕妇流产。如该公司修造厂工人、转业军人、共产党员谌家福同志被非法抓捕后,除遭各种刑具毒打外,竟残忍的用竹签钉其手指,并边打边喊,"就打你这贫下中农,就打你这共产党员!"谌的爱人刚生小孩不足满月,也惨遭毒打,致神经失常。

三、破坏毛主席的伟大战略部署。杨犯无视中央"六·六"通令,大搞打、砸、抢、抓、抄,危害人民生命财产安全,破坏文化大革命。如一九六七年七月二十一日,在杨犯的指使下,攻打山西大学,将上千名师生围在楼内,停水、停电、停炊,一百余人被打伤,实验室价值八万多元的物资器材被抢走、损坏;一九六七年八月十日,杨犯亲自策划攻打山西农学院,将二百多名师生围困楼内,先用水攻,后用火烧,打伤打残师生二百余人,抢走、损坏国家财产七十多万元;一九六九年九月五日,杨犯自任总指挥,镇压十中革命小将,使二百多名师生惨遭毒打,并调集射手开枪打死工人李成义,学生孟玲玲。打伤二十余人,使国家遭受二十五万元的巨大损失。经查实,仅杨犯直接策划指挥的六起大型武斗就死亡革命群众十五人,伤七百余人,有的终身残废,致使许多单位停工停产,严重地破坏了毛主席的伟大战略部署,破坏了无产阶级文化大革命。

四、制造分裂,破坏革命大联合和革命三结合,妄图向无产阶级进行反夺权。

杨犯为了达到破坏文化大革命的罪恶目的,于一九六八年十一月七日主持召开黑会,策划自上而下进行反夺权,致使许多单位的革命大联合、三结合遭到破坏。

一九六八年十二月二十三日，杨犯亲自调动两千名不明真相的群众，冲击并查封了山西日报社，殴打驻报工宣队、军宣队和报社职工二百余名，造成报社八个月停刊的严重后果。

一九六九年一月四日，杨犯召集了各地区的群众组织头头会议，宣布恢复"山西革命造反总指挥部"，成立了临时核心小组，杨犯自任组长。一月五日，正式抛出了"一·五"反革命宣言书，明目张胆地提出"把一切权力统统夺回来"的反革命口号，矛头指向新生的红色政权和伟大的中国人民解放军。这个宣言，是杨犯向无产阶级进行反夺权的黑纲领，是向无产阶级发动全面进攻的动员令。严重地破坏了山西无产阶级文化大革命。

五、破坏社会主义经济，大挖社会主义墙脚，从经济领域向无产阶级进攻。

杨犯多次策划，挑起武斗破坏社会主义生产。一九六八年六月二十八日，杨犯指派二百多名专业武斗队员，到陕西金堆城进行武装反夺权，打跑一派群众，造成该地建设工程停工。一九六八年四月，杨犯从中央办的毛泽东思想学习班私自溜回太原，四月二十四日，亲自策划指挥了二四七厂的武斗，打死过路行人三名，双方死亡六人，致使该厂停产三个月之久。据不完全统计，仅杨犯直接策划指挥的六起大型武斗，就使国家遭受一百余万元的巨大损失（停工停产造成的损失未计在内）。

六、冲击军事机关，抢夺武器装备，殴打、绑架人民解放军指战员。破坏战备，毁我长城。

杨犯极端仇视无产阶级专政的柱石，始终把矛头指向人民解放军。一九六七年三月，驻晋部队某部奉命对十三冶实行军管，杨犯极端仇视。污蔑该部队是"国民党的部队"，并煽动群众连续冲击军管会。刁难、围攻军管人员，致使该军管会无法开展工作，不得不于八月份撤出。

一九六八年在杨犯的策划下，绑架了霍县武装部副部长张满永同志，杨犯亲自非法审讯、严刑拷打。同年杨犯指挥暴徒还非法扣留和毒打前往十三冶追捕坏人的化二建军宣队王金芳同志。此外，杨犯亲自策划指挥，先后冲击、抢劫了榆社、祁县、汾阳、中阳、沁源、线材厂、黄寨人武部、观家峪劳改煤矿等军事机关和劳改单位以及执勤部队的武器，计有各种枪三百四十支、子弹两千余发。严重地破坏了"九·五"命令的贯彻，破坏了战备。破坏了无产阶级专政。

七、招降纳叛，网络坏人，对抗无产阶级专政。

太原市公安机关再三追捕枪杀贫农女社员降香莲的汪志时，杨犯不仅包庇隐藏拒不交出凶手，反而派汪犯到陕西破坏渭南地区文化大革命致使汪犯长期逍遥法外（现已枪决）；化二建清出的土匪头子王××，被杨犯窝藏起来，当派人追捕时，杨犯竟将追捕人员非法扣留、审讯。

八、违反国家法纪，献媚洋人，破坏外事纪律。

一九六八年八月，某资本主义国家厂商代理人来太原，杨犯拒不执行外事部门的指示，擅自到机场迎接。当晚在杨犯主持下，举行了宴会，在宴会上吹嘘自己参加过抗美援朝，并伸出一九六七年玩枪自伤的左手让洋人看，诡称是在朝鲜负伤的伤痕，而后又自我介绍说："我是省革委常委，十三冶金公司革委会副主任"，并说："职务虽很高，但工资很低，二级半电工"。九月十日在并州饭店宴请某资本主义国家厂商，宴会前杨犯接见了洋人，说："我代表我们厂革委会感谢贵国对我们援助"。在国庆招待会上，杨犯卑躬屈膝向洋人逐桌敬酒，还让洋人为他干杯。

九、生活糜烂，流氓成性，冒充人民解放军，到处招摇撞骗。

杨犯流氓成性，曾奸污妇女四人，奸淫六岁幼女一人。文化大革命中，利用窃据的职权，挑选多名女性青年，充当其"秘书"和"保健医生"，住高干房子，坐小卧车，外出坐飞机或软席卧铺，任意挥霍浪费。一九六八年在中央办的毛泽东思想学习班时，不仅将老婆孩子接去，还特意调去卧车一辆，随员七、八名（实际是打手）。住在北京新侨饭店，人称"杨公馆"，每逢假日，带上老婆孩子游山逛水。

一九六七年，杨犯穿着军装，私带手枪，冒充人民解放军到东北招摇撞骗，被当地驻军扣留。

十、杨犯被依法逮捕后，拒不低头认罪，继续恶毒攻击无产阶级司令部,说对他的逮捕是"资产阶级反动路线的一种新的表现形式",态度极端恶劣,反革命气焰极端嚣张。

总之,杨犯顽固坚持反革命立场,长期恶毒攻击污蔑无产阶级司令部,疯狂进行反革命阶级报复,残害革命群众,严重地破坏了毛主席的伟大战略部署,破坏了社会主义经济建设,破坏了无产阶级专政,造成了我省,特别是太原地区无产阶级文化大革命的多次反复,杨犯罪恶累累,铁证如山,是地地道道的反革命分子,是国民党的残渣余孽。

欧阳青的书具有文革后的特点,军管会的《通知》具有文革的特点,两者都有不实和夸大之处。有些当时认定的罪行,站在今天看,不仅不应定为"罪",反应定为"难能可贵"例如"为彭德怀鸣冤叫屈",及指责"61年国家困难时期"浮夸风"导致饿死人的悲剧,都是应该肯定和称道的事。

其一:夺权的杨承孝是总指挥,他是领导者,也是前台指挥者。真正的决策人,幕后策划者是刘格平、张日清、刘贯一、袁振,这四人的罪名比杨承孝大得多,如果深究原因,是毛泽东和中央文革之错,夺权是听党的话干的。

其二:卫恒实为病死,如果说是思想紧张造成的压力所致,主要不是杨承孝所致,其中中央专案组追查卫恒给彭真、安子文等人钱的事情应该思想压力更大,所以,卫恒并非杨承孝迫害致死。

其三:杨承孝只是应对太原市的武斗负一定责任,但不能把省革委、红总站和兵团的武斗责任加在杨承孝头上。比如,省城最有影响的"九·五"事件是省革委官方为镇压所谓"反革命暴乱"所导致,省革委调集参加镇压的组织有决死纵队、红总站、兵团及太重红旗,总责任当然应由刘格平来负。"九·五"事件中打死李成义和孟玲玲的人是属于红总站的025军团的准军人和山西体育界毛泽东思想红卫兵团的射击运动员,具体责任应由红总站的人员来负。又如,砸党校东方红是兵团所为。杨承孝真正应该负责的是打砸山西农学院火炬和太重东野两次大型事件,而这两次事件对手都未死人,或者死的是决死纵队的自己人。文革中,省城并没有太大规模的武斗事件,山西省的大规模武斗基本上分布在晋东南、晋南、晋中及阳泉,这些事件似与杨承孝无关。

其四,杨承孝奸污女生的事也许有,但从楼上推下"置于死命"是子虚乌有,可能是与杀害李希哲事件倒混了。

本书无意为杨承孝辩护,只不过是想尊重历史事实而已。

杨承孝的民愤和"官愤"比所犯的罪行大得多,只要他沾上命案的边,他必定会被判死刑。导致杨承孝被枪决的真正原因是前述的李希哲案件。该案件发生时,只有决死纵队的人在,具体情况已经搞不清,虽然民警李希哲不是杨承孝打死的,却是他逼死的,这个账一定会算在他的头上。如果拿到现在,对杨承孝来说,李希哲案件也许只能判个"死缓"。真正应该判杨承孝死刑的罪状,是"黑社会组织罪"(如把决死纵队当作黑社会)。

其实,杨承孝是一个满有思想的人。在文革前,他能对合作化问题、彭德怀问题、"三年困难时期"问题,有那么深刻的认识,说明他不是一般的工人。至少杨承孝很关注社会问题,能思考这些问题。从这一点上讲,他比"正统"的王洪文要强。只不过在看破红尘之后,有些玩世不恭,没有走"正路"罢了。这种态度终究未使杨承孝修成"正果"。

杨承孝被押往刑场时,据见过游街的有关人士介绍,杨承孝在游街的卡车上一直抬着头,并不服罪。据内部人士说,省革委严防决死纵队劫法场,特地把行刑地点从太原市东面的双塔寺,改到了河西的汾河乱石滩,并派了重兵保护。杨承孝的悲剧,是不少造反派的悲剧,也是文革的悲剧。

汤建中在兵团被称为"高参"。"高参"在古代就是"军师",如诸葛亮、庞统、孙膑类的人物。要作"军师"必须要有几个条件,一是知识渊博,上知天文,下通地理;二是有战略分析能力;三是有灵通的信息。根据汤建中的家庭出身和自身条件,他应该有这个能力。在中央学习班结束后,省革委曾经下达过一个关于汤建中罪状的《通知》,在这个《通知》中,我们可以对汤建中有个大致的了解。

第九章 军管：结束革命群众运动的最后手段

《通知》全文如下：

现行反革命分子汤建中，男，37岁，旧职员出身，学生成分，上海市人，原系山西人民广播电台机务科副科长，1953年因破坏军纪受撤销团内职务处分。汤犯的父亲汤入家福跟随英帝20余年，是个地地道道的洋奴。其弟汤正平曾三次妄图越境投敌，被判刑7年。

汤犯一贯坚持反动立场，思想极端反动，多次恶毒攻击伟大领袖和无产阶级司令部，对抗毛主席的伟大战略部署，破坏无产阶级文化大革命，破坏无产阶级专政，犯了一系列严重的反革命罪行。

一、恶毒攻击伟大领袖毛主席，疯狂反对毛泽东思想。

1961年以来，汤犯多次在广播电台机关和528工地借机恶毒攻击党和社会主义制度，反对学习毛泽东著作，恶毒攻击伟大领袖，恶毒污蔑战无不胜的毛泽东思想。无产阶级文化大革命中，汤犯混入群众组织，利用资产阶级派性，在各种场合，采取多种手段，以极其恶毒的语言，先后在山西人民广播电台、并州饭店、太原五一广场、北京后勤学院等地，多次对以毛主席为首、林副主席为副的无产阶级司令部进行攻击和污蔑，在党的"九大"期间，竭力为"二月逆流"翻案，借"二月逆流"干将之口，攻击污蔑我们的副统帅，为反革命修正主义分子贺龙翻案。当"七•二三"布告发布后，汤犯又大肆诽谤中央对解决山西问题所采取的一系列的正确方针、政策，妄图分裂无产阶级司令部，反革命气焰十分嚣张。

汤犯自1956年以来，长期偷听敌台广播，无耻吹捧帝、修、反，胡说什么"现在还不能肯定苏联是修正主义国家"等反动言论。

二、分裂、攻击伟大的中国人民解放军，毁我长城。

汤犯出于反革命目的，对无产阶级专政的柱石伟大的中国人民解放军，大肆进行攻击、分裂和诽谤。1968年在中央办的毛泽东思想学习班，恶毒诽谤说：全国的解放军"大多执行了'二月逆流'，镇压了造反派"特别是当反革命修正主义分子杨、余、傅被揪出以后，汤犯反动气焰更是甚嚣尘上，不遗余力的多次在北京后勤学院、民族饭店等地，为反革命修正主义分子杨成武鸣冤叫屈。汤犯在北京民族饭店，竟明目张胆的造谣说"中央信任某某部队，不信任某某部队"，还以"王牌军""嫡系部队"等及其反动的言词，恶毒污蔑、分裂人民解放军，攻击无产阶级司令部。

三、破坏革命大联合、三结合，矛头指向新生的红色政权。

汤犯以资产阶级派性为掩护，在群众组织头头中，恶毒攻击毛主席亲自批示"照办"的七月会议纪要上的"照办"是假的。汤犯还野心勃勃的搞了一套所谓"改组省革委方案"自封宣传组副组长。

汤犯鼓吹、策划武斗，破坏毛主席的伟大战略部署。于1967年底至1969年初，曾多次召开会议蒙蔽群众，鼓吹武斗，严重地破坏了局势的稳定。

四、汤犯在无产阶级文化大革命中，一贯利用封、资、修一套腐朽、反动的东西，腐蚀、毒害青年，经常向本派的头头灌输封建皇帝秦始皇"一统天下"的反动思想，"搞一派掌权"煽动群众，还让他们学习古书和'佛经'，胡说什么"这里面有辩证法的萌芽"，来毒害群众，制造思想混乱，阴谋干扰和破坏毛主席的伟大战略部署，分裂太原地区两派群众组织的革命大联合，破坏太原地区的大好形势。

汤犯一贯坚持反动立场，极端恶毒的攻击、污蔑伟大领袖，疯狂分裂无产阶级司令部，大反人民解放军，毁我长城，煽动资产阶级派性，破坏毛主席的伟大战略部署，破坏无产阶级文化大革命。罪恶累累，证据确凿，认罪态度极坏，胡说什么他讲的"都是客观存在"，真是反动透顶。

汤建中与杨承孝一样在中央学习班就被控制，回山西后经省革委常委讨论，被判无期徒刑。当时不少人认为汤建中被判重刑是为平衡两派、稳定形势的政治需要。

据兵团司令刘灏回忆，汤建中被判刑有一定偶然性。在北京的解放军后勤学院的中央学习班时，"兵联站"的领袖们常常聚在一起讨论形势。有一次，汤建中在讨论中说，从晋东南传来消息，毛主席是支持刘格平的，林副主席是支持张日清的。可能是汤建中觉得在这种场合下说这些话不太合适，最后又加了一句，"这是分裂无产阶级司令部"之类的话。汤建中没想到,在参会的人中间,有一位爱记录的"秀才"式的人物,这个人就是红联站总勤务站勤务员、宣传部长太原工学院东方红的学生郭永葆（文革后曾任太原市机械局总工程师）。郭永葆把会议内容包括汤建中的讲话记录在自己的笔记本上,可能是回去要"传达"一下。令汤建中没想到的是,郭永葆竟把自己的笔记本丢失,恰恰又被红总站的人拾到,交给了刘格平。当时,刘格平已经对兵团恨之入骨,好不容易抓到这一把柄,一定会大加利用。刘格平把此事汇报到了中央政治局,中央首长说汤建中是坏人,必须严肃处理。之后刘格平召见刘灏,问汤建中是不是说了分裂无产阶级司令部的话。刘灏当时还予以否认,没想到刘格平提到笔记本的事,并说已经汇报了政治局,中央首长说汤建中是坏人。刘灏遂无语。

汤建中坐牢一直坐到 1981 年 3 月,经本人申诉,被无罪释放。山西省高级人民法院（80）晋法刑二甲字第 109 号刑事判决书称:"现查明,原判认定汤建中的罪行绝大部分事实属于言论。但这些言论有些是针对林彪、'四人帮'的,有些反映了客观事实。原以现行反革命罪科刑是错误的。据此,判决如下:一、撤销山西省公检法军管会（70）军管刑字第 501 号刑事判决。二、宣告汤建中无罪。"平反后,汤建中回到原单位工作到退休。

如果从《通知》所列罪状来看,汤建中被判刑的原因未必全是郭永葆造成的,其中有许多笔记本上没有的东西。将汤建中判刑有"一碗水端平"的原因,因为兵团的主要负责人都是"学生娃子",只有汤建中最合适作为突破口,最适合成为"一碗水端平"的幕后对象,因此不管有没有郭永葆的笔记本,要找到汤建中的"反动言论"也是不用费太大力气的,汤建中倒运是"天注定的"。

即便从现在来看汤建中的"罪状",我们也不得不承认,汤建中被誉为"高参"应该不是浪得虚名,与山西大多数同时代的群众组织领袖相比,他是一个"先知先觉者"。我们可以从他的"罪状"中看出其几点"先知先觉性"。

其一,无产阶级司令部的"分裂",不幸被汤建中言中了。几乎在处理汤建中的同时，1970年8月23日至9月6日，中共九届二中全会在庐山召开。毛泽东的人（以张春桥、姚文元为主）和林副主席的人（以吴法宪为主）在会上就设不设国家主席的问题发生了激烈的争吵，最终导致1971年的林彪事件。

其二，汤建中在1970年就攻击林副统帅，替贺龙翻案，说明他有强烈的正义感，是张志新、遇罗克式的人物。

其三，汤建中说："现在还不能肯定苏联是修正主义国家"，虽然在当时汤建中不可能预见到后来的改革开放，但至少说明汤建中已经明白老的社会主义道路肯定走不通，在一定程度上赞许苏联对社会主义新道路的尝试。

其四，汤建中说的"全国的解放军大多执行了'二月逆流'，镇压了造反派"，是客观事实。当我们在近几年看到吴法宪、邱会作等人的回忆录时，才明白的事情，汤建中在当时就明白了，我们不得不佩服汤建中惊人的分析力。

其五，汤建中说，古书和佛经里有"辩证法的萌芽"，说明他的知识确实渊博，懂历史，通哲学。对汤建中的批判，显示了批判者的无知。如果没有古书，哪里来的古典哲学；没有古典哲学（尤其是德国古典哲学），哪里来的马克思主义哲学。

郝庭云应该是介于杨承孝和汤建中之间的人物。据段立生回忆，郝庭云是山西大学物理系肄业，应属大专水平。"七·二三"布告后，因涉及到"五一六"反总理问题被判刑八年，在汾阳劳改。1974年批林批孔批谢（振华）曹（中南）时，认为谢振华时期所判的刑属于镇压造反派，释放了郝庭云。文革后，郝庭云携其妻祁文静买通福建沿海渔民，用渔船把他们送到了台湾。郝庭云向台湾当局申明，自己是山西省革委常委，因受政治迫害，请求政治避难，并说明了自己的反共立场。当时的台湾当局特别痛恨造反派，郝庭云的诚意没有得到台湾当局的同情，可能是反而怀疑郝庭云是来台湾刺探情报的。台湾当局告知郝庭云，台湾没有共产党，要反共还是回大陆去反，遂把郝庭云连人带船放回。郝庭云所乘之船被大陆海军截获，郝庭云被送回山西，第二次入狱。刑满后，郝庭云又因经济问题第三次进了监狱。

第九章 军管：结束革命群众运动的最后手段

现郝庭云成了一个比较成功的企业家。相信郝庭云去台湾时，对大陆充满了绝望，对台湾充满了憧憬；在从台湾回来时，对两方面都充满了绝望，所以后来一心扑在了赚钱上。像郝庭云这样的群众组织领袖，能力还是很强的，要不然就当不了群众组织领袖，在转向经济领域后也是强手。

唯一没有掉入清理造反派陷阱的组织是红联站，个中有几个原因。

红联站与 69 军的关系非同寻常。由于省委党校与 69 军军部驻地很近，自 69 军进驻山西以来，段立生就经常与 69 军联系。段立生回忆，去的次数多了，69 军军部的哨兵都认识他，进 69 军军部根本不用打招呼，有一段时间他天天去 69 军看情况简报，了解全省形势。红联站的行为一般都与 69 军通气，可谓"军民鱼水情"！69 军在清理造反派（当时红联站的行为是不是造反派还有疑问）的过程中对红联站知根知底，当然不会当作清理对象清理。二是红联站自"一·一二"夺权后一直到"清队"大部分时期一直处于受压抑被整的状态下，其下属组织一直处于守势，只好拼命抗争，以争取不被别人吃掉，几乎没有什么向别人进攻的机会，所以致人死伤的案例寥寥无几。特别是其组织成员主要是大中院校的在校学生，相对其它组织来说，人员成份单一，大学生生在新社会，长在红旗下，无"阶级队伍"的内容可清。

据段立生说，他给红联站立了一条规矩，就是对政治问题的议论，到省里为止，绝不许议论中央，尤其不许议论党的最高级领导层。因为红联站不是一个托拉斯（紧密型的垄断公司，下属企业没有独立性）式的组织，而有点像一个卡特尔（非紧密型的垄断公司，下属企业是独立的）式的组织，而且段立生不是总勤务员，所以我们不知道这条规矩对红联站的领袖们有多大约束力，但红联站中人在"七·二三"布告之前确实没有发生过政治问题案件。应该补充的是，像红联站这样有独立思想的、处处跟不上中央文革步伐的组织，迟早要越出这一规矩，出现重大政治问题案件。1974 年出现的"张珉、赵凤岐反革命集团"案件就大大越出了红线。

第三节　稳定措施之学习班

1. 转桌子拧灯泡的笨办法

山西有一个县叫万荣县，是笑话之乡。传说万荣有这样一个的笑话：有一个"聪明"人，要换一个高处的电灯泡，想出了一个聪明的办法，于是，他找来了四个人，搬来一张桌子，他站在桌子上，用手抓住灯泡，让四人转动桌子，拧下和拧上灯泡。这种转桌子拧灯泡的笨而蠢的办法，在现实生活中不可能发生，但如果认真地想一下，现实生活中又有许多类似的做法。中央采取的办学习班的办法，就相当于这种劳民费财又费力的办法。

据李辅回忆，1968年12月的一天，李辅与刘志英（省委七一公社负责人之一，时任省委组织部处长，文革后任山西省烟草专卖局局长。）商量后——

（两人）一起去找了谢振华司令员。我对谢司令员说："中央在北京举办学习班，把几个两派斗争最厉害的太纺、机床厂、汽修厂、灯泡厂等单位的头头集中到了那里消除派性。省委机关干部是党几十年来培养和选拔的一部分优秀干部，将来党组织总是还要使用这批干部，省里应该把省委机关的干部选到中央举办的学习班，尽早消除派性，以备早日使用这批干部。"谢司令员认真听取了我的建议。春节过后不久，就决定省委机关选350名干部去北京学习。

一九六九年三月十三日到了北京，一下火车就受到了热烈欢迎。说是"欢迎毛主席请来的客人"。看到这条标语，感到心里热呼呼的，来到毛主席居住的北京，感到非常荣幸。大卡车把我们拉到清河空军二高专，这是一所军事学院。由于文革，正规的训练已经中止，他们的任务就是中央委托办学习班。到了驻地，省委机关分成三个连队。我们这个连队和宣传部、"四清"报社在一起。一个标准的连队宿舍，从东到西五、六十米长，放两排床，住一百多人。连长是六十五军的

第九章 军管：结束革命群众运动的最后手段

一个营长，指导员是原机关支左解放军老刘。一开始就是激发对毛主席的感情，认为自己是毛主席请来的客人，中办学习班就是延安的抗大，就是过去的中央党校，一生中能来中办学习班学习，是历史上光荣的一页，将来要记录在个人档案里。学习班的总负责人是一个中将，叫聂凤智（作者注：聂凤智曾任27军军长，中朝联合军空军司令员，南京、福州军区副司令员、空军司令员、南京军区司令员等职），山西学习班是六十九军政治部戴主任负责。学习班的生活非常好。班里介绍说，伙食费每天一元的标准，也是请示毛主席以后确定的。是按会议标准定的伙食。每天午、晚饭大鱼大肉。我们在太原每月三两油半斤肉，一来北京吃得如此好，每顿正餐八菜一汤，四荤四素。每星期吃一次猪肉包子。蒸包子的锅里漂着厚厚的一层油。住了不到一个月，每个人的脸色由黑变白了，许多人胖得连原来的裤子都不能穿了。大家感到安定、轻松、愉快、幸福，由衷地感谢毛主席、党中央。

李辅当时也就是刚到三十岁的样子，还是一个要求上进的青年，其想法很天真。李辅想通过学习班消除"派性"是过分相信"办学习班是个好办法"。毛泽东说："党外有党，党内有派，历来如此"，意思是派别是党内固有的客观存在的东西，是历史的必然现象，其实派别是不可能消除的。以此论之，派性是派别的固有性质，派别不可消除，派性自然也不可消除，岂是办学习班能解决了的？另外李辅天真地认为，抗大纯粹是一个学习的地方，学习班也是一个学习的地方，岂不知抗大曾经是一个整人的地方，四方面军的许多人都在那里受过"煎熬"，后来证明，学习班也是这样一个整人的地方。李辅们"感到安定、轻松、愉快、幸福"应该是暂时的。

"七·二三"布告以后，山西省委、省革委全部机关干部男女老少八千多人奉命到北京参加中办学习班。至此，山西到北京参加中办学习班的人数达到了近万人，仅伙食费一项一个月就需要三十多万元，该学习班居然办了近一年的时间，伙食费就花费三百多万元。

据李辅回忆："国庆过后不久，十月中旬，据说是林彪下了一道手令，说是苏联可能入侵，挑起战争。全国要进入紧急备战状态，下令北京要疏散人口。中央决定来京参加中办学习班的要在二十号前必须撤离北京，山西学习班整体撤到石家庄市。那时，中办学习班光山西班是八千三百多人，号称 8341 部队。这么多人一下子搬到一个不到五十万人口的城市，压力确实很大。不过，那时所有的大学都停课闹革命，学生被分配到工厂、农场劳动去了。大学多数已成了没有学生的空城，特别是石家庄军事院校较多，所以才能安排下这突然降临的八千多人。我们五大队被安排在铁道兵学院，铁道兵学院还有一大队，共两千多人。"

2. 石家庄的"干部集中营"

中办学习班搬到石家庄之后，纪律突然严厉起来，变成了一个"干部集中营"。这些干部没想到，在"延安整风"三十八年之后，又来了一次类似于"延安整风"的"石家庄整风"的风暴。李辅回忆：

到了铁道兵学院，一开始就紧张起来。陈伯达规定"五不准"：不准出校门、不准写信、不准串联、不准开小会、不准亲属和朋友探视。前两个不准，如同把人关进监狱一样。剥夺自由是非常痛苦的。不准通信，家里的消息一点都不知道，更加苦闷。盼望自由，盼望有一个机会出去走走，看看。终于有了一次机会，在一次打篮球时，我的眼镜掉在场地摔碎了，经请假批准，由副连长陪我上街配眼镜。本来，打坏眼镜又花钱配镜是件不愉快的事情，可是我因能外出上街而暗地高兴。没有"五不准"，我在北京二高专时，九个星期日没有上街，并没觉得不自由。但是有了这个"五不准"，如同一条绳索捆绑了自己的灵魂，浑身觉得不自由。可见，自由是人的天性，禁锢人的自由，难以接受。

学习班第一件任务是清理阶级队伍。从一九七〇年秋末开始，各大队分别动员，进行清理阶级队伍。主要针对的是有历史问题的人。我所在的区队有五个对象：刘恒，有脱过党的历史，就当作叛徒进行斗争；徐绍泉旧社会在国民党政府干过事，就当反革命分子来清

第九章　军管：结束革命群众运动的最后手段

理；张思德被俘过，就作为叛徒，审理其叛党的问题；范振忠是个右派，就进一步深挖其反党罪行。

清理时，首先让本人坦白交代，然后发现疑点，梳理问题，重点追问。我们区队最费劲搞的就是张思德。一直追问被俘后叛变，出卖同志的问题。张本人始终不承认，这样对立起来，就组织轮番批斗，有时一搞一个晚上，不让张思德睡觉。张也有老经验、老主意、老办法，不管你怎么斗，反正就是那几句话，最后也没有办法，只说其态度不好，没有弄出任何问题，不了了之。我们搞的另一个重点对象就是范振忠，这个人出身很好，参加工作也早，就是对领导不满，'反右'时发过些牢骚，讲过些怪话，结果就被打成右派。打成右派以后被劳改，下放农村，受尽了折磨，对现实更加不满，更加仇恨共产党，仇恨毛泽东。曾经仿照毛泽东制作了一个小木头人，埋在地里。在这次清理阶级队伍中，经过批斗，促进其坦白，就交代出这么一档子事。根据谢富治搞的《公安六条》，反毛泽东是头等大事，制作木头人埋在地里，更是罪加一等。当时也只凭本人交代，并未有任何证据，是真是假也不知晓。范说出此事，按当时那就是一个现行反革命分子。那我们清理阶级队伍也就挖出一个隐蔽很深、本性不改、一个重大的定时炸弹，所以成绩很大。姓范的到底年轻，经不起重压和诱导。坦白的东西无法查证，先躲过了日夜纠缠。虽说又给自己加上了包袱，被划到了敌人营垒，但一旦反悔，也就什么也没有了。那时搞阶级斗争，就是这样折腾人。在这个区队我是副区队长，是运动的积极分子，还是领导。没想到在全大队召开一次坦白交代大会，却不让我参加。当时我也弄不清为啥，后来才有人告我，党校那个连把我岳父作为重点对象，说是搞出了许多严重问题，什么阎锡山曾接见过，和阎锡山照过相，这些我闻所未闻，也不知真假，更不知道问题到底有多大。我承受的压力很大，由积极分子变为怀疑对象，不信任的人，在政治上一跌千丈。

出版社那个区队，搞了一个"暗藏特务"陶冶，是一个女同志，本人有才、能干，在旧社会工作接触的人也多。结果怀疑她是暗藏的特务，连续搞车轮战术，受不住折磨，在看管人员熟睡后，用剪刀将动脉血管割开,自杀身亡。陶冶死后,学习班突然紧张起来,加强了对对象的监管。不久,楼道里贴出了大标语"陶冶畏罪自杀自绝于党自绝于人民""批倒批臭陶冶"。类似这样的事,不光是发生在出版社。学习班乱批乱斗,大搞逼供信,把旧社会工作过的,历史上被俘、被捕、被关的都作为阶级敌人清理,显然是打击了一大片。其实这些人在历次政治运动中不知被整过多少回,运动一来就是对象,难逃厄运。尽管是"极左"年代,在学习班整死人总不是好事,继续下去,恐怕会发生更多问题。所以到了年底就草草结束了清队运动。

在这场整人的运动中,有些人都暴露了本性,每个人都丧失了尊严。有的人热衷于整人,成为鹰犬,没有了做人的资格,自然也丧失了做人的尊严;有的人被整,被批斗,被迫自己骂自己,也被剥夺了做人的尊严。我们不得不佩服陶冶这样的烈女(不管她是不是特务),无尊严,毋宁死;我们也不得不佩服张思德的老练,他的办法是应付这种运动的最有效的手段。

这种利用一部分群众整另一部分群众的方法,不知是谁发明的,却十分有效。这使人与人之间失去信任,常常处于戒备状态。也使人表面一套,背后一套,说假话成为常事。这种方法虽然暂时维持了"稳定",却污染了社会,贻害了子孙!

3. 造反派领袖们难过的日子来到了

清理阶级队伍只不过是为了"杀鸡儆猴",中办学习班很快开始了清理造反派的运动。要清理造反派,就要先清理造反派拥护的革命干部,或者说是指挥造反派的革命领导干部,对山西来说就是刘格平、袁振、张日清。

李辅回忆:

1970年,春节后,开始批判刘格平、袁振、张日清,进一步消除派性。四月份整个学习班准备召开一次批"刘、袁、张"的大会,把全省的派头头都集中起来揭发"刘、袁、张"。我也被集中到一大

第九章 军管：结束革命群众运动的最后手段

队，参加揭批"刘、袁、张"的准备工作。我参加社会上的活动很少，和"刘、袁、张"接触也少，知道得更少，重点是让刘灏等人反戈一击。刘灏压力很大，说不了违心话，彻夜睡不着觉，倒洗脸水，竟然连脸盆也扔了出去，心手已经开始分裂。头头们互相做工作，帮助重点人物觉悟，站出来揭发"刘、袁、张"黑后台。刘灏也最终准备了一个批判稿。"刘、袁、张"的揭批大会上，"刘、袁、张"都做了检查，张日清检查得很好，受到好评。他出身贫苦，九岁就当了童工，冬天没鞋穿。毛主席带兵到了他福建家乡，听了毛泽东"扩红"讲话后，就参加了红军。由于英勇善战，五五年授衔时是全军最年轻的少将。刘灏的发言也很动感情，他父母都是解放军，从小在部队长大，与解放军有深厚感情，懂得听毛泽东指挥。八千人的大会，宏大的规模和气势，对人们是一种动员和激励。以后各个大队又分别开会，大队部让我揭批，我在大会上发言"乌鸦和猪一般黑"，把"刘、袁、张"各批了一顿，诙谐幽默，大家热烈鼓掌，引起一阵又一阵的轰笑，都认为我派性消除得很好。

段立生回忆，当时中办学习班采取的办法，是对口揭批的方式。就是红联站揭批张日清；兵团揭批袁振；红总站及决死纵队揭批刘格平。

由此，各组织开始了"疯狂"地自我检讨和揭批。我们在这里罗列了红总站和决死纵队的一些揭批材料的节录。

刘格平夫人、省革委委员、省革委人事局局长丁磊，当时正在石家庄铁道兵学院中办学习班山西机关班一大队二连二排被专人轮流监护管制，下面是她1970年6月18日写的自我交代材料目录：

题目是：《我三年来所犯严重罪行的初步检查交代》。其中第一部分：三年来对抗党中央的严重罪行；第二部分：反军乱军分裂军队的罪行；第三部分：破坏'九大'和九届一中全会精神贯彻的罪行；第四部分：策划挑动武斗，大搞打、砸、抢、抓、抄。第五部分：推行一派掌权，破坏大联合、三结合，破坏省革委的权威；第六部分：包庇重用坏人，为坏人翻案。

省革委委员、办公厅副主任、红总站负责人黄锐庵（中办学习班一大队二连四排十五班学员）在1970年3月15日的揭批材料：

我是六六年九月中旬从文水"四清"回到机关才认识丁磊的，她是信访处的干事。"1.12"夺权前，丁磊整天不上班，在家闲聊，下午和刘格平上街看大字报，串串商店。六七年春节（作者注：应为新年）前，刘格平从北京回来，丁磊从此跳出来搞串联，让"太原工学院永红战斗队""太原机械学院第四野战军"等住在她家。"1.12"夺权那天晚上，她指挥夺省人委及办公厅各处室的权，把矛头对准办公厅的一般秘书、干事，在她的指挥下，当晚抄了许多人的家，把办公厅二十多个一般干部扣留，进行非法审查，审查后她亲自决定名单，放掉一部分人，又把刘建基、周文、赵承亮、罗广德、侯欣珪、龚俊洲、郭步台等十多人拘留审查。

省革委委员、办公厅副主任、红总站负责人黄锐庵在1970年6月14日作的了自我揭批，在材料中罗列了自己的错误：

第一、对抗党中央、歪曲最高指示，篡改中央首长重要指示，欺骗党中央。第二、分裂军队，挑拨军政军民关系，毁我钢铁长城。第三破坏革命大联合、三结合，大搞一派掌权。我把办公厅搞成一个针插不进，水泼不进一派掌权的派性机构。严重地破坏省革委的革命权威。第四，参与拉出太原工人，搅乱山西局势，抵制基层革委会的成立。

决死纵队副总指挥姚恩泉1970年3月1日的揭批材料：

丁磊早在造反初期，她就操纵"永红""四野"在原省人委院内以造反为名，行打、砸、抢之实。"1.12"夺权的晚上，为了进一步实现她的野心……她以"卫王王"二三线特务为名，亲自策划，亲自带人抓捕原省人委机关中的所谓特务四十多名普通工作人员，实行白色恐怖，镇压群众。

省革委办公厅副主任白振武1970年6月1日的揭批材料：

在"1.12"夺权前,我为了死保"卫王王"设立了许多秘密联络点,下面有些同志,也在我的蒙蔽下,做了些蠢事,可是,在"1.12"夺权后,刘格平、丁磊却把这些同志当成"特务"打成反革命,有的关进监狱长达一年之久,而我这个当时的负责人(省人委副秘书长)却没有事,后来还当了省革委办公厅副主任。一九六八年,专案办公室的同志(专案办公室主任李凤珉)问我,这些同志怎么办?我怕负责任,怕把自己沾进去,我竟说:"管不了"。为了保自己,不敢坚持原则,打击了革命群众,在好长一段时间内,虽然心里很是不安,但也不敢向这些同志赔情道歉。"

当双方都自我检讨的时候,或者说这些互相矛盾的交代材料,已经到了没有"是非"概念的地步,这正好说明双方的上层支撑已经是势均力敌。无论是所谓"一碗水端平",还是批判"资产阶级派性",都是上层妥协的结果,或者是双方的上层都厌烦造反派的结果。双方检讨的内容也反映了三年的文革中两派(继续革命派与反对派)激烈斗争的过程。

如果有"是非"的话,就不应该"一碗水端平";如果没有"是非",不知为何中央在每一个关节点上都评判了"是非"。"资产阶级派性"的说法更是站不住脚。为了毛泽东的革命路线苦斗了近三年,由革命组织变成了资产阶级派性组织,不仅是各个组织的领袖和群众不能理解,估计像刘格平、袁振、张日清这些高级革命干部也不能理解。1967年1月,刘格平领导山西"无产阶级革命造反派"进行了"一·一二"夺权;4月,又刮起了"四一四"红色风暴,巩固了红色政权。这些行动都受到毛泽东和中央的极度赞扬。过了不到三年,最激进的"无产阶级革命造反派"却具有了强烈的"资产阶级派性"。这种逻辑是毛泽东和中央自己否定自己的做法,刘格平自然难以理解。张日清是一个军人,"军人以服从命令为天职"。他从支持"一·一二"夺权开始,几乎都是执行的中央军委的命令,要不然他有天大的胆子也不敢调兵支持夺权。他肯定不能理解,按中央军委的指示办事为何成了"派头头"?

如果从文革的角度讲,"是非"还另有说法。

丁磊和红总站方面的检讨(当然是被迫的检查),大有否定"一·一二"夺权的意思。"一·一二"夺权不但是山西文革中的大是大非问题,而且是全国文革中的大是大非问题,正是《人民日报》1967年1月25日社论《山西省无产阶级文化大革命的伟大胜利》肯定了"一·一二"夺权,鼓舞了山西革命造反派的士气,激起和激励了全国各地的夺权高潮。山西的一月革命风暴是文革的里程碑。丁磊在"一·一二"夺权中参与了策划。并亲自带领"永红""四野"去夺各厅局的权,这是"一·一二"夺权的重要组成部分。从这点上讲,丁磊在"一·一二"夺权中的功劳是很大的。至于说,在夺权中和夺权后,抓了几个原省委领导的秘书,就是"实行白色恐怖,镇压群众",如果求全责备地抓住这些错误不放,实际上不仅仅是否定丁磊,而是去否定山西的一月革命风暴,这在当时显然是不合适的。

丁磊和红总站方面还检讨了"反军""乱军"及"毁我长城"的"罪行"。正像汤建中所说的,文革中大部分军队站在了文革的对立面,站在走资派一边,这样造反派"反军"似乎就是必然的。实际上,关键不是"反军"和"拥军"的问题,而是文革和"反文革"的问题。如果笼统地把"是非"定义在"反军"和"拥军"的问题上,就抹杀了文革的实质。在中国历史上,军队一直是政治的工具,所以就有了"枪杆子里面出政权"的总结。在1968年"七·三"布告以后,全国逐步实行的以军队干部为主的"三结合"政权,已经不同于1967年一月革命风暴时的以地方革命干部为主的"三结合"政权。夺权时建立的政权多少带有革命"民主"的性质,因为政权本身是由革命组织代表会议选举的。1968年以后的"三结合"政权是"军管"的政权,实际上是军人政治。

造反派已经完成了历史使命,即完成了打倒刘少奇集团及基层走资派的任务,因此他退出历史舞台是迟早的事情。一年前,广西的造反派"四二二"是以被血腥镇压的方式退出历史舞台的,一年后,山西造反派是以中办学习班的形式退出历史舞台的。虽然山西造反派对自己的"资产阶级派性"和"反军乱军罪行"作了许多检查,但总体上要比广西造反派要体面得多。无论是造反派中的激进派,还是保守派都完成了历史使命,他们也同样遭到了清理,只不过是保守派被清理的幅度小了许多。

1970年7月,中办学习班在总结大会后结束。据李辅回忆:

> 总结结束后,开始分配工作。省级机关已经撤销得没有几个单位了。回机关工作的人只是极少数。中央和山西核心小组决定八千学员分三大去向:大部分人是下放农村插队锻炼;部分人员是充实基础,到县里工作;只有少数人回省革委工作。在清队中没有搞清历史问题的,要到忻(县)定(襄)农场进行专案审查。张怀英、任井夫、王振国、张友、蒋健,还有刘格平、张日清、袁振、丁磊等留在河北,或者由中央另行分配。中央还决定,凡是群众组织的头头担任省革委委员的要全部下放插队。

山西一月革命的领导人物刘格平、张日清、刘贯一、袁振、陈守中、何英才、刘志兰、丁磊都陆续走下了文革的舞台。刘格平、刘贯一、丁磊、何英才未重新分配工作;张日清后为武汉军区顾问;陈守中、刘志兰分配了不起眼的工作;只有袁振后来成为安徽省委书记(不是第一书记,按其级别也该如此),心理上有一定满足。

山西省核心小组除了最初的陈永贵、谢振华外,换了一茬人。王体、韩英进了核心小组。作为军队的代表人物谢振华挑起了大梁,作为造反派的代表人物,陈永贵挑起了大梁。造反派和保守派虽然消失了,造反派和保守派的斗争并没结束。

第四节 稳定措施之干部下放

1. 一项使人妻离子散的政策

"干部下放"好像不是谢振华的发明。1957年2月27日召开的最高国务会议上，毛泽东在《关于正确处理人民内部矛盾的问题》的报告中一再强调：要精简机构、下放干部，从而"使相当大的一批干部回到生产中去"。4月27日，毛泽东在为中央起草的《关于整风和党政主要干部参加劳动的指示》中，把整风与党政主要干部每年抽一部分时间下乡劳动并列，作为反对主观主义、官僚主义，正确处理人民内部矛盾的主要方法。文革中的干部下放是为了解决所谓"资产阶级派性"问题。与1957年干部下放不同的是，1957年的下放带有锻炼干部、充实基层的性质，文革中的下放带有劳改性、惩罚性的性质。

虽然"干部下放"不是谢振华的发明，但在文革中全国也只有辽宁、江苏、山西几个省实行了这项政策。其中江苏闹腾得最厉害，至今在南京"西祠胡同"网站上，还有当年下放干部及其子女的网帖说到了"干部、工人下放"之事。

文革时许世友曾担任江苏省革委会主任、南京军区司令员，因政策粗鲁被南京人称之为"许和尚"（少林寺武僧出身）、"许大马棒"（曲波小说《林海雪原》中奶头山土匪头目）。从1968年底开始，许世友实行了大面积的干部、工人下放政策，造成了许多干部和工人家庭的分裂和苦难。

山西可能是效仿江苏的做法，但这是学坏不学好。山西下放干部的数量绝不止八千。八千的说法只是来源于中办学习班的人数，没有参加中办学习班的各大中专院校的干部和教师没有计算在内，还有太原市级机关被下放干部也未计算在内，另外同时被下放的干部的家属也没有作数。如果加上太原市级机关干部和学校的干部和教师，省城及周边地区（如榆次）的下放干部数量应在一万五千到两万之间；如果加上所有被下放的人员的家属（按一比一计算），数量应该不少于三万到四万之间。当时山西总人口在一千七百万左右，下放人口占总人口的千分之二以上。许多上世纪三十年代中、后期参加革命的老干部，1949年携妻带子"进城赶考"，二十年后，又拖家带口返回农村"劳改"，岂非命运在捉弄人？也说明"进城赶考"考得有点差劲！

据段立生回忆，当时对下放干部的政策是，要求所有家属带户口转到农村。如果这样办，许多中小学校将因教师下放不能开课，纺织厂因缺工人不能开工。段立生觉得此举不妥，就找到谢振华，建议不要"株连"家属，以免影响面太大，得罪太多的人。后谢振华采纳了这个建议，许多家属才避免了"株连"。

李辅在回忆录中也提到了下放对家庭的影响："一九七零年七月上旬回到太原，久别的家也失去了以前的安宁与平静。老岳父扣留在'学习班'不得回家，要到定襄劳改农场中的'专案组'继续接受审查。老奶奶因儿子不在，又患重病，去上海到长子家去了。老岳母在家中忙作一团，家里也乱作一团，正准备收拾东西到农村，计划回到已阔别二十多年的故乡——忻州温村。一个妇女要带三个孩子回农村生活，这对于在城市生活了二十多年的人是多么陌生，家中又无当家作主的男人，想想是多么困难！动荡的年代波及着每个家庭，与政治毫不沾边的家庭妇女，也在劫难逃。"在现代人看来，这种政策太不可思议了。连封建社会的官吏都知道，"当官不为民作主，不如回家卖红薯"，而当时的政策却是为了革命理想，不仅宁可让民受苦，而且让官（干部）也受苦。

2. "黑灯瞎火"的日子

"黑灯瞎火"的日子是对吃不饱穿不暖的一种形容，到 1970 年全国解放已经二十一年了，农民还过着"黑灯瞎火"的日子，革命是不是白革了，对那些下放干部来说，也是一种刺激和体验。

山西几大革命组织的领袖作为省革委常委和委员都下放插了队。红联站的领袖段立生在清徐县插队；兵团的领袖刘灏在古交区插队，宋捷在潞城县微子镇插队（后转到榆次县使赵村）；红总站的领袖黄锐庵在古交区（古交公社西曲大队）插队；七一公社的领袖李辅在阳曲县插队。

李辅在《所思所忆七十年》中回忆了插队前几天的境遇："汽车开到大盂公社，公社领导见了个面，就把我们送到各自插队的地方。

辛庄插队的只有我一个男的。另外几个女的有省妇联的刘秀婷,财政厅的温竞明,山大的李玉华,太原市的李萍,省供销社的赵秀莲。在插队前的教育中,要求插队干部要树立在农村长期安家落户,扎根农村的思想。既然是安家落户,就不能像以前下乡那样,吃派饭或开小灶。我们各自都准备了锅碗瓢勺,要自己做饭。大队的支书慕本容,大队长张景明,副支书郅栓子,治保慕富贵,妇联主任张改莲,把我们分别领到事先安排好的住所。我由慕富贵领到五队一户农民的院落,三间正房,一堂两屋,主人住在东边的一间,我住西边的一间。搬进去也没觉得有什么不好,也不敢想什么不好。也不能挑剔什么不好,'接受贫下中农再教育',只能老老实实,在艰苦的环境中锻炼。到了晚上睡下后,情况就不妙了,先是隔壁主人家的老头子叫个不停。老头精神失常,吵得你睡不着觉。不久,脖子下边,肩膀内侧咬得不行。当时也弄不清什么东西在咬,平生第一次经历,没有经验,翻来覆去,折腾了一晚上,几乎没有睡觉。第二天天亮一看枕头边,肩膀下的褥子已是血迹斑斑,屎迹斑斑,原来是疯狂的跳蚤,在久未吸食的情况下,遇到了丰盛的晚宴,是群魔会餐表现出的那种疯狂。第二天,采取措施,喷打'六六六'。但是,'六六六'没治住跳蚤,反而呛得我也待不下去了。没办法,只好向大队请求,重新给我一间住房吧!因为我是几个插队干部的小组长,提出的理由又是为了工作方便,所以大队干部就把我安排到大队部不远处,二队社员赵二宝的院内,经过几天的折腾,总算'安居'了。"

1970年7月,山西轻工业学院某学生回忆了他曾经陪同父亲经历了下乡插队的过程。其父石伯崇,年青时曾经参加过1935年"一二·九"学生运动,时任《山西教育》编辑部(属于教育厅系统)副主任。中办学习班后,被分配到临汾地区浮山县北王公社高村大队庄里村插队。该学生当时已分配工作,特地请假送父亲下乡插队。当他从介休的工作地回到坊山府省人委宿舍大院时,觉得整个大院沉闷而忙碌。家家的大人都没有好脸子,家家都准备搬家。其父指挥儿子们把杂物、行李、家具整理打包,他也忙着往准备搬走的家什上贴条子。条子上写着运往的地点和父亲的名字,这时他才知道父亲会写一

第九章　军管：结束革命群众运动的最后手段

手好行书。临走的一天，部队派了许多解放牌卡车来到了大院，每家一辆车装上了行李、家什。该学生和父亲、两个弟弟（当时母亲已去世，18岁的弟弟相当于知青，随父亲插队；15岁的弟弟，由于还在上学，随同父亲下乡在当地就读）则是乘了一夜火车到达了临汾。第二天早晨到达临汾时，当地组织了盛大的欢迎仪式，人们敲锣打鼓欢迎插队干部，女青年给每一位插队干部胸前别上了一朵大大的红花。欢迎的人们不知道该学生是送人的人，也让该学生享受到了这样的"光荣"。临汾距离浮山有九十多里路，各家的装行李的军车已经在临汾等候，各家的人乘上了为各家拉行李、家具的军车，向各自插队的地方行进。向浮山方向开的军车有几十辆，随着各人目的地的到达，一路上军车的数量越走越少。临汾和浮山的各个公社还组织了小学生沿途欢迎，插队干部们的心情才好了一些。父亲在解放初期担任过临汾师范学校的副校长，沿途带领学生欢迎队伍的老师中间不乏父亲的学生，每路过一个学校，总有人跑上来与石校长握手，父亲的心情也好了起来。此时，该学生觉得当老师真好，当桃李满天下时，心里特舒坦特骄傲。

庄里村距浮山县城有近二十里地，当日中午就到了目的地。同村插队的还有《山西教育》编辑部的语文编辑余文，燕京大学毕业，看样子也有五十六、七岁了。像余文这样的知识分子可能从来没有到过这样的农村，应该是"开了眼界"。他记得当时分给父亲及弟弟三人的是一孔新圈的窑洞，好像还没有干透。作者陪父亲和弟弟在那里住了几天，最糟糕的是没有电，晚上点的是煤油灯，书也不能看，什么事也不能做，像父亲这样连吃饭都离不开书本的人，真是憋屈的难受。好在村里有七、八个北京插队知识青年，其中有两位特爱下象棋，一位叫郑志文，一位叫丁礼宽，断不了晚上来陪父亲在煤油灯下下棋，聊以解闷。原先，该学生以为村里本来就没有拉上电，直至2012年一次偶然的机会问到弟弟，才知道村里本有电，只是新盖的窑洞没拉上电，不知村里是何原因不积极地给父亲拉电。父亲当时五十六岁，北平大学肄业，行政十四级，在太原地区工资是134元。余文年纪也不小了，估计工资也不低。两个老知识分子在村里也干不了什么活，也难说改造什么世界观了，放在村里他们自己也受制，同时实在是对国家资源的浪费，真不知道国家的政策是怎么考虑的？当时，像该生父亲这样的老干部很多，他们本身就来自农村，为了求学，为了革命，为了救中国，才离开农村，追求真理，在学校（父亲在北平大学商法学院经济系上学，系主任是参加过中共一大的著名学者李达，父亲正是在李达那里接受的马克思主义政治经济学），在革命队伍里，他们接受了先进的马克思主义，让他们从先进的理论上，再倒回去接受"贫下中农再教育"，岂不可笑？其实，政策完全可以不进行"一刀切"，完全可以让每个人到他合适的地方去。

这些下放干部一直到1972年才逐步重新分配工作，老干部们又来了一次举家大迁徙。这项极左的政策固然使一些青年干部得到了锻炼，但使绝大多数干部在精神上和肉体上都受到了极大的伤害。后来的事实证明，从农村回来的省里的老干部们不但没有改造好"派性"，反而基本上都站在了批林批孔批谢曹的一边。

第五节　初出茅庐的得与失

谢振华为了"维稳"采取的政策不管是"对"与"错"（历史本来就没有绝对的"对"与"错"），山西的局势从总体上是稳定下来了。谢振华管理地方事务毕竟是第一次，可以说是"初出茅庐"。谢振华是一个军人，喜欢直来直去，不懂得地方官员的蝇营狗苟，他在山西执政时期，有着与地方官员不同的做法，敢想敢干敢承担，同样自然也有他的得与失。

1. "唯生产力论"创粮食产量历史最高

毛泽东说："什么问题最大？吃饭问题最大"。农民出身的谢振华似乎与农民出身的毛泽东有相同的看法。毛泽东没有把吃饭问题处理好，谢振华则在 1970 年把山西的粮食产量创到了新高。

欧阳青在《百战将星谢振华》中是这样说的：

"谢振华在担任山西省委第一书记以后，为了促进生产，在'以阶级斗争为纲'的大环境下，凭着自己坚强的党性，顶住了'四人帮'大批所谓'唯生产力论'的巨大压力，坚持抓工农业生产和落实党在农村的各项政策。

为此，谢振华每年要抽出三分之一以上的时间深入基层调查研究。通过两年时间对山西省 100 多个县进行实地调查支持帮助各县因地制宜地修建小型水库和年产 3000 吨的小化肥厂。为了照顾大寨对化肥的需要，特为昔阳建了一座 5000 吨的化肥厂。让有些条件好的县建立'五小'工业。他还督促省有关部门勘察定点太原新火车站和汾河大桥工程。下大力恢复山西的煤炭生产，保障全国工业用煤的需求。整顿已濒临停产的大同、阳泉两市的大型煤炭生产，重新创造出了在全国领先的成绩，得到了周恩来的支持和赞许。

经过真抓实干，山西省 1970 年粮食产量第一次在历史上突破百亿斤大关，工业产值也接近历史最高水平，大型企业都恢复了正常生产。尤其是大同、阳泉两个煤炭基地为保证全国各地工业和电力的需要，努力增产煤炭，为全国工业生产做出了重大贡献。为此，受到周恩来和李先念（时任副总理）的表扬，被评为红旗煤矿。新华社还做了专题报道。"

2. "解放干部"失大于得

谢振华一上任，基本上旧省委的干部都被"解放"，"刘、陈、刘"也被放出了监狱。王谦、王大任、贾俊、刘开基、贾冲之、朱卫华、武光汤、王中青等原省级领导，仝云、王绣锦、赵力之、赵雨亭、王铭山等原地级领导，都被重新安排工作。王谦担任了阳曲县革委会主任，其他领导安排了不同地、市的副书记、革委主任。在两年多的时间内，全省县级以上领导干部百分之九十以上得到复职，有的还得到提拔使用，使山西成为当时全国落实干部政策最早最好的省份之一。

如果把上句话换一种说法，就是山西是否定一月革命风暴成果最早的省份之一。谢振华在政治路线和经济路线上开始背离毛泽东的路线，以至于后来在这条路线上越走越远。

笼统地"解放干部"似乎也不是什么明智之举。谢振华以为这些被"解放"的干部，从根子上是"彭薄安陶"线上的人，是所谓"走资派"，定会帮助他实行周恩来所布置反极左和发展发展生产的任务。谢振华绝对没有想到，王谦本就是一个有雄心的政治家，绝不会满足于"解放"这样的填不饱肚子的"稀粥"，他本来就有着比这要大得多的"理想"和"追求"。这些追求不是谢振华能够满足的，谢振华的省委第一书记的位置，应该是他的最低要求。谢振华"放虎归山"的结果，是在一、两年后，这些干部的绝大多数，在王谦的带领下，投靠到后来被称为"四人帮"的王（洪文）、张（春桥）、江（青）、姚（文元）等文革派的麾下，给山西人民造成了更大的灾难！没有多久，谢、曹就和陈永贵、王谦在学大寨的问题上产生了分歧，展开了一场更为激烈的斗争！

第十章

谢振华:"反大寨"没有"好下场"

成都的武侯祠(即诸葛亮祠)有一幅著名的楹联:"能攻心则反侧自消,自古知兵非好战;不审视即宽严皆误,后来治蜀要深思"。该联的下联的意思是说,如果不审时度势,而一味用严或用宽,都会带来严重后果,都是错误的。把这个意思延伸开来,就是如果不审察时势,采取的政策方针即使看起来是正确的,也不会有好结果。如果用这幅下联,形容"九大"以后周恩来的做法,或者形容"七·二三"布告以后谢振华的做法,是再恰当不过了。

党的"九大"以后,文革派的锋芒有所收敛,似乎是在等待机会,寻求战机。周恩来则气粗了很多,开始指挥政治局的几个军队干部来恢复全国的秩序。"七二三"布告以后,谢振华则是按周恩来的指示在搞"唯生产力论"和"批极左"两项工作,山西的局面也有所恢复。但由于强敌旁伺,岂能置自身于不顾而务其它?周恩来犯了"不问政治"的错误,谢振华则是跟着周恩来犯了这个错误。

谢振华犯的错误比周恩来更大,就是他推行的农村经济路线,与毛泽东提倡的"农业学大寨"的路线发生了冲突。前三年的文化大革命,虽然叫得很凶,各个政治派别却主要是进行了激烈的夺权斗争,政治口号喊得挺凶,对取得政权之后实行什么样的政策考虑得还是少一些。文革的第四年,当真正需要进行社会治理的时候,掌权者面临着"左"与"右"的选择。谢振华选择了对极左的经济基础的挑战,从这个意义上讲,山西的文化大革命的经济上的积极意义才刚刚开始!

其实在山西,敢于"反大寨"的并不多,但"软磨硬抗"陈永贵及其造反派组织的人却不少。在"一·一二"夺权后,晋中军分区和晋中总司就对陈永贵和任、王、张的回归进行了抵制。而后不久,晋东南军分区和全国劳模李顺达也站在抵制陈永贵的立场上。谢振华在山西执政后,与陈永贵的摩擦渐多,"昔阳经验"越来越不得人心,对大寨、昔阳有看法的干部和群众也有了"胆量",陈永贵认为"反大寨"的人越来越多,终于在山西形成了一股潮流。

1971年,"林彪事件"发生,周恩来和军队干部开始受到冲击,他们的工作政治环境也很快发生了变化。在这种条件下,谢振华执行周恩来的指示,继续大搞"唯生产力论"和"批极左",对抗大寨、昔阳极左路线,可谓不合时宜。

第一节　毛泽东为何青睐陈永贵

1. 毛泽东的"共产主义实验"

为了搞清"大寨精神"的实质,必须从源头说起。

最早的规模较大的共产主义实验是在1824年。空想社会主义者欧文在美国印第安纳州买下1214公顷(18210亩)土地,开始新和谐移民区实验,但实验以失败告终,欧文也因此破产。

1958年,在空想社会主义者欧文的共产主义的实验失败一百三十四年之后,毛泽东也开始了共产主义实验。所不同的是,毛泽东的实验规模是欧文的几十万倍,欧文是以个人资产为代价,毛泽东是以中国社会的整体为代价。

当然实验的结果没有逃出欧文的命运。"人民公社化"的结果却是"社会的破产",造成了几亿人"饿肚子"和上千万人的非正常死亡,损失特别、特别、特别巨大。

虽然人民公社运动对世界影响很大,遭到了西方阵营和东方阵营的一直反对,但当时的毛泽东及极左派,并没有认识到这是一种农民的封建社会主义的理论错误,也没有认识到这实际上是"历史的倒退",反而认为这完全是党内的"浮夸风"造成的。毛泽东的"公社情结"一直没有解开,再加上不同意见者的思想在党内的抬头,毛开始寻找证明其农民社会主义路线的正确的"实践样本"。根据山西省委报上来的材料,毛泽东认为大寨就是这样的一个样本,于是,在1964年,他提出了"农业学大寨"的口号,以对抗"走资派"的修正主义路线(三自一包)。

2. 陈永贵其人其事

想要深刻地了解大寨,必先真正了解大寨的领头人陈永贵。1979年4月,中纪委组织以毛铎(山西平陆人,1912年生。1930年参加革命。第一任中共石家庄市委书记。长期从事中南局监委工作。时任中共中央纪律检查委员会专职委员)为组长的工作组到山西进行平反冤假错案。当时工作组根据中纪委书记黄克诚的布置,还负有调查陈永贵历史问题和文革中问题的任务。原《光明日报》理论部、群工部主任陈英茨曾担任中纪委山西省工作组副组长,参与了这次调查。后来陈英茨根据调查材料整理了一本书,书名叫《陈永贵本事》。2008年,由其家人出版了这本书。在《陈永贵本事》一书中对陈永贵的早期经历有较详细的叙述:

陈永贵(1915—1986)的祖籍是昔阳的石山村。陈永贵的父亲叫陈志如,好吃懒做,不务正业,尤其是迷恋赌博。有几个兄弟,后来都分家各过。因为赌博输了钱还不了账,曾把一个女儿卖给人家作童养媳。后来又把其妻子,即陈永贵的母亲也卖给了和顺县一杨姓人家,当时其妻还怀有身孕,到杨家后生有一子。

陈永贵小时爱讲假话骗人,,特别爱打架,他脾气暴躁,几句话合不来就打,他身体壮实,比他岁数大的也敢打,而且总爱占上风,不打胜不罢休,所以孩子们都怕他。

那时,陈志如,因、卖儿卖女,卖老婆被村里人看不起。鬼金小在村里也没有人缘。这就使得陈志如不得不离开本村,带着儿子来到大寨地主贾存元家来生活。

陈永贵到大寨村那年六岁,七、八年后已是一个十三四岁的半大小子，陈志如发现鬼金小与一妇女关系暧昧，他怕出事，便托人把鬼金小介绍到平定县长成油盐店学徒。时间不长就被辞退了，之后，他又到富成油盐店当徒工，没有待多久又被解雇了。这时他又到一家烧饼铺当伙计，他好赌钱，出外卖烧饼时赌输了，回来交不了账。有时赌输了，连卖烧饼的筐篓都被债主扣下。后来他就自己打烧饼，自打自卖，有时在平定，有时在昔阳，有时回大寨。但卖烧饼是小本营生，赚不了多少钱，此时的陈永贵便想到城市去闯一闯，碰碰运气，看能不能发点财。

他先到太原，在工厂做过工。他因性格暴躁，与同事合不来，厂里容不下他。

他到煤窑挖煤，虽然挣的钱多，但这活太苦了，不久又不干了。后来，他搭上了一帮贩卖牲口的帮伙，这很合他的心意，在交易市场他当牙纪（注：即贩卖牲口的经纪人）。

日本人占领昔阳后，为巩固其统治，要各村都出一名代表（相当于村长）为他们办事，如交粮、交款和筹办各种需要的物资，并要求将八路军、武工队的活动向他们通风报信。这差事多数人不愿干，认为这是给鬼子当汉奸。当时昔阳县是日本人的天下，他要求每村出一个代表，不出是不行的。正好，这时陈永贵在大寨，大家认为他走南闯北，见过世面，又能说会道，由他担任最合适了。陈永贵也不推辞，这一下就成了一村之长，有权有势了，尤其是村里的地主、有钱人供他吃喝，再不用为生活发愁和奔波了。

陈永贵当了代表后，果然各方面应付自如。不久，附近的几个村也选陈永贵当代表，陈永贵便成了这几个村子的联村代表。

日本人并不以有了村代表为满足，他们还想在代表中选些能干的人为他们服务。1940年，日本人成立了一个"振兴东亚和平救国灭共会"，对外简称"和平会"，后来又叫"兴亚会"，先后由宪兵队长岸田、清水利一和池尾工藤领导，"总部"设在昔阳县城。

日本人看陈永贵是块材料，1941年把他抓了起来，经过威胁利诱，陈永贵答应给日本人干事，参加了兴亚会，又发展了一些成员，成为负责人之一。

第十章 谢振华:"反大寨"没有"好下场"

兴亚会是日寇的外围特务组织,它的核心是"本部",本部由宪兵队直接领导,其成员的主要任务是刺探我八路军的军情,陈永贵又成了本部的主要骨干。后来本部搬到阳泉,陈永贵每周至少到阳泉去送一两次情报,因此,阳泉不少人认识陈永贵,叫他陈二鬼子。解放后陈永贵当了全国劳模,文革中又掌了昔阳和山西的大权后,把阳泉叫作"反大寨的桥头堡",是因为他知道不少阳泉人清楚他这个底细。

出入本部的人有一个小牌,没有小牌的人是不能随便进入本部的,在昔阳为我党做地下工作的一位老中医郭韫文就知道陈永贵有过这样一个牌子。

陈永贵在鬼子宪兵队的登记表上,年纪是二十三岁,是为敌人最卖力的一个,因此,我地下工作人员曾向武工队负责人赵晋鉴、高如晓建议除掉他。当时确定要镇压的三个人中,就有陈永贵。1942年阴历二月,太行二分区在和顺县召开传达毛泽东扩大解放区、缩小敌占区的指示,要求深入敌人心脏,对证据确凿的坏家伙要予以镇压。后来八路军的政策改为以争取为主,镇压为辅,才没有杀他。

抗战胜利后,陈永贵曾被五花大绑、拳打脚踢地斗争过。当时村民只因他当过伪代表而不知他干的其它坏事。陈永贵生怕政府镇压他,曾嘱托朋友照顾他的儿子陈明珠。从这些情况看,陈永贵在大寨的民愤是很大的。如果当时的昔阳县委、区委把陈永贵作为管制对象,而不把他的伪代表作为一般性质的历史问题,陈永贵后来是不可能飞黄腾达贻害亿万人民的。

陈永贵有两个特点:一个是无论在什么地方,他都不愿屈居人下,总要设法当个头头;第二个特点是有强烈的争强好胜心。

解放后,他害怕被镇压的噩梦还没有解除,为得到庇护,他低三下四地巴结奉承贾进才,参加了贾的互助组,并且不怕苦、不怕累,干什么都抢在前头,获得了组内成员的好感。入了党后他感到安心了些,便自己领头搞了一个互助组,并且相信肯定搞得比贾进才的互助组搞得更好。

1955年,农业合作化运动突击搞高级社,贾进才认为互助组挺适合农民的心气,没有立即响应,但眼光敏锐的陈永贵一下就看到机会来了，抢先组织了一个新盛农业合作社，自任社主任，聘请了党员贾来恒担任支部书记，这一下把村支部架空了。后来贾进才那个互助组也不得不参加了新盛合作社，这时贾进才担任了社的书记。但陈永贵比他能说会道，鬼点子多，大权逐步落到了陈的手中，待到所谓"三让贤"，他就成了大寨王了。

为什么"三让贤"呢？第一次，多数党员不同意，区委书记张怀英也不同意；第二次多数党员还不同意；第三次贾进才想，咱不如人家就让吧，实际也是受陈永贵的挟持逼迫，不得不让了。

陈永贵有个"口头禅"，并经常向社员们和干部们宣讲："家有千口，主事一人"，决不允许"麻雀当家，七嘴八舌"。因此，大寨的任何事，只有陈永贵说了算。

《陈永贵本事》取材于中纪委的调查材料，虽说事情大多是真实的，但中纪委本身是调查党员问题的单位，材料中多为陈永贵负面的事情。实际上陈永贵从劳模到政客应该是有一个过程的。陈永贵作为一个劳模还是很出色的。大寨能成为全国的榜样，与陈永贵带领大寨人进行艰苦的劳动是分不开的；陈永贵作为一个政客也是很出色的，要不然不会达到中共中央政治局委员、国务院副总理的高位。陈永贵具有双重性格。他与其他劳模不同的是，他不是一个死受苦、或者笨受苦的人。他有着其他劳模所没有的创造机会和把握机会的能力，有着特别灵活的头脑和能说会道的嘴巴。他给自己创造了机会，也把握了机会。

本书引用《陈永贵本事》中的文字已经很能说明陈永贵的为人。

在日伪时代，能当上日伪村长，并能很好地执行日本人的政策，成为日本人的好村长；在共产党时代，又能及时转向当上共产党的村支书，并能很好地执行共产党的政策，成为共产党的好支书。人们不能不佩服老陈的投机钻营的本事。

陈永贵入党显然是为了出人头地。所谓"三让贤"的故事应该是陈永贵导演的一个"王莽篡权"的事件。所谓"让贤"本身就是封建概念，只有位置是自己的才有权利进行"禅让"。中国共产党的《党章》规定，基层支部委员会由支部大会选举产生，并不是规定是某某某的，因此任何人都无权"禅让"，更不能由两人之间商量"禅让"。至于说一而再、再而三地召开支部大会进行"禅让"，自然是又无理又滑稽，带有很强的表演性质，也把党员的选举结果当作了"儿戏"。

后来的事实证明，陈永贵在大寨建立了个人的绝对权威，把大寨营造成了一个封建社会主义性质的、针插不进水泼不进的独立王国。陈永贵意图消灭人的个性，以发扬所谓"艰苦奋斗的精神"为幌子，不顾劳动者的个体差异，把人当作纯粹的劳动工具，无视现代型国家对劳动者的各种保护政策（如劳动者的休息权、八小时工作制等），强迫进行高强度的体力劳动，把大寨变成了一所劳动的集中营。

但是，虽然陈永贵利用大寨的艰苦劳动为自己换来了高官厚禄，大寨也依靠陈永贵得到了全国农村得不到的好处，从这一点上讲，大寨人是得大于失。糟糕的是把这种生产率低下的劳动方式推向了全国，搞成了"全国学大寨，平地起梯田"的局面，使中国农村的发展比先进国家落后了至少五十年！

3. 大寨在阶级斗争中崛起

大寨位于山西省昔阳县，现在约有 200 户人家，人口只有 520 人，面积 1.88 平方公里。解放前，这里穷山恶水，七沟八梁一面坡，自然环境恶劣，群众生活十分艰苦。上世纪五十年代后半叶，大寨群众在陈永贵的带领下，开始了较大规模的农田基本建设。但大寨真正出名是在 1963 年以后。

1963 年 8 月 2 日开始，山西省昔阳县连续下了七天暴雨。这场暴雨既是灾害，又是机遇。据说是"滚滚山洪如条条巨蟒，依山顺势呼啸倾泻，涤荡山林，冲垮了石坝，庄稼被毁，房子和窑洞十室九塌。党支部书记陈永贵在昔阳县委书记张润槐现场指挥下，带领社员自力更生，恢复生产，大灾之年反而获得了丰收。"（摘自《陈永贵本事》）

这种记者报道式的描述即使没有夸张也不能说明工作有很大的

成绩。人还是那些大寨人,地还是那些大寨的地,领导还是陈永贵,大灾之年没有减产反而丰收,恰恰说明了无灾之年没好好干。山西本来就是十年九旱之地。平原地区有些水浇地,可以得到灌溉。像大寨这样的山区基本靠天吃饭,下雨虽然当时是遭了灾,但也恰好使山区高地上的秋庄稼得到了灌溉而丰产,这也许是灾后丰产的自然原因。这个道理农民懂,陈永贵懂,但新华社记者不懂,官员应该懂但装不懂,后来就产生了大大夸张人的主观作用的报道。

1963年秋后,陈永贵通过昔阳籍的新华社山西分社记者范银怀,找到了昔阳籍的山西省委副秘书长毛联珏,汇报了水灾后的大寨的生产及生活情况。毛联珏对其家乡的这个典型很感兴趣,马上汇报了省委第一书记陶鲁笳。陶鲁笳在全省电话会议上对大寨的事迹大加赞扬。《山西日报》也对大寨的事迹进行了长篇报道,并配发了社论。

另一个对大寨宣传起了关键作用的昔阳籍官员是中南局书记处书记李一清(曾任太行行署主任)。1963年11月,李一清在参加全国计划会议期间,听说了大寨的事迹。会后他专程赶回老家参观访问,认为这是自力更生进行山区建设的榜样。回北京后向中央写了专题报告。李一清又把此事向国家计委副主任王光伟做了介绍。王光伟专门到昔阳和大寨考察了好几天,回京后即向周恩来做了口头汇报,后又提交了书面报告。邓小平、彭真看了报告后连连称好。由此,大寨的事迹进入了中央高层的视野。1964年1月19日下午,陈永贵受北京市委、市人委的邀请,与其他几位劳模在人民大会堂作报告,中央人民广播电台做了实况转播。随后不久,新华社山西分社记者宋莎荫、范银怀,在社长穆青的指导下,写出了长篇通讯《大寨之路》,于2月10日向全国播发,并在《人民日报》刊载。《山西日报》记者张丽泉、郝占敖也汇编了省报刊登的相关文章,辑为《大寨精神大寨人》一书,由山西人民出版社出版。从此,陈永贵和大寨成了一个新升起的璀璨的明星。

1964年3月28日、29日,毛泽东乘火车南下视察,他的专列在河北邯郸短暂停留时,召见了河北省委一二把手的林铁、刘子厚和山西省委第一书记陶鲁笳。陶鲁笳1940年曾任昔阳、平定、和顺三县中共中心县委书记,在当省领导期间,又多次去昔阳和大寨调查,因而对昔阳和大寨比较熟悉。他向毛泽东着重汇报了陈永贵和大寨的事迹。毛泽东问:"陈永贵是哪几个字?"陶鲁笳在一张纸上写下。毛泽东看了后说:"听说过。报纸上有篇文章,我还没有仔细看。"他随即让秘书把刊登《大寨之路》的那张《人民日报》找来。此后的南行,毛泽东一路都谈大寨,对沿途的地方大员们说,大寨是一面旗帜,你们学不学?农业要过关,没有大寨那种精神不行哪!

得到毛泽东的赞许后,1964年12月21日在第三届全国人民代表大会上,周恩来在《政府工作报告》中,对大寨精神作了简要概括:"大寨大队所坚持的政治挂帅、思想领先的原则;自力更生、艰苦奋斗的精神;爱国家、爱集体的共产主义风格,都是值得提倡的。"陈永贵则作为大会主席团成员,高坐在了人民大会堂的主席台上。

据许多人回忆,"农业学大寨"的口号第一次正式出现的中共中央文件,是1966年8月12日通过的《中共中央八届十一中全会公报》。在中共中央八届十一中全会通过了《中共中央关于无产阶级文化大革命的决定》(即十六条),正式开始了文化大革命,《公报》实际上就是文革宣言书。对于大寨,《公报》称:"全会完全同意毛泽东同志近四年提出的一系列英明决策,这些决策主要的是:……关于工业学大庆,农业学大寨,全国学人民解放军,加强政治思想工作的口号,……。"

文革开始了,大寨红卫兵在陈永贵的率领下,挥舞着毛泽东给的尚方宝剑,冲出大寨,冲向县委,冲向地委,冲向省委,成了一支文革的别动队。

全国的农业典型很多,山西是老区,农业典型更多。像平顺县的李顺达、郭玉恩都是在抗战时期入党,著名的老民兵,解放后又都是合作化的典型,全国劳动模范,可谓根正苗红。毛泽东不选择"农业学西沟",可能是西沟的农林牧副全面的发展模式,没有大寨"纯粮食型"的模式更有代表意义;或者是西沟人割资本主义尾巴不够坚决;也或是西沟的分配方式太接近于"按劳分配"的资产阶级法权,也许还或是西沟人"战天斗地"的精神不如大寨,使得毛泽东宁肯选择日本人的村长,也不选择抗日的民兵英雄。毛泽东的农业社会主义理论遇到了陈永贵的农业社会主义实践,好像找到了一根救命稻草,可以用以证明1958年的人民公社化没有错误。

毛泽东说:"农业要过关,没有大寨那种精神不行哪!"从1964年开始,到1982年家庭联产承包责任制的推行,全国农村整整学了十八年的大寨,农业不仅没有"过关",全国许多地方甚至没有摆脱"挨饿"状态。毛泽东推行大寨模式的不成功,是1958年人民公社化模式失败的继续,说明了许多问题。

第二节 大寨"墙里开花墙外香"

1."大寨精神"难服众

文革中有一个习惯,当各省革委会成立时,《人民日报》总要配发一篇社论。昔阳和大寨是特殊的地方,由《山西日报》配发社论。记得在大寨公社革委会成立时,《山西日报》配发的社论是《大寨公社尽大寨》;昔阳县革委会成立时,《山西日报》配发的社论是《昔阳迈进大寨县》。当时有一句领导层常说的话:"大寨在山西,山西怎么办?"意思是让山西人加倍努力,以最快的速度迈进"大寨省"。

但山西人和外省人不一样,他们了解大寨先进的"真相",所以对学大寨不怎么积极。山西出现了一个奇怪的现象,离大寨越近的地方,学大寨越不积极。在一月革命风暴中,大寨所在的晋中地区地委中居然没有一个地、市级干部像刘格平一样,站出来造反支持陈永贵和任、王、张,而晋中军分区也成为反对陈永贵和任王张的核心。后来,离大寨最近的阳泉则被陈永贵"誉为""反大寨"的桥头堡。原因是他们出了很大的财力、物力和人力支持大寨人的"自力更生精神"而不被大寨人所承认,大寨不是一个真正"自力更生"的样板。

1980年,由新华社、《人民日报》《光明日报》、中央人民广播电台组成联合调查组，对大寨的情况进行了调查。在调查报告中专门有一部分叙述了大寨的"自力更生"问题，报告称：

早在大寨成为山区建设的先进典型在全国闻名以前，就受到国家和有关部门的大力支持。据1964年4、5月间到大寨考察的廖鲁言同志（注：时任农业部长）的考察报告记载，当时大寨受到无偿支援的项目中就有：

由黄岩汇煤矿至大寨七里长的高压输电线路，是国家投资架设的。

各级政府无偿拨给或奖给大寨的农业机械共六台（件），价值近两万六千元。

1964年之后，大寨接受帮助和照顾越来越多。甚至倚势到处伸手，已经完全超出了正常范围，"自力更生"的精神和爱国家爱集体的共产主义风格，逐步被陈永贵等人丢弃了。

过去，几乎没有人敢说起这方面的情况。谁稍有议论，就会被指责为"反大寨""砍红旗"，受到压制打击，现在这个谜揭开了，正像陈永贵同志通常讲的"不说不知道，一说吓一跳"。据初步调查，目前能够从账面上查到的，国家有关部门和兄弟集体单位，自1964年以来给大寨的援助和照顾，可以列出以下诸项：

一、阳泉市是昔阳县与外界交通的主要通道，过去十几年，一直被陈永贵等人斥之为"反大寨的桥头堡"。其实，阳泉市这些年给了大寨很大帮助。

据阳泉矿务局提供的资料：

为给大寨在虎头山架设高压电线，1964年该局四矿就无代价给了大寨钢丝绳两千米。

1973年，大寨又从四矿要走日本进口钢丝绳六千米，此绳四矿只使用了二十天，按照八成折价应为一万五千九百元，而大寨分文未付。同时，四矿还派去八名技术工人帮助大寨架设运输线达四个月，还带去一些钢丝绳卡等物资。

大寨开山采石，从四矿借用风钻两台，钻头三百个，共计款三千六百元，最后东西未还，款也未付。

1968年，大寨借用四矿东方红FS型推土机一台，用了半年多，主要零部件已损坏，后来四矿送到天津大修，使用费和大修费大寨均未付。

1971年大寨借用一矿FS型推土机一台，带两名司机使用了半年多，回来后机器基本报废，大寨使用费和大修费也全都未付。

阳泉市手管局农机厂，1964年为给大寨架设高压输电线，派去十名工人干了三个多月，所用材料、设备连同工人工资共花费一万两千八百元，大寨分文未付。这次施工在最后安装架线时，该厂还全厂停工两天，一百四十多名职工全部到大寨帮助拉线。

阳泉晋东化工厂还提供材料说，1977年——1978年，无代价支援大寨的导爆索、单基药、雷管和黑色炸药等，总价值达两万一千多元。

二、据山西省和昔阳县有关部门初步提供的材料，大寨多年来搞人造小平原等农田基本建设工程，从太原等几家化工厂拉去的炸药，现在统计到的就有六十六吨多。由于大部分是以"处理品"为名无偿支援的，都没有计算出价值。其中有1972年由江阳化工厂给的八吨正品炸药，以每吨一千一百元计算，共计八千八百元，大寨也未付款。该厂曾开发票到大寨收钱，大寨不予接受，不了了之。

三、大寨在建造人造小平原和新农村住房建设中，连续多年使用公社农机站的推土机，累计应付给公社台班费、油费、运费共十一万六千三百多元。事后，大寨实际只付了七千四百多元。过了一段时间，为了堵挡社会舆论，先付了当年应付的一万两千两百多元，后对以往的欠款，又补付了四万四千五百多元。

县水利局机械队也有两台推土机供大寨使用了六七年，据该队查账，也少收了大寨台班费一万两千六百多元。

四、过去多年来，大寨是不承担为县、社专业队出劳力任务的，而县上修建的杨家坡水库和郭庄水库，却主要保证大寨的灌溉用水，而且，大寨从来没有交过水费。此外，县、社专业队还要无偿地支援大寨搞农田水利基本建设，以及承担供大寨使用的水利工程设施的维修义务。大寨在虎头山上有六个蓄水池,只有一个小水池是纯属自己修建的,其余都是六十九军和县、社专业队等外援劳力帮助修建的。其中最大的罗面垴水池及配套工程,国家和公社投资共达十一万一千元,县专业队共投工四万多个。由公社专业队修建的友谊坡水池,投工九千两百个,公社还投资一万五千元。

五、大寨在虎头山的绿化工程,是多年来主要靠县、社干部、职工、师生的大力支援搞起来的。大寨现在每年收入数万元的果园,也是由县、社果树科技人员帮助建成的。在这些项目中,除劳力支援外。仅省、地、县有关部门无偿给大寨的苗木。目前有据可查的共达十万两千零七十九元。

六、从1975年至1978年,给大寨送上门的大量财物支援,无法计算。还有一些名为买卖实为送的变相无偿支援,如昔阳县农产品公司有一套好马车,与1968年全套连车带四头大骡子卖给大寨时,只收了九千元。而在早两年,其中一头骡子公司买进时就花了上万元,这样一买一卖,大寨从中得到的照顾,也该是以万元计的数了。

还应该说明的是,大寨的农业机械化、水利化,是国家花了一大笔钱搞起来的。1977年底全国农机会议上,大寨被列为自力更生办农业机械化的样板。其实大寨的机械、喷灌设备,多半是国家以试点为名给的支援。早在上世纪六十年代中期开始,各级有关部门就以各种试点的名义,给过大寨一些照顾。从1974年以来,进行北方农业旱作机械化试点,大寨又被选中,这中间,包括中国科学院拨给的试点费五十万元,以及各级其他有关部门拨给的资金,共计六十七万多元,其中用于农机和机械化养猪的就有三十五万多元。除以折旧价卖给大寨的部分机械收回两万多元外,纯属无偿交给大寨的部分,价值是十一万四千六百多元。此外,还有价值近七万元的三十九台(件)机械,作为报废处理,也无偿留给了大寨。

在用于水利建设的三十一万六千两百元中,除去试点消耗开支和调走部分材料价值九万三千七百多元、折价卖给大寨的部分喷灌设备和材料四万三千多元外,纯属无偿留交给大寨的喷灌设施等,价值约十八万多元。国家花钱使大寨六百九十亩地实现了以喷灌为主的水利化。

任何调查都是局部的,这次调查也是如此。即使这样的局部的调查材料,大寨得到的支援金额也达到了七十五万多元。如果加上六十九军一个营的常驻费用和县、社专业队的用工费用,绝对数量应该超过百万元以上。在上世纪六、七十年代,百万元可不是个小数字,如果用于买粮食,应价值千万斤以上。当时大寨自报的耕地数是802亩(实际是960亩左右,为上报高亩产量,做了虚报),自报亩产量800斤(农业发展纲要过长江的指标),粮食年总产量应为641600斤。也就是说,用支援大寨的钱可以买到的粮食,相当于大寨十五年半的粮食产量。这正好是1964年到1980年间全国大力支援大寨的时间,可以说连大寨人自己吃的粮食都是全国人民支援的,或者从另一个角度说,大寨的生产粮食的成本至少是其它地区的两倍以上。

对于大寨的"弄虚作假"的业绩,山西省的许多劳模都不服。1963年6月14日,李顺达、武侯梨、郭玉恩和平顺、陵川、阳城、武乡、晋城等十七个单位的二十三位劳模到大寨参观学习,新华社记者随同采访。这些劳模对大寨下苦功夫整修土地、精心细作大加称赞,但认为大寨的耕地数和亩产量与介绍的数字大有出入。这些劳模不可能知道国家及全国人民对大寨的支援的数量,但他们是老庄稼把式,耕地数和亩产量是瞒不过他们的,他们从中认识到了陈永贵的不诚实,把大寨的情况反映给了随团采访的新华社记者范银怀。范银怀把这些情况写成了一篇《记者来信》,准备给省领导参考。1964年,大寨"弄虚作假"和强迫命令等问题以新华社《内参》的形式反映到了中央最高层。当时刘少奇认为,报上刊登的典型太多了,需要重新核查一下。但在1965年2月召开的中央工作会议上,毛泽东与刘少奇在四清问题上产生了分歧,毛泽东批评了刘少奇,认为四清运动的重点是整"党内的走资派",而不是核查弄虚作假的典型,并说"全国所有的社、队都要像大寨那样,依靠自力更生发展农业。"参加了这次会议的李雪峰、陶鲁笳深知毛泽东的意思,会后他们很好地保护了陈永贵和大寨的"声誉",也为全国农民留下了"灾难"的根源。

李顺达等人虽然在山西一月风暴后，有一阵子（十几天的时间）与陈永贵、解悦等人一起成立过一个叫"山西革命造反派联络总站"的组织，但终因"道不同不相为谋"，选择了站在军队一边，成了陈永贵的对立面。而山西与刘格平、陈永贵对立的革命群众组织红联站、兵团、晋东南联字号、晋中总司、晋南一·二六等则打着拥护"李顺达和西沟"的旗号，与陈永贵和大寨对抗。

2. 昔阳经验是"继续革命"理论的样板

陈永贵扯旗造反，先参加夺了省委的权，当了省革委副主任。接着带头夺了昔阳县委的权，出任县革委主任。陈永贵有很强的政治敏感，他对毛泽东在农村的"理想"有很深的领悟。他善于把大寨每项经验都与毛泽东的号召、与继续革命理论挂上钩，他篡改大寨历史，把大寨经验说成是以阶级斗争为纲的历史。1967年9月，在昔阳召开的现场会上，陈永贵一口气讲了六个小时，他把过去支持帮助过大寨的省、地、县三级领导揪来批斗，指着这些老领导说，大寨就是同这一小撮反革命修正主义分子斗争中前进的。

陈永贵夺权后，在昔阳秘密干了三年，斗走资派干部，整走资本主义道路农民，割资本主义尾巴，采取法西斯手段强迫农民"改天换地"，搞了不少不计成本、劳命伤财的工程。一九七〇年国务院在昔阳召开北方农业会议，接着省革委又在昔阳召开全委会，陈永贵介绍了"昔阳县苦战三年，粮食产量翻番，改变面貌"的经验："一批、二斗、三大干"。昔阳全县呼喊着："农业学大寨，手中无权学不开"，"农业学大寨，狠斗走资派"，炮制了向走资派、民主革命派、老好人、阶级异己分子、坏分子所谓"五种人"夺权的经验。1975年10月中央召开全国第一次农业学大寨会议，全面推广昔阳建没大寨县经验，在全国农村开展基本路线教育，整顿农村领导班子，大抓"五种人"，不断地人为地以各种名义制造阶级斗争，两条道路斗争，全国十几年的阶级斗争，制造了无数冤案，破坏了农村经济，害了全国亿万农民。

陈永贵并不懂社会主义，但他熟知毛泽东的"乌托邦"理论。他试图借农业学大寨运动，实现毛泽东"一大二公"空想社会主义。他把昔阳搞成"穷过渡"试验田，全县搞了大队一级核算，还破坏按劳取酬，评"政治工分"。粉碎四人帮以后，在华国锋的支持下，陈永贵和大寨摇身一变，又成了和四人帮作斗争的英雄，大寨党支部书记又在1977年一月全国第二次农业学大寨会议上介绍了经验。陈永贵变本加厉、更加疯狂加大推行"穷过渡"的步伐，陈永贵要求昔阳县委，在1980年之前，全县三分之一公社向公社所有制过渡，然后向县级统一核算"过渡"，把昔阳建成全民所有制的县！不难看出，陈永贵确是"毛主席的好学生"！

陈永贵在下台以前，指挥山西王谦，极力抵制安徽农村改革，大造反对包产到户的舆论，什么"辛辛苦苦三十年，一夜回到解放前"，"包产到户是单干""反大寨，拔红旗"，"反大寨就是反对毛主席"，直接攻击农村改革的开路先锋万里，企图螳臂挡车，阻挡改革洪流，为中国农村改革增加了阻力，又把山西搞成了顽固极左路线的特区，使山西人民多吃了几年苦。

3. 谢振华与大寨的分歧："大公无私"，还是"先公后私"？

1980年，在霍士廉即将替代王谦担任山西省委第一书记时，邓小平约谈了霍士廉。他在约谈中说："谢振华对四人帮不感冒，他执行的是周总理的指示，四人帮比较恨他，所以四人帮支持陈永贵和王谦夺他的权。"

邓小平的话一语道明了当时谢振华与陈永贵、王谦斗争的实质。谢振华执政山西是周恩来提议的。谢振华奉周总理之命，力图排除极左影响，努力恢复和发展工农业生产，这必然与陈永贵奉行的中央文革的阶级斗争路线和"割资本主义尾巴"的经济路线发生冲突。

其实，在六十九军进入山西时，对陈永贵和大寨是非常支持的。1967年春天，69军就派出四百多人的一个营进驻大寨，帮助大寨搞

第十章 谢振华:"反大寨"没有"好下场"

农田水利基本建设。这一个营的壮小伙子,几乎相当于大寨连老带小的全部人口。当时解放军战士大多是从农村来的,四百多人的劳动能力应该超过了大寨人自身劳动能力的一倍半。1968年,大寨又遭逢冰雹之灾,谢振华闻讯后,连夜从驻晋中祁县的319团派出七个连的兵力急赴大寨,用一天一夜的时间,把被冰雹打倒的禾苗全部扶了起来,缺苗的地方,进行了补种,保证了大寨人"战天斗地"后的大丰收。谢振华主政山西后,一如既往地支持大寨,每年仅从农业部门拨款帮助大寨维修农机一项,就少则数万元,多则十余万元。就这样,陈永贵和大寨人并不领情,认为这是应该的。不仅如此,陈永贵和大寨人还在挑谢振华的毛病。

1972年10月,全省农业学大寨现场会议在大寨召开。陈永贵在介绍大寨经验时,除了谈阶级斗争外,还把大寨经验介绍为是抓"斗私批修"的结果,用"伟大的毛泽东思想教育人的结果",是发扬"大公无私"的共产主义精神的结果。大寨艰苦奋斗的精神、农业生产管理和生产技术被放在了第二位。谢振华在这次会议的发言中,表扬一个热爱集体、牺牲个人利益,关心集体财产的一个老羊倌时,提到了大寨的"先公后私"的精神。这种提法引起了陈永贵和大寨人的不满,他们认为贬低了大寨精神,把大寨人的觉悟从"大公无私"降低到了"先公后私",从"共产主义"降低到了"社会主义",这当然是陈永贵和大寨人绝对不能容忍的。谢振华的发言当场就受到郭凤莲的批驳,在社会上挑起了一场论战。

10月31日,025总部及原红总站和决死纵队的一些下属组织,在太原街头贴出了批判谢振华在现场会议上讲话的大字报。批判谢振华的讲话是"贩卖刘少奇'公私溶化论'的黑货",认为"在山西出现了一股大反大寨的黑风",宣称要"保卫红大寨"。这是陈永贵与谢振华的第一次正面交锋。

我们不知道谢振华在那次会议上讲话的提法是有意的还是无意的。不过按照《百战将星谢振华》中的说法,"谢振华心里十分清楚,大寨在全国出名之后,是靠各方支援尤其是驻晋部队的大力支援,才维持丰产丰收的。如果全国农村特别是穷乡僻壤都那么靠自己的力量开山造田,恐怕永远赶不上大寨的这种丰收。""所以,详知内情的谢振华对大寨人自力更生、艰苦奋斗精神十分赞扬,也提倡学习大寨这种精神,但反对学习大寨的一些过'左'的错误做法。如对那些有极左思想的人不按照中央指示宣传大寨,正确处理个人、集体、国家三者之间的关系,不坚持先国家后集体,个人利益服从国家利益和集体利益等原则,而只宣传大公无私的做法持不同意见。"从这段话来看,谢振华的讲话是有意而为之。

1972年11月15日,周恩来在接见美国朋友韩丁等人时为谢振华作了辩解:

> 社会主义社会不是没有个人利益,而只有公共利益。我们的原则是个人利益服从公共利益,个人利益和公共利益一致起来。所以,像大寨这样,我们叫它先公后私。但是,有极左思想的人跑去吹捧陈永贵说:你是大公无私的。大寨在一个时候就骄傲起来。现在,山西省委第一书记谢振华同志闯了一个"乱子",他跑去说,大寨是先公后私,不是大公无私。这就得罪了陈永贵同志。因此大寨就很不满意,而反对他。其实这个话并不是谢振华的发明,而是按照中央的说法。
>
> 我们希望每个省都有自己的大寨,不要千里之外求仙名。毛主席最不满意的是把一切事情都说得绝对化了。我也不同意陈永贵同志所说的大寨是大公无私的。这是一种错误的看法。他是从局部看问题,是从他的局部出发。因此,他的思想认识和分析问题的时候就常常弄错了……

周恩来"反大寨"的程度要比谢振华厉害得多,他对陈永贵的批评十分严厉,实际上对"大寨是先公后私"也进行了否定。周恩来说陈永贵看问题"是从他的局部出发","他的局部"当然是"陈永贵的一己之私",或放大一些说是"大寨的一己之私",如果看问题是从"一己之私"出发,无疑是"先私后公"了。所以,按周恩来的说法,大寨是"先私后公",而不是"先公后私",更谈不上"大公无私"了。

从一个简单的例子就可以看出,大寨在实际上也是"先私后公"的。当69军派部队去大寨帮助进行农田水利基本建设或救灾时,大寨从来没有说过，请先帮助一下同样需要帮助的邻村的群众，仅就这一点就显示出了大寨所谓"自力更生"和"大公无私"的虚假和虚伪！

其实，"先私后公"也没有什么不对。"先私后公"并不是"自私"，而是先把自己本身搞好，再帮助别人，似乎也是顺理成章的事。封建社会主义者们十分痛恨私有制，甚至连累到了"私"字，显然是对社会主义学说的极大歪曲。事实证明，在形式上社会主义也不一定是公有制，封建主义也不一定是私有制。

从理论上讲，公与私的关系是辩证的，是矛盾而统一的，没有固定的谁先谁后，其先后次序应该因人、因时、因地而论。周恩来和谢振华由于时代和时期的局限性，他们也不是理论家，当然不可能认识到我们今天才认识到的理论。在他们所在的极左时代，能提出"先公后私"，与大寨的"大公无私"对抗，就已经是很不错了。

4. 段立生与大寨分歧："一大二公"，还是"三自一包"？

谢振华主政山西后，不但解放了绝大多数老干部，而且特别注重青年干部的培养。1971年到1972年间，担任省革委常委和委员的造反派干部基本上都安排在基层领导岗位进行锻炼培养。文革前是干部的，担任了较高的职务，如：省委七一公社的李辅担任了省委调研室副主任；兵团的刘少卿担任了机械厅（当时好像叫重工厅）副厅长；红总站的吴春久担任了省科委副主任；晋中总司的李兆田担任了水利厅副厅长。文革前是学生的，安排的职务较低，如：段立生安排的是清徐县城关公社副书记；刘灏安排的是古交区团委书记。到1973年才给他们安排的较高一级的副县级职位，如：段立生担任了清徐县委副书记；刘灏担任了太原北郊区委副书记；黄锐庵担任太原北城区委副书记；宋捷担任了团省委常委。不知什么原因，文革前是干部的黄锐庵被安排了太原北城区委副书记，相当于学生出身的职务。

谢振华对这些干部的安排颇有深意。文革前参加工作的干部，有一定工作经验，又是群众组织领袖，有一定组织能力，安排的职位较高；文革前还是学生的，没有工作经验，但有一定组织能力，安排的职务较低，让他们在基层锻炼锻炼，积累经验。这些干部有朝气，好学习，肯思考，有独立思想，只要用心加以引导，都是担任基层领导的好苗子。

在谢振华与陈永贵的斗争中，年轻干部大多都站在了谢振华一边，段立生和李辅应该是其中最坚决、最自觉者。谢振华在其《难忘的回忆》中说到了与陈永贵斗争的内容："在学大寨问题上，我抵制了陈永贵要大寨将农业纲要规定的队为基础的三级所有制改为公社一级所有制及取消自留地，实行政治工分等一系列错误做法，这也就是'四人帮'强加给我头上的那顶反'大寨红旗'的帽子。"在这里，我们需要解释一下当时的人民公社制度。按当时的人民公社制度，是生产队、生产大队（人民公社化时叫"管理区"，也就是现在的"村"）、公社（相当于现在的乡、镇）三级所有，核算的基本单位是生产队。陈永贵为了加快共产主义的速度，违背生产力决定生产关系的马克思主义基本原理，一直在改变所有制上闹革命，文革前就把核算的基本单位提升到大队，文革中又试图把基本核算单位提升到公社。陈永贵的做法，搞成了公社一级所有，比1958年人民公社化时还要"一大二公"，把农民剥夺得干干净净，他的设想把封建社会主义发展到了极致。很显然，谢振华必然要反对这种做法。段立生在1972年11月3日发表在《山西日报》上的一篇文章，就反映了以谢振华为首的陈永贵反对派的思想。

段立生，1944年生，山西祁县人。1964年高中毕业后曾在驻村四清工作队帮助工作。1965年考入山西省委党校政治系。文革开始后，担任革命群众组织党校东方红公社总勤务员。1967年3月被红联站推举为代表，成为山西省革命委员会常委。1970年被分配到太原市清徐县城关公社平泉大队插队。段立生虽然没有担任过红联站的总勤务员，但他是公认的红联站有代表性的三个领袖之一。省委书记谢振华特别器重段立生。他认为：红联站的领袖中，杨保明右，张珉左，段立生适中。段立生在农村生活过，又上过党校，插队后又积累了一定的工作经验，是一个值得培养的好苗子。

段立生的文章是以《山西日报》的读者来信的形式出现的，《山西日报》发表在头版头条,并加了《编者按》。段立生文章《山西日报》的发表及《编者按》显然是谢振华同意的。兹将编者按和此文节选如下:

编者按:

插队知识青年、清徐县城关公社党委副书记段立生同志的来信,提出了一些当前在落实党在农村的经济政策方面值得注意的问题,对于进一步调动广大社员群众的社会主义积极性,促进农业生产,巩固集体经济,发展我省大好形势,关系极大。我们希望各级领导同志能够认真读一读这篇文章。……

编辑同志:

……在落实党在农村经济政策上的"左"的倾向,主要表现在核算单位、自留地、农副业关系和粮食征购问题上。

表现在核算单位方面的问题是:对一部分不具备大队核算条件的大队,少数县、社、队干部仍然下不了决心,总不愿恢复为生产队核算。

这部分干部的认识是:将来总是要由生产队核算发展成为大队核算,既然现在已变成大队核算,就不要再走"回头路"了。其次,以大队为核算单位,公社、大队在调动生产队资金、物资和劳力方面,社队干部的主动性大(实际上是说"权力大")。

表现在自留地方面的问题是:一部分社队干部总不愿再将自留地让社员自己耕种,还是坚持集体代种。他们的理由,其一是"不放心"。总把将自留地让社员自己耕种,社员会和集体争肥、争水,影响投工和出勤。其二是认为"自留地是私有制的尾巴,早割比晚割好"。"自留地归集体代种,虽然群众不满意,但大方向还是对的。"

表现在农副业关系上的问题是:片面强调"以粮为主",忽视"多种经营""以副养农"。少数社队干部头脑中仍然存在着"抓农业保险,抓副业危险"的错误认识。

表现在粮食征购方面的问题是:征购任务一定五年的政策,在一些社队还没有实实在在落实下来。一些县社领导,不要说扎扎实实地落实，就是在宣传上也是吞吞吐吐，不敢说肯定的话。就是将征购任务确定到生产队，也总想留下一条将来变卦的"尾巴"，说一句"你们队的这个数字，到时候还得看看全公社（或全县）的情况再定。"这方面的问题，主要出在县一级领导身上。因而使一些生产队的干部和社员，对"征购任务一定五年"的政策兑现，信心不足，影响社员的生产积极性。……

对于以上四方面的问题，我的想法是：

一、关于核算单位：我国现阶段农村人民公社所实行的"三级所有，队为基础，生产队为基本核算单位"的政策，是完全符合我国农村现阶段的阶级关系、生产力的发展水平和社员群众的觉悟程度的，反映了广大贫下中农的愿望。深受广大贫下中农拥护。在现阶段，绝大多数大队都应该实行以生产队为基本核算单位。少数实行了大队核算的单位，如生产确实搞得好，大队领导班子坚强，群众确实满意的，当然可以考虑努力将巩固工作做好，保留下来。但从我所在的清徐县城关公社来看，像这样的大队只占百分之十左右。

二、关于自留地：在落实有关自留地政策过程中，我了解到大多数社员群众是愿意自己耕种的。只要把路线教育抓紧，政治思想工作做好，将自留地交给社员自己耕种，并不会影响集体生产。我所在的平泉大队，今年将自留地退给社员自己耕种（原集体代种），不但没有影响集体生产，在今年旱灾情况下，粮菜都比去年略有增长。

三、关于农副业关系：随着国民经济的发展，工业向农业提供的机械、化肥将越来越多，这样，农业投资也越来越大。如果只依靠农业本身的收入，来解决农业的投资问题，农业生产的发展就会受到影响。实际上不少社、队已经从实践中体会到这一点。有些社队只注意抓粮食生产，不注意多种经营，形成农业生产上的"单打一"，结果，化肥用得挺多，资金投入不小，粮食虽然增产不少，但社员的实际收入并没有多大提高，影响了社员生产的积极性。所以，我们应该将"以粮为纲，多种经营"，"以农为主，以副养农，以副养机，以机促农"的方针，以及农、副、机三者之间的相互依赖又相互促进的辩证关系，利用各种渠道、各种形式向广大基层干部和社员反复宣传，反复讲解，以求真正理解才好。

实际上，有些副业并不与农业争劳力，也不需要很大的投资。例如我所在的这个公社，有个西木庄大队，是个仅有百十来户人家的小村。这个大队搞了个粉笔厂，仅用了二十个半辅助劳力（其中九个是妇女），不需要多少设备与投资，每年可收入四万余元，给农业生产积累了资金，促进了农业生产。而且解决了市场上的需要。

所以我认为，社队干部应该将与农业生产不争劳力，当地有现成原料，产品是当地市场所需，即类似西木庄的粉笔厂这样的副业，认真地有效地抓起来，不应该只停留在问一问、说一说的阶段上。

四、关于粮食征购问题：我认为在粮食征购问题上，省委一定要再次强调各地、县尽快地将粮食征购政策真正落实到核算单位。既要强调完成并争取超额完成国家的征购任务，又要注意在收成较好的年景下，使社、队有所储备，确实做到"藏粮于民"，把伟大领袖毛主席提出的"备战、备荒、为人民"的伟大战略方针落到实处。而对那些虚报产量，征购过头粮的少数单位个别负责人，要给予批评教育，将这种不正之风煞下去。现在农村一些社队干部，对"六十条"的基本内容，很不熟悉。平时，这些同志也讲"要按'六十条'办事"，但是一处理具体问题，问他"六十条"是怎样规定的，他却说不上来。特别是现在许多生产队负责政治工作的干部（有的叫政治队长，有的叫政治指导员），大多是二十多岁的青年人担任，这部分同志"四清"时大多是十几岁，对"六十条"的基本内容更是生疏得很，更有认真学习的必要。我认为，各县、社党委应该将组织大队和生产队干部学习好"六十条"、党中央以及省委的有关规定，作为执行毛主席革命路线的大事来抓，作为落实党在农村中的各项方针政策的重要环节和重要步骤来抓。

我省农业机械的生产，也存在着薄弱环节。不用说别的，象一个十几马力的手扶拖拉机，农村很欢迎，一些生产队为了能搞到一台拖拉机或手扶拖拉机，不知要动多少脑筋，想多少办法。广大贫下中农，对实现农业机械化的迫切心情是非常感人的。可是，十几马力的手扶拖拉机，我省至今不能大批生产，主要还要靠外省调拨和支援。

是因为我们没有生产的力量不能大批生产吗?是因为我们钢材不足吗?我的看法,可能在这些方面存在一些困难,但这都不是主要原因。主要原因恐怕是缺乏强有力的组织和领导,没有集中力量将一个生产点抓出成效,到真正能够大批生产为止;而是布局分散,力量分散(特别是技术力量),材料分散。结果造成全省有好几家都能试制出一两台"报喜产品",但却不能大批生产。所以现在有的群众讲:"有些产品就怕'报喜',一'报喜'就不见成批产品了。等大批产品出来,等不上五年,也得等上三年。"近几年来,这种"报喜产品"的现象,对我省农业机械化的步子影响很大,危害不浅。这种不正之风,应当坚决纠正。

现在的人可能不了解段立生文章在当时的意义和影响,所以我们有必要解释一下。

段立生文章的主体思想在当时来说,就是反极左,坚持贯彻农村《六十条》。段立生也可能是无意的,也可能是有意的,段立生把陈永贵等人的极左作法推给了"刘少奇一类骗子",简直是"猪八戒倒打一耙",不过,这似乎也是他的一种策略,一种自我保护的措施。李辅回忆了该文的出台一些情况。段立生曾请李辅对该文提过意见。原文似乎对"三自一包"阐述的更明确,或者说更接近"三自一包"的原意,由于当时形势的压力,李辅建议将"三自一包"的内容写得模糊一些,要不然文章一出台就被当作"三自一包"被批判,似乎不太策略。李辅回忆,为了避免被理解为"三自一包",他在农村插队时搞的是"三定一奖",即定工分、定产量、定人员及超产有奖,实际上"定"就是"包","奖"还是当时所批判的"物质刺激"的做法。从李辅回忆看,段立生、李辅等人提倡和实践的"三自一包"以对抗陈永贵的封建社会主义完全是从实际出发,自觉自愿的。

这种自觉自愿性还可以从段立生文章中的一段话作证明:"他们把将来可能做到的事情,硬要拉到现在来做。离开我国农村现阶段的阶级关系、生产力发展水平和社员群众的觉悟程度,主观地出点子,办事情。"段立生的这段话有两个要点。一个是对封建的空想的社会主义提出的怀疑，认为陈永贵的做法（封建社会主义）只是将来"可能做到的事情"，也就是说也有"可能将来做不到"；另一个是至少当时实现陈永贵的主义是不可能和不现实的。段立生实际上是认为，当时的我国的生产力与生产关系不能适应，主要是生产关系阻碍了或不适应生产力的要求。上世纪八十年代提出的"改革开放政策"的理论基础，就是当时提出了我国的主要矛盾是"先进的生产关系与落后的生产力的矛盾"，从而要把社会主义高级阶段的生产关系拉回到社会主义初级阶段的生产关系，以适应生产力的发展。段立生提出这个理论比官方整整早了十年，而且，段立生的说法比官方的说法要彻底得多。官方理论有许多漏洞，如：说"先进的生产关系不适应落后的生产力"本身违背历史唯物论；为了官方的"面子"，不承认封建社会主义是落后的生产关系；不承认资本主义替代封建社会主义是社会进步，等等。而段立生实际上不认为封建社会主义是一种先进的生产关系，他使用"可能做到"这样的词，只是迫于当时政治形势的谨慎用语。如果当时有人用当时的观点，用我们的方法去剖析段立生的思想，那他就是一个地地道道的反革命修正主义分子。用现代的眼光看，当时不到三十岁的段立生还真不是一个盲目崇拜的造反派头头，而是一个有独立思想、有策略的知识青年。

当时写那样的文章是要冒风险的，弄得不好不但要受到严厉批斗，而且有可能要住监狱的。

5. 好官李辅与大寨分歧："革资本主义的尾巴"，还是"救民于水火"？

李辅，1939年生，山西应县人。李辅的正式家庭出身是中农。其祖父是裁缝，应为手工业工人。其父开始当佣工，吃苦耐劳，勤于生计，后成为一个小掌柜、手工业作坊主，小日子过得也属"小康"水平。李辅从小聪明好学，成绩一直不错。1957年考入太谷农校。1960年调入山西省委党校学习。1964年党校毕业分配到了山西省委政治研究室工作。政研室是省委的一个秀才班子，集中了全省的理论和写作尖子。由此，李辅成了省委机关的"笔杆子"。文革开始后，李辅担任了省委的革命群众组织七一公社的负责人。1967年3月，山西省革委成立时，李辅任山西省革命委员会委员。1970年，下放到阳曲县大盂公社辛庄大队插队。后担任辛庄大队党支部书记，大盂公社党委委员，阳曲县县委委员。1971年4月，作为红联站观点"代表"进入山西省委，担任候补省委委员。1971年5月，调回到山西省委调研室担任副主任。期间，李辅领导一个大队，粮食产量从上年的九十二万斤，增加到了一百五十万斤，增产六十万斤，是上一年的一点六三倍，使辛庄大队改变了落后面貌。李辅还冒着个人的政治风险，为在"四清"中被错误定性为"走资派"整下台的原辛庄大队党支部书记等三人平了反。李辅就是这样一个想做"好官"的人。1973年以后，李辅在山西担任襄汾、平遥两任县委书记，落下了一个"好父母官"的清名。后来，著名作家柯云路以李辅为原型，塑造了他的成名作《新星》中的主人公"好父母官"李向南，当然这是后话了。

李辅在阳曲县插队时，常与担任县革委主任的原省长王谦聊天谈心。其实，王谦很器重李辅，认为是个应该提拔的好苗子。有一次，王谦语重心长地对李辅说：县委书记的岗位，对一个领导干部的成长十分重要，将来有机会一定要当一段县委书记。李辅深以为然。1973年12月，党中央布置农村要开展基本路线教育，李辅担任襄汾县工作队队长兼县委第一副书记（由于当时县委书记、县武装部政委刘天佑请病假，李辅主持县委工作），不久被任命为县委书记，在襄汾县开始实践当县委书记的梦想。

襄汾县位于晋南行署所在地临汾以南二十多公里的地方，汾河从县中穿过。该县是1953年由襄陵县和汾城县（故称太平县）合并而成。晋南有一则流传了至少几百年的民谣："金襄陵，银太平，数了曲沃数翼城"，说得是晋南富庶地区的排序。排在第一、第二的都在襄汾县，可见襄汾的富裕。襄汾县有山、有水、有田、有地、有粮、有棉、有煤、有铁，端的是个好地方。但是，这么一个好地方被"农业学大寨"运动搞得成了一个吃"返销粮"的县份。李辅来到襄汾担负着艰巨的拨乱反正的任务，下面是李辅的《自传》中关于反"割资本主义的尾巴"的小故事：

"文化大革命"和"瞎指挥"对这里（注：指襄汾县）的破坏十分严重。

七·二三布告平息武斗后，支左解放军掌握领导权，刘天佑政委担任了县委书记。刘政委不懂农业，积极开展学大寨，压缩麦田，大面积推广高粱，群众对种高粱没有积极性，加上天旱，连年减产，一个产粮大县，竟然还得吃返销粮。许多社员缺粮吃，甚至连高粱也吃不上，不得不全家上阵，拉上小平车到乡宁拉煤，在城里卖了煤，换上一、二斗红高粱。我去襄汾不久，地委书记赵雨亭领导学大寨，搞农田基本建设，派分管农业的副书记董启民、任青海在汾城公社汾阳坡填沟造地，搞人造小平原。并组织全区到汾城公社参观。赵雨亭路经襄汾城边，看到许多卖炭的小平车，乘车去汾城的路上，也看到接二连三拉煤的小平车。凭此就说襄汾"重副轻农""弃农经商"，资本主义十分严重，让狠批资本主义，组织大批劳力，搞农田基本建设，起高垫低，建设人造小平原。

我去汾城农田基本建设现场，看到挖地四五尺，填到沟里，全部是生土，造上两三分地，得几十个、上百个工。垫出来的地根本不能耕种。因为熟土耕作层全部破坏了，长不出庄稼。垫出来的地表塇失散，毛细吸管破坏，地下水分上不来，又没有表水浇灌，不要说一年不能种，二、三年内也不会长庄稼。完全是为了参观的"花架子工程"。我从内心不满，认为地委完全是瞎指挥，学大寨的表面，照猫画虎，搞这种农田基本建设是劳民伤财。

再看群众拉煤，他们真的是搞资本主义吗？我在卖煤的街边向群众了解真实情况，又沿着去古城公社到乡宁台头的路上，向拉煤的群众寻访。那时你常常看到一辆平车拉上千斤煤，一个大男人驾辕，前边有一个小毛驴，没有毛驴的就是一个帮拉的女人或小孩，后边还有一个女人或小孩跟着跑，上坡时推车，下坡时倒拉刹车。他们一个个蓬头垢面，满身煤灰，跑几十里路，受的是牛马苦。我再深入峪口，看那弯曲的山路，一道道'瞪眼坡'，拉上一辆空车，两三个人也得费上吃奶的劲,才能爬上去。下坡时,向下的推力和惯性,催得人紧跑,车后的人紧拉硬拽也难放慢速度。这受的是什么苦,他们没有别的生路,有半分奈何,不会妻儿老小齐上阵去干这样的重活、脏活、险活。你一个个去问都是为了换斗红高粱,难道批资本主义就要断他们的生路吗?经过调查,我在全县干部大会上讲,社员们上山拉煤是为了换斗红高粱吃,不是搞资本主义,不能批。我们总得让老百姓活下去啊!我这样实事求是的态度,赢得了民心。后来在襄汾传说我上山拉煤,体察民情,给我编了一个故事。从襄汾工作开始,就与赵雨亭发生了分歧,到底是为民,还是迎合上级为自己当官,这是两条不同的思想路线,我自己当过农民,受过苦,绝不能为保自己的官帽。欺负老百姓!

看了李辅的这个故事,让人们觉得有些事情真是不可思议。像赵雨亭这样革命了几十年的老干部,在文革初期受到冲击,在重新工作后学会了顺应潮流,对中央文革竖起了白旗,成了一个政客,不顾人民死活的学起了大寨;像李辅这样在文革初期顺应潮流起来造反,在当官之后,却能抵制"学大寨"的潮流,关心人民群众疾苦。这样的现象说明了什么?赵雨亭现象和李辅现象或多或少地说明了文革的必然性。不管是老干部,还是造反起来的新干部,其好坏在于人性和人性的变化。老干部中为了"主义"和官位,不顾人民死活,为数不少;新干部中为了接受新事物,当个好官,关心群众疾苦者,为数也多。后来对干部"一刀切"的做法也有许多问题。

还有"资本主义"的问题也值得深思。如果资本家都是类似于拉煤那样的苦出身,拼死拼活挣出了"原始积累"的资本,马克思的《资本论》就应该改写了。不过,从我国改革开放民营企业的发展状况来看,《资本论》至少应该部分改写了。

6. 中共十大:极左派重占优势

1971年9月林彪事件以后,周恩来失去了支持他工作的中央军委办事组的几个政治局委员,在政治局中已处于劣势。

第十章 谢振华:"反大寨"没有"好下场"

1973年中国共产党第十次全国代表大会于１９７３年８月２４日至２８日在北京召开。像党的八届十二中全会决定永远开除刘少奇党籍(好像党章中没有"永远开除"党员党籍这一条,这种做法本身就违背党章。另外既然已经"永远开除",后来为刘少奇平反恢复党籍就不合法)一样,在十大上决定永远开除林彪、叶群、黄永胜、吴法宪、李作鹏、邱会作等人的党籍。周恩来、王洪文、康生、叶剑英、李德生成为中央副主席,张春桥进入了政治局常委;韦国清、华国锋、纪登奎、吴德、汪东兴、陈永贵等新人进入了中央政治局。新一代进入政治局、进入常委、进入副主席行列的人,几乎全部都是拥护毛泽东文革路线的,尤其是王洪文、陈永贵更是忠心耿耿跟毛泽东和中央文革走的。朱德、董必武等少数老人成为不管事的闲人,周恩来、叶剑英、李先念显得极为孤立。谢振华没有能够进入中央委员会,与王谦一道成为中央候补委员。

从十大开始,中央政治局的文革激进派王洪文、张春桥、江青、姚文元等结成了一个团结的同盟,即后来被人们称之为"四人帮"的极左派势力。

"四人帮"这个名词来自毛泽东之口。1974年7月17日,在中共中央政治局会议上,毛泽东批评王洪文、张春桥、江青、姚文元搞帮派活动,说"她(江青)算上海帮呢!你们要注意呢,不要搞成四人小宗派呢。"这是历史上第一次将江青等四人当成一个宗派提出。1975年5月3日,毛泽东召集在北京的中共中央政治局委员谈话时,再次提到"三要三不要"(要搞马列主义,不要搞修正主义;要团结,不要分裂;要光明正大,不要搞阴谋诡计),并进一步对江青等四人说:"(你们)不要搞'四人帮',你们不要搞了,为什么要照样搞呀?为什么不和二百多个中央委员搞团结?搞少数人不好,历来不好。"其实,毛泽东的意思是善意的批评四个人不要搞得圈子太小,这样对他们自身不利,对他们的极左路线的实行也不利。毛泽东并不是批评"四人帮"实行的路线不对,因为"四人帮"实行的正是毛泽东自己确定的路线。"四人帮"把圈子搞得很小,是革命过程中的必然。在革命中激进派就像法国大革命中的罗伯斯庇尔一样,总是认为自己是最革命的，自己的目标是最终的、最彻底的，因此他们难免孤立。这不是毛泽东能够扭转的，因为他自己的路线也越来越孤立。

当时的极左派势力绝不止王、张、江、姚四个人，"四人帮"并不像毛泽东所说的那样孤立，要不然他们不会取得后来的"批林批孔"运动的"伟大"胜利，也不会取得1975年四届人大全面组阁的胜利，更不会把当时具有极高威望的周恩来搞得"狼狈不堪"。实际上他们在政治局中有着好多拥趸，如陈永贵等，只是在后来粉碎"四人帮"的行动后，由于种种原因（如"两个凡是"的保护等），这些"拥趸"逃脱了惩罚而已。

重新取得优势的文革势力不可能不对1969年九大以后受到的压抑进行报复。百度百科对十大之后的"批林批孔"运动是这样说的："1974年1月18日，毛泽东批准王洪文、江青的要求，由党中央转发江青主持选编的《林彪与孔孟之道》，'批林批孔'运动遂在全国开展起来。"在这个运动中，"江青一伙借'批林批孔'之机，到处煽风点火，大搞'影射史学'，批所谓'现代的儒''党内的大儒'，露骨地攻击周恩来；他们借批林彪'克己复礼'，影射周恩来1972年以来进行的调整工作是'复辟倒退''右倾回潮'；他们还极力吹捧'女皇'，为其反周'组阁'阴谋大造舆论。"

1974年1月24日江青等在北京工人体育场召开在京部队单位和中直机关"批林批孔"动员大会。江青在大会上发表演说，对周恩来、叶剑英等中央领导同志进行不指名的攻击，/对周恩来进行突然袭击。25日周恩来被迫作出了自我保护的措施，在同一地点举行了国家机关的"批林批孔"动员大会，体现了周恩来的孤立、无奈和"妥协"。

如此，包括谢振华在内的按周恩来指示办事的省委书记，就成了文革派首当其冲的打击目标了。谢振华抵制大寨极左路线，使自身也处于危险之中了。中央文革正在挑选"批林批孔"运动的突破口，晋剧《三上桃峰》的出现就恰恰成了这样的一个突破口。

第三节 《三上桃峰》一剧惊天下

柳林县位于山西的西部，濒临黄河。该县始建于1971年，在建县不到一年的时间里，一群聚集在山沟里的年纪不大不小的文人墨客，闹腾出了一件大事情，这就是后来闻名全国的晋剧《三上桃峰》事件。这个事件甚至成了当时的省委书记谢振华下台的导火索。2009年，当年晋剧《三上桃峰》改编者之一、现柳林县戏曲协会副主席雷捷发写了一本书，书名是《一剧惊天下》，叙述了晋剧《三上桃峰》曲折而不平凡的经历。

1. 小地方出大戏

1972年3月，吕梁地区要举办首届文艺汇演，指名要柳林县搞一部样板戏以外的新节目。

地区为何单要柳林县出一个新节目呢？这是因为柳林县剧团有着很强的实力。天津师范学院毕业的任元恩任剧团团长（后来担任过吕梁师专校长、党委书记）；下放插队干部、原晋中青年晋剧团党支部书记贺登朝任业务领导（因插队期未满，不能正式任命）。

在接到排新剧的通知后，县委第一书记蒋廷标十分重视，要求：不但要上，而且要上的好。担子落在负责文教、宣传的县革委副主任李庶民（下放干部，原山西省文化局局长）和贺登朝肩上。创作一部新剧，就像创作一部文学作品，真不是一下子能拍脑袋想出来，多亏贺登朝有着多年的积淀。他们决定以贺登朝1965年在晋中青年晋剧团时的一个晋剧本子为蓝本进行改编。这个戏本子的原名为《三下桃园》，曾经由晋中青年晋剧团排练，参加过1965年的山西省文艺调演。《三下桃园》剧本曾在山西省文联办的文学杂志《火花》1966年第一期全文发表过。晋中青年晋剧团的这个剧目被定为1966年华北地区文艺调演节目。

《三下桃园》取材于1965年7月25日《人民日报》的一篇通

讯《一匹马》。通讯说的故事是：河北省抚宁县渤海公社刘义庄大队桑园第二生产队，从相距二十里的榆关公社大刘庄大队第二生产队买来了一匹高大的"菊花青"马。这匹马虽然看上去膘肥体壮，但它是一匹病马，没多久便露了馅儿。卖马的生产队感到这样做损人利己，有失公德，便向对方提出退款，将马拉回。而桑园第二生产队风格更高，不仅不肯退马，而且还派人拉着牲口支援对方春耕。后来，那匹马果真死了，卖马的生产队执意要退款并另赔一匹马，而桑园第二生产队坚决不收受……两队之间就因这匹马你来我往展现了双方的共产主义风格。情节十分动人。所以，当时《河北日报》《人民日报》均对此作了报道，在全国影响很大。

贺登朝看到通讯后，觉得是一个很好的素材，经商量后，决定编成一个剧本。为了创作上的方便，人名和地名都作了大的改动。重要的改动有，"桑园"改成了"桃园"；刘家庄改成了"杏园"；故事的主人公由"男"改成了"女"；剧本的题目也改成了《三下桃园》。这种改动为《三上桃峰》带来了无尽的灾难。事情很凑巧，1964 年，刘少奇夫人王光美恰好在河北省抚远县王宕公社桃园大队搞"四清"，在刘少奇的指导下，王光美根据在桃园大队蹲点的体会，搞出了一个比较完全、比较细致的典型经验总结。中共中央认为，这个总结在许多问题上有普遍性，值得向全国推广。1964 年 9 月 11 日，中共中央发出《关于一个大队的社会主义教育运动的经验总结》的文件，将王光美的经验推广，这就是所谓《桃园经验》。文革开始时，《桃园经验》与刘少奇一起被批判。后来批判《三上桃峰》的时候，把它的母本的"桃园"与"桃园经验"联系起来；把"女"与王光美联系起来，《三上桃峰》的"罪恶目的"就成了为"刘少奇翻案"。这些"莫须有"的罪名是作者们当时所想不到的。

接受柳林县委任务后，对剧本再次修改。贺登朝为创作组确定了修改原则：三不变，两改动，一调整。三不变是：故事主体、主题思想不变；两队共同关心病马菊花青的关系不变；剧本大框架即主要情节不变。两改动是：时代背景，从四清运动改为农业学大寨；过时的台词改为时代语言。一调整是：由于演员关系，女支书由一个未出嫁的年轻姑娘调整为中年妇女。在后来向地区上报汇演剧名时，有柳林县委常委通过改为《三上桃峰》，剧中的两个大队也改为了"桃峰大队"和"杏岭大队"。就这样，《三上桃峰》一剧，在边修改边排练中紧张地完成了。

2. 非样板戏走红天下

文革时期，人们的精神生活很贫乏。能播出的电影被老百姓戏谑为"三战一队"，即《地道战》《地雷战》《南征北战》及《平原游击队》。能看的小说只有两部，即金敬迈著的《欧阳海之歌》和浩然著的《金光大道》。能演出的戏剧也寥寥无几，也就是《红灯记》《智取威虎山》《沙家浜》《白毛女》《海港》《杜鹃山》《红色娘子军》《奇袭》《龙江颂》等不到十个样板戏。《三上桃峰》作为非样板戏一冒出，老百姓觉得很好奇，很新鲜，很热情。

1972年5月24日，《三上桃峰》在山西省吕梁地区文艺调演会上作压轴演出（原因是排练未完成，组织者特意安排在调演的最后一场演出）。会后，调研会议的领导和戏曲评论界的专家给出的评价（5月26日会议简报）是：

(1) 剧本格调高。全剧以饱满的热情，歌颂了社会主义新农村两个生产队的共产主义风格。在毛泽东思想照耀下，两枝共产主义的桃、杏之花并蒂争艳。

(2) 全局围绕病马菊花青，展开矛盾，情节紧凑，不庞杂，不烦琐。

(3) 深入刻画了两个先进人物的内心世界，因而博得了全场观众的热烈掌声。

(4) 演员刻画人物严肃认真，表演朴实，唱腔也好。

会议对剧本还提出了十二条细节上的修改意见。剧本共进行了七次修改，比过去丰满多了，达到了比较满意的效果。在修改过程中，柳林县剧团跑东跑西，在吕梁、在太原、在陕北进行了多次演出。《三上桃峰》越演越红。

1973年3月10日，在山西省内的许多专家的关怀和支持下，柳林县剧团在省城中心的和平剧院进行首次演出，获得巨大成功。《三上桃峰》在和平剧院一连演出了三十六天，天天客满，许多集体单位买票还得"走后门"。一个县级晋剧团这样的走红，这在太原是前所未有的。山西省晋剧团（现山西省晋剧院）受山西省文化局的委托，给了柳林剧团无私的支持，并与柳林剧团结成"姊妹团"，准备移植《三上桃峰》。这使柳林剧团感到有"无上荣光"。到1973年中，山西全省，乃至全国都掀起了一股《三上桃峰》热。

对于这样热演的剧目山西省文化局当然不愿意放过。1974年，文化部决定在北京举行华北地区文艺调演。山西省文化局认为，《三上桃峰》经过一年多的实践考验，是一部比较好的戏。可以在修改后，由山西省晋剧团排练参加华北地区文艺调演。调演的事情由分管戏剧的山西省文化局副局长贾克主抓，剧本由杨孟衡修改，女一号由山西省著名晋剧女演员王爱爱出演，可以说，山西省积聚了最强的力量，准备用《三上桃峰》，在北京"一鸣惊人"。

1974年1月，《三上桃峰》在文化部派来的高官审查后，剧团准备启程赴京。隆重的送行仪式和动员大会由省文化局长卢梦主持，会后，在贾克的率领下，一百多人的队伍浩浩荡荡、信心满满地出发了……

3. 大戏出"大拐"

山西人有一句土话，把"出事"叫"出拐"。《三上桃峰》就在北京出了"大拐"，《三上桃峰》真正体会到了什么是"乐极生悲"，他们在北京的遭遇可能是下辈子也忘不了的。

1974年1月23日，《三上桃峰》在北京二七剧场进行最后一次彩排，请来时任国务院文化组副组长于会泳（著名戏曲作家，曾参与过《海港》《智取威虎山》《杜鹃山》《龙江颂》等样板戏的音乐创作，深受江青青睐。担任过上海文化系统革筹委副主任、上海音乐学院革委会副主任、国务院文化组副组长等职。1974年中共十大后任第十届中央委员,1975年四届人大后任文化部部长)等文化系统的官员和在京的山西籍老干部观看审查。《一剧惊天下》这样描写了当时的场景:"剧组在每一个细微之处,都严格把关,全体演职人员,人人全神贯注,个个精神抖擞,大家尽心尽力,剧场效果特别好。全场观众谈笑风生,情绪甚为高涨,唯独坐在首长席上中央文化部的于会泳及其亲信,面色阴沉。"

《一剧惊天下》还记录了过后的情况:"演出结束后,大幕刚刚落下,于会泳带着他的那帮人,一言不发,扭头就走。这一举动,自然触动了《三上桃峰》剧组的领导们,当时贾克只是觉得:'这帮家伙盛气凌人,架子太大,也不尊重一点演员的劳动,气呼呼地一走了之,实在有些不近人情。'后来有关人士透露,这伙'四人帮'的干将回到调演总部西苑旅社的中楼会议室紧急召开秘密会议,阴谋策划一场政治风暴。他们连夜给江青写了一份《关于晋剧〈三上桃峰〉的情况报告》,并派了一个秘密调查组赴河北抚远县桃园大队——1964年四清时王光美蹲点的地方进行调查。""项庄舞剑,意在沛公。其实这里头埋伏着不可告人的隐情。贾克在他的回忆录中有这样一段描述:'当时中央文革小组正布置动员全面开展批林批孔运动。四人帮对毛泽东、党中央在林彪事件之后解放了一大批老同志出来工作,给他们篡党夺权设置了重重障碍心怀不满。因此,他们到处钻营,挖空心思地在各条战线寻找所谓反革命复辟的具体事例作为他们的突破口。故而把《三上桃峰》的桃和桃园经验两颗毫不相干的桃,生拉硬扯连在一起,对《三上桃峰》横加指责,大肆挑剔,罗列了种种罪名。'"

1月27日的文艺调演的第七期《简报》上,记录了关于《三上桃峰》的内容,主要意思是:

> 山西梆子《三上桃峰》演出后,各代表团对这个戏进行了讨论,调演办公室邀请四季青人民公社、市建十五厂、中国人民解放军炮兵政治部的工农兵观众和北京、天津、内蒙古代表团部分同志举行了三次座谈,对剧本创作有许多不同意见。归纳起来主要是:

一是关于题材问题

有的同志认为:"《三上桃峰》中杏岭大队的病马当好马卖给邻队,本来是一种欺骗行为,正是资本主义思想的反映,后来说明真相,送还马款,不过是补过失,堵窟窿,谈不上共产主义风格,也无法体现英雄人物的崇高精神世界。""事件不典型,不能反映人民公社化后的农村新貌和时代精神。"

二是关于戏的矛盾冲突问题

有的人认为:"这个戏没有从阶级斗争方面挖掘,斗得不够劲,调子定得很低,没多大教育意义。""把病马当好马卖,以至最后马死,弄虚作假,坑害别人,绝不是本位主义能说明问题的,而是地地道道的资本主义思想。"

还有的同志认为:"这个戏受'无冲突论'的影响,不去深刻揭示矛盾、激化矛盾,而是抹平矛盾,回避斗争实质"。有的代表团的同志说:"戏里的老队长支持资本主义自发势力,可是青兰不进行批判,却为他摆功,以图感化他。老六是农村自发资本主义势力的代表,可是戏里身份模糊,青兰与他没有展开正面斗争。""这个戏在马的问题上打转转,是小题大做;而在处理思想斗争和阶级斗争上却是大事化小,小事化了。"

三是关于英雄人物的塑造

有的同志认为:"对照革命样板戏的创作经验,只有把英雄人物放到阶级斗争、路线斗争的风口浪尖上去刻画,使之处在矛盾冲突的中心,居于斗争的主导地位,英雄人物的形象才能高大、鲜明。可是这个戏里的主要英雄人物青兰一直处于补窟窿的被动地位。卖病马,买红马她都不知道,一个劲为反面人物、转变人物堵漏洞,究竟谁陪衬谁,值得深思。""戏里,青兰与投机倒把的老六一直没有正面交锋,老六的资本主义思想没有批判,气焰嚣张;老队长支持资本主义势力,可是戏里把他的思想问题棱角都磨掉了,弄得含糊不清,对他的优点写得倒很充分,很容易使观众同情转变人物。"

还有同志提到,"英雄人物的本质首先在于有高度路线斗争、阶级斗争觉悟,用党的基本路线指导自己战斗,可是这个戏不写青兰抓路线,所以不可能把无产阶级英雄人物塑造好。"

剧场里有的观众反映:"这个戏的好人并不算好,坏人并不算坏。"

实事求是地说,若以剧论剧,《三上桃峰》从构思和内容上都算不上出类拔萃的上上之品。剧情过于简单,人物思想活动及行动没有来由。这期简报虽然带有当时所特有的强烈的政治气息,但对《三上桃峰》一剧的问题,还真是切中了要害。《简报》对《三上桃峰》的批评也是以剧论剧的,并没有提到政治的高度上,说明当时于会泳还没有意识到《三上桃峰》的"政治"问题。

《三上桃峰》真正的厄运是在江青看到于会泳等的《报告》开始的。当时毛泽东和中央文革发动的矛头指向周恩来的批林批孔运动刚开始,中央文革的江青、张春桥正在像寻找猎物一样,寻找批林批孔批周公运动的"突破口",恰巧忠实执行周恩来指示的谢振华在山西,而山西又出了个《三上桃峰》,正好成了江青批林批孔批周公"突破口"。《三上桃峰》是如此的不"走运",如果它不在山西,也许会像《海港》《龙江颂》一样,上升为蹩脚的样板戏(有些样板戏还是非常好的)。《三上桃峰》不"走运"的地方还有,和王光美四清蹲点的桃园大队沾上了边,如果真和桃园大队不沾边的话,江青要整谢振华可能还需要另找理由!所以说,从一个意义上讲,《三上桃峰》是跟着谢振华"倒了霉";从另一个意义上讲,《三上桃峰》又给江青"帮了大忙"。这真是一个奇怪的逻辑?!

1974年2月1日,风云发生突变。江青指示于会泳:对于《三上桃峰》"以评论文章和座谈会形式进行批判"。2月6日,于会泳草拟了《批判〈三上桃峰〉的初步计划》。2月7日晚,文化部突然召集各演出代表团负责人在西苑旅社的中楼会议室开会。山西由卢梦、贾克参加。会上,于会泳代表中央文革宣布:《三上桃峰》是为刘少奇翻案的大毒草,命令山西负责人立即回去向全体人员宣布,传达中央文革小组的决定，并责成他们负责全团人员的政治思想工作，组织深入的揭发批判。于会泳强调：责任不在下边，演员没有任何错误。会上还宣布了一条决定：立即停止公演，只在内部演出，作为反面教材供大家批判。山西代表团遭到了当头棒喝，患有高血压的卢梦当场吓得头昏脑涨，支持不住，贾克则低头不语，勉强听着。

2月8日下午，于会泳召集在京的四个样板戏剧团和参加调演的各省、市代表团成员一百多人，举行批判《三上桃峰》会议。会议散发了《关于揭发批判毒草戏〈三上桃峰〉的情况简报》。在会上，于会泳说："这个戏是文艺黑线回潮的典型，黑论皆备，五毒俱全"。会后，于会泳又到山西代表团驻地鼓动大家揭发批判："上演《三上桃峰》是政治事件，不是一出戏的问题，没那么简单，完不了的。"

2月9日，在北京展览馆，召开了由中直包括样板团在内文艺单位和各代表团共两千多人参加的批判大会，给《三上桃峰》戴上了帽子，定了罪状：为刘少奇翻案，否定无产阶级文化大革命等等，共十条之多。

山西省晋剧团的演出人员白天揭发批判，晚上被逼演出，演员们的压力很大。作为演员总是想把戏演好，对一部已经被批判为"毒草"的戏，演得太投入好像也不行。这样的为批判而演出的演出，演好也不是，演坏也不是，处于两难境地。这对于演员是人格上的不尊重，是对演员的一种戏弄。有一天，著名晋剧艺术家王爱爱终因压力太大晕倒在舞台上，演出被迫停止。2月27日，山西省晋剧团被赶出京城，全团情绪低落回到太原。

2月28日，《人民日报》在头版头条显著位置刊登了署名"初澜"的重要文章，题目是《评晋剧〈三上桃峰〉》，拉开了全国"批桃"的大幕。

文章对《三上桃峰》的背景是这样的叙述的：

在我党的历史上，毛主席的革命路线同刘少奇反革命的修正主义路线进行了长期的激烈斗争。党的八届十中全会上，毛主席发出了"千万不要忘记阶级斗争"的伟大号召，提出了"要进行社会主义教育"的战斗任务。一九六三年五月,毛主席亲自主持制定了《中共中央关于目前农村工作中若干问题的决定(草案)》(即十条),在广大农村开展了轰轰烈烈的社会主义教育运动。其后不久,刘少奇抛出了一条形"左"实右的资产阶级反动路线,镇压人民群众,保护牛鬼蛇神。刘少奇指派他的老婆王光美窜到河北省抚宁县的桃园大队,以"四清"为名,行复辟之实,炮制了一个旨在对抗毛泽东革命路线的"桃园经验"。王光美狂妄地说:"全国都在学大寨,桃园要在政治上超过大寨,叫全国也要学习桃园。"妄图用桃园对抗大寨,用刘少奇反革命的修正主义路线取代毛主席的正确路线。一九六五年一月,毛主席亲自主持制定了《农村社会主义教育运动中目前提出的一些问题》(即二十三条),批判了刘少奇的反动路线以及"桃园经验",将社会主义教育运动引向深入。

但是,刘少奇一伙贼心不死,负隅顽抗。王光美不得不从桃园撤退以后,还留下一个"巩固组",送去一匹大红马,死守桃园这块阵地。他们不仅在桃园附近立起了一块高达丈余的石碑,上刻"永不忘记"四个大字,为她树碑立传,王光美还亲自跑到旧文联礼堂作报告,策动文艺界运用文艺形式来为她树碑立传,歌功颂德。

就在这样的历史政治背景下,一九六五年夏天开始,在被旧中宣部这个阎王殿控制的舆论阵地上,围绕着通讯《一匹马》和故事《三下桑园赎马记》,掀起了一股宣传热潮。主持宣传的人特意提醒说:这个"故事发生在经过社会主义教育运动的地方——河北唐山地区抚宁县,更加引起人们深思。""深思"什么?就是要人们看清楚这个故事是为王光美涂脂抹粉的,是为刘少奇的资产阶级反动路线和他导演的"桃园经验"翻案的。

在这场阶级斗争中,以周扬为首的"四条汉子"及其同伙,倾巢而出,喧嚣一时。在当时被反革命的修正主义文艺黑线统治的文艺界,以《一匹马》的故事为题材的报告文学、连环画、纪录影片和各种样式的戏剧、曲艺,纷纷出笼。旧中宣部的一个副部长,指令在北京的某一话剧院赶排同一题材的《春风杨柳》,叫嚷"要搞出样板,起示范作用"。旧文化部的一个副部长,计划亲自带领一个文化工作队去抚宁县,把王光美蹲点的这个地方搞成群众文化活动的"样板"。

紧步周扬之流的后尘,一九六六年一月,山西省的《火花》戏剧专刊,以卷首的显赫位置,发表了根据上述通讯改编的大型晋剧《三下桃园》。请同志们注意:通讯中的真实地名是"桑园",剧本却偏偏改为"桃园"。一字之易,点在题上,更为醒目。剧中大唱什么"社社队队全一样,唯有桃园不大同",用反动的"桃园精神",对抗毛泽东发出的"农业学大寨"的伟大号召!他们唯恐观众看不清楚这个戏的政治意图,还煞费苦心地设计了一个原通讯中没有的人物——一个姓王的女县长,让她从幕后走到前台,颐指气使,招摇过市,用她之口点破这个剧本的主题在于歌颂桃园"社教运动的胜利果"。这是在文艺舞台上为刘少奇、王光美树起的又一块"碑"。

无产阶级文化大革命中,《三下桃园》受到了革命群众的批判,这块"碑"被推倒了,打碎了。事隔八年,在某些人的指使和鼓励下,《三下桃园》改名为《三上桃峰》,又被重新搬上舞台,把这块被推倒了、打碎了的"碑"又树了起来。这是多么触目惊心的阶级斗争啊!从《三下桃园》到《三上桃峰》,中心事件没有变,故事情节没有变,基本的人物关系也没有变。惹人注意的三处改动是:一、"桃园"变为"桃峰";二、时代背景从"四清"运动后的一九六五年推到了一九五九年;三、那个姓王的女县长不见了。然而,越描越黑,欲盖弥彰。这些改动,除去说明炮制者完全知道一匹马的故事的政治背景,完全知道《三下桃园》的政治要害,作贼心虚,害怕马脚太露以外,丝毫不能说明别的。

文章这样给《三上桃峰》定了性:"从《三上桃峰》的政治背景看,是为刘少奇翻案的。从《三上桃峰》所表现的政治内容看,也是为刘少奇翻案的,是为刘少奇、林彪他们所推行的反革命的修正主义路线翻案的。"

文章给《三上桃峰》列了三条罪状:"第一,《三上桃峰》的炮制者,竭力鼓吹刘少奇、林彪的"阶级斗争熄灭论",反对党的基本路线";"第二,《三上桃峰》的炮制者,狂热地宣扬刘少奇、林彪所贩卖的"孔孟之道",把剥削阶级的意识形态冒充为共产主义风格和无产阶级思想";"第三,《三上桃峰》的炮制者,采用含沙射影的卑劣手法,使用刘少奇、林彪的反革命语言,诬蔑社会主义制度,对毛主席的革命路线进行诋毁和谩骂"。

文章警告人们:"我们对大毒草《三上桃峰》的批判,不是一般的文艺论争,不是什么创作问题,而是保卫无产阶级文化大革命胜利成果的大是大非问题;是捍卫毛主席革命路线的大是大非问题;是深入开展批林批孔运动、把上层建筑领域里的革命进行到底的大是大非问题。这是一场你死我活的阶级斗争。这样的斗争,今后还要长期地进行下去。""毛主席教导我们:'不要以为有一二次、三四次文化大革命,就可以太平无事了。千万注意,决不可丧失警惕。''三上'被揭露了,会不会搞'四上''五上'呢?值得我们深思。我们一定要以党的基本路线为纲,深入开展批林批孔运动,重视意识形态领域里的阶级斗争,密切注视思想文化战线阶级斗争的新动向和新特点,反击一切开倒车、搞复辟的逆流,击退反革命的修正主义文艺黑线的回潮,进一步发展无产阶级文艺革命的大好形势,夺取新的胜利!"

据说,"四上""五上"那段话是姚文元亲自加上的。文章作者初澜是国务院文化组文艺创作领导小组办公室下属的集体写作班子,他们的声音就是中央文革的声音。初澜的文章产生了巨大的影响。外国驻京记者拥向北京国际电讯大楼,抢着发出一条条电讯稿,报道中国首都出现的"最新政治动向"。驻京的法新社记者佛里波抢先发出了第一条电讯稿:"中国共产党的中央机关报《人民日报》今天谴责山西省当局唆使通过一出叫《三上桃峰》的地方戏来破坏毛泽东路线的企图。据说这出戏是为前国家元首刘少奇辩护的。作者初澜称,这出戏是有人批准,有人支持抛出来的……"

从初澜的文章可以看出,按照中宣部的宣传习惯,在文革以前的一系列关于"一匹马"及其故事的宣传,应该多多少少与刘少奇、王光美有一定关系,至少是对抚宁县"四清"成果的一种肯定。按初澜的文章的意思,双方争论的焦点还是1958年的大跃进问题。初澜文中有这样一段话说明了这一点:"在这样的时代背景下,剧本刻意讲述一个'跑死病马'的'寓言',它的矛头所向难道还不清楚吗?这种咬牙切齿的咒骂,和赫鲁晓夫对我们的诬蔑有何不同?和刘少奇攻击大跃进是'搞的太猛,出了毛病'的黑话,有何不同?和林彪一伙攻击大跃进是'凭幻想胡来'的黑话,有何不同?我国社会主义建设的成就是否定不了的,人民群众的劳动所结出的胜利果实是抹杀不了的,这种咒骂只能暴露出这个戏的炮制者完全站在地、富、反、坏、右的立场上。更有甚者,当剧本写到病马累死之后,另一匹马就立即登场了。这匹大红马是由剧中资本主义势力的代表人物老六牵上台的。"

在文革中,山西和柳林山区的一群"土包子",消息闭塞,彷佛身在"世外桃源"之中,根本不理会当时激烈的阶级斗争的背景,更不了解京城中"皇帝""皇后"及"皇亲国戚"在想什么、做什么。这群天真的人们为我们描绘出了未来共产主义天堂的蓝图,自己却因为这张蓝图陷落在世俗的阶级斗争的地狱中,受到了批判和批斗的"煎熬"。

也许是为了安抚山西省晋剧团的情绪(中央文革的目的也不是为了整剧团的人),也许是为了炮轰谢振华的需要,或许两者的原因都有,江青又在 1974 年 3 月 7 日速调山西省晋剧团进京,参加"三八国际劳动妇女节"的庆祝演出。

1974 年 3 月 8 日晚,江青率领着八名政治局委员,身着绿军装,来到首都二七剧场,观看山西省晋剧团演出的《龙江颂》。剧场的大多数人不管是不是部队的,都穿着绿军装。气氛异常热烈。演出开始后,江青八次起立,并前呼后应,为扮演江水英的著名晋剧艺术家王爱爱的精彩表演热烈鼓掌。演出结束后,江青亲切接见了参演的主要人员。接见时,江青围着一条大红围巾,在绿军装的衬托下,分外妖娆。她对在场领导和演员们讲话说:"听说谢振华自称是军队的人,言外之意,我们是老百姓,不能批判他。今天,我特意穿着军装来看戏,就是要炮轰谢振华!"他还对演员们说:"你们也应该起来坚决与他斗争!"至此,谢振华已经被中央文革派的大炮的瞄准镜所框中,只待发炮炮轰了。

《三上桃峰》确实够冤，一群真心真意为党宣传共产主义风格的人们，却被党的中央文革打入了十八层地狱；谢振华确实更冤，从小跟着毛泽东出生入死革命了四十多年，却被一个毛泽东所支持的伪村长所算计，岂非黑白颠倒乎？！

第四节 "老红军"斗不过"伪村长"

1. 周恩来放虎归山：六十九军的同志要顾全大局

谢振华和陈永贵像一对冤家。本来一个出生于江西，一个出生于山西；一个在军队，一个在农村，在历史上应该没有交集。但一个因北上抗日到了北方，一个因"农业学大寨"红遍全国，居然在山西打上了交道。这个交道打得惊天动地，"老红军"成了"反大寨"的"黑"典型，"伪村长"当上了副总理。

自文革以来，陈永贵一直很顺。他曾天安门城楼上受到过毛泽东的亲切接见并问候说"永贵好"。"农业学大寨"运动在全国如火如荼地展开，陈永贵作为劳模和农民造反派双重代表的身份出任了山西省革命委员会副主任，可谓是大红大紫之时。

虽说当时陈永贵在山西也有些反对派，如时任山西省委书记、省革命委员会主任的69军副军长谢振华等，按周总理的指示，不同意陈永贵在山西实行的极左路线，反对没收社员的自留地、取消农村集贸市场等一系列作法。不过，这些反对派对"农业学大寨"的阻挡，在毛泽东倡导的全国性的轰轰烈烈的"农业学大寨"运动面前，终究是"螳臂挡车"，对陈永贵构不成太大的威胁。但在1968年9月，陈永贵却遇到一个真正的坎。当时按毛泽东的指示，全国开始了清理阶级队伍运动，陈永贵的"兴亚会"骨干问题在阳泉突然被揭露。

事情出现在山西省阳泉市的"清队"过程中，据离休前任河北省军区副政委的周云涛（时任69军107师副政委、阳泉市委书记、革委会主任）回忆，1968年9月的一天，阳泉市商业局党委核心小组副组长王敏把一份档案材料，报给了阳泉市武装部副部长王牛孩，随后报给了周云涛。这份档案材料是1955年"肃反"时商业局炊事员李观海（昔阳县大寨乡武家坪村人）的交代材料。材料中交代："自己在抗战期间曾参加了昔阳县日伪特务组织"兴亚会"，担当情报员。参加"兴亚会"担当情报员的还有阳泉市粮食局管理员王久荣（昔阳县大寨乡石坡村人），陈永贵是他们的领导人。"周云涛感到事关重大，当即指示：

1、调查此事的专案组立即解散，已经知道此事的人要向他们讲清楚，不准扩散；

2、命令公安局对李观海进行保护性关押；

3、立即向谢（振华）军长报告。

谢振华接到电话报告后，立即派时任69军政治部副主任、山西省"支左"办公室主任甄连兴从太原赶到阳泉拿走了该档案材料。谢振华与时任69军政委的曹中南在看了档案材料后，马上召开了省"支左"领导小组的主要负责人会议研究此事的处理方法。会议决定此事要保密，并责成当时也在山西"支左"的北京军区保卫部的刘旭等三人复查此事。复查的范围包括：王久荣在1955年肃反时的认供记录、八路军129师锄奸部的昔阳县敌伪情报人员花名册及当时的敌伪档案。复查的结果，陈永贵的大名均在其中，并注明陈永贵是伪村长，又是"兴亚会昔阳分会的负责人之一"。刘旭等三人的结论是："确有此事，证据确凿"。

对于这么重大的问题，谢振华、曹中南无法自作主张，决定以69军党委的名义写成书面报告上报中央。当时正值69军副军长李金时赴京参加全国军工会议，谢、曹便委托李金时副军长将陈永贵问题直接呈报周恩来总理。周恩来当即指示："69军的同志要顾全大局，不要扩散，复印件可报中央。"按照周恩来的指示，谢、曹在1968年12月以69军党委的名义将陈永贵的问题上报北京军区党委转呈中央。

届时中共九大的筹备工作正在筹备之中，中央责成山西省"支左"领导小组负责审查出席中共九大的山西代表资格，谢振华任资格审查小组组长。那时的陈永贵不知从哪里探知了这些情况，几次约见谢振华。1968年12月的一天，谢振华在太原迎泽宾馆603房间约见了陈永贵，谢振华在后来的回忆录中是这样描述当时的情况的："当时我约他在迎泽宾馆六层靠左边的一个房间里和他谈话。他一坐下，痛哭流涕地说：'我有罪，我要到北京向毛主席请罪。'我说：'不要着急，有什么问题可以详细谈出来。'他说：'我在抗日战争的1942年（中共中央1980年85号文件确认是1944年初——《陈永贵本事》作者注），被日寇抓去后，被迫自首了，后来被迫参加了日伪情报组织兴亚会，给日寇送了情报。我是三人小组的负责人。'我又问他：'送情报和什么人联系？'陈回答：'是和日本驻昔阳宪兵队的清水大队长联系，规定每周送两次情报'。不过情报有真有假……"（见谢振华《难忘的回忆》——作者）。由于陈永贵的态度"诚恳"，且好像也没有作下大恶，谢振华认为问题已非常清楚了，于是，让陈永贵先回去，安心工作，要相信组织，不要有过多想法。

不久，周总理陪外宾参观大寨时，谢振华又当面向周恩来请示有关陈永贵出席党的九大代表问题。周恩来指示："要维护大寨红旗，此事作为历史问题处理。可让陈永贵当代表出席九大，但只能当代表。"

作为山西省出席党的九大代表资格审查小组负责人，谢振华非但没有落井下石，反而按照周总理的指示，大度地把陈永贵列入报请中央出席中共九大代表名单之中。

陈永贵的"日伪特务"问题与刘少奇的"叛徒问题"相比，应该是更严重。刘少奇只不过是对下面上报的报告批示了一下，自己并没有叛变，就被打成了"大叛徒"。而陈永贵是地地道道的"兴亚会"的日本特务，却当上了九大代表，并被塞进了中央委员会。当时的中央领导，对同样的问题采取了两种标准，说明：你是不是特务，或者是不是叛徒，并不在你真正是不是特务或叛徒，而在于"革命"的需要你是不是特务或叛徒。毛泽东及中央文革以叛徒、工贼、特务的罪名打倒了许多无辜的老干部；同样，由于"革命"的需要，毛及中央文革却保护了真正的"特务"陈永贵。看来不在于你是不是"特务"

"叛徒",而在于你有没有"革命的利用价值"。

其实,周恩来、谢振华都违反了党的原则。当时的政审很严,不要说本人是日本特务,就是亲属中有问题,也不能参军、不能进国有重要单位,不能升学,不能入党入团入红卫兵,更不要说参加党代会,如果本人是特务,那就更没门了!周恩来、谢振华把陈永贵这样的人放进党代会,岂不违反党的原则?

谢振华帮助陈永贵渡过了命运中的一个坎,而陈永贵却不会帮助谢振华渡过命运中的坎。周恩来、谢振华与陈永贵的关系有点像"农夫与蛇"的故事。周恩来、谢振华的大度并没有得到陈永贵的回报,反而为自己埋下了祸根。陈永贵并不感谢谢振华,他认为谢振华、甚至周恩来"放他一马"都是被迫的,谁也不敢也不能砍倒"大寨红旗",反而他对69军挖出他的"日本特务"问题怀恨在心。后来,陈永贵在"批林批孔批周公批谢曹"运动中,充当了急先锋。

2. 政治局批斗谢振华

谢振华没能改变陈永贵的历史,却被陈永贵改变了他的历史。

1974年3月18日晚,在江青穿着军装炮轰谢振华十天后,"四人帮"终于向被他们大炮的瞄准镜所框中的谢振华发炮了,而陈永贵就是重炮手。党中央副主席王洪文在人民大会堂亲自主持了山西省委常委的汇报会,真正开始炮轰谢振华。参会的中央政治局委员及候补委员有十一人,他们是江青、张春桥、姚文元、华国锋、纪登奎、汪东兴、陈永贵、李先念、陈锡联、邓小平(党的十大选为中央委员,1974年12月补选为政治局委员)、苏振华、倪志福等。加上王洪文和因事请假晚到的周恩来共十四人。山西省委的十二位常委也参加了会议。这次会议可谓阵容庞大、规格很高。参会的人都清楚,此会名为汇报会,实为批斗会,头号靶子就是谢振华。《百战将星——谢振华》一书记录了这次会议的全过程:

会议一开始,王洪文就让纪登奎先讲,而纪登奎则让"炮手"陈永贵先讲。陈永贵便"当仁不让"地讲了起来,大家感到谢振华和曹中南的检讨不深刻,山西12个同志来京开会快一个月了,从目前看,只能到这个水平。再往深揭揭不开。回去以后还需要进一步发动群众,深揭他们的问题。其他问题,还请中央领导同志给我们作指示。

王洪文马上接着说:"谢振华不批林,不批孔,却批什么极左思潮,你支持的《三上桃峰》是为刘少奇翻案的。是谁指使你干的?谁是你的总后台?"

谢振华立即顶了一句:"我没有后台。"

王洪文企图以党中央副主席的身份压谢振华就范,没想到谢振华不买他的账,大出他的意料,又狠狠地说:"你谢振华顽固到底,决没有出路。"

江青马上为王洪文打接应说:"我为什么炮轰你,就因为你的《三上桃峰》是为刘少奇翻案的。"

谢振华虚与委蛇地回答:"炮轰我实际上是对我很大的教育,而且还保护了演员。"

江青见抓不到把柄,又转开话题问:"你是哪一年到山西的?"

谢振华回答:"是1967年初。"

江青追问:"晋东南事件时,你在吗?"

谢振华不卑不亢地回答:"在。"

江青以为抓住支一派,压一派,搞派性斗争的事实了。其实是一个营救李顺达的行动,谢振华指挥的部队没有卷入任何一派。

江青说:"你还是镇压群众了,你要把来龙去脉根源挖一挖,说清楚。听说你还和陈伯达有过华北之行。"

陈伯达当时是党的第九届中央政治局常委、中央文化革命领导小组组长。他奉中央之命到山西、河北、内蒙古等地考察,作为山西省委第一书记的谢振华,出面接待、陪同,纯粹是工作关系,与陈没有一点个人的接触。后来陈伯达私欲膨胀,反党反毛主席,成为人民的罪人。现在,"四人帮"想整倒谢振华,就千方百计把他与人民的罪人联系在一起。

在江青的连续逼问下,谢振华不慌不忙地回答:"我只和他到内蒙古参加了华北协作会议。"

江青仍不罢休，还问："我看到一个材料讲，演革命样板戏时，你说请我去，我也不去！"

谢振华回答："我没有这样说。"

江青则说："人家是要革命的，你不叫人家革命。你是反攻倒算。"

谢振华一句句反击："我没有不让演《龙江颂》。"

这时，汪东兴换了一个大话题说："学大寨是毛主席提倡的，你们山西为什么不学？这是道路、路线问题。"

谢振华仍是那句话："我们没有学好。"

汪东兴便说："不是没学好，是根本不学，甚至抵制。"

王洪文也追问："是没有好好学，还是不学？"

谢振华回答："只学表面，没有学实质。"

王洪文以为他一炮打响，又追问："你不学大寨路线，你学什么？"

谢振华回答："大寨人很勤劳。实际上，我们学了大寨自力更生、艰苦奋斗的好精神。"

这时，华国锋也开始说话："毛主席树了大寨红旗，你们山西不敢不学，就把大寨和西沟搞了一下平衡，这是什么意思？全国各地都请陈永贵同志和大寨同志去做报告，但在山西就推不开，学不好！我还担心你这样下去，会把山西搞成什么样子？"

而后，王洪文又连续批谢振华的检讨不过关。

江青看见邓小平一直在闷头抽烟不说话，用沉默来抵制他们的所作所为，用沉默来支持谢振华，心中又陡生怒火，便又提起《三上桃峰》翻案的事，借机打邓小平的脸，说："我看你谢振华也未必有这个胆量敢翻案，背后是有人支持你这样干的。你如果把后台交代出来，就算你立了功，我保证对你宽大处理。"

面对江青的逼供、诱供，谢振华再次回答说："《三上桃峰》这出戏是根据中央文化部核心小组的意见调到北京汇演的，确实没有什么后台！"

江青的目的是想从谢振华口中说出自己的后台是周恩来和邓小平。但谢振华决不上当。何况他也没有后台，只是认真执行周总理和邓副总理的指示而已。这也是他应该做的。

李先念也开始转移话题,暗中帮谢振华,问道:"听说你是批了林彪的,是怎么批的?批了什么东西?"

谢振华回答:"我和林彪过去不是一个部队系统,因此,没有什么来往。只是当年在中央苏区时毛主席写的那篇《星火燎原》,只发给团以上干部,我一直保存着。我是批林的。"

江青又接过话来说:"我想起一件事,在中央批林整风汇报会上,我到过谢振华那个组,他当时给了我一本《星火燎原》。这是毛主席批判林彪的一封信。这还是我第一次看到这篇文章的油印本子。我交给了汪东兴。通过这件事情可以说你是知道林彪的,至于以后你是真批林还是假批林,我就不了解了。如果我记忆不错的话,1938年在延安马列学院时,你我是同学,你还是我们学员队的大队长,那时你可是凶得很哪!"

江青这么一说,谢振华对许多事情恍然大悟。那时,江青刚从俗称"十里洋场"的上海来到延安不久,成天穿着奇装异服,浓妆艳抹不说,组织纪律性也差。为这,谢振华在小组生活会上对江青进行过善意的批评帮助。想不到,事隔三十多年了,她还记得这笔老账。

谢振华纠正江青的说法:"我是在马列学院学习过。那时和你是一个小组的,我不是大队长,是小组长。"

江青又问:"在五台山给林彪修行宫的事,你不知道吗?"

谢振华说:"我开始不知道。九一三之后才知道,去年北京军区组织去看了一次。"

江青再问:"你不知道,那谁去修的?"

谢振华回答:"那是总参直接下达的绝密工程,没有通知我们。"

不等谢振华说话,江青又喊道:"你不要在那里顽抗,人家说你是山西的土皇帝,新军阀。你挑动群众斗群众,还镇压造反派。这是破坏文化大革命,你知道吗?你的错误已经发展到十分危险的地步,要悬崖勒马哟!"

老奸巨猾的张春桥(注:老奸巨猾的用得不合适,1917年生的张春桥不比1914年生的江青和1916年生的谢振华更老）也很快接上去说："你们山西省委的报告说，你们忽视了意识形态领域里的阶级斗争，我不赞成这句话。你谢振华是很重视意识形态里的阶级斗争的。你是用资产阶级路线对抗无产阶级路线，用资产阶级专政向无产阶级专政进攻！"

实在被逼得无可奈何了，谢振华说："我不懂文艺，也没有抓好这方面的工作。"

张春桥又恶狠狠地说："《三上桃峰》流毒全国，贻害百姓。"

倪志福也发言打圆场："认识要进一步提高嘛，你的思想解决了没有？是不是在中央这个会上暴露暴露？"

接着，张春桥、王洪文、纪登奎等又说谢振华支一派压一派。

这时，周恩来总理已来到会场一会儿了。看到会场上那不正常的气氛，周总理思虑万千，不安地在旁边走来走去。江青一伙只当没看见周总理，既不请他坐下，也不请他讲话。过了一会儿，周总理在旁边一个椅子上坐下了。到会的其他政治局委员，大多一声不吭，唱主角的始终是江青一伙。

王洪文摆出了会议主持者的架势，以命令的口气说："你回山西后，要认真接受群众的批评，接受造反派的批评。"

谢振华赌气说："好。批评什么我都接受。"

听谢振华这么说，一直不出声的周总理严肃地说："是你的，你就接受，不是你的，你也接受，怎么行呢？"

江青一听，气急败坏地嚷道："你再不认账，不好好检讨，我一句话，就叫你这个省委第一书记、省军区司令成光杆司令。"并对陈永贵说："回山西后由你主持对谢振华继续进行批判。"

对'四人帮'的倒行逆施，周恩来满腔愤懑。

"四人帮"对谢振华"审讯"式的批判将要结束时，周总理对陈永贵交代："回山西后你们对谢振华可以批判，但对他的人身安全，中央责成你负责保证。"

这时，时间已到19日凌晨零点一刻，至此，长达3小时又45分钟的批判会才告结束。

陈永贵表面上对周总理唯唯诺诺，但仍在背后搞小动作。他向支持他的造反派透露了谢振华要回太原的消息。造反派们闻风而动，准备在太原火车站组织上万人揪斗谢振华，高帽也做了好几顶。陈永贵的意思是，一旦把谢振华交给造反派，可以保住他的性命，但必须把他搞得遍体鳞伤，甚至肢破体残。

周总理对形势洞若观火，为了以防万一，派飞机送山西省委常委回到了太原。

造反派们的预谋最终没有得逞。陈永贵痛惜失去了一次整治谢振华的好机会，但仍对参见他的造反派头头交代：'对谢振华要像水缸里的葫芦，按下去不准他再浮上来。'"

在这次会议上，谢振华也忒大胆了，竟敢和"红都女皇"顶嘴。由此，谢振华好像也成了文革中唯一敢于与江青，唯一与江青正面顶过嘴的高级将领！谢振华的胆子不知从哪儿来的，也许是他自认为没干过什么"坏事"，身正不怕影子斜；也许是他没有什么"根子"，或者是"根子"浅，挂不到任何一条错误路线上去；也许是性格所致，能在那么恶劣的环境下，不顾自身安危，死保他的"黑后台"周恩来，确实挺够意思！

我们从这次会议可以看出，当时党内的情况是多么糟糕！一个政治局委员，因为其丈夫是中央主席，就可以在政治局会议上发号施令，为所欲为，大家都跟着跑。一个党中央的副主席、国务院总理居然显得那样孤立，像一个小媳妇一样，在政治局会议上受气。参会的那么多人没有人敢站出来为谢振华和周恩来说句公道话。这也再一次说明"四人帮"绝不止四人！

3. 省委扩大会议："批林批孔批谢曹"

《百战将星——谢振华》还说到了谢振华回省以后的事情：

1974年3月下旬，谢振华回到山西后，实质上就被罢了官。由陈永贵主持，王谦极力协助，在太原湖滨会堂召开了全省县团级以上干部和两大派头头（注：当时两大派组织已经解散，两大派头头是以各级单位的负责人的身份参会的）参加的省委扩大会议（注：即省委三届七次扩大会议），与会者达1700余人。太原市各个宾馆、招待所都住满了。所谓扩大会议，是陈永贵违反党的原则，让"头上长角""身上长刺"，既不是干部，又不是党员的造反派参加当打手的会议。按他们的话说是"拼刺刀"大会，要敢于刺刀见红。会议主要议题是批判谢振华，并围绕三个问题展开。一、是否上了林彪的贼船？二、为什么批极左思潮？谁指使？后台是谁？三、为什么整陈永贵同志的黑材料？

针对第一个问题，陈永贵在扩大会议上说："谢振华只要愿意下林彪的贼船，我们还是愿意帮助他下船的。"

王谦也呼应陈永贵，在扩大会议以外的另一个"抓革命、促生产"的会议上说："谢振华不是下船问题，是上了贼船了。"

陈永贵和王谦的目的是显而易见的，只要千方百计把谢振华的问题往刘少奇、林彪身上靠，那么问题就大了，就是敌我矛盾了，就可以一棍子把谢振华打死。其用心的确毒辣无比。有人愤愤不平地说："中央都只说谢振华犯了路线错误，而陈永贵和王谦凭什么往敌我矛盾上靠，这纯粹是目无党中央的行为嘛。"

作为谢振华本人，心里十分坦然，连江青也不敢诬陷我上贼船，你们还想在这个问题上占便宜，岂不是笑话？所以，他等了许多人发完言后，拿过话筒说："我知道大家的意思，是叫我快点下贼船。不过，我与林彪三十多年既没有工作上的来往，也没有私人关系上的来往，谈何上贼船？告诉大家，我现在还没有上去，更谈不到下船的问题。"

谢振华说完，把话筒一推，神态自若地不做一声。陈永贵一看这个问题没抓住他，在造反派面前不好交代，便立即对谢振华诱供说："只要你承认上了贼船，我保你无事。"

谢振华心想，笑话，没有的事，不能上你的当。故而表示沉默。这一下，反而把陈永贵他们弄懵了。第一个回合，陈永贵不战而败。

陈永贵不甘心，又指使人提出谢振华在1970年的庐山会议上跟着林彪起哄的事。其实，这是当时一些中央委员和中央候补委员表示拥护林彪提出的重新设国家主席，并让毛泽东再当国家主席一事。平心而论，作为一般的中央委员或候补中央委员，并不清楚一些具体问题，都是出于对毛泽东的一片忠诚，才表态支持林彪建议的。而作为中央委员的陈永贵同样是举双手赞成毛泽东当国家主席的。

面对这个问题，谢振华更不怕，他不紧不慢地说："起哄的又不是我一个，我们山西省就有好几个人。"

参加会议的人一个劲地追问："还有谁？这次一起揪出来！"

谢振华考虑到给陈永贵留点面子，就说："这事我不能说。"

陈永贵又弄得非常被动，不得不草草收场。

王谦又发动人揭发谢振华在修建平型关纪念馆时出大力为林彪树碑立传的事。而实际情况是，在林彪红得发紫时，有人的确提出来让山西出钱建平型关纪念馆，不过，被谢振华顶住了。谢振华说："毛主席还在红军东征时东渡黄河到山西，住过许多地方，也开过一些会，那里修不修纪念馆呢？那里不修，只修林彪的好吗？"后来，修平型关纪念馆时，山西也没出钱，是由北京军区派部队修的。

当谢振华把问题一澄清，许多人恍然大悟道："谢振华还算一条抵制修林彪纪念馆的好汉嘛！又为我们山西节省了一大笔钱，好啊！"

还有人在会议上揭发谢振华跟着陈伯达跑龙套的事。这也很滑稽。当时，作为山西省委第一书记的谢振华，陪同时任中央政治局常委的陈伯达来山西视察，纯粹是工作关系，与站错队，走错线完全扯不上。这样，陈永贵一伙仍是毫无收获，搞不倒谢振华。

当追问到批极左就是批文化大革命，就是镇压造反派，杀了罪恶累累的杨承孝，就是镇压群众时，那些造反派大喊大叫，有的人跳到桌子上，有的离开座位往主席台上拥，想动手抓谢振华，想撒野。会场一片混乱，这哪是开会，又成了武斗现场。谢振华仍坐着纹丝不动。陈永贵想起周总理向他的交代，要保证谢振华的安全，尽管想动手，但不敢，只好向他的打手喊话，让他们安静。

谢振华理直气壮地回答："惩处杨承孝是中央政治局批准了的，根本谈不上镇压群众。"而陈永贵等人还要明知故问谢振华，纯粹是混淆是非颠倒黑白。

当追问第三个问题所谓整陈永贵的黑材料时,造反派们大喊:你反大寨红旗,就是反对毛主席的革命路线,你整陈永贵同志的黑材料要好好交代。陈永贵也认为这一手可能对他有利。当时有个造反派头头向大会主席递条子,要求点名让阳泉"支左"领导小组组长、市委第一书记周云涛交代:阳泉是怎样整陈永贵黑材料的?周问大会主席:"这个问题,在这个场合讲合适不合适?"主席团无人回答可否。周云涛便说道:"我一没搜集,二没有整理陈永贵的黑材料。"

周云涛接着把陈永贵当日伪军情报员的事说了出来。

周云涛的话还没讲完,陈永贵脸色大变。担任大会秘书长的王谦一看,揭了陈永贵的老底,便只好喊周云涛不要再往下讲了。那些造反派也傻了眼,一时间会场鸦雀无声。这哪是什么整黑材料?明明是谢振华按照组织原则为他陈永贵保守秘密,他却倒打一耙。王谦好长一段时间才回味过来,说一声散会,批斗会草草收场不了了之。

关于最后一件事,周云涛的回忆与欧阳青《百战将星——谢振华》一书的记述稍微有些出入,周云涛讲:"当时陈永贵不在场(欧阳青书中记述陈永贵在场,周云涛是当事人,应以周云涛的回忆为准),他人在北京。不久,中央指名调我一个人去北京,在京西宾馆又谈这个事,一上来就批我,足足批了我两个钟头。我挨着陈锡联坐,陈锡联抽雪茄烟,他烟瘾很大,一根接一根地抽,他抽一根递给我一根。纪登奎发言最尖刻,他说话语速很快。最后定调子的也是纪登奎,他说此事到此为止,你回去不要再说了。"笔者曾亲身听过周云涛老人的讲述,讲到他说出陈永贵日伪特务的真相、王谦和造反派特别尴尬时,周云涛老人显出了特别得意的神态,仿佛在叙述当年作战时取得的一次重大战役的胜利一样。

欧阳青是一个小字辈,没有经历过文革,因此对事件的描述有点戏剧化和脸谱化。把造反派描写成青面獠牙,谢振华是正气凛然。场面上毕竟是谢振华在做检查,不可能那么理直气壮。造反派干部也不可能那么不讲理,不过是各讲各的理而已。实际上"四人帮"如此护着陈永贵，证明陈永贵是"四人帮"政治集团的重要成员；四人帮如此打压谢振华，证明谢振华不管是有意还是无意，确实是实行了刘少奇、周恩来，或许还有林彪的一些政策和思想。谢振华与陈永贵，道不同，不仅是不相为谋，而且终究成为仇敌。

谢振华在《难忘的回忆》中叙述了"批谢"的结束过程：

> 对我的批斗大会原定要开三个月，因为三个主要问题都没有任何根据的乱放空炮，广大干部自动退出会场，造反派也没了劲头，实际上也无法进行了，在这种情况下，我向毛主席写信，报告了事情的经过及我被诬陷挨批斗的原委。也做了违心的检查。我在信中说："两个多月来，我根据省委扩大会议的安排，在大、中、小会议上接受了四十多次全面检查（连同大会汇编的综合简报已印发全省公社以上单位，口头传达到全体党员），会外还接受了二十多批群众的揭、批和斗争。会议已进行了六十多天，尚无结果，请毛主席批评指示。"经毛主席亲自过问，在我写的信上亲笔批了四个字"到此为止"，并将他的批示转给了中央政治局。在毛主席和周总理的直接关怀下，我才得以免遭更大的灾难。在毛主席批示后的第三天，接中央办公厅通知，山西省委常委再次被召到京开会。在政治局常委接见时，李先念同志对我说："你给毛主席的报告，主席已经批阅了，如果你没有什么意见的话，批判你的问题就此了结。"陈锡联同志也接着说："你这个时期受的压力很大，现在可以到三〇一住院检查一下身体。"可是，"四人帮"并不罢休，他们硬要我到当时由王洪文和纪登奎负责的中央党校去接受批判，所谓的再教育。

毛泽东很有意思，好像等着谢振华的认错信，让人觉得"批谢"本就是他老人家发动的。如果谢振华不给毛泽东写信，是不是"批谢"还不能"到此为止"，毛泽东对属下的命运的"生、死、起、落"的拿捏和操控是又准又熟练！灾难本来就是他带来的，还需要属下感谢没有带来"更大的灾难"！这真是"千古一帝"的"驭人手段"！

谢振华1970年被周总理推荐上台，1974年被毛泽东赶下台，在山西经历了四年时间，终因不能适应文革环境，退出了山西文革的历史舞台。而另一位历史人物又重新登上了历史舞台。这位人物就是王谦。重新上台后的王谦，角色和身份都发生了变化。他的形象也由"走资派"变成了"造反派"。

4. 刘、谢时代评述

刘格平时代是革命的时代，拥护文革者们和反对文革者们在忙活着、折腾着夺政权、争政权、保政权。大量的走资派下台，进"牛棚"，入监狱。革命的手段时而极端，时而诡异。革命的形势也是变幻莫测，时而你占优势，时而他占优势。其结果是拥护文革的激进者和反对文革的激进者同归于尽，同时退出了历史舞台，其代表是刘格平和张日清。

谢振华时代是"复辟"的时代，大量的走资派被"解放"，出牛棚，重"上岗"。在七月会议上被"定义"的"革命左派群众组织"和"革命群众组织"都基本退出了历史舞台，这些组织的代表人物已经进入了大大小小的领导岗位，在基层实行着自己的政治主张和经济主张，在另一个舞台上进行着明争暗斗。

如果说刘格平时代是培育社会革命者的时代，那么谢振华时代是培育社会管理者的时代。

革命是一种破坏，刘格平的历史作用就是对当时社会结构进行破坏。他和袁振教育出了杨承孝这样的革命造反者来破坏旧世界。刘格平的正作用是，锻炼了这批人的组织能力，给予这些人发挥能量的机会。不过刘格平的副作用要大于正作用，这些人物没有见过真正的革命，他们的革命意识本来只在"四大自由"（大鸣大放大字报大辩论）的水平上，这些并没有超出"言论自由"，或者"文化革命"的范畴。刘格平、袁振教会了他们怎样夺权，怎样武斗，怎样在政权内进行斗争。从而使天真的造反派变成了政客。刘格平对拥护造反派的"放纵"，造成了一部分人越过"红"线，形成了犯罪，杨承孝就是一个例子。从反面讲，由于李青山、杨保明、段立生等人没有接受刘格平的革命教育，从而在一月革命风暴中栽了跟头，站在了文革的对立面，多次被中央所批评。

"复辟"是一种恢复，谢振华的历史作用就是对当时社会结构的一种恢复。谢振华镇压了个别的激进的越过红线的革命造反派，基本上能做到"一碗水端平"，把大部分造反派引导到了社会管理者的正道上来。其中李辅、段立生、刘灏、刘少卿、宋捷、吴春久、黄锐庵安排的工作都挺合适，事实证明这条路是正确的路。

刘格平和谢振华都不会审时度势。刘格平是一个革命家，虽然在需要革命的时候，进行了革命，但最终把革命搞过了头，使革命阵营中的一股强大力量发生倒戈，最终遭到失败；谢振华是一个军人，他忠实地听了周恩来的话，在不该复辟的时候搞了复辟。或者说，在革命时代进行复辟必须打上"革命的旗号"，谢振华直来直去没有做到这一点，他同样遭到了失败。

谢振华的失败与刘格平的失败是不同的。自革命完成之后，革命者就会"失业"，因此，革命者必须"不断革命"。当"不断革命"的行动破灭之后，失败是永久的；革命终归要归于复辟，归于恢复，归于平稳，因此复辟的失败是暂时的。尽管许多人不希望革命结束，但革命终究是要结束的；尽管许多人不希望复辟到来，但复辟终究是要到来的。法国大革命如此，俄国革命如此，文化大革命也必然如此。

第十一章

罕见的民主事件：王谦落选人大代表

在一般的民主选举概念里，投票自由不应该构成"事件"。但在国家和政党的民主生活不正常的状态下，或在不尊重法治的条件下，每个选举者要真正行使自由投票权利，就要形成"事件"。

在中共党史上，大的党内的"民主"事件有两次。

一次是1929年6月，在红四军党的第七次代表大会上，毛泽东与刘安恭、朱德等发生分歧，成为少数，落选了红四军前委书记。数月后，四军第九次代表大会上，根据中央指示，新当选的前委书记陈毅让出了书记位置，毛泽东才重新回归，这也算一次"省、军"级的"民主"事件。

一次是1974年11月，在山西省补选四届全国人大代表的会议上，被中央指定为山西省出席四届全国人大代表团团长的省委第一书记落选，成为我党历史上最大的"民主"事件之一。事后，中共中央副主席王洪文批示："这是我党历史上罕见的共产党员不选共产党的严重政治事件"。在此，我们来还原一下事件的经过。

第一节 王谦其人其事

既然是王谦落选，王谦就是主角，因此，不弄清王谦的历史，就无法知道王谦落选的真正原因。

第十一章　罕见的民主事件：王谦落选人大代表

1. 王谦的简历和性格

王谦，1917年生，山西平定人，初中文化。青年时代为获得上初中的学费，参加过基督教。初中毕业"参加工作"，担任了阎锡山组织的"主张公道团"（"主张公道团"主要功能为：政策宣导、防堵共产党势力进入、排解调停村里民众纠纷等。该团基层团员由村民选举产生，获选为团员者，由总团发给证、章佩戴。该组织其实就是实行"民众防共"的反共组织，下属组织分为县团、区团、村团等。总团长为阎锡山）工作员，后任区团长。1936年参加革命并加入中国共产党。其后的主要经历如下：1936年至1945年，任山西省平定县牺盟会常委，晋冀豫游击纵队第五支队政治委员，八路军第一二九师三八五旅十四团三营教导员，中共平定（东）县委书记，中共榆社县委书记，中共太行区第三地委组织部部长，中共太行区第四地委组织部部长等职。1945年至1949年任中共太行区第四地委副书记兼军分区副政治委员，中共长治市委书记，中共太行区第三地委书记兼军分区政治委员，中共太行区委组织部部长等职。1949年至1954年任中共山西省长治地委书记兼军分区政治委员，中共中央华北局政策研究室主任、华北局农村工作部副部长。1954年12月至1956年7月任中共中央农村工作部华北、西北处处长，中共中央农村工作部副秘书长等职。1956年3月至8月任中共山西省委副书记。1956年8月至1965年8月任中共山西省委书记处书记、书记处常务书记。1960年11月至1966年12月任中共中央华北局委员等职。1965年8月至1967年1月任中共山西省委第二书记，1965年12月至1967年1月任山西省省长。

王谦的性格具有两面性。一方面个性极强，好争胜，不甘于人后，又好记仇，是个有仇必报的主儿。王谦自己认为："我是一个有个性的人。我这个个性自己觉得就是自尊、自信、自强、自立、不屈。"另一方面又善于机变，能够忍辱负重。王谦在担任省委第一书记后，为了报在一月革命风暴中被夺权、被批斗、被逮捕的"一箭之仇"，曾向中央打报告请示逮捕刘格平、刘贯一（中央未批准），这是前一个性格的体现；王谦曾在1967年在昔阳被陈永贵及大寨人斗了个"灵魂出窍"，但他能不顾"自尊"地"委曲求全"，顺应中央文革"旨意"，与陈永贵很好合作，共同对付谢振华，这是后一种性格的体现。

王谦很聪明，上学时成绩优异，也善于思想。这使他以后在工作中有很强的能力。在上世纪三十年代，初中生在县城就算是高文化程度的人了，所以在平定县城中能接触到追求进步思想的中下层知识分子，也能接触到一些进步的书刊，如列宁的《唯物主义与经验批判主义》等。这种环境把王谦造就成了典型的"山沟里的马列主义者"。

王谦的性格和能力使他成为山西省太行派干部中的领袖，在年龄相仿的山西省省级干部中能脱颖而出，当上省里的一、二把手。在文革前的省委、省人委机关干部中，纷传着王谦与卫恒之间有矛盾的事情。王谦作为山西省最大的干部派别太行派之首，不是一个甘于人下的人。卫恒虽然比王谦大两岁，但入党却比王谦迟两年，资历上不如王谦。从工作能力上讲，卫恒相对于王谦也要偏软一些，处理问题似乎也和缓婉转一些。至于卫恒怎样先于王谦担任了省委第一书记，也有很多说法。如：正面的说法是，卫恒为人谦和，人缘比王谦好，或者是王谦在华北局和中央工作过一段，这段时间对山西的工作不太熟悉；又如：中性的说法是，时任副总理的薄一波是太岳派的头，对卫恒进行了提拔；还如：负面的说法是，在一月革命中揭发出来的给中央相关领导生活补贴的事。总之，王谦对卫恒先于他提拔是很不服气地。在上世纪六十年代中期，一直到文革初，强势的王谦对卫恒的工作不是很给予配合，或者至少是配合的不那么默契。

2. 封建社会主义的"始作俑者"

2009年12月，由山西史志研究院副院长张国祥为首的编撰组编写了一本书，书名是《王谦 一个省委书记的风雨历程》（简称《王谦》），由中共党史出版社出版，对王谦的一生做了总结。这当然是为王谦歌功颂德、树碑立传的一本书。该书隐去了王谦做过的许多错事和坏事，尤其是文革中的拙劣表演；该书还颠倒了许多历史是非，尤

第十一章 罕见的民主事件：王谦落选人大代表

其是文革后期王谦"倒清查"的是非。不过，该书没有隐去王谦一生中做的最大的一件错事，反而把这件错事当作王谦一生中最闪耀的一点来描述。这件事就是王谦在上世纪五十年代初期的农业合作化运动中所起的作用问题。如果真像书中描写的一样的话，王谦真应该在中国合作化运动史上占有一席之地。然而，问题在于从合作化运动开始，经过人民公社化运动，到文革的"农业学大寨"运动，"封建社会主义"者的空想社会主义的实验，经历了三十多年，没有获得成功，社会为此付出了极大的代价，直至上世纪八十年代中，"农村家庭承包责任制"政策的实行，才改变了局面。王谦作为"封建社会主义"的"始作俑者"罪莫大焉！岂能作为"功劳"来赞扬？可见，山西史志研究院的所谓"研究员"们在认识上颠倒是非！

《王谦》一书对王谦在农业合作化运动中所起作用的评价是："长治地区试办农业生产合作社的做法，不仅使王谦成为中国农业集体化道路上的'始作俑者'，而且引发了一场自下而上的争论。"这场争论从省里争到中央，最终，以毛泽东为首的极左派获得胜利，断送了中国新民主主义的前途。从《王谦》一书中我们可以看到这场争论的来龙去脉。

1949年9月，王谦接任山西省长治地委书记后，接当时山西省委第一副书记赖若愚的指示，要求他少管些其它工作、多研究农村集体化的问题，用王谦自己的话来说就是："现在人们好像都说，办合作社这是我的一个创造，其实不是的。真正的倡导者是赖若愚同志，并不是我王谦。我王谦只是一个执行者，我是按照省委的决策和指示，搞具体工作的。"

王谦经省委批准，在长治地区试办了十个农业生产合作社，并于1950年春季和秋冬之交，两次派出调查研究组进行社会调查，了解农村经济的发展等情况。调查的结果使王谦"开始意识到农村两极分化和'自由发展和愿意单干'倾向的'严重性和危害性'。"其实，那时的"农村两极分化和'自由发展和愿意单干'"一点也不严重，更不具有什么"危害性"，这些市场经济倾向只是突破了"山沟里的马列主义者"的脆弱的心理底线。

按《王谦》一书所述，"农业生产合作社"这一词是王谦的发明。该书称：

合租合作的方向决定了，究竟叫什么好呢？为此，王谦找了好多书看，列宁的《论合作制》看了。斯大林的有关论述也看了。他认为，列宁讲的那个东西就是供销合作社，不是后来苏联的集体农庄，那上头列宁讲的富裕农民是讲的富农，不是咱中国的富裕中农。后来，他在斯大林的一篇讲话中发现了一个农业生产合作社的提法，一看内容还是那个供销合作社。可正是由此受到了启发。他心里说：嗨，这个名词不错，就是它了。那时候，王谦，包括中共山西省委的主要负责人，都还没有听说过关于东欧像保加利亚和波兰等国的农业生产合作社的介绍，可是，'农业生产合作社'这个名词就已经定格在他们的意识中了。""最后的定论顺理成章。想法形成后，王谦就去跟赖若愚说，说他是在斯大林的什么讲话里，曾提出过个农业生产合作社，但内容还是和我们讲的供销合作社一样。可我赞成就用这个名字，叫农业生产合作社。赖若愚说行，就叫这个名字。

王谦根据调研组调研的结果，以中共长治地委的名义，起草了一份给山西省委的报告，题目是《中共长治地委关于组织起来的情况与问题的报告》。1950年11月14日，《人民日报》刊登了这篇报告。《人民日报》的编者按说："中共长治地委关于组织起来的情况与问题的报告，提出了老区农业互助合作运动中的一些新的问题。这个报告，并提出了长治地委对于这些问题的看法和做法。这是一个很重要的报告，值得各地参考和研究。"

长治地委的报告首先引起了山西省委内部的争论。省委书记程子华与省委第一副书记赖若愚就难以取得一致意见。对于当时的争论，王谦回忆说：

当时的省委主要领导程子华和赖若愚对互组合作的看法不一致，是经过一番思想斗争的。程子华同志持不同意见，认为什么互助合作，毛泽东讲的互助合作就是权宜之计，是为了克服困难局面。省委常委解学恭和陶鲁笳同志是支持赖若愚同志的，赖若愚同志是真

第十一章 罕见的民主事件：王谦落选人大代表

正倡导和极力赞成、推动互组合作的。

因此，程子华和赖若愚同志在这个问题上争论过。程子华同志的意思是说，什么农业集体化，只有等到有了拖拉机才行。现在的解放式新农具谈不上什么机械化，只是做了一点改良，不能根本改变木犁加牛马的落后状况。赖若愚同志则争辩说：'哎！这改良农具，解放牌水车，这都是机械呀！'他甚至把《资本论》都搬出来，用马克思的话来说服对方。他讲，马克思说，协作还是一种动力吗？协作就可以出生产力，这个东西当然要提高生产力了。他还说，在资本主义的发展史上，珍妮纺织机一制造出来就是用马拉着的，这在《资本论》就是这么讲的，马克思就是这样讲的。我们现在也是牲口拉着解放牌水车，和木犁加牛马有本质的区别，是技术上的一大革命，为什么它就不是一种机械呢？两人争的很厉害。

现在的有一部分人可能看不懂他们争得是什么，我们需要解释一下。如果用一句话来概括他们争论的焦点，就是"建设社会主义需要不需要机械化等生产力方面的物质条件"。"生产力决定生产关系，经济基础决定上层建筑"是马克思主义的最起码的常识。封建社会主义者们常用偷换概念的方法去否定这一常识。赖若愚也是如此，他不敢公开否定马克思主义，只好用胡搅蛮缠、偷换概念的方法，把"机械化"偷换成了"机械"，把"机械"偷换成了"复杂工具"，最后把"协作"也当做了一种"机械"，真是荒唐之极！这种争论，我们现在看起来很可笑。那种观点实际上早被邓小平理论所否定，但是信奉这种观点的人至今大有人在，例如 2009 年出版的《王谦》一书还把这种观点当做正面的东西来宣传，岂不是对改革开放政策的否定！

马克思在大英皇家图书馆苦心钻研了十年，写出了一本《资本论》，也没有研究出"从落后的农业社会（隔过资本主义）速进到社会主义社会"的办法，反而为社会主义设置了更为"科学"的条件。他老人家没想到，在二十世纪四、五十年代的交际之时，他的科学社会主义理论，被一个只有初中水平的共产党的基层官员所推翻。"山沟里的马列主义者"与其祖先的理论矛盾，不知是因为马克思对社会主义的"科学"条件要求的太苛刻，还是因为这位官员"坐井观天"缘故，反正出现了完全相反的结论。

1951年4月下旬，中共中央华北局召开了华北五省（河北、山西、平原、察哈尔、绥远。当时平原省、察哈尔省未撤销，省会分别是新乡市和赤峰市，绥远是现内蒙古）农业互助合作会议，专门讨论山西试办农业生产合作社的问题。山西省委专门准备了由赖若愚起草的《把老区的互助组组织提高一步》的报告。山西省委指派长治地委书记王谦、兴县地委书记黄志刚、农业厅长武光汤及省委政策调查研究室副主任王绣锦参会。在这次会上，王谦、黄志刚等人，与主持会议的华北局的理论工作者和其它省份的参会者进行了激烈的争论。

争论很快上升到了中央高层，对于高层的争论《王谦》一书是这样说的：

中共中央华北局急于希望看到的中共山西省委的检讨迟迟没有露面。随即，中共华北局于5月4日正式批复山西省委，明确对山西省委关于《把老区的互助组组织提高一步》的报告中的意见提出了批评，说："用积累公积金和按劳分配来逐渐动摇、削弱私有基础直至否定私有基础，是和党的新民主主义时期的政策及《共同纲领》不符合的，因而是错误的。"刘少奇赞同中共华北局的意见，并于5月7日在中共共产党第一次宣传工作会议上的报告中批评了中共山西省委。随后，在6月3日、7月3日和7月5日，刘少奇又3次在不同场合批评了山西省委。其中7月3日对山西省委报告的"批示"，批评得最为严厉、最为尖锐，指出："在土地改革以后的农村中，在经济发展中，农民的自发势力和阶级分化已开始表现出来了。党内已有一些同志对这种自发势力和阶级分化表示害怕，并且企图去加以组织和避免。他们幻想用劳动互助和供销合作社的办法去达到组织和避免此种趋势的目的。已有人提出了这样的意见：应该逐步地动摇、削弱直至否定私有基础，把农业生产互助组织提高到农业生产合作社，以此作为新因素，去战胜农民的自发因素。这是一种错误的、危险的、空想的农业社会主义思想。山西省委的这个文件，就是表现这个思想的一个例子。"并批示将此件印发各地。但令人不解的是，不知是因为偶然的疏漏，还是出于什么考虑，这个批件一直没有发给被批评的山西省委。

根据刘少奇的谈话精神，于6月29日，薄一波在《人民日报》发表的《加强党在农村中的政治工作——纪念中国共产党成立三十周年》一文中，亦明确指出："没有强大的国营工业，就不能有全体规模的农业集体化。""在目前的互助组内逐步动摇、削弱直至否定私有财产也是错误的。这要直接破坏互助组。这是一种空想的农业社会主义思想。"

一向关注农民、农村和农业问题的毛主席，很快知道了这件事情，并且在很快判明争论双方的是非后，就马上找刘少奇和中共中央华北局的主要负责人薄一波、刘澜涛谈话，把自己的态度、想法和意见告诉了他们。毛泽东明确表示，他不能支持刘少奇和中共华北局的观点，而支持中共山西省委的意见和主张。同时就互助组能不能生长为农业生产合作社和现阶段能不能动摇私有基础的问题，讲了一段发人深省的话。对此，薄一波后来回忆说："毛泽东批评了互助组不能生长为农业生产合作社的观点和现阶段不能动摇私有基础的观点。他说：既然西方资本主义在其发展过程中有一个工场手工业阶段，即尚未采取蒸汽动力机械而依靠工场分工以形成新生产力的阶段，则中国的合作社，依靠统一经营形成新生产力，去动摇私有基础，也是可行的。他讲的道理把我们说服了。"

几十年后，薄一波对那场争论是这样看的：

我认为，少奇同志对山西省委报告的批语在主导方面是正确的。他提出不能过早地采取否定私有制的步骤，符合二中全会决议和《共同纲领》，符合当时我国的实际情况。由于我国经济落后，现代工业所占比重很小，过早过急地采取否定私有制的步骤所带来的消极的后果是显而易见的……

少奇同志对山西省委报告的批评，所以在主导方面是正确的，还在于它及时抓住了刚刚露头的妨碍我国农村经济健康发展的三个重要的思想认识问题。

这"三个重要的思想认识问题"是：过分害怕农民自发倾向引起的两极分化；把农民的绝对平均主义当成社会主义；离开工业发展去谈论农业社会主义改造。

由于少奇同志的观点受到批评，上述这几个妨碍我国农村经济发展和社会主义事业健康发展的思想，未能引起全党同志的注意：农业社会主义改造急于求成和"归大堆"，搞"一大二公""一平二调"、吃"大锅饭"那一套，与这些思想的继续存在和泛滥是有密切关系的……（薄一波《若干重大决策和事件的回顾》）

据说，1975年中共中央决定由王谦担任山西省委第一书记时，毛泽东说：他就是搞农业合作化的那个王谦吧。由于这场争论，毛泽东对王谦有了深刻印象。

六十年前的这场大争论关系到了中国的命运和前途。这场大争论的本质是，新民主主义与封建社会主义（当时称为农业社会主义）的争论，或者，用现代语言来讲，就是有"中国特色的社会主义"与空想社会主义的大争论。我们明显地可以看出，在这场争论中，党内理论工作者和理论水平比较高的领导站在新民主主义一边，而农村小知识分子出身的干部和领导站在农业社会主义一边，这当然是自然形成的阵营。王谦、赖若愚、陶鲁笳等人成了封建社会主义的马前卒。六十年前的中国社会是农民的天下，中国党百分之九十以上的成员是农民，农民的理想是平均主义的社会制度，中国党内的农民小知识分子的社会主张当然不可能超出其阶级的认识水平。虽然他们的主张的旗帜上印着马克思主义的标记，但实际上他们在不断地与马克思主义的关于社会发展的"科学性"作斗争。以刘少奇为代表新民主主义思潮，一直在党内处于少数地位，因此，他们的主张不可能在一个农民占绝对优势的党内占据优势。薄一波的总结虽然在原则问题上还有些躲躲闪闪，但应该说在当时的认识水平上还是比较客观的。他把1958年大跃进的失误归咎于三方面的妨碍我国农村经济发展和社会主义事业健康发展的思想无疑是正确的。然而,薄一波的总结至今没有被山西省委所认可,也没有被正式党史所认可。这说明封建社会主义、或农业社会主义、或空想社会主义思想的影响至今尚未被肃清。

从近代来看,平均主义式的社会主义并不是王谦等人的发明。不知王谦研究过太平天国的经济制度没有,他的互助合作思想很像太平天国的经济制度。从实质上讲,太平天国的圣库制度和天朝田亩制度都是具有平均主义性质的类似于农民社会主义的做法。

封建社会主义、或空想社会主义、或农业社会主义之所以这样"顽强",是因为在中国这种主义有着很长的历史渊源和广泛的社会基础。这个社会基础必然要表现它的社会理想,必然要出现类似于洪秀全这样的人物,必然要出现类似于王谦、赖若愚这样的官员作为这种理想的支撑。由于这种理想的初衷也是为了拯救社会,由于这些人物的动机也是为了实现其社会理想,因此不能说这些人物是历史的"罪人"。这也许是一个必然的历史过程,这个过程带来的灾难也许也是人们自己选择的必经的灾难。有些人之所以成为历史的"罪人",并不是因为他们怎样带来这些灾难,而是他们带来这些灾难并已经认识到自己的失误后,为了自身的利益,仍然坚持这些错误,使这些灾难更加扩大和蔓延。

3. 阴差阳错成为"走资派"

在上世纪五十年代初,山西省委在农村合作化运动中一直是领衔主演;在大跃进中,据《山西日报》报道,山西侯马市也创造了红薯亩产百万斤的奇迹;在六十年代,山西省委又树立了"大寨红旗",为全国的农村指明一条发展的"金光大道"。可见,山西省委一直是极左路线的坚强堡垒,而类似赖若愚、陶鲁笳、王谦这样的干部一直是主张和信奉极左路线的坚定干部。像这样的极左路线的坚强堡垒和坚定干部,按说在文革中不应该被打成"黑省委",也不应该被打成"走资派"。

动乱的革命像一场疾风暴雨，不管它是香花，还是毒草，统统一扫而光，待来年再重新种过。像法国大革命，不管你是好贵族还是坏贵族；像太平军，不管你是好官员还是坏官员；像土改，不管你是好地主还是坏地主，统统要扫除。文革也是如此，不知道毛泽东有没有准备去区分什么好干部坏干部（按《十六条》的表述，绝大多数干部是好的和比较好的，看来毛泽东还是准备去区分好干部坏干部的），而毛泽东也没有想到革命的形势发展的是那么迅猛，造反派根本没有给毛泽东区分好干部坏干部时间和机会。毛泽东正好或是只好顺应革命群众的意思，不管是好省委还是坏省委，不管是好干部还是坏干部，统统要炮轰火烧一下，然后重新来过。在这种乱砍滥杀的大形势下，山西省委被夺权被横扫自然很正常，但极左的山西省委在全国被最早夺权，却是谁也没有想到的。

极左的山西省委之所以成为全国"最早"，首先是因为他们的靠山是最先被打倒的走资派。山西人很讲老乡情谊，从山西出去的中央干部经常有省里的干部去串亲戚拉关系，把这些干部视为"靠山"。

不过这些"靠山"们在文革时却给这些省领导们带来了灾难。彭真，1902年生，山西侯马人，早在1923年就参加了革命，是山西干部中的领袖级的人物。时任中央政治局委员、中央书记处书记、北京市委第一书记的彭真是总书记邓小平的得力助手，刘邓线上的重头人物，成了文革的第一个对象，"倒灶"倒得比刘邓还早；薄一波，1908年生，山西定襄人，1925年参加革命，是山西干部中的另一领袖级人物。时任国务院副总理的薄一波也是刘邓线的主要人物，在文革初期就被打倒，比彭真晚不了多少；安子文，1909年生，陕西绥德人，1925年参加革命。安子文虽然不是山西人，但长期在太岳区工作，可以说是多半个山西干部。安子文时任中共中央组织部长，他被打倒的时间虽然比彭真、薄一波晚一些，受的苦不比彭、薄少。彭、薄、安三人加上陶鲁笳在文革中被打成彭、薄、安、陶反党集团，这主要是山西人提出来。彭、薄、安是刘邓系的嫡系部队，主要政治倾向与刘邓相一致，被称为右倾的典型，其思想或多或少与新民主主义理论有关。在历史上，这三人都住过北平草岚子监狱，是刘少奇批准出狱的六十一个叛徒之三,也是他们在文革被打倒坐监的重要原因。陶鲁笳则不同,他是江苏溧阳人,长期在太行区工作,混入了山西干部的圈子,其人很"左",是鼎力支持农业合作化、大跃进和"学大寨"的人,因此他的思想与彭、薄、安有区别。陶鲁笳曾长期任山西省委第一书记,1965年调任国家经济委员会第一副主任。陶鲁笳似乎是左与右山西干部连接的纽带。山西的干部就这样与中央右倾势力和"叛徒集团"挂上了钩,或者说极左的山西省委的果实结在了右倾的蔓子上。这样就迷惑了包括中央文革在内的许多人,他们成为文革的首选目标也是自然而然的了。

山西省委还"倒霉"在其内部还有比他们更想"跳出来"的人,使原来的主要领导想表现也表现不出来。刘格平、刘贯一、袁振哪一个都不是"善茬儿",哪一个都比卫、王、王资格老级别高。且不说刘格平"把牢底坐穿"的精神是中央文革打击刘少奇的"宝贝",为中央文革所器重外,无论与刘格平的"地方民族主义"的思想相比,或与刘贯一的"自留地"思想相比,或与袁振的"鞍钢宪法"思想相比,卫、王、王充其量就是一个农村的高小教员的水平而已。这伙人跳出来折腾,卫、王、王真要退居其次了。

在这种情况下,卫、王、王虽然没有干多少"走资派的事",但不当"走资派"都不行了。

第二节 东山再起的"秘密"

1. 王谦:接触灵魂的检查

1968年至1970年间,随着刘格平类的革命干部的逐步"隐去",各省由部队干部主政。此后,中央在周恩来的筹划下,开始逐步"解放"过去被打倒的省级领导。

山西的省级"走资派"们,从1966年1月底开始到1969年12

月，已经坐了近四年的牢。在这四年中，除了1967年有半年多的时间内被到处批斗，其它三年多的时间内，刘（格平）、张（日清）、袁（振）之间的斗争占据了主要地位，山西人民慢慢地快把卫、王、王的"罪行"忘掉了。真正不肯放过卫、王、王的"罪行"是原省级干部中的革命派，他们之所以能够崛起，当然是中央文革支持他们推翻旧省委的结果。如果放过卫、王、王的"罪行"，他们的革命成果岂不是毁于一旦了吗？在省级干部中的革命派退出历史舞台之后，开始主政的谢振华与他们既无公怨，又无私仇，当然不会阻碍省级"走资派"们的"解放"。不过，问题还在于把原山西省委打成"黑省委"的人中，不仅有原省级干部中的革命派，而且还有中央文革的主导。这样一来，就不可能一下子把省级"走资派"们全部平反放掉。1969年12月初，可能是以谢振华为组长的山西核心小组的决定，把原省级的"走资派"们，从太原市看守所转移到了地处交城县城西的山西战备档案馆。这些人的待遇从被"军管"人员变成了"学习班学员"，省级的"走资派"们终于看到了"解放"的曙光了。

当然"解放"是有条件的。"解放"不是平反。如果是平反就等于毛泽东、党中央及中央文革承认了发动文革是错误的，伟大领袖毛泽东和光荣、伟大、正确的党在当时是不可能承认错误的。所以，为求得"解放"，只有"走资派"们承认错误了。"解放"的第一步就是向革命干部和革命群众做检查，以求得革命干部和革命群众对他们"走资本主义道路"错误的谅解。

王谦回忆说：

1970年4月初，"学习班"通知我在省级干部会议上做检讨。八万字的检讨材料，我讲了整整一天又一个晚上，那个会议连军队系统的人参加者共70多个，所谓"走资派"有30多人，讲到痛处，我痛哭流涕，抱头大哭，痛快淋漓，要讲就讲透，讲彻底。不是让我担起来吗？你们开除我的党籍也不怕，刘少奇同志还被开除了党籍，我算啥呢？到8月中旬，又把"学习班"那个稿子简化了一下，在湖滨会堂3000多人的大会上"坦白交代"。讲了两个多小时，哭了多次。检

第十一章　罕见的民主事件：王谦落选人大代表

查结束，"会场轰鸣"。我三次谢场。检查，又一次"新的觉醒"。我用了波兰共产党总书记哥穆尔卡下台时讲的话——"在共产党掌握政权和革命成功的情况下，我的思想逐渐右倾了"。我说："在土地改革完成和建国以后，在社会主义改造完成以后，随着时间的流逝，我的革命热情淡化了，朝着右的方向倒退了！"这是我当时心灵诚实的忏悔，再一次引起会场轰鸣。

王谦的检查像一个明星大腕的表演完一样，居然有三次谢场，可见检讨之深刻，忏悔之真诚。王谦用了"新的觉醒"这样一个词。王谦的第一次"觉醒"应该是1936年参加革命之时，那时他对现实社会不满，想要真正地寻求救国救民之真理。从那时的现状看，传入中国的马列主义比起当时中国实行的封建性很强的民主主义是一种新思想，青年知识分子无不趋之若鹜。对一种设想很好的主义，一种为穷人说话的主义，一种没有实践过的主义，谁也没有理由怀疑它。这种"追求"是一种"时尚"，是对真理的渴望，本无可厚非。王谦的第二次"觉醒"是在第一次"觉醒"的三十四年之后，这时，他接受的是毛泽东"无产阶级专政下继续革命"的学说。

王谦不是演员，不是说笑就能笑，说哭就能哭。他能痛哭流涕做检讨，无非有两个原因。一是真心要跟着毛泽东继续革命；二是感到冤枉，本来应由陶鲁笳、卫恒负责的问题现在由他来承担，文革开始时本想跟毛泽东继续革命，而苦于没有机会，反而被打成"走资派"。这次机会来了，岂能放过？

对于王谦的"解放"过程，《王谦》一书是这样说的：

1970年8月2日，由中共中央批准，王谦任山西省革命委员会常委。经过10多个月的等待之后（开始日期指从1969年出狱进学习班时），王谦终于获得了"解放"，而这个"解放"是得之于周恩来总理的过问。关于这个问题，王谦后来了解的情况是："因为纪登奎的一句话，我就好长时间也没有获得解放。周总理一直让他们解放我，就是解放不了。后来总理再三过问，才把我解放了。到学习班的时候，周总理给他们打电话，问王谦同志检讨了没有？解放了没有？

因为总理一直给他们打电话让解放我，省里才不得不把我解放了。我当时不知道，这都是后来才知道的。"

对于这件事，《百战将星谢振华》书中是这样说的：

"正确的政治路线确定以后，干部就是决定的因素。"谢振华牢记毛泽东这一教导，并根据周总理关于迅速恢复和健全政府部门职能的指示精神，首先认真落实党的干部政策。他对县以上领导干部全面考察了解，做到心中有数。而且直接抓原省、地、市主要领导的重新使用工作。如对王谦、王大任、朱卫华、了赵雨亭、刘开基、贾冲之、武光汤、王中青等省级干部，全云、王绣锦、赵力之、王铭山等地级干部分别进行安排使用，推动了全省落实党的干部政策工作。在两年多的时间内，全省县级以上百分之九十以上得到复职，有的还得到提拔使用，使山西成为当时全国落实干部政策最早最好的省份之一。

王谦的"解放"是在当时山西省"解放"干部的大形势下进行的，这是不容歪曲的事实。王谦和《王谦》一书从个人恩怨的角度上都对这一事实进行了歪曲，他们否定当时山西省"解放"干部的大形势，意图掩饰后来王谦投靠"四人帮"得以提拔的行为，把执行周恩来指示的谢振华说成是反对"解放"干部。与王谦一起"解放"省级干部很多，不是都经过周过问的，所以不一定非要经过周过问才能"解放"。当时主政的是谢振华、曹中南，周恩来打电话肯定是打给他们的，王谦的意思是谢振华、曹中南顶住周的指示不"解放"他，如果真的如此，谢、曹倒是做对了，因为仅仅过了不到三年，王谦就积极参加了矛头指向周恩来的"批林批孔"运动，周恩来相当于"解放"了"狼崽子"。"子系中山狼，得志便猖狂"，这应该是王谦真面目的写照！

2. 省委扩大会议上的王、陈结盟

王谦"解放"后的经历是：

第十一章　罕见的民主事件：王谦落选人大代表

1970年9月，任阳曲县革命委员会主任；

1971年4月，任中共山西省委候补委员；

1972年8月，任省革委生产大组工业小组副组长，后任省计委副主任、党委副书记、书记、主任；

1973年4月，任省革委生产大组副组长，后任省革委副主任，分管工业；

1973年5月，任山西省委书记（当时设有省委第一书记）；

1973年8月，在中共十大上，成为中央候补委员。

在两年的多的时间内，王谦又从县级开始，经过了厅级，干到了省级，回到了原位。所不同的是，王谦头顶上原先只有一个卫恒，现在有了两个人：谢振华和曹中南，这使个性很强、私心很重的王谦很没有面子，也很不舒服。

1974年3月，王谦遇到了一个一举两得的好机会，这就是江青"穿上军装，炮轰谢振华"，即中央文革发动的以批谢、曹为突破口的"批林批孔批周公"运动。王谦既可以借此推翻谢振华、曹中南，实现其多年来期盼担任省委第一把手的愿望，又可以借此摘掉"走资派"的帽子，回到毛泽东的"继续革命路线"上来，投靠到政治上正红的中央文革那个圈子里来。经历过命运波折的王谦当然不会放过这个机会。

王谦想要进中央文革那些人的圈子，陈永贵是自然的介绍人。当时陈永贵无论是中央政治局委员的身份，还是"学大寨"运动带头人的身份，或是造反派领袖的身份，都在中央文革那个圈子里占有很重要的地位。陈永贵在山西，能挂靠上陈永贵，也是王谦的天然优势。依王谦的性格，未必能看得起没读过书的陈永贵。在1967年，王谦在昔阳被大寨红卫兵批斗殴打的口吐绿水，像王谦这样爱记仇的人，应该是有着刻骨铭心的记忆。如今，陈永贵已经是政治局委员了，王谦不得不低下高傲的头；如今，王谦是真正需要陈永贵的帮助了，他不得不"忘记"昔日的仇恨。"能伸能屈"乃大丈夫也。

在"批谢曹"的省委扩大会上，王谦对"批谢曹"表现出了极为积极的态度。王谦和黄志刚这对农业合作化时期的极左伙伴，分别担任了秘书长和副秘书长。陈永贵上有中央文革的支持,下有王谦这个"军师""助手"和"主将",就更加耀武扬威了。

王谦不但和陈永贵结成了同盟,而且还得到了陈永贵的队伍,即当年跟随刘格平、陈永贵的红总站、晋中总站、晋东南红字号、晋南318等群众组织的人员的支持。当年的革命群众组织虽然已经解散,这些人在"一碗水端平"的政策下,进入了各级政府、各单位的领导机构,好多人参加了扩大会议。王谦似乎也"忘记"了这些人"一·一二"夺权的仇恨,知道怎样利用这些转向支持自己的政治力量。

王谦终于完成了从"走资派"到"革命干部"的蜕变,其中的原因有两种主要说法:一是王谦触发了原有的极左思想,真正归顺了"毛主席的革命路线";二是王谦有着强烈的投机动机,为了巩固自己的政治地位,投靠正当红的陈永贵。

王谦比陈永贵懂政治,知道什么是要害,所以他揪住谢振华是否上"林彪贼船"的问题不放。王谦明知中央给谢振华定的是路线性错误问题,但他一口咬定谢振华已经上了"林彪贼船"。他知道一旦把谢振华赶上"林彪贼船",谢振华将被打入十八层地狱,永世难以翻身,由此可见王谦政治品质的恶劣。无奈谢振华实在是与林彪没有什么瓜葛。使得王谦没有办法把谢振华拉到林彪线上,只好从别处下手,另找打谢炮弹。

未几日,王谦领导的秘书处编制的会议第四期《简报》上,公布了一个谢振华在山西拉帮结派、篡党夺权的"黑纲领"。该纲领共分九条,后来又被叫作黑"九条"。"九条"的核心内容有二:一是稳定在地方支左并担任各级领导工作解放军干部队伍,尽快让他们脱下军装,安心在地方工作;二是尽快地安排青年干部到合适的岗位上去,使他们尽早发挥作用。

大会很快转入对黑"九条"的批判。王谦深知"九条"的要害是组织问题,他把"九条"上纲上线地比喻为文革初期被点名批判的彭真的《二月提纲》那样的"大毒草"。按王谦在省委扩大会议上讲话的说法:"九条"是像"彭真二月提纲"一样的反动纲领。"九条"似有激化军队和地方干部矛盾之嫌,也似有对某一派的青年干部"照

第十一章 罕见的民主事件：王谦落选人大代表

顾"之嫌，这正是王谦及某些地方干部、原红总站的青年干部所要"批判"的地方。王谦及某些地方干部（如赵雨亭、贾俊等）、原红总站的造反派干部认为这下子抓住了谢振华的"短板"，集中火力大会、中会、小会猛批谢振华的黑"九条"。此时，批判黑"九条"的行动由于一个突然事件的发生，使得大会的批判目标从谢振华身上转移开了。

这个突然事件是由于段立生的行为造成的。段立生回忆，当他看到大会第四期《简报》公布的"九条"内容时，发现"九条"并不是谢振华的，而是自己和邢晓光、王家玑（原红联站勤务员之一，山西医学院第二附属医院著名心血管专家）在1971年给谢振华的一封信。段立生当时的意思是尽快采取一些组织措施，将支左的解放军人员愿脱军装、留地方工作的干部，尽快脱掉军装，使他们尽快安心地方工作；不愿留地方的，尽快由"解放"的干部补缺，尽快完善各级组织的组织机构，以便把局势稳定下来。他跟谢振华谈话时，还建议尽快把青年干部提拔到领导岗位上来。由于他、刘灏、黄锐庵等一号头头（山西三大革命群众组织的代表人物）的名声太大，不要急于安排他们，以免起到负面影响，最好先把他们下面的青年干部安排好。本来计划安排段立生担任阳曲县革委会主任，后按段自己的意思，就没有安排，后来才安排到基层任副职。段立生等人信的内容被谢振华的秘书苏林（后任国防大学教授，大校军衔）记录在笔记本上，可能没有记录内容的来源，谢曹遭陈永贵、王谦批判后，苏林的办公室被王谦派人查抄，得到了笔记本上的"九条"的内容，王谦觉得这下可抓到谢曹文字性的东西了，就急忙安排登在了会议《简报》上，作为谢振华的罪状供大会批判。段立生见到会议发放的《简报》后，当即找王谦去澄清事实。段立生告诉王谦："'九条'是自己给谢振华的一封信"，并说明了原委。王谦说："只要谢振华看过的，我们就认为是谢振华的。"段立生反驳："谢振华还看过毛泽东著作，不能说毛泽东著作也是谢振华的吧？"对于段立生这种的辩解，王谦一时语塞。段立生这种横插一杠子的干扰批谢的做法，王谦本就很恼火，因而不耐烦地说，反正是谢振华的，我们就批。

段立生在王谦那里得不出什么结果，只好祭出文革中最常见、最有用的法宝——大字报来解决问题。段立生的大字报说明了"九条"是自己等三人为了稳定形势给谢振华的一封信，并指出："九条"是红是黑，大会可以辩论，你们坚持要批，也应批我段立生，而不应由于谢曹有错误，就什么也扣在他们头上，这不符合毛泽东实事求是的原则。大字报共誊写了四份，分别贴在了迎泽宾馆、并州饭店、海子边一招及省革委大院门前。第二天就遭到了红总站方面会议代表的反击，贴出了"狠批谢曹黑九条"等的大标语。接着兵联站方面的代表也贴出了"批'九条'就是批群众""批'九条'就是扭转批谢曹的大方向""'九条'好得很"等大标语。刘灏还在五一广场贴出了"致王谦的公开信"的大字报。这样一来，几千干部参加的批谢曹会议，分成两种意见，无法再统一组织，大会"放了羊"。这场拥军派和反军派的标语战很快就蔓延到了太原市的基层各单位。

段立生回忆，在山西省委常委再度到北京向中央汇报扩大会议结果时，周恩来、李先念、纪登奎等中央领导批评王谦说：让你们批谢曹，怎么批开了群众，又造成了两派革命群众的对立，你回去后应该向段立生道歉。这个消息很快传回了太原，段立生开始等着王谦的道歉。在省委常委回晋的欢迎仪式上，段立生有意避开了王谦。陈永贵倒是挺热心，主动与段立生说："小段，谢振华抵制学大寨，你们可要学大寨呀。"段立生回答："没问题。"之后，段立生组织清徐县小队以上干部，开着二十多辆车，浩浩荡荡赴大寨参观学习，陈永贵给予了很热情的接待。

王谦两次约见段立生，被段立生借口有事推掉。第三次实在是推不掉了，段立生只好去见王谦接受"道歉"。王谦实际上很想拉拢段立生、李辅等造反派干部形成自己的势力，他对段立生说："你的能力很强。按你的能力不仅能担任县委书记，也能当市委书记。你不要以为你的县委书记是谢振华给的。"王谦的意思是如果段立生听他的话，他可以给段立生市委书记。段立生没有买这个帐，很冠冕堂皇地回答说："我们的职务是党给的。你说的山西的部队是谢振华的，干部是谢振华的，群众是谢振华的，那是错误的。"至此，王谦恨透了段立生。

王谦与陈永贵结盟的结果使王谦个人得到了很大的好处。不但获得了陈永贵的势力,也受到中央文革的青睐,而且成为实际上的山西第一号人物,主持山西的全面工作。由于陈永贵已调到中央工作,王谦摇身一变,由"走资派"变成了山西的极左派的领袖。不过,山西谢振华的势力还很强,王谦推行的继续革命的极左路线还有很大的阻力!这些阻力很快在几个月后的四届人大的代表选举中凸显出来了!

第三节 罕见的"党内民主"事件

1. 震惊全国的王谦落选事件

本来,在中共九大之后,就准备召开全国四届人大,各省出席四届人大的代表就已经选出。但后来,出了林彪事件,接着又批林批孔,代表的情况发生了一些变化,到1974年四季度,中央部署了各省补选出席第四届全国人民代表大会代表的方案。

其中,山西省的代表情况也发生了变化。山西省历届出席全国人大会议的代表团团长都是由省委第一书记担任,好像是不成文的惯例。山西省委第一书记谢振华本来是山西省出席全国四届人大会议的代表,但在1974年谢振华被批判革职,这样山西省代表缺下来了。中央指定补选王谦为山西代表。这次山西省出席全国四届人大代表的补选会议,虽然还要补选一、两名代表,按中央的意思好像是专门为补选王谦而召开的。无论是中央,还是王谦,肯定都觉得这一切都很自然,都很顺理成章。世界上的事情有时是那么的出人预料,恰恰是人们认为自然、顺理成章的事出了岔子,使自信满满的王谦遭到当头棒喝,也使中央很失面子。

1974年11月,山西省补选四届全国人大代表的会议在太原晋祠宾馆召开,参会的有山西省革命委员会委员和各地市负责人约二百多人。在这些人中间,造反派出身的干部大约不到三分之一,其中山西省两大派组织都有,著名造反派领袖有段立生、刘灏、宋捷、李兆田、黄锐庵、吴春久等。另外的三分之二强是老干部、各系统劳模、著名人物及部队的负责人。老干部大多为谢振华执政时解放的省、市、地级干部,如王谦、王大任、刘开基等,也有少数被提升的文革前的县级干部,还有一些谢振华下台后未撤出的军队干部;当时参加的劳模有牛发和(十三冶工人劳模,时任太原市委市革委副主任、市委副书记、市总工会主任)、李顺达(平顺县西沟大队劳模)、申纪兰(平顺县西沟大队劳模,时任省妇联主任)、王银娥(山西省忻县奇村民兵营副教导员,大比武的标兵,时任山西省委常委、山西省团省委书记)、王体(阳泉矿务局劳模,时任山西省革委副主任、省委常委)、韩英(省委书记,省革委副主任)等。这些人中间,除了赵雨亭等少数对"批林批孔"非常积极的老干部和红总站的造反派干部外,大多数人、尤其是文革中与军队关系密切的干部和群众代表,都对王谦投靠江青、陈永贵,执行中央文革极左路线、"批谢曹"的做法不满,这是造成王谦落选人大代表的历史背景和政治原因。

  由于会议补选的就是两、三个代表名额,基本上是"一个萝卜一个坑"。参会代表分地区对补选名单进行讨论。由于在文革时期,代表们、尤其是两大派代表不免持有相应的自己的观点和看法,他们不愿意进行流于形式的讨论,有相同看法的代表自然会扎堆在一起议论。原来对中央文革"批林批孔批周公批谢曹"不满意的干部、劳模及红联站和兵团方面的造反派干部本来就对王谦是一肚子意见,大家凑到了一块一起议论王谦的所作所为,似乎更加增添了对王谦的不满,大家都认为王谦没有资格代表他们出席四届人大。但议论是议论,如果真的大家同时不选王谦,或者是让王谦落选,还真不是一个容易的事情。要完成这件事需要两个条件,一是需要组织者,二是需要票数集中到另一个人身上。抗拒中央的指示另选他人可不是一个小事情,一般的干部和劳模可没有这种意识、胆量和魄力挑头,这个责任自然地历史地落在了造反派干部的头上了,具体地说是落在了

第十一章 罕见的民主事件：王谦落选人大代表

段立生、刘灏、宋捷头上了；至于说到王谦的替代者，选择起来也很有讲究，这个人既不能是造反派，也不能是中央文革及陈永贵方面的人，又必须是中央能够认可的人。组织者认为时任省委书记、省革委副主任韩英比较合适。当时，韩英并不在候选名单中，像韩英这样的干部，应该是各方面都能接受，中央好像也没有什么可说的。

有了这样的筹划之后，太原街头出现了大标语："不同意王谦当代表"；"我们要选韩英当代表"；……等等。红联站、兵团的造反派干部则开始在各地市参会代表中活动，建议大家选举韩英为出席四届全国人大代表，而不要选王谦当代表。可能是出于当时有对抗中央指示的因素存在，或者是有违背党的纪律的因素存在，至今段立生也不愿意太多的提及当年选举时的串联的事情。李兆田回忆了当时的情况，说对晋中总司的干部和群众代表都打了招呼，大家都同意选韩英不选王谦。

宋捷多次对人讲过，他为了转移王谦的注意力，专门坐在王谦的旁边，看王谦填写选票，王谦光顾提防宋捷看自己的选票，无暇顾及下面的情况。当选举结果公布时，票数相当集中，韩英当选！王谦落选!!此时，拥军派方面的代表一片欢腾。太原街头出现了许多大标语："王谦支一派压一派没有好下场"，"王谦落选大快人心"等等。

王谦懵了，遇到了前所未有的尴尬局面。王谦一生经历选举无数，但没有经历过一次真正的民主选举，所以他太大意了。以往的选举，无论是党内，还是党外，都是事先安排好的选举，大家也习惯了这样的选举。王谦也是属于这样的人。如果王谦事先有一些危机意识，下功夫做一些工作，或者向中央汇报一下，让中央施加一下压力，可能还不至于落选。不过，按王谦的性格那样就有点太狼狈了。造成落选这样同样狼狈的局面，王谦气得脸变得铁青，这一次王谦与谢振华派系的干部和群众结下了"血海深仇"!!!在后来的清查"四人帮"的运动中，王谦利用手中的权力对这些干部和群众进行了近乎疯狂的报复。

消息传到北京，时任中央副主席的王洪文震怒，批示："这是我党历史上罕见的共产党员不选共产党的严重政治事件"。后来中央把此事件作为严重的政治事件通报全国进行批评。不过,当时的中央至少表面上还是挺民主,认可了四届全国人大的山西省代表的选举,并没有把王谦强行搞成代表。四届全国人大于 1975 年 1 月 13 日开幕,由王大任替代王谦担任山西省代表团团长参会。王谦灰溜溜地作为列席代表列席了会议。

2. 民主的胜利和失败

王谦落选事件创造了许多第一:

第一次省委第一书记落选全国人大代表;

第一次自下而上地自发地选举了自己认可的代表;

第一次违背中央意愿进行了选举;

第一次真正地使用了选举人的选举权和被选举权。

以上的第一,无论是哪一个都在共和国和党的历史上具有重大的意义,因为这是宪法和党章的胜利,是法治的胜利,是民主的胜利。其中有几个问题需要特别加以说明。

其一,官方作法违宪违章,群众抵制有理。这种违宪违章主要表现在两方面。一方面,指定代表,本就违反了民主集中制原则。我国的《宪法》和我党的《党章》的组织原则都是依照民主集中制指定的。虽然民主集中制是一种最不完善的最初级的民主选举方法,但也包含了许多民主的元素。例如其中"先民主,后集中"的原则就是民主元素之一。选举前指定代表的方法,就是抹去了"先民主,再集中"的中间的"民主"过程,这就破坏了《宪法》和《党章》规定的民主集中制原则。事后,中央既然认可了选举结果,就是尊重了民主原则,没有必要再制造一个"严重政治事件"的说法。中央后来所做的"通报批评",应当是自己缺乏自信的表现。当时的中央害怕再出现类似地向中央权威挑战的事件,以严厉的"通报批评"以儆效尤。中央对民主的批评恰恰起到了与其愿望相反的作用,使中央的权威受到了损害。另一方面,当时中央确定的选举方法也违背了三届全国人大修订的《宪法》的基本原则。在各地方和基层未举行人民代表大会时，由地方政府（当时是革委会）选举出席全国人大的人民代表，显然是不合适的。由于全国人大将选举中央政府组成人员，结果这种选举方法就相当于由地方政府来选举中央政府，人民就完全失去了选举权。毛泽东曾经说，中央出了修正主义怎么办，他鼓励地方造反。那么，同样中央违宪违章怎么办，按毛泽东的办法，抵制就是了！王谦落选就是地方抵制中央错误做法的结果。事实上，王谦落选的意义，不仅是对王谦本人和中央文革违宪违章错误做法的抵制，还是对中央文革和陈永贵极左路线的抵制。

其二，"自下而上"是民主选举完整性的重要特征。"选举"本身就含有"民主"因素。从"专制"到"民主"，中间有许多中间环节。中间环节的"民主"，有了"自下而上"才能体现民主过程，有了"自下而上"才能真正反映选举者的意愿。无论是革命时期，还是非革命时期，"自下而上"都是民主选举必要过程。1967年一月革命建立起来的"三结合"的"革命民主"政权，至少形式上是"自下而上"由革命组织代表会议选出来的。1975年文化革命已近尾声，"三结合"的"革命民主"政权名存实亡（革委会从1967年到1975年没有重新选举过）。极左派在老百姓的名声越来越不好，王谦落选就是一个证明。为了在四届人大的组阁中占据优势，抵消周恩来的影响，极左派自然不能赞成"自下而上"的民主选举过程，必须全力操控选举过程。但终究"百密一疏"，在山西出了"岔子"。

其三，并不是"共产党员不选共产党"。这次山西省出席四届全国人大代表的选举，被王洪文指责为"共产党员不选共产党"事件。其实王洪文指责得并不对，因为不选王谦不等于不选共产党，王谦不是共产党的化身，而且替代王谦参会的韩英不仅是党员，而且还是省委书记。因此只能批评山西的参选人员没有执行中央的指示。另外，如果不选某一个共产党员，就是不选共产党，那就回到了反右时的那种"反对某个党的基层领导就是反党"的错误做法上去了。未当选的共产党员王谦竟然得不到大多数共产党员的拥护，至少说明了一个问题：王谦不得人心，不得党员之心。文革是个考验人的时代。纷乱的革命局面很像大浪淘沙一样，淘出了人的本性。无论是"走资派"

中间,还是"革命干部"中间;无论是保守派中间,还是造反派中间,都淘出了一些品质恶劣、为了一己私利不择手段的"坏人"。王谦的落选,只能是他自己的问题,岂有它哉?

其四,这次选举体现了选举人的权利。按民主的选举制度,凡参加选举的人都有选举权和被选举权,即选举应该是自由的,既有选举的自由,又有被选举的自由,不然的话,就不能叫民主选举,或者就不能叫完全的民主选举。1974年四届全国人大山西省的代表选举,代表中的自由议论是空前的,争论也是空前的。在这次会议上,大部分代表在议论中对出席四届人大的代表取得了共识,不同意王谦当代表,最后的选举结果王谦以大的差距落选。这个结果体现了大多数代表的意志,。出现这种现象当然值得指定人选的组织深思,而不是对选举者进行无端的指责。在后来"四人帮"和王谦、陈永贵在批判此次自由选举的主要组织者的时候,说这次选举是谢曹派的"派性"在作怪,强调批判了选举者的动机。实际情况并不是这样,当时参选两派的造反派干部不到选举者的三分之一,就算是兵联站方面比例多一些,占造反派干部的百分之六十,也就只占总选举人数的百分之十八左右。况且,有的兵联站方面造反派出身的干部并未参加选举,如省革委委员李辅正在襄汾县任县委书记,他与王谦个人关系不错,李辅认为选举是走过场不如忙县里的工作,没有参加选举。因此兵联站方面的造反派干部绝对左右不了选举的走势,真正决定选举走势的是对王谦和陈永贵不满的老干部和劳模,据说像李顺达、牛发和、王银娥、胡文秀等劳模都没投王谦的票。退一步说,即便王谦落选的原因是"派性作怪",那也是因为王谦代表不了参会的大多数人的"派性利益"。这样的指责最无理的地方是,好像大多数人代表的是"派性",而少数人代表的是"党性"。这说明"四人帮"所谓"党性"是假党性,代表的是少数极左派的利益。选举不是破案,需要追查作案者的动机。如果事先号称是"选举自由",事后又"秋后算账",追查选举者的目的,而予以"报复",那就是假选举,就是法西斯式的"自由选举"。

无论如何,这次选举都是民主的胜利,是"四人帮"的失败。但

第十一章 罕见的民主事件：王谦落选人大代表

是，在那个年代，民主的胜利是暂时的，多数参选者只是高兴了"一会儿"，其中的大多数人在后来都遭到了王谦、陈永贵的残酷迫害。1975年1月12日晚，在四届人大各代表团团长预备会议上，王洪文、张春桥、吴德都对王谦落选事件进行了批评。王洪文说："最近有个问题很重要，在人民代表会议上，我们不要和资产阶级站到一起去，山西有教训。王谦同志是省委提名，中央同意的代表候选人，选时落了选，这是党的历史上从来没有的。作为一个省的主要负责人，省委提名，中央同意，回了电报，仍然落了选。所以，中央决定，在四届人大中，首先要召开党员大会，是十分必要的。那里的情况很复杂，完全违反党纪，王大任你们事后要追查。有人背后搞小动作，千方百计不让选王谦。"张春桥说："山西省委开革命委员会选代表，不开党员会，是两个党，共产党员不选共产党，这是不允许的，把两派观点带到会上是不允许的。"在王洪文、张春桥的批评中都间接承认了山西省委选举程序的非法，不召开党员会，党内意见无法集中，组织决议未形成，是王谦落选的主要原因。这是王谦太自信，又忽视党内民主的结果。不过，中央还是要维护王谦在山西的权威的。1月22日，李先念、陈锡联、纪登奎、陈永贵接见了出席四届人大的山西代表团部分党员，谈话中再次提到了王谦落选的问题，并点了段、刘、宋的名，特别提出"王洪文副主席、张春桥同志就批评这件事，指出会后要予以追查，借以教育全党。"

在四届人大会议结束后，山西省委多次开会传达王洪文、张春桥的指示。1975年2月22日，韩英在省直机关处级以上干部以上会议上代表省委常委指出："这个事件发生不是偶然的，是山西党内两条路线斗争的继续。段、刘、宋三个人为什么不选王谦当代表，其目的是反对中央对谢振华错误的批判和反对王谦主持山西工作。是段、刘、宋三个人对'十一条'的否定，他们一再散布：批谢批错了。企图搞乱山西。"

据段立生回忆，在山西省委传达王洪文、张春桥等人对王谦落选的批评之后，段立生即被停职检查一年之久。期间，段被押解到他所任职的清徐县境内三十多个基层单位接受批判。在粉碎"四人帮"不到三个月时，王谦又以此为理由，将段立生、牛发和、刘灏、宋捷等人投进监狱，非法关押三年之久，批斗数百次。

八十年代以后的事实证明：批谢确实批错了，王谦确实是"四人帮"的人，不选王谦没有什么错，这与陈少敏大姐在八届十二中全会上，未赞成开除刘少奇党籍没有什么不同！在习惯了民主选举的社会里，这应该是一次很正常的选举，而在我们这里却被说成很不正常的事件，这说明了什么？这至少说明了我们的国家无论是领导和群众都不习惯民主，党组织一直操纵人民代表的选举，人民有点违背党的操控，如这一次"突发"的民主，反而变成了"怪物"！！！领导感到"惊愕"，从而提高了"警惕"；群众心中"没底"，很害怕"秋后算账"。这是一个时代的悲剧！！！

第十二章

文革中的普罗米修斯们

1974年到1975年间,山西太原发生了一件石破天惊的反革命集团大案。这个反革命集团矛头直指江青、张春桥,甚至数落到了毛泽东。这个案件上报中央后,江青批示:"这是一个很厉害的反革命集团"。据当时的办案人员说,江青还有具体批示:"这是一个有预谋、有组织、有纲领的反革命集团,要尽快查处,并追出黑后台!"这个事件有着深刻的社会时代背景,体现了当时复杂的社会矛盾,反映了地下读书运动的结果,体现了一代青年人启蒙、觉醒的过程,是一个很有代表意义的"盗火"事件。这个集团是由原红联站领袖人物张珉、赵凤岐等人发起和导演的,故被称为"张赵反革命集团"。

第一节 "继续革命"的思想受到质疑

1. 毛泽东的信和《五七一工程纪要》

在山西,1967年的七月会议,使得许多红联站方面的人,深感中央文革康生、江青、关锋的"不公"。但是,全国的"有识之士",尤其是年轻的造反派,真正从理论上认识到"在无产阶级专政下继续革命"理论的荒谬性,却是从林彪事件开始的。

文革开始,毛泽东携亲密战友林彪突然出台,令全国人民折服。林彪自南昌起义以来,追随朱、毛,历任红二十八团团长、红四军军长、红一军团军团长、抗大校长、八路军一一五师师长、东北野战军司令员，深受毛泽东重用。尤其是解放战争的三大战役中，指挥了辽沈、平津两大战役，可谓功勋卓著。林彪在十大元帅中，年龄最小，而位列第三，在军中威望很高。建国后，林彪似因忌"兔死狗烹、鸟尽弓藏"之故，托病修养。1959年庐山会议彭德怀出事后，林彪接任国防部长一职，并主持中央军委工作，再次受到重用。在1966年8月举行的中共八届十一中全会上，林彪突然越过了四个人（刘少奇、周恩来、朱德、陈云），成了唯一的中央副主席，上升为"副统帅"。这表明了四点，一点是毛泽东很信任林彪；二是林彪好像比较消沉，表面上没有什么野心，比较适合作过渡时期的接班人；三是毛泽东要依靠军队为后盾搞文化大革命；还有一点是林彪至少是口头上紧跟了毛泽东的革命路线。当时，全国人民对毛泽东深信不疑，因此，对毛、林联盟也深信不疑。

1971年突然爆发"九一三"林彪出逃事件，毛泽东与他的亲密战友林彪翻脸成仇，把全国人民打进了闷葫芦中去了。毛泽东和中央文革着实需要向全国人民解释一下，为什么跟随毛泽东闹革命四十三年的"亲密战友"，突然要搞政变推翻毛泽东？为什么英明领袖毛泽东突然变得不英明了，选择坏人林彪当作接班人？……

在这种情况下，中共中央公布了两份资料以证明毛泽东的英明伟大和林彪的叵测用心。其中的一份资料是1966年7月8日毛泽东给江青的一封信；另一份资料是林彪图谋政变的《五七一工程纪要》。

毛泽东致江青同志的信全文如下：

江青：

六月二十九日的信收到。你还是照魏（注：魏文伯，时任上海市委书记、华东局书记）、陈（注：陈丕显，时任上海市委第一书记、华东局书记、上海警备区第一政委）二同志的意见在那里住一会儿为好。我本月有两次外宾接见，见后行止再告诉你。自从六月十五日离开武林以后，在西方的一个山洞（注：指韶山滴水洞）里住了十几天，消息不大灵通。二十八日来到白云黄鹤的地方（注：指武汉），已有十天了。

第十二章　文革中的普罗米修斯们

　　每天看材料,都是很有兴味的。天下大乱,达到天下大治。过七、八年又来一次。牛鬼蛇神自己跳出来。他们为自己的阶级本性所决定,非跳出来不可。我的朋友的讲话(注:朋友指林彪。讲话,指林彪于一九六六年五月十八日在中共中央政局扩大会议上的讲话,其中提出"防止反革命政变"),中央催着要发,我准备同意发下去,他是专讲政变问题的。

　　这个问题,像他这样讲法过去还没有过。他的一些提法,我总觉得不安。我历来不相信,我那几本小书(注:指《毛泽东选集》),有那样大的神通。现在经他一吹,全党全国都吹起来了,真是王婆卖瓜,自卖自夸。我是被他们逼上梁山的,看来不同意他们不行了。在重大问题上,违心地同意别人,在我一生还是第一次。叫作不以人的意志为转移吧。晋朝人阮籍反对刘邦,他从洛阳走到成皋,叹到:世无英雄,遂使竖子成名。

　　鲁迅也曾对于他的杂文说过同样的话,我跟鲁迅的心是相通的。我喜欢他那样坦率。他说,解剖自己,往往严于解剖别人。在跌了几跤之后,我亦往往如此。可是同志们往往不信,我是自信而又有些不自信。我少年时曾经说过:自信人生二百年,会当水击三千里。可见神气十足了。但又不很自信,总觉得山中无老虎,猴子称大王,我就变成这样的大王了。但也不是折中主义,在我身上有些虎气,是为主,也有些猴气,是为次。

　　我曾举了后汉人李固写给黄琼信中的几句话:峣峣者易折,皎皎者易污。阳春白雪,和者盖寡。盛名之下,其实难副。这后两句,正是指我。我曾在政治局常委会上读过这几句。人贵有自知之明。今年四月杭州会议,我表示了对于朋友们那样提法的不同意见。可是有什么用呢?他到北京五月会议上还是那样讲,报刊上更加讲的很凶,简直吹的神乎其神。这样,我就只好上梁山了。我猜他们的本意,为了打鬼,借助钟馗。我就在二十世纪六十年代当了共产党的钟馗了。事物总是要走向反面的,吹得越高,跌得越重,我是准备跌得粉碎的。那也没什么要紧,物质不灭,不过粉碎罢了。全世界一百多个党,大多数的党不信马、列主义了,马克思、列宁也被人们打得粉碎了,何况我们呢？我劝你也要注意这个问题，不要被胜利冲昏了头脑，经常想一想自己的弱点、缺点和错误。

这个问题我同你讲过不知多少次，你还记得吧，四月在上海还讲过。以上写的，颇有点近乎黑话，有些反党分子，不正是这样说的吗？但他们是要整个打倒我们的党和我本人，我则只说对于我所起的作用，觉得一些提法不妥当，这是我跟黑帮们的区别。此事现在不能公开，整个左派和广大群众都是这样说的，公开就泼了他们的冷水，帮助了右派，而现在的任务是要在全党全国基本上（不可能全部）打倒右派，而且在七、八年以后还要有一次横扫牛鬼蛇神的运动，今后还要多次扫除，所以我的这些近乎黑话的话，现在不能公开，什么时候公开也说不定，因为左派和广大群众是不欢迎我这样说的。也许在我死后的一个什么时机，右派当权之时，由他们来公开吧。

他们会利用我的这种讲法去企图永远高举黑旗的，但是这样一做，他们就倒霉了。中国自从一九一一年皇帝被打倒以后，反动派当权总是不能长久的。**最长的不过二十年（蒋介石），人民一造反，他也倒了。蒋介石利用了孙中山对他的信任，又开了一个黄埔学校，收罗了一大批反动派，由此起家。他一反共，几乎整个地主资产阶级都拥护他，那时共产党又没有经验，所以他高兴地暂时地得势了。**

但这二十年中，他从来没有统一过，国共两党的战争，国民党和各派军阀之间的战争，中日战争，最后是四年大内战，就滚到一群海岛上去了。中国如发生反共的右派政变，我断定他们也是不得安宁的，很可能是短命的，因为代表百分之九十以上人民利益的一切革命者是不会容忍的。那时右派可能利用我的话得势于一时，左派则一定会利用我的另一些话组织起来，将右派打倒。这次文化大革命，就是一次认真的演习。

有些地区（例如北京市），根深蒂固，一朝覆灭。有些机关（例如北大、清华），盘根错节，顷刻瓦解。凡是右派越嚣张的地方，他们失败就越惨，左派就越起劲。这是一次全国性的演习，左派、右派和动摇不定的中间派，都会得到各自的教训。结论：前途是光明的，道路是曲折的，还是这两句老话。

久不通信，一写就很长，下次再谈吧！

毛泽东
一九六六年七月八日

毛泽东这封信的要害有两层意思。一层是当时毛泽东并不同意林彪对他和他的思想的过分吹捧；另一层是毛泽东不同意林彪关于政变的说法。毛泽东的这封信写得很晦涩，很难读懂，两层意思都没有说得太明确。且这封信不像家书，而像党书、国书。1966年7月份，党的八届十一中全会还没召开，江青的位置还没有那样显要，如此重要的国家大事写给江青似乎不太合适。这封信选择在林彪事件之后公布显然颇有深意，一是要说明林彪吹捧毛泽东是假，企图篡党夺权是真；二是要说明大念"政变经"的林彪正是自己要政变；三是说明毛泽东有先见之明。

据相关中央文件说明，《五七一工程纪要》是林彪集团的政变纲领和计划，"五七一"谐音"武装起义"，由林立果（林彪之子，时任空军司令部办公室副主任兼作战部副部长）、周宇驰（时任空军司令部党委办公室副主任）、于新野（时任空军司令部办公室处长）、李伟信（时任空四军政治部秘书处副处长）所起草。公布这个文件是为了证明林彪篡党夺权的狼子野心。以下是《五七一工程纪要》的观点。

《纪要》认为：我国社会主义制度正在受到严重威胁，笔杆子托派集团正在任意篡改、歪曲马列主义，为他们私利服务。他们用假革命的词藻代替马列主义，用来欺骗和蒙蔽中国人民的思想。

当前他们的继续革命论实质是托洛茨基的不断革命论，他们的革命对象实际是中国人民，而首当其冲的是军队和与他们持不同意见的人。

他们的社会主义实质是社会法西斯主义。他们把中国的国家机器变成一种互相残杀，互相倾轧的绞肉机式的。把党内和国家政治生活变成封建专制独裁式家长制生活。

当然，我们不否定他（指毛泽东）在统一中国的历史作用，正因为如此，我们革命者在历史上曾给过他应有的地位和支持。

但是现在他滥用中国人民给其信任和地位，历史地走向反面。实际上他已成了当代的秦始皇，为了向中国人民负责，向中国历史负责，我们的等待和忍耐是有限度的！他不是一个真正的马列主义者，而是一个行孔孟之道借马列主义之皮、执秦始皇之法的中国历史上最大的封建暴君。

《纪要》还认为：

——独裁者越来越不得人心，

——统治集团内部很不稳定，争权夺利、钩心斗角、几乎白热化。

——军队受压军心不稳　高级中上层干部不服、不满，并且握有兵权。

——一小撮秀才仗势横行霸道，四面树敌　头脑发胀，对自己估计过高。

——党内长期斗争和文化大革命中被排斥和打击的高级干部敢怒不敢言。

——农民生活缺吃少穿。

——青年知识分子上山下乡，等于变相劳改。

——红卫兵初期受骗被利用，已经发现充当炮灰，后期被压制变成了替罪羔羊。

——机关干部被精简，上五七干校等于变相失业。

——工人（特别是青年工人）工资冻结，等于变相受剥削。

《纪要》意图：打着 B-52（《纪要》中毛的代号）旗号打击 B-52 力量，团结一切可能团结的人，缓和群众的舆论。联合一切可以联合的力量，解放大多数，集中打击 B-52 及其一小撮独裁者。我们的政策：解放一大片（大多数），保护（团结）一大片。打击一小撮独裁者及其身边的人。

《纪要》呼吁：用民富国强代替他"国富"民穷，使人民丰衣足食、安居乐业，政治上、经济上组织上得到真正解放。用真正马列主义作为我们指导思想，建设真正的社会主义代替Ｂ－５２的封建专制的社会主义，即社会封建主义。

现在，许多过来人及学者对《毛泽东致江青同志的信》和《五七一工程纪要》的真实性存在着质疑。比如：在香港出版的《动向》杂志2004年5月刊中，登载了毛泽东的机要秘书张玉凤向中共中央提供的，她个人关于毛泽东晚年的回忆资料以及部分档案资料，暴露了若干重要历史事件的真相。其中谈到了"毛泽东致江青同志的信"的问题，张在文章中信誓旦旦的肯定：这封信是假的！她说："后来，主席、汪东兴告知，我才清楚：一九六六年七月八日主席给江青的信，是康生出的主意，张春桥和江青研究后写成的。"

本书不准备讨论这两份资料真伪问题。不过，在事件公布后，虽然当时很少有人提出这两份资料的真伪问题（也有极少数有识之士提出《五七一工程纪要》的真伪问题），但有人对其中的矛盾提出了相应的质疑。这种质疑分为两种类型，即：对毛泽东对林彪态度的质疑和对毛泽东"无产阶级专政下继续革命"理论的质疑。

第一种是基于确认林彪是"坏人"前提下的质疑。这种观点认为，毛泽东这封信写于1966年7月8日，离正式发起文革、确定林彪"亲密战友"的党的八届十一中全会也还有近一个月的时间，毛泽东已经识破林彪是个"大坏人"，完全可以换一个"亲密战友"。如：换上周恩来作"亲密战友"。从理论上说，周恩来跟随毛泽东的时间不次于林彪，除了抗日战争时期有一段时间在国民党方面搞统战外，一直在毛泽东鞍前马后，或协助指挥战争，或负责具体行政，相比之下靠近毛泽东的时间，比林彪要多得多，是真正的"亲密战友"。能用"坏人"，不用"好人"，甚至用"坏人"批判"好人"，这就是人们对毛泽东用人方法的质疑。

还有人们感到疑惑的是，毛泽东用了"我猜他们的本意，为了打鬼，借助钟馗。"的话，还说："我就在二十世纪六十年代当了共产党的钟馗了。"问题在于，毛泽东颠倒了关系。毫无疑问，当时毛泽东所指的"鬼"是刘少奇等人，按毛泽东信中的意思是林彪要打"鬼"，借助毛泽东当钟馗。这恰好与事实相反，批判和打倒刘少奇本就是毛泽东的意思，恰恰毛泽东要借助林彪为首的军队力量来打"鬼"。人们怀疑，毛泽东在信中这样写有推卸打"鬼"责任的意思，或者是不承认打"鬼"运动是自己发动的。

还有的疑惑是，在林彪事件后，中央配合这封信还发表了林彪历史上一贯反对毛泽东的事例。如：在井冈山时代，林彪就提出"红旗到底打得多久"的疑问，毛泽东专门写了《星星之火，可以燎原》一文予以反驳；再有在长征路上，林彪写信给中央要求请彭德怀替代毛泽东指挥红军；还有在辽沈战役中，林彪多次怀疑毛泽东南下锦州"关门打狗"的战略意图，坚持要先打长春；……。这样一个一贯反对毛泽东的人，毛泽东怎么会确定他为接班人？

第二种是深层次的质疑，是对毛泽东革命路线的质疑。质疑者认为：《五七一工程纪要》这样描述了当时的国内情况："农民缺吃少穿；青年知识分子上山下乡，等于变相劳改；红卫兵初期受骗被利用，已经发现充当炮灰，后期被压制变成了替罪羔羊；机关干部被精简，上五七干校等于变相失业；工人（特别是青年工人）工资冻结，等于变相受剥削。"这些说的都是事实，是无法反驳的。这种搞得农民变穷的农业"社会主义"，这种把青年知识分子搞成"没知识"的农民的政策，这种把年轻学生当作炮灰的手段，这种把干部撵到农村所谓"五七干校"锻炼的办法；这种干好干坏都一样的阻碍生产力发展的工资制度，到底是一个什么形态的社会？这种把整个社会变穷的思想，这种轻视知识、禁锢思想、要把百姓变成愚民的思想，不可能造就我们理想中的社会主义社会。那么它是什么呢？《五七一工程纪要》给出的答案是："挂着社会主义招牌的封建王朝"，同时是"社会法西斯主义"。

二十世纪七十年代初的中国，国家管理得一塌糊涂。在国内，国家进入了历史上从来没有过的吃饭要粮票、穿衣要布票的时期；在国际，中国进入了空前的孤立状态，真正的朋友只有阿尔巴尼亚。中央文革派的一群人已经很不得人心。林彪集团都是军人，没有很深的理论造诣，面对这种局面，他们说话都是直来直去，凭着印象来定义毛泽东的做法。由于毛泽东多次声称自己是"马克思主义加秦始皇"，他们按这句话把毛泽东的做法,定义为"挂着社会主义招牌的封建王朝",或"社会法西斯主义"。

　　这两份文件的公布并没有说服人民。从这个时候起,包括年轻学生在内的许多人开始深思《五七一工程纪要》给人的启示。这些人开始在马克思主义原著那里寻找救国救民的道理,意图用马克思主义去比照毛泽东思想。他们效仿毛泽东青年时代的做法,成立了马列主义学习小组和"自修大学",去深入探讨解决中国问题的方法,去"盗取"不同于毛泽东思想的火种。所谓张赵集团就是在这种条件下产生的。《五七一工程纪要》想告诉人们,毛泽东思想与封建专制思想的联系。所谓马克思主义与秦始皇相结合,实质上就是"挂着社会主义招牌的封建王朝",或"社会法西斯主义"。《五七一工程纪要》向人们提出了一些值得思考的问题,给当时许多人的启蒙提供一条简捷的思路。

2. 红联站思想的分野

　　山西红联站这个革命群众组织很有意思,它在文革中的经历很值得研究。

　　红联站是山西造反最早的学生组织,它领衔了运动初期山西省的批判"资产阶级反动路线"的斗争。之后,虽然它多次站在了与中央文革对立的立场上,尽管中央文革倚重的革命干部刘格平对其恨之入骨,中央文革也没有把红联站打成反动保皇组织,可见其当时造反名声之大。在各派激烈斗争的一月革命风暴之时,红联站就开始逐渐走向保守,这与其领袖们的冷静的独立思考有关。与一切组织一样,红联站的内部也分为左、中、右的思潮。1968年开始,红联站的学生领袖们陆续走上了工作岗位,他们带着红联站各个时期的思想仍然继续着革命或非革命的活动。

　　红联站最早离开文革火线的是太工红旗的负责人,他们是红联站的"右派"。文革开始时,他们大多是"大四""大五"(当时的大学本科是五年制),本就面临着实习和分配。他们主导了反对刘格平夺权的行动。在受到一月革命风暴和七月会议两次重创之后，已经对革命失去了兴趣，对康生及中央文革充满了反感，毕业分配正好让他们远远地逃离了革命，逃离了政治。只是到了1974年到1976年间，李青山、杨保明等人，已与"左派"的省委第一书记王谦握手言和。王谦曾经亲自打招呼给基层单位，解决他们的入党问题。李青山、杨保明等人能与王谦走向一致，估计是双方面的因素。一方面是王谦对李青山、杨保明等人在一月革命风暴中反对夺权及其后反对刘格平的行为表示赞赏；另一方面李青山、杨保明等人希望在工作和仕途得到王谦的帮助。应该说，当时李青山、杨保明等人对文革中政治思想的是非已经没有多大的兴趣了。

以段立生为代表的在各级革委会中担任职务的红联站方面的学生、青年干部及工人，是红联站的中间派，后来跟随谢振华、曹中南，抵制中央文革在山西的代表人物，抵制陈永贵的极左农业社会主义。这部分人在谢曹受批判后，坚持"议会"道路，成为抵制王谦、陈永贵的主力，最终导演了以后的王谦落选四届全国人大代表的一幕。

在段立生等人有声有色导演王谦落选活剧的时候，红联站左派（或曰激进派）早已不满足这种针对王谦、陈永贵的小打小闹了，他们进入了更高的境界。这些红联站的青年意识到了毛泽东"无产阶级专政下继续革命"思想的错误，"七斗八斗"的阶级斗争手段的错误。他们有着更崇高的救国救民的理想，开始在马克思主义或其它进步思想中找中国的出路。他们对穷社会主义的政策进行了抨击，根据马克思主义提出了自己的主张，把矛头直接指向了中央文革。这时他们开始酝酿他们的组织、纲领的雏形。

当时策划和发起张赵集团的主要人物有：

张珉，1944年生，山西省朔县人，家庭出身贫农，传其父曾为朔县电厂革委会主任，当为干部子弟。文革初为太原重型机械学院机械系铸造专业大三学生。1966年在批判资反路线进行革命造反时，被推选为红联站重院"联总"总勤务员。1967年"九·五"事件中曾在十中七一大楼坚守。后被红联站各组织推举为红联站总勤务员。张珉是红联站鹰派的代表，主张与红总站、决死纵队强硬对抗的路线。张珉曾任红联站武装小分队的政委,负责应接红联站下属各组织遇到的紧急情况。1968年后,张珉与曹中南有了意见分歧,在毕业分配时,自愿选择了离山西很远的哈尔滨重型机器厂。1971年,由于夫妻两地生活有诸多不便,张珉通过赵凤岐牵线,对调回太原化肥厂,任汽车队机械员。后成为张赵反革命集团的"党支部"书记,即第一把手。

赵凤岐,1945年生,河南省滑县人,家庭出身贫农。文革时为太原化肥厂工人。文革初期造反时成为太原化肥厂革命群众组织领袖。后参加红联站,任职工部部长,被红联站推选为山西省革委会委员。与张珉一样,是红联站强硬路线的代表,曾任红联站武装小分队队长。后太化成立革委会时,任革委会成员,武装部副部长。曾协助张珉、罗建中从外地调回太原。后成为张赵反革命集团的"党支部"副书记,即第二把手。

张耀明,1948年生,山西省武乡人,家庭出身贫农,父亲在抗战时期参加革命,干部子弟。文革初为山西大学附属中学初四十二班学生。文革中成为红联站山大附中八一八负责人之一。山大附中革委会成立后,任革委会委员。1970年毕业分配至太原化肥厂消防队工作。后又到硝酸车间工作,曾任车间团支部书记,期间加入了中国共产党。张耀明是张赵集团的策划者和发起者之一。他自小喜欢读书,在当时对马克思主义做过深研,号称是张赵集团的理论家。后在张赵集团中负责理论和宣传工作。

罗建中,1950年生,山东省冠县人,家庭革命干部,其父是在革命战争年代曾在《晋绥日报》工作过的老干部。文革时为太原六中初中学生。1969年毕业分配至太原市阳曲县化肥厂。1970年经赵凤岐介绍,调入太原化肥厂,在造气车间任工人。罗建中是张赵集团的策划者和发起者之一。后在张赵集团中担任对外联络工作。

按照官方的说法,后来加入张赵集团的主要成员有:

李兆田,1939年生,河北省宁晋县人。1965年山西农学院(现山西农业大学)毕业。文革时在晋中行署水利局任技术员。文革初为晋中红色造反联络站负责人,稍后成为晋中革命造反总司令部总司令。李兆田在文革中一直追随晋中军分区、69军107师（野战军驻晋中部队），成为任、王、张及陈永贵所执行的中央文革路线的对立面。在山西省革委成立时，李兆田被推举为省革委委员。在谢振华时代，任山西省水利局副局长。1974年，参与了导致王谦落选的组织活动。年底成为张赵集团的主要成员，很少参加集体活动，与张珉单线联系。

平崇义，1925年生，山西省壶关县人，家庭出身中农。当时的山西医学院第一附属医院革委会副主任（副院长）。

魏润福，1945年生，山西省太原市人，家庭出身工人。红联站太原三中红旗负责人，1969年毕业分配到山西省运输公司。任山西省汽车运输公司团委副书记。

常理正，1946年生，山西省黎城县人，家庭出身干部。文革时为太原十五中高三学生。文革初为红联站十五中红旗负责人。1969年毕业后分配至太原变压器厂汽车队工作。常理正思想活跃、常有独到见解。他遇事不但要知其然，而且要知其所以然。后成为张赵集团的主要成员，但不经常参加集团活动，与张珉单线联系。张赵集团平反时的主要发言人。

何立言，1940年生，山西省洪洞县人，家庭出身贫农。时任太原重型机器厂党委办公室秘书。

胡公在，1948年生，上海市人，家庭出身小土地出租者。太原钢铁公司三轧厂工人。

第二节　张、赵揭竿

1. 从"裴多菲俱乐部"开始

一开始，张赵集团被太化的工人戏称为"裴多菲俱乐部，在二十世纪五十至八十年代的中国，匈牙利的"裴多菲俱乐部"是一个贬义词，象征着"资产阶级"民主运动，或资产阶级自由化运动。不过，张赵集团也正是以"裴多菲俱乐部"的议论的形式开始的。

张赵集团的理论家张耀明在他的回忆《千秋功罪谁人曾与评说》中，提到了张赵集团发起过程：

"我是1969年8月分配到太原化肥厂消防队工作的，因学校（山大附中）革委会的事情繁杂，拖到1970年春节后才正式上班。当时赵凤歧在化肥厂武装部任副部长，我就去找他聊天，成了无话不谈的朋友。

1971年张珉通过赵凤歧牵线，由哈尔滨重型机械厂调回太原化肥厂汽车队工作，因当时的劳资人事制度限制，他由工程师（注：当时未有技术职称，应为'干部'）转为工人才对调成功，按工人分配当了车工。因文化大革命的缘由，我们早已认识，自然一见如故引为挚友。

罗建中是1970年由太原阳曲化肥厂，经赵凤歧帮忙调入化肥厂造气车间工作的，我虽在赵凤歧家和宿舍区见过他几面，但平时素无往来，点头之交而已。

当时的社会风气是一切以"阶级斗争为纲"，天天讲政治，学报纸，提倡人人关心国家大事，尤其作为才从校门迈入工厂的老三届学生们更是政治热情不减当年，特别是学生中涌现出的'派性'精英们，经过几年的政治熏陶，文革风雨历练，虽然人进了工厂，心依旧放在社会上，热衷'参与路线斗争'，关心各种小道消息，对中央大人物的功过是非妄加评议，对知名人物的宦海沉浮褒贬不一。

1971-1972年期间，随着太工和其它大学生的进厂，本来就和老工人思想感情有隔阂的学生青工，自然和接受再教育的'臭老九'有了更多的共同语言，形成了跨车间、越宿舍的精神伴侣。因我和张珉曾同住集体宿舍，又是楼梯口第一间，出入方便，下班后整日门庭若市，敢于妄议朝政，谈天说地，逐渐形成了一个以张珉为精神领袖的小圈子，由于我们谈论的话题新鲜，有趣也吸引了常年住单身宿舍老工人的注意，有位姓吴的师傅曾规劝我：'小张，你还是小心点，不要什么话也瞎侃，天王老子也敢咒，工厂不是学校，当心有人打小报告，有人说你们快成裴多菲俱乐部了。'"

当时这样的"沙龙"在青年学生和工人中很多，用太原人的话来说，就是"一谝就谝到了政治局"。说明整个社会已经有了张赵集团产生的条件和土壤。

2. 张赵集团是这样产生的

但是，不是每一个沙龙都能形成"反革命集团"，它需要一定的条件和背景。比如说，需要一个有组织能力、有思想、有威望的领袖；需要一个真正的理论；需要上上下下的广泛的社会联系；最后还需要一定的胆量，敢冒杀头的危险。张赵集团的人员恰恰具备了这样的条件。

《千秋功罪谁人曾与评说》对张赵集团的产生过程是这样说的：

"林彪9.13事件后，社会上盛传各种流言蜚语，而林立果的活动方式，更让我们确信党内路线斗争的激烈程度远比我们想象的更为复杂、激烈、残酷，相信在'三要三不要'的背后，中央各派势力，从上而下，都有自己的秘密活动组织，而高干子弟'少壮派'更不是等闲之辈，被整的所谓'狗崽子'们也绝不甘于寂寞，中国的政治平台正处在风云变幻之际，作为同龄人的我们，要想介入这场党内的大斗争，成为这次路线斗争的参加者，就必须在自我革命的基础上找见知道上层内幕底细的人，表达我们的政治观点，表明我们的政治立场，跟对人、站对队，才有可能在未来的大风浪里当弄潮儿，成为历史的见证者。"

这样，张赵集团的基础人员就开始一方面完善自己的组织和理论，一方面加强了对外的联系。张耀明回忆："有天晚上我们在张珉家喝酒，当时有赵凤歧、何立言、罗建中和我在座，在谈到如何发展建立组织问题时，张珉说，咱们这几个人应先有个简单的分工排位，即张珉、赵凤歧、魏荣福、何立言、张耀明、罗建中，为方便我还给每个人定了个代号,但从未起过什么作用,他们也未必知道此事,可公安局却如获至宝,把这些'代号'当成我们有组织的铁证之一,实际上我只想写日记时自己方便,不必每次指名道姓直呼其名,让他人看见惹来麻烦。"

"从1972-1973年开始,我们的活动主要分为几条线:

(1) 张珉、魏润福、李兆田、何立言、王成林、常理正、胡公在、张转贵为一线;

(2) 赵凤歧、郭海、朱长生、左小锋、张治中为一线;

(3) 罗建中主要负责与上边联系,同时也发展了王树魁等为一线;

(4) 我与白永恒、刘建新、郝玉泉为一线。"

由张耀明的回忆可以看出,到1974年张赵集团的组织已成雏形。回忆中提到的几条线,如果具体地说,就是:张珉是总负责,并利用广泛的社会联系发展壮大组织;赵凤歧是副总负责,并利用武装部副部长身份相机组织武装;张耀明负责理论和宣传工作;罗建中负责对外联系。

李兆田也说到过他"入伙"的过程。在省委扩大会议批谢曹期间,张珉约李兆田去张珉家闲谈,由于李兆田是厅级干部(省水利局副局长),又比张珉大五、六岁,张珉客气地说:"兆田,我向你请教两个问题,一个是《参考消息》刊载有外国媒体评论中共内部新、老干部有斗争;另一个是澳大利亚总理希尔访华的照片上,为什么江青站在中间,周总理站在旁边。这两个问题你怎么看?"当时李兆田没有看到报纸,也没有表态。正好刘开基副省长(分管农业)指示李兆田先不要开省委扩大会议,让李兆田去临县去领导一个调研组进行调研。到临县后李兆田找到报纸,一看果然如张珉所说,由此对江青产生了不满,经常与张珉进行单独交流,并且有共鸣。此时他并没有参加张赵集团的活动。有一天早上,李兆田刚起床一开门,发现门口蹲着一个年轻人,见李兆田出来,站起身来问道:"你是李兆田同志吧,我是罗建中,张珉同志请你马上过去一下。"罗建中告诉李兆田,扩大会议上出了事,陈永贵要抓他们,因为李兆田曾是晋中总司的司令,又是搞水利的，还在晋中插过队，晋中各县的人缘很熟，请李兆田在晋中找一个地方，让他们躲个三几天，就没事了。李兆田随同罗建中到了山大一院（即山西医学院第一附属医院）平院长家里，张珉在场。张珉说了与罗建中差不多的意思。并且说马上就走。李兆田说：我要和家里打一个招呼。罗建中说：不行，你家也被监视了。后来李兆田由罗建中跟随着到山西省农科院给岳母打了个招呼，让岳母转告妻子。他们一直等到下午六点钟，魏润福再找了一辆大卡车。本来李兆田想把他们安排在交城县的山里，因为那里比较保险，不容易被发现，即便被发现了，那里有个抗战时期的老民兵英雄，也会把抓他们的人打跑。但到了那里已经天黑了，大卡车上山不安全，只好到在文水县马西公社。正好公社书记是李兆田的老朋友，说：李厅长平常请都请不来，这次为何不请自到？李兆田说明了情况，要找个地方住三天，书记说：没问题，住三十天也行。就在神堂大队找了一个大院，让他们住下，并吩咐大队书记，只能他一个人知道，要绝对保密。李兆田陪同张赵等人住了三天时间。期间对张赵集团的观点有了更多的了解，并赞同他们的看法。后来段立生派人给他们捎来一个纸条，说扩大会议没什么太大的事情，请他们回来正面与陈永贵、王谦斗争。当然段立生并不知道张赵集团之事，因此说的"理直气壮"。此次行动在后来被定性为"为长期隐蔽，进行反革命活动，……上山勘测地形。"其实，李兆田参与张赵集团的具体活动并不多，如果，李兆田的这些活动算是"入伙"的话，只能说明张赵集团在当时也就是一个松散的"小组"罢了。

1974年6月上旬，在与所谓"中国共产党第二中央委员会"有了正式联系后，张珉、赵凤歧等人在太原市纯阳宫某院一房间内召开一次成立支部的会议，张耀明并未参加张赵集团的组织分工会议。按张耀明的说法，是"因罗（注：指罗建中）指控我出卖他们，所以没通知我参加，具体内容我不清楚，直到看到'解说词'（注：指张赵集团反革命罪行展览会上的解说词）才知道会上进行了组织分工，规定了有关纪律，我还作为成员存在，也是公安局定性有组织的唯一铁证。"所谓张耀明"叛变"的问题，是指张耀明把许多集团机密写在

第十二章 文革中的普罗米修斯们

了日记本上,这是作"地下工作"的大忌,引起了罗建中的怀疑。解说词一般有很大的夸张,张耀明按解说词所述的分工的情况应该也有些出入。比如,李兆田、常理正等人至少没有具体职务。此时,张赵集团已经暴露,未到两个月,罗建中就被密捕。实际上,张赵集团当时在组织上远没有后来公安系统整的材料上所说的那样严密和系统。

当时从"地下读书运动"中揪出的"反革命集团"之多,分布地域之广是无法想象的。仅就震惊全国的大案而言,上海有"胡守钧小集团案";北京有"第四国际反革命集团";南京有"陈卓然小集团"案;即便是非常偏僻的宁夏,也有过一个名声遐迩的"共产主义自修大学"案。在这些案件,都没有听说过与中央的要员有联系。其中"胡守钧小集团案"主要是由于炮打张春桥被捕,在理论上虽有所探讨,没有形成完整的反当局的体系,故没有判处死刑;宁夏案和南京案因涉及理论问题,否定毛泽东的革命路线,有五人被判处死刑并被执行;"第四国际反革命集团"有两人被判处死刑,但未执行;唯独张赵集团在粉碎"四人帮"之前一直未判决,让人觉得张赵集团其后真的有人。这些反革命集团之间没有什么联系,只有张赵集团与"第四国际反革命集团"有过联系。"第四国际反革命集团"的赵一凡(1935年生,原籍浙江义乌。生于上海。父母都是高级知识分子。自幼因病致残,两度卧床 15 年。上过 3 个月小学,自修完大学文科。主要从事文字改革、儿童文学编辑工作,并做过古典文学书籍和辞书的校对工作。一生中还有一个重要贡献,进行私人性质的文化资料的收存、整理。在文革中,保存了地下文坛大量珍贵的文学资料。1975 年初,因"交换、收集、扩散反动文章",被冠以组织反革命集团"第四国际"罪名,逮捕入狱。1976 年四人帮粉碎后出狱。)在北京与赵凤岐有过看法的讨论和材料的交流。张赵集团与"第四国际"是通过太原化肥厂青年工人郭海、朱长生联系的。郭海、朱长生原为太原市十二中的学生,分配工作到了太原化肥厂,郭海与北京"第四国际"的徐晓有点亲戚关系,他们是与徐晓联系成为"第四国际"反革命集团成员的。他们常与赵凤岐来往,本就是太原化肥厂"裴多菲俱乐部"的常客，后成为张赵集团的成员，逐渐了解了双方的情况，作了"牵线搭桥"。还有几个太原十二中的学生在东海舰队服役，也牵扯到了"第四国际"问题，在张赵集团和"第四国际"事发后，也被军队控制。

顺便提一下，在这诸多的反革命集团中，好像只有张赵集团是以红联站这样的庞大社会组织为基础的，张赵集团在扩大其组织的时候也大多找的是原红联站的成员，这也许是有共同思想基础的缘故。

3. 超越时代的纲领

因为张赵集团不是独立的组织，而是同一个中国共产党的中央二委的太原支部，所以它没有独立的纲领。中共的党章就是它的纲领，但对于怎样进行社会主义革命和建设，与当时统治中央的中央文革派有着原则的区别。这个区别体现在张耀明 1974 年所写的《论现状》文章之中。这篇文章是张耀明应罗建中转达的组织要求和张珉商量后所写的，代表张赵集团的当时政治观点，可以说是张赵集团的纲领性文件。

这篇文章能够完整的保留下来，是得益于张耀明同宿舍室友的机智。在张耀明被捕时，这份资料被室友认作为自己的东西得以保存，后张耀明平反后，资料又重回张耀明之手。该文分九个大问题（目前现状的根源、这条路线表现在理论上、这条路线表现在对待党的历史上、经济政策上的弊政、知识分子问题、干部问题、路线斗争问题、文艺问题、教育问题）论述，其中教育问题未成稿，全文共近一万三千字，摘要如下：

论现状（摘要）

目前，谈论现状的气氛，十分浓厚，群众对市场供应、经济收入、婚丧嫁娶、文化艺术、工农业生产情况、上层建筑、政治运动等议论颇多。如何应用马列主义观点，对复杂的社会现象作一剖析并提高到"路线斗争"的水平，加以理解，进而给予理论的说明，绝非易事，列宁说"马克思主义活的灵魂是具体情况具体分析……就其本质来讲是革命的批判的。"因此谁背离这一原则来研究现状，必然会走到两个极端：(一)毫无分析的肯定一切，按报上所宣传的去看待一切，认为世界一片光明；(二)怀疑一切，否定一切，认为文化大革命一无是处可言，进而恶意污蔑。我们想避其两极取其中，按自己真实的感受谈几点看法，供同志们考虑，以期引起争鸣，求得一致。

一. 目前现状的根源

毛泽东说"思想上政治上的路线正确与否是决定一切的"。自党的九大以来，我党所采取的政治路线总的讲是一种倾向掩盖了另一种倾向，在批判刘少奇修正主义路线的基础上，从一个极端跳到另一个极端，执行了一条违背马列主义基本观点，脱离中国革命实际情况的极左路线，可以说左倾机会主义路线是目前现状的总根源，现实中许多错误倾向的发生，可笑荒唐事例的层出不穷，都是这条错误路线的必然结果，它对我党、我军、我国人民的社会主义建设已造成了很大损失。

二. 这条路线表现在理论上

颠倒了社会主义历史阶段，阶级斗争与生产关系和生产力的辩证关系，脱离开社会主义生产力和生产关系的基本矛盾，片面突出强调阶级斗争，错误的提出一种实质上是以搞阶级斗争代替一切的理论。

我们的阶级斗争理论本身就是错误的，其具体表现是：(1)空洞抽象，脱离实际；(2)循环论证，只求自圆其说。如以阶级斗争为纲，用抓阶级斗争、推动生产力发展等等大话皆属其例，社会划分为阶级是社会经济发展的必然产物，社会主义经济基础的建立与发展，本质上是趋于彻底消灭一切阶级对立的，在我们的时代，资产阶级在经济基础上早已失去了同无产阶级对抗的经济基础和政治权力，所以社会主义阶段虽然存在阶级斗争，资产阶级余孽虽然会"人在心不死"的组织各式各样的反抗，利用残存于人们头脑中的私有观点向我们进攻，但无论从哪方面讲，他们也不是我国社会主义生产力飞速发展的主要阻力，促生产的根本办法，在于解决社会主义经济基础和上层建筑的矛盾，即人民内部矛盾，而不是敌我矛盾。

我国社会主义革命已进行25年了，阶级斗争是始终存在的，但国民经济的发展，虽时有起落，出现马鞍形，可并不一定和阶级斗争的程度相一致，难道我们能说阶级斗争影响了第一个五年计划的胜利完成吗？当然否认政治工作的作用，否认精神对物质的反作用是不对的，可如果由这个正确的前提推导出"阶级斗争是生产发展的唯一源泉"也是错误的。列宁说，脱离实践的理论是空洞的理论，空洞的理论是说服不了群众的，我们现在的理论不正是如此吗。

目前我国的工农业水平、机械化程度、人民的生活水准还很低，但我们国家从人力到生产工具，自然资源潜在的能量是很大的，为什么没有发挥出来呢，人民群众为什么不能真心诚意、拼命干活为国家富强、个人富裕而自觉奋斗呢，我们认为主要是党的路线有错误，政策不明确造成的，具体说主要表现为：

（一）工人的积极性普遍不如过去高，干劲不大，出勤不出力的原因，是多劳不多得不如少劳不少得，口头上讲的"思想觉悟提高了"，难敌十年不长工资的现实，因此，所谓的路线斗争觉悟是表现不在生产上的，仅抓阶级斗争是无法解决吃饭问题的，说到底，造成目前生产力低下，工人技术水平下降的原因，不是因为我们马列主义毛泽东思想宣传的太少了，不是我们的抓阶级斗争运动太少了，而是太多太空太不切合国情和群众思想实际了。长期这样搞下去，必然会引起群众的反感，把他们推到新生事物的对立面，致使我们头头是道的革命理论成为和者盖寡的说教。

（二）马克思主义的原理之一是"阶级斗争不以人的意志为转移"，可我们目前流行的口号叫"七、八年再来一次"这种提法在理论上是错误的，这不是根据阶级斗争的现实总结出来的经验，而是人为论，是意志决定论，似乎搞阶级斗争也象作五年计划一样，凭我们的主观意志就能决定其进程。

（三）我们的理论似乎有种特殊的气魄，大有在不解决经济基础所必然产生的矛盾的条件下，通过上层建筑的所谓革命就消灭阶级斗争的决心，这样做虽然热情可佳，可惜办不到，事实上如果社会主义不在经济实力上战胜资本主义，无产阶级不能像资产阶级战胜地主阶级那样在经济地位上超过对方，取得不可替代的地位，那么防止资主义复辟也只不过是句空话，正如列宁所言，社会主义若不能物质生活上战胜、优越于资本主义，它最终是要灭亡的，现在很多人羡慕西方国家，他并不看重资本主义制度，而眼红人家的物质生活，因此我们仅凭宗教式的宣传社会主义优越性，实行精神共产主义，只讲精神不讲物质是根本行不通的。我们骂苏修美帝不如自己，可一贯正确的我们又老越过物质讲精神，在人民生活上，赶不上垂死的资本主义，又怎能让人民体会社会主义优越性呢，难道土豆烧牛肉比窝头更不合人民的胃口，吃了就会变修。我们认为只有当我们在经济实力、人民生活水平方面超过帝国主义时，资本主义复辟才是可以避免的，但实际上我们目前的经济政策却是与之背道而驰的，本来如何尽快实现中国工业化、科学化、迅速在经济上摆脱我国的一穷二白面貌是大家都很关注的问题，可惜天天讲的大道理，又丝毫不涉及这个问题。

三. 这条路线表现在对待党的历史上

缺乏历史唯物主义态度和辩证唯物主义观点，对历史事件评述，对历史人物的功过是非，根据需要肆意歪曲，采取实用主义态度，同一件事昨是而今非，今天肯定一切，不许别人说半个不字，明天否认一切，骂得一钱不值，好事也是别有用心所为，结果是除了当事人，大家茫茫然。比如对待林彪就是突出的例子。

（一）毛泽东对林历来是深知其人的（见主席给江青的信）可为什么又要在文化大革命中通过各种形式，大树特树，订到党章上作为法定接班人呢？按恩格斯讲，党是在斗争中发展起来的，党的领袖是在斗争中自然产生和确立的，但我们对林的确立方法是直接与马克思主义唱对台戏的，是搞唯心主义和权术。事实上任何党派，都不是靠某个"天才"来保证其不变质的，党的发展是个历史过程，要变有其根源必然性，不变也有其根源和必然性，并不取决于某个天才的存在与否，在历史上毛泽东的路线是正确的，但并未能阻止陈独秀、王明之流上台，在党内占统治地位，因此，党是否要变修，修正主义能否上台，靠的是党的整体，而不是哪个超群出众的人物，把林彪订在党章上，实质上是承认英雄创造历史，是地地道道的天才论翻版。

把林订到党章上，作法定接班人，自马列主义以来，始无前例，尽管有人美其名曰"创造性地发展了马列主义"，不如说是彻底背叛了马列主义的政党学说，现在我们的理论家们，回避"把人写到党章上"这一根本错误，避实就虚，大谈什么"对林的认识还有一个过程"，美其名曰为唯物论的反映论，说穿了，这只不过是自圆其说的伪哲学，关键在于，任何党章都不应当成为党的领袖的遗书，无论其如何功昭日月，也无权把个人意志，强加于全党，如果谁超越党章的范围行事，把个人摆到不适当的地位，号令全党，谁就是"天才论"者。

（二）自批林批孔以来，批林克己复礼的极右实质喧嚣一时，其实那只不过是林居室的一条墨迹，就实质而言，林彪对中国革命造成的危害，要点在于散布、推行了一条极左路线，所以批林主要应该批极左而不是批极右，否则理论联系实际，对工农群众来说，就是一句空话。因为9.13事件对群众而言，其流毒何在，天王老子也说不上来，反之，精神万能，有了精神就等于有了一切，精神成了超脱物质基础的神秘力量，脱离实际提倡突出政治，为政治而政治等最最革命的口号和理论，才真正是群众所讨厌的。为什么就不敢面对现实理直气壮的批极左呢，林彪所起的作用与他本人欲达的目的是相辅相成的，但对革命的危害，则是有左而无右的，究竟应该批什么，为什么批右而不批左，难道不值得深思吗？

（三）我党与林的斗争是9.13后公开化的，据说主要矛盾是设国家主席问题上的分歧导致了斗争的激化。

其实设不设国家主席的问题，在任何马列主义著作和政党实践中，都不能成为一个原则问题，设与不设，谁想当与不让那个人当，这都是党内权力之争的表现，无所谓原则不原则。

人所共知，林是党章上规定的接班人，是否担任国家主席，即可顺理成章当上，也可不当，完全可以通过党内的民主讨论解决，如果林因自己未能当选而产生怨恨之心，公开或阴蔽的篡权谋位，那么是可以讲路线斗争的，也是有是非之争的，可惜的是报上的解释有点离谱，不敢说真话，只强调毛泽东六次讲不设国家主席，又不讲为什么不设的理由，老百姓能不怀疑这是权力之争，而不是路线斗争吗？

（四）批林批孔，越批越说不清，先曰批林整风（批极左），姚文元说是极右，于是乎又批极右，没几天又说林彪与孔子有关系，又批林批孔，最后变成批克己复礼，似乎孔子和林彪要复辟资本主义，批极左也算倒退，真乃奇谈。

为什么一个运动会有如此多的反复呢，有人说这是逐步深入，说穿了，应该叫逐步自圆其说。9.13事件的发生是什么政治性质，中央是清楚的。如何向全国人民交代，却是一时说不清楚的，只能现编现说，先干起来再顾其它。

四. 经济政策上的弊政

政治经济学上讲，所有制、相互关系、分配是生产关系的三大要素，我国在所有制方面，还存在全民与集体的矛盾，分配方面也有不公，由此而产生的问题远比我们每天所讲的大道理复杂得多，很有必要认真研究。

从生产关系方面看，几次变革之后，农民虽然由个体变成了集体，对发展农业起了很大的促进作用，但目前在生产队所有制下，农民干劲不如干自留地高，集体粮长得不如自留地好，这种现实，应当引起我们的注意，如果说先进的生产关系造成落后的生产力的原因在于农民的社会主义觉悟低，认为只提高觉悟就会使生产力上去，与生产关系相适应，那可谓是最大的唯心主义理论。

社会主义农业发展到今天，农业学大寨与农业机械化，哪个更起决定作用呢。我们认为是后者而不是前者。如果不把农民从繁重的体力劳动中解放出来，中国的农业将永远徘徊不前。目前存在的现实矛盾，国家工业化与农民吃饱饭的矛盾，国家与集体的矛盾，集体积累与社员个人收入的矛盾，仅凭我们天天讲顾全大局，利益兼顾是调动不了积极性，也改变不了现状的。对农业的改造，对农民的改造必须是保证农民吃饱条件下的改造，脱离开农民每天最迫切的肚子问题，去批判资本主义、修正主义，说穿了是哄鬼。谁会真心实意去拥护饿肚子的革命呢。我们认为在机械化方面，国家支援了农民许多东西，可惜的是没有发挥出应有的作用，这是为什么呢。因此是应该在现有的所有制形式下，进行机械化，还是应当通过一次新的生产关系的变革来进行改造，使中国的社会主义农民和农业飞速发展起来，这是我们应当认真考虑的。我们认为解决困难的出路在于三至五年内把农业的集体所有制，从根本上加以改变，充分利用土地、人力、矿产资源，建立新的农村生产体制，种粮的种粮，开矿的开矿，养殖的养殖，经商和运输业配合，把多余的劳动力从简单的农业生产中解放出来，在提高粮食产量的基础上，减少农民在农业人口的比重，让"钱广"（注：浩然小说《金光大道》中的走资本主义道路的反面人物）们发挥一技之长，丰富城镇人民的吃饭花样。

自批判物质刺激后，不愿承认物质奖励能激发生产积极性，尤其不愿使用刺激这个词，似乎激发出来的积极性一与刺激有联系，就有了政治问题，就成了修正主义的产品。对这种闭着眼睛说瞎话的自欺欺人之谈，本不值一驳，可其对现实生产造成的破坏，却不能不说。

正由于我们否认刺激的积极作用，严重的挫伤了工人生产劳动的积极性，打击了工人争取由不熟练工人成为熟练工人的上进心，造成了工人技术水平的普遍低下。

我们现在的评级制度是"以年划线"，其后果是不分优劣，一视同仁，无须立新功，全靠吃老本，吃老本也骂人，因为工人并不同意绝对平均主义式的分配方式。比如我的师傅现有四个小孩，工资39元，我69年参加工作，工资亦是39元，在这种情况下，资产阶级法权表明表面上的平等，反映了实际上的不平等。本来提倡经济上的绝对平等，是反马克思主义的左倾小资产阶级搞空想社会主义的前提。可悲的是我们的理论家们，竟把浦鲁东当成马克思，颇有兴致的以推行这种不平等为满足。忘记了我们的任务在于消灭这种现象，而不是拼命维护它，饿上肚子为它唱颂歌，消灭它的办法就在于评级定薪。给工厂工会组织一定的权利，由工人组成技术评定委员会，通过一定的方法决定工人的工资，如果离开任何具体问题，去空谈社会主义政治和觉悟，那简直是宗教骗子。

在解放前吃过糠咽过菜的老辈人中，革命对他们的要求与今天对我们的要求能相同吗？

他们打倒地主分胜利果实，我们多干了不应多得，他们流血牺牲是为了可见的利益，我们提高觉悟是为了少吃不喝，他们斗争时有牺牲，是环境造成的，有自我牺牲精神是现实的，我们生活的环境变了，怎么能老具有随时准备牺牲自己的觉悟呢，如能把这种动员转变成学知识搞科学的号召不更切合实际吗。

在社会主义阶段资产阶级法权的存在表现在分配上，体现为工农差别，体力劳动与脑力劳动的差别，消灭这种差别的最简单方法，就是实行物质奖励。

每个家庭，在当今时代，都是一个小经济私有单位，工人所得报酬与这些家庭存在的经济困难靠什么解决呢，是靠感恩戴德式的救济方式好，还是靠工人在全民所有制或业余工作条件下，通过个人多劳动，领取高点的额外报酬来解决更好呢。我们认为，各尽所能，多劳多得，按劳取酬是对的，可有饭吃的理论家们，偏不许这样做，即不按计时工资奖励，也不许计件工资复活，硬要让积极的无所得，困难的更消极，害家损国，骂大街，空着肚子唱高调。非此似乎就不是马克思主义和社会主义者。

讲马列主义过了头的人常是骗子，每天喊反修防修的人，自己就是修正主义者，名义上他们在反修，其结果是帮修，越防越修，防不胜防必然复辟，把中国变成封建帝国式的国家，为赫鲁晓夫式的人物稳操篡权术，以左代右，搞阴谋创造条件，有意置人民死活而不顾，唯恐天下享太平。

五. 知识分子问题

文化大革命前，由于修正主义教育路线的影响，知识分子阶层存在着严重的三脱离倾向，在所谓的三高政策影响下形成了知识分子，重理论轻实践不深入生活的偏差，但对知识分子的使用方面，还是本着依靠、相信、适当安排，注意其技术特长的发挥，这一基本原则正确对待他们。

我们现在的做法，则是反其道而行之。对党的一贯政策不做分析，全盘否定，都算到刘少奇账上。由重视、相信、使用、培养的方针，变为歧视，打击的政策，批判了资产阶级学术权威。大学生也因其先天不足犯了原罪，成了旧教育路线的替罪羔羊。在大专院校学生的分配上，一切从"接受再教育的前提出发，视劳动为惩罚"旧知识分子的最好手段。哪脏、哪累、哪里劳动强度大就分配到哪，似乎非此再无别法宝，可美其名曰为改造，其结果不仅给广大知识分子增加了精神负担，浪费了青春年华，放弃了所学专业，而且造成了思想上严重的对立情绪。如让上海同济大学的毕业生去原料工段舞大铁锹看皮带，让学高分子专业的烧锅炉，让学重型机械制造的看火车道口等等。怪事层出不穷，我们无法理解，如此再教育法怎能让受教育者安心本职工作。可我们的大理论家对此怪状视而不见，只会和尚念经似的一遍遍重复知识分子不如工人农民的老调，完全不承认知识分子有其长处，只会抓住短处大做文章。事实上农民伯伯再伟大，也不会让母鸡生出原子弹，有制造卫星本领的人何必非学种高粱的本事不可呢。说到底，我们是在消灭知识与科学的基地，完全压抑了知识分子发挥自己长处建设社会主义的积极性，有意用愚昧改造知识，似乎社会主义觉悟的提高，除了出身臭汗别无它法灌进去。

中国本来就是知识分子甚少的国家，若这一小部分人也不能自觉泼命搞科学技术，我们的工业水平、农业现代化靠什么来提高呢。难道仅靠学大寨就能把农业国变成工业国吗。

尽快提高我国的科学技术水平，是全党全国人民的共同心愿。可我们正确的知识分子路线，偏又以此为敌整天让知识分子惶惶不可终日，动辄一盆凉水迎面而来，又谈何积极性呢。试问，如此高明的毛泽东的革命路线难道正确吗。

工农兵上大学是件好事，说明中国仍然需要知识分子，但我们的说教，却太可笑了，似乎通过工农兵上大学，这一招生方法，就可以消灭了知识分子这一特殊阶层，就可以取代小资产阶级这个阶层，消灭了脑力劳动者和体力劳动的区别。

在阶级存在的社会中,知识分子是永远存在的,问题在于如何使知识分子为社会主义经济基础服务,而不在于学生的阶级出身和来源。这点常识,大理论家们难道也不懂吗?工农兵上大学是文化大革命中出现的新事物,其最突出的特点是,知青只要与工农兵有缘,也可以不学 ABC 进高等学府,充当高材生,有关系的找关系,有后门的走后门,名曰推荐,实为挤进,如此质量的学员岂能搞好教育革命。

我们希望国家不要忘记,那些参加工作几十年的老知识分子的历史功勋,莫将他们全赶进牛棚去改造灵魂,更不要忘记那些经过文化大革命风雨考验真正走向工农相结合的历届毕业生,唯他们才是我国经济建设的可靠栋梁,我们希望国家委以重任。

六. 干部问题

毛泽东说,政治路线确定以后干部就是决定因素,干部是革命事业的宝贵财富,这是人所共知的事实,可惜的是,这批宝贵财富在执行毛泽东革命路线时,态度暧昧,热情不高,虽然主观愿望是很想把"抓革命,促生产"搞上去,全面贯彻党的各项政策。可行动起来,表现的"理解很不深刻,领导很不得力,始终处于被动地位"。原因在于,伟大的毛泽东思想,是他们永跟不上的天书,毛泽东革命路线的条条,他们根本看不清,摸不见。今天并不知明天该怎么跟,拥护谁,反对谁,何为对错是非,运动总是东风西雨无法预见。自身如同枯枝落水,难以自主,在有关国计民生的政策方面,只见破而无立,除了空洞的原则性口号,没有政策法令指示,导致遇到问题无所适从,只得了而止,更不敢谈主动性,聪明才智全被路线斗争的复杂性压缩了。头脑里除了混乱的政治术语,就是提心吊胆,明哲保身观念。即便不干也不能干错,这种情绪可谓大矣。"干革命怕的是犯错误"这句套用"大海航行靠舵手"谱成的词,真是至理名言。

七. 路线斗争问题

四届人大几经宣布,一拖再拖,迟迟不开,原因何在。大家都很明白这是党内斗争的外在表现，我们希望随着矛盾的激化，把斗争产生的原因，斗争的焦点以理论之争的形式，以有组织的公开方式，向党内外公开，经过大民主来解决问题，不要再搞十次路线斗争的方式，搞突然袭击。

毛泽东说"马克思主义必须在斗争中才能发展，我们应当相信群众，我们应当相信党，这是两条根本的原理"，但我们党的十次路线斗争的特点之一，就是不公开，一切都在"战胜了机会主义头子后"才突如其来，自上而下逐级向党员和群众传达宣传，这种政治方式，从长远看，是一种危险的创举，即可帮助赫鲁晓夫式的人物，借政变合法上台。

党的民主集中制是任何号称马列主义的政党都公认的，党内的矛盾，党内正确路线与错误路线的斗争经常发生是自然现象，要保证党的领导高于一切，就必须实行党内民主，公开向全体党员说明情况，通过党内的民主表决，实现全党统一，按列宁所提倡的那样，党内问题得不到解决，有矛盾就应逐渐扩大，在更广一级的范围内解决，各抒己见的两方都可以讲自己的道理，方法无非辩论一下，谁真正代表人民的利益，广大党员自有公论，而且只有这种自上而下的党内大民主方式，才能保持我党不出修正主义，不出现大分裂，不出现个人意志强加于全党的局面，才能保持党的纯洁。

鉴于历史教训我们认为，以党内斗争的角度而言，每一个党的领袖、领导人，都可以光明正大的提出自己的政治主张，有权通过电台、报纸发表自己的政治主张，治国方案的特殊权力。而苏联恰是在这一点上出了问题，斯大林的个人崇拜，党内民主权力高度屈从于个人权威之下。以我划线，把个人与党看成同体，反对派一发表意见，就扣上机会主义、反党分子帽子。在政治上，肉体上判处死刑，强行剥夺领袖人物的申辩权力，不让人讲话，实行党内独裁，导致斯大林时代的黑暗。而这种党风也造成了赫鲁晓夫的上台。不要忘记赫鲁晓夫是喊着列宁主义走向修正主义的。这是血的教训，我们也要谨防某些人打着毛泽东思想的幌子，借着批刘邓、批林彪，搞借钟馗打鬼的把戏，篡党夺权，祸国殃民，"复辟帝制"真成了武则天。

现在有言道"路线斗争是阶级斗争在党内的反映",这话固然不错,但若以我党十次路线斗争为例则很难理解,因为我们公布的正式文件中,没有什么材料证明林彪个人想反党,要反党的政治动机,仅是个想当国家主席的个人野心家,想政变而已。用林立果选妃,叶群和黄永胜生活问题做文章,固然可以把他们搞臭,但也证明不了这"属于阶级斗争在党内的反映"也上升不到路线斗争的高度。

571工程纪要是林彪最主要的大罪,但它只能证明9.13是一场流产的未遂政变,是党内权力斗争的悲剧,提不到路线之争,只是二虎相争,何况他们都说自己代表人民,百姓自然是乐得坐观成败。

八. 文艺问题

文艺为无产阶级政治服务,为工农兵服务,塑造工农兵形象的大方向是正确的,取得一些成绩是可喜的,但文艺作品在数量上少得可怜,群众性创作的春天还未到来,精神食粮的匮乏,是我国人民文化生活的严重危机,造成这种危机的原始根源,是我们的政治路线压制了群众的创作热情,对文学艺术的标准捉摸不透,生怕抓辫子,文化工作危险论,对搞文学创作的秀才们还是紧箍咒,肚里有货不敢出,生怕一言不当,误入雷区,成了"跳梁小丑"。

本来通过文化大革命的教育,广大作者对文艺方向创作方法有了新的认识,思想觉悟、精神境界有所提高,都想通过创作作品,从不同侧面反映社会主义的新生事物,但我们的"样板戏"却以绝对权威的"板子"把他们打了个晕头转向,文艺作品完全变成了某种教条主义,形式主义的传声筒。在名曰"革命的浪漫主义"指导下,形成了一点也无"浪漫"可言的创作公式,作品内容成了大同小异的填词,阶级斗争是唯一主线,英雄人物"高大全"到常人不可理解的高度,所谓"三突出"模式,更是公然宣传英雄创造历史,老百姓只配跑龙套而已。

九. 教育革命(未成文略)

无疑,《论现状》是对毛泽东革命路线的全面否定。尽管《论现状》把林彪描述为"极'左'路线",或者是为了个人政变,但它的思路与《五七一工程纪要》如出一辙，张赵集团承认："林彪'五七一'纪要中所列举的某些社会现状是真实存在的社会现实，应当引起重视。"。可以说，《论现状》是对《五七一工程纪要》（简称《纪要》）的深化和扩展。

下面我们对两者的基本观点做一比较。

（1）关于毛泽东革命路线

《纪要》：笔杆子托派集团正在任意篡改、歪曲马列主义，为他们私利服务。他们用假革命的词藻代替马列主义，用来欺骗和蒙蔽中国人民的思想；

《论现状》：执行了一条违背马列主义基本观点，脱离中国革命实际情况的极左路线，可以说左倾机会主义路线是目前现状的总根源，现实中许多错误倾向的发生，可笑荒唐事例的层出不穷，都是这条错误路线的必然结果，它对我党、我军、我国人民的社会主义建设已造成了很大损失。

（2）关于毛泽东和江青

《纪要》：他不是一个真正的马列主义者，而是一个行孔孟之道借马列主义之皮、执秦始皇之法的中国历史上最大的封建暴君；

《论现状》：实行党内独裁，导致斯大林时代的黑暗。而这种党风也造成了赫鲁晓夫的上台。不要忘记赫鲁晓夫是喊着列宁主义走向修正主义的。这是血的教训，我们也要谨防某些人打着毛泽东思想的幌子，借着批刘邓、批林彪，搞借钟馗打鬼的把戏，篡党夺权，祸国殃民，"复辟帝制"真成了武则天。

（3）关于农民政策

《纪要》：农民生活缺吃少穿。

《论现状》：对农民的改造必须是保证农民吃饱条件下的改造，脱离开农民每天最迫切的肚子问题，去批判资本主义、修正主义，说穿了是哄鬼。谁会真心实意去拥护饿肚子的革命呢。

（4）关于工资政策

《纪要》：工人（特别是青年工人）工资冻结，等于变相受剥削；

《论现状》：我们现在的评级制度是"以年划线"，其后果是不分优劣，一视同仁，无须立新功，全靠吃老本，吃老本也骂人，因为工人并不同意绝对平均主义式的分配方式。

（5）关于干部政策

《纪要》：党内长期斗争和文化大革命中被排斥和打击的高级干部敢怒不敢言；

《论现状》：广大干部头脑里除了混乱的政治术语，就是提心吊胆，明哲保身观念。即便不干也不能干错，这种情绪可谓大矣。"干革命怕的是犯错误"这句套用《大海航行靠舵手》歌中谱成的词（注：歌曲中有一句词是"干革命靠的是毛泽东思想"），真是至理名言。

（6）关于知识分子政策

《纪要》：青年知识分子上山下乡，等于变相劳改；

《论现状》：大学生也因其先天不足犯了原罪，成了旧教育路线的替罪羔羊。在大专院校学生的分配上，一切从"接受再教育的前提出发，视劳动为惩罚"旧知识分子的最好手段。哪脏、哪累、哪里劳动强度大就分配到哪，似乎非此再无别的法宝，可美其名曰为改造，其结果不仅给广大知识分子增加了精神负担，浪费了青春年华，放弃了所学专业，而且造成了思想上严重的对立情绪。

这种相同说明了当时社会各阶层都对掌权者充满了愤懑。按当时常人的理解（现在人的理解肯定不同），林彪属于极左派，叶剑英（张赵集团的"中央二委"统帅）属于右派，他们的思想尽然如此的"合拍"。革命就是改变人们原来的生活方式，当这种改变使大多数人的生活方式变坏的时候，这种革命难说是促进了社会的发展。因而，大多数人也开始抵制、反对这种革命，林彪集团和"中央二委"都属于此例。

我们从《论现状》可以看出，张赵集团的观点对毛泽东"无产阶级专政下继续革命"的理论进行了全面否定。在政治，思想，经济，文化，教育，干部、知识分子政策各方面对毛泽东的革命路线进行了全面批驳，其理论深度超过了《五七一工程纪要》。《论现状》预示了八十年代以后的改革开放政策，有些说法至今也不过时。

由于时代和所在层次的限制，张赵集团并不反对毛泽东的整体思想，他们更多的是反对江青、张春桥，这可以从《论现状》引用了好几处毛泽东语录看出。《五七一工程纪要》则不然，它尖锐地指出毛泽东实行的是"社会封建主义"，笔杆子集团是"托派"（俄国著名革命家托洛斯基在流亡海外后，建立了"第四国际"，和毛泽东一样主张"不断革命"论），在这一点上，《五七一工程纪要》比《论现状》说得更尖锐，更明确。不过，这一点丝毫不影响张赵集团思想与《五七一工程》纪要的一致性和超时代性！

第三节　谜一样的"中央二委"

1. 形形色色的传说

文革时期，时兴传播"小道"消息。所谓"小道"消息，就是非官方和传媒发布的消息。当时"小道"消息盛行有三个原因，一是由于信息不公开，人们只好私下传播；二是人心不稳，人心思变，人心思反；三是许多"小道"系内部传出，有很大的准确性，值得参考。

在民间，"小道"消息鼓舞着许多人的行动；而许多人的行动又"制造"了许多"小道"消息。

早在1967年"二月逆流"后，社会上就有传闻说若干老帅和老将军、拟或是他们的秘书和老部下、还拟或是他们的子女，组织有秘密组织，以对抗中央文革。

似乎是受到"小道"消息的鼓舞，1967年10月8日，在北京出现一份不同寻常的传单《中国共产党非常中央委员会致全党的公开信》,它深刻地剖析了正在进行的"文化大革命",指出这是在政治上、组织上、思想上、经济上、文化上对党和国家的大破坏,认为"文化大革命"是中央文革的陈伯达、康生、江青在那里兴风作浪,指出陈伯达是叛徒,康生是托派,江青是野心家,为这些"左派"撑腰的是林彪。传单惟一称赞的人是周恩来,说现在局势所以还有一线挽救的希望,是因为有日夜操劳的总理在苦撑大局。11月24日公安部在天津破获此案,写信者是天津一家煤球厂的一个工人。他承认从头到尾自始至终,都是他一人干的,没有任何其他人参加。经过公安人员对笔迹及油印机进行鉴定,确定确是此人所为。这一案件本可以结案了,但事情并非如此。

1968年4月28日下午,陈伯达和谢富治在人民大会堂接待厅接见专案组人员。陈伯达说:"抓了几个煤球工人,煤球工人不熟悉党的情况。不行。我的意见你们不算破案。要像富治同志讲的,你们要追,要很严肃、很认真地穷追,追到哪个就是哪个。"追查了几个月,进展不大。8月19日、12月6日,陈伯达和谢富治又两次接见专案组,要求彻查此案件。

12月间,竟查出一件"惊世奇案"---"中国(马列)共产党"案。在刑讯逼供下,中国社会科学院经济研究所女实习研究员周慈敖,被迫按照专案组的意图交代说在北京有个"中国(马列)共产党","中央书记"是朱德,"中央副书记兼国防部长"是陈毅,"总理"是李富春,"常委"有朱德、陈毅、李富春、徐向前、叶剑英、贺龙、廖承志、杨成武等,"委员"有王震、萧华、余立金、伍修权、王炳南、刘伯承、谭震林等。而且,这个"中国(马列)共产党"在1967年7月,还曾秘密召开过"代表大会"。

因此案牵扯到的领导人太多,而朱德等领导人在中共九大之后又分别当选中央政治局委员和中央委员,时任国务院副总理、公安部部长的谢富治不敢把这个"荒唐"的材料上报毛泽东,要求封存起来,暂不销毁。最后,这个"惊世奇案"不了了之。

1971年至1972年间,在"小道"上,又传出了"谢富治被刺"

的消息，据说也是由老帅们的秘密组织所为。为了证明这个传言为虚，中央专门安排了谢富治会见了来访的阿尔巴尼亚贵宾。但在《人民日报》刊登的这次会见照片上，谢富治带着一个很不合头的大军帽，引起了人们的诸多猜测。1972年3月，生于1909年的谢富治去世。至今也不知道"谢富治被刺"的消息的真伪，总不至于完全是"空穴来风"吧。

林立果的"联合舰队"也是一种真实的传说，或者说是官方认可的传说，拟或是官方"制造"的传说。这个传说证明了高干子弟、尤其是高级军干子弟完全有可能、有能力用秘密组织对抗中央文革。如果林彪及林彪之子可以用"联合舰队"作为"突击队"来进行"政变"或逮捕江青、张春桥，那么其他人为什么不可以呢？既然在毛泽东去世后可以这样做，为什么在毛泽东在世时不可以"阴谋""阴谋"呢？其实，在1974年、1975年间也有叶剑英、李先念要控制江青、张春桥，让毛泽东接受既成事实的传言。

以上的传言可能只是当时的一小部分，也足可以说明当时的人心相背，也说明至少在"江湖"上是有人在动作了。

2. "中央二委"的"诞生"

在张赵集团发展的初期，为了发展的需要，张、赵开始寻找与反对中央文革的上层人物或高干子女联系的途径。经过罗建中的探寻，就有了"中央二委"一说，张耀明说到了"中央二委"的诞生过程：

"那天（1971年夏某天）晚上，我和罗建中在罗城（注：太原地名，在太原化肥厂附近）饭店不期而遇，就在我快吃完饭时他来了，见面就向我发'牢骚'：'张耀明，你小子混得不错，在车间当团支部书记，还入了党，我也他妈的是老八路的儿子，连团员也不是，他妈的洗澡（车间澡塘）有人丢了块破手表还怀疑老子……听说你不想在工厂干了，想当农民，去农村，我有办法咱们一块走…'。因他有点情绪化，愿意和我聊聊，我们就又要了点酒闲谈起各自的处境，对社会的看法，当再谈到是否真想去农村时，我说虽然工厂的工作环境不理想，整天和扳子、榔头打交道没什么出息，但城市毕竟是政治斗争的中心，工厂作为政治斗争的舞台，要比农村的广阔天地大多了，最好别轻易离开，临出门分手时，我告诉他，我想找个5.16分子谈谈，想听听他们的观点，想弄明白5.16到底是怎么回事，问他有没有这方面的朋友，他答应帮我问问。分手后隔了几天，罗建中在宿舍区路边遇见我告诉我说，你想见的人我给你问见了，我问对方的社会背景，罗建中告诉我，这个人是他父亲单位省出版社社长刘江的儿子在部队工作，在青海时认识叶帅的秘书叫鲁克勤，后下放连队蹲点，受叶帅赏识，回来是搞社会调查的……。自此以后，隔三岔五，罗建中便和我见面，谈与鲁克勤见面的事。

有一天，罗建中到地下室找我，带来鲁克勤的一封信，大意是经罗介绍引为同道……。地球是个圆的，但看起每点都是条直线，58年的大跃进，办食堂，59年批判彭德怀，三年自然灾害…等等，我看后很钦佩这个人的政治见解，觉得人家有深度，有思想，很想结交这样有政治头脑的朋友。这期间，我把每次与罗建中见面的经过都告诉了张珉，因张珉对罗建中不熟悉，就只让我和罗继续保持联系，争取我与鲁克勤见面以后再作深谈，与此同时我通过张常兴（自称认识陈昊苏），张珉通过贾克武、张琦等也得到过一些内容大同小异的消息，并以此作为参考想验证罗建中传来消息的真假，当然难以定论。当时（72年夏天）赵凤歧在省委党校学习，不在化肥厂住，也无法与他联系，所以他并不知情。而我则听信罗建中的通知，跟着他今天一个地方，明天一个地方的跑路，走马灯式的按约会地点去找鲁克勤，却始终未见庐山真面目，而罗建中总有说得出的妙论解释得天衣无缝，所以有没有鲁克勤其人我可谓当事者迷，不敢妄下断论。事已过去多年，回想起来真是天大笑话，可悲可叹，但我始终认为有无鲁克勤其人，与文件是不是罗建中编出来的是个悖论，不必深究。我只想说点事实，我和鲁克勤通过电话，口音、谈话水平内容，罗建中是装不出来的，事后我问他有些谈话内容他显然不知道。还有一次几个身着军装的人到浓硝和硝酸地下室找我，正好我不在，同车间的化验员碰见过。事后问我，我只能说是消防队的同学。但后来我向同学及认识的朋友都落实过，并无此事。可知找我的人是我不认识的人，证明鲁克勤的联系网络可能是存在的。还有自称'韩先楚'的人也打电话找过我，谈话内容现在忘了，但公安局收缴的日记本中都有翔实记载，这些内容都不可能由罗建中现编的。

还有一次，鲁克勤约我在火车站见面，我去火车站转了一圈没见着，车站广播却让我回去。我觉得蹊跷，骑车赶到张珉家。当时罗建中、赵凤歧都在，并不知道我去接头的事。事后，罗建中告诉我那天相约是真的，"但有人跟踪你，你却一点也一不觉察，如他真见你，非抓人不可……"

对罗背后这个神秘人物鲁克勤为什么不和我直接见面，事过多年，我想有两种可能：一是对方对我们这些人缺乏信任，因为我们没有丝毫'地下工作'的经验，什么也当是在搞派性活动一样，公开、随便、不以为然、容易暴露。其次罗建中插足搞的鬼，怕我们和鲁克勤联系上后甩掉他"。

"虽然我始终没有见成鲁克勤，但经由罗建中传来的'手抄文件'却隔三岔五地送来，所书内容都是我们闻所未闻的党内动态简报和以中央首长名义的讲话文章等（我认为凭罗建中的文化知识，他是写不出那些文件内容的），我所知的计有如下几篇：

(1)《五月二次政治局扩大会议文件》
(2)《三月政治局工作会议政治报告》
(3)《五月二次政治局扩大会议简况》
(4)《十届二中全会议程》
(5)《中共中央二委政治局批发七月事件的通知》
(6)《中央杭州会议纪实》
(7)《邓小平三月十二日在华山全国军政会议报告》
(8)《邓小平三月三十一日中央政治局扩大会议发言纪实》
(9)《内岩军政会议形势报告》
(10)《1.16事件会议纪实》
(11)《山西省编组文件》

⑿《中共中央办公厅秘书处紧急报告》
⒀《邓小平政治总纲报告概要》

我记得共有 16 份文件，有份文件虽然是手抄的，但末尾还用斜线划开有什么流水等，只有电报纪录稿才用的术语，我很奇怪问罗建中是什么意思，他也不知道，这反加深了我对这些文件真实性的可信度。对这些文件的态度，我们的看法是不论其真假程度如何，仅供参考，相信其自有来历，但绝不是罗建中能编出来的，我们可以借这些文件为据，作发展人的工作，让别人相信我们背后有中央某些人的支持，是个强大的组织，最不济也可当陈胜吴广起义的那条'鱼'，借神起事。而鲁克勤也通过罗建中之口，传达了几条对我们的要求，我也写了一个与鲁克勤见面会谈的提纲，提出我们必须要弄明白的问题，经罗建中来回翻话我们明确了以下几点：

(1) 我们的后台是中国共产党第二中央委员会，我们可作为一个基层支部。

(2) 二委的主席周恩来，最高统帅叶剑英，总参谋长邓小平，直接领导者 101 号。

(3) 我们的政治立场是支持老一辈无产阶级革命家，反对中央文革为首的文革派，江青、姚文元、张春桥、康生、陈永贵等人。

(4) 我们认为毛泽东在文革中打倒大批老干部是错误的，似乎中国革命只有他个人一贯正确，这违反马列主义常识，如果把周总理也打倒中国前途不堪设想。

(5) 刘少奇、彭德怀、朱德等老革命家在历史上都是有大功劳的，不应全盘否定，全是骂名。

(6) 把林彪定在党章上做接班人是荒唐的，党章不是领袖个人的遗书，共产党是选举制不是世袭传位制，林彪能不能接班是党代会决定不是毛泽东死后能决定的。

(7) 林彪搞政变是机密，对中国并没什么影响，真正祸害老百姓的是极左路线的危害，而林彪《'五七一'纪要》中所列举的某些社会现状是真实存在的社会现实，应当引起重视。

(8) 张铁生等的反潮流，实质是顺潮流，我们的行动才是真的反潮流，张铁生反潮流反成中央委员，我们的反潮流真担的坐牢、杀头、老婆闹离婚的风险。

(9) 批林批孔、评儒尊法到儒法斗争，斗到共产党内也有法家，儒家纯属含沙射影、指桑骂槐的伪史学，歌颂秦皇、武则天、吕后更是别有用心，想让江青当'女皇'做准备，应百倍警惕。

这期间赵凤歧也从党校学习回来了，听我和罗建中、张珉介绍情况后，一拍即合同意加入，在我们共同商量后，决定公开活动，具体策略是：

以我们为核心，各自为政，有意识地把文件内容向周围有政治志向的同学朋友传播扩散，通过交流观点谈看法，发现同志，为将来形成组织基础准备条件。告诉我们的政治背景是有后台的运动，介入的是现在中央新、老派的斗争，是路线斗争，不是反革命活动，不必担心未来。

在此期间除了各自活动，相互往来传递消息，看所谓的文件，交换观点，并没有搞任何政治形式的'反革命活动'，只是一种心照不宣的等待。按张珉的意见，在罗建中没有让我见那个神秘的后台前，不能搞正式的组织形式，名称，纲领，组织机构，更不会以公开方式面向社会挑战。在此期间罗建中带来的各种消息我都记在日记本中，其中也不乏荒诞之处，而文件则由我们几个先传阅，再向下传达，看完后收回到张珉手中保存，在我看阅时我将能抄写的'文件'全抄在日记本上，张珉有时要转递他人，不让我拿走的我就凭自己的记忆，先找个僻静处，先写下来，虽然难免有漏字断句之处，但大体完整。

我们被捕后，我为证明我们有'后台'，为表明我个人政治观点，证明我们是'政治犯'，我交出了自己的日记，这二本日记竟成了公安局立案的铁证，也成了为我们平反的依据。"

3. "中央二委"的真与假

"中央二委"的说法源于罗建中。在张赵集团中的人，包括张、赵都对罗建中有些反感，因为总觉得在"中央二委"问题上罗建中愚弄了他们。

罗建中是张赵集团中负责与"中央二委"联络的联络员，"中央二委"的组织状况和文件材料都是通过他"下达"太原支部的。开始的时候，张赵集团的成员都是相信"中央二委"是他们的后台，有周恩来主席、叶剑英统帅、邓小平总参谋长撑腰，绝对错不了。后来老见不着"中央二委"的直接上司鲁克勤，大家对"中央二委"的信心多少有点动摇。据张耀明回忆，有一次张珉说，即便没有"中央二委"，我们也要继续干，因为我们坚持的是真理。但是，毕竟有后台支持和没有后台支持是大不一样的，所以说，"中央二委"的说法至今是张赵集团成员的一个心结。

好多人说，"中央二委"的文件材料都是罗建中虚构的。罗建中每次到北京都是到中山公园的椅子上去写文件，回来后把自己写的文件当作"中央二委"的材料传达给张赵集团。这种说法好像来源于公安局。段立生回忆，当时负责破案的山西省公安局二处侦调科科长阎逢碧曾经说过，省公安局的侦查员跟踪罗建中到北京，想挖出张赵集团的后台，结果罗建中在中山公园的椅子上写了点东西，就回了太原，由此说明"中央二委"的文件都是罗建中伪造的。

这种说法似乎有几点破绽，使它站不住脚，也不能说明"中央二委"是罗建中伪造的。

第一个破绽是，罗建中可能发现了有人跟踪，根本就没有接头，故作姿态地到了中山公园迷惑侦查员。其实，当时侦查员也没有看到罗建中写得什么，回来后向集团领导交代了什么。

第二个破绽是，罗建中要伪造文件真是没有必要到北京，完全可以在太原找一个地方，从容伪造，又省力又节约成本。

第三个破绽是，罗建中有没有必要冒着生命危险撒一个这么大的弥天大谎（在审判张赵集团时，罗建中被判死刑），制造出一个子虚乌有的"中央二委"来，除非他是一个精神病？

第四个破绽是，张赵集团个个都是智商很高的精英，不可能被罗建中所长期蒙蔽，如果有些许疑惑，对于这种有关身家性命的大事，也会小心求证的。况且，如果罗建中拿回来的都是自己编的假材料，从笔迹、作文习惯上都能够看得出来。

当然，支持"中央二委"为真的证据也不多。或许只能以反证的方法来证实。

反证一：张赵集团四个主要发起人中间，有三人定性为认罪态度一般，只有罗建中定性为认罪态度不好，说明罗建中对"中央二委"的问题什么也没交代。这或许说明罗建中"有恃无恐"，知道上面有人，判了死刑也枪毙不了，将来肯定要平反。或者"中央二委"有铁的纪律，如果把"中央二委"的事情交代了，说不准为了"灭口"，反而会真正执行死刑。

反证二：鲁克勤一直没有与张赵集团见面，应该是因为张赵的组织还很不成熟，人员也没有秘密工作的经验，经常像裴多菲俱乐部一样"信口开河"。"中央二委"如果存在，鉴于过去的教训，应该是一个相当秘密、相当严密的组织。故而，张赵集团应该是其外围的外围了，或者说是还在进行考验的组织，鲁克勤须相当谨慎才能见面。其实到1974年下半年，张赵集团自己也意识到已经暴露，所以才请李兆田找地方避难，在这种条件下，见面之事肯定已经是不可能的了。

反证三：罗建中的水平制造不出那样的文件。张耀明认为，罗建中连"兔死狗烹"的故事都不知道，知识面很窄，而"中央二委"的文件涉及许多哲学、政治经济学、社会主义学说、历史、党史方面的知识，还有其系统性、逻辑性，这是罗建中所编不出来的。这些文件即使是伪造的，也不是罗建中伪造的，似乎罗建中没有必要自己费那么大的力气，再雇人编纂这些对自己也没多大好处的文件。无论如何，张耀明深信，"中央二委"是存在的。

以此推断，即便没有什么叶帅秘书鲁克勤其人，最起码在北京有一个比张赵集团更能接近上层的组织，或许这个组织就叫作"中共第二中央委员会"，即"中央二委"。

第四节　王谦亲自督破"张、赵"案

1. 张赵事发

当时负责侦破"张、赵"案的山西省公安局二处侦调科科长阎逢碧，后来也被投入监狱，和十中七一马尚文关在一个号子。他向马尚文述说了侦办张赵集团案件的情况。马尚文在狱中回忆整理成材料，由获释的狱友传递出来。在这个回忆材料《关于张赵大冤案是怎样造成的》中说到了"张、赵"案的事发过程："1974年春，一天上午，省公安局二处耿季亭处长对我说，下午同他一同去省局二楼会议室接受公安部交办的一个案件，同时叫太原市公安局的汇报，据耿说上午公安部就来人了，原来是让一处接受的，听公安部来了介绍是厂矿内部的案件，所以下午让咱们二处接受任务，当天下午耿和我去了省公安局二楼会议室，见当时的陶健局长，毕俊林副局长（军代表）和公安部的两个人在那里坐着，据毕俊林介绍，公安部的人是丁昭家、何大贵，不一会太原市公安局张静茹局长，二处杨桂臻副处长，太原化肥厂保卫科王久安等人也来了，由毕俊林主持会议，太原市公安局汇报，据汇报说春节后的初三，西山矿务局的一个党支部书记向市局反映他内弟张铁旦（在化肥厂当工人）说，化肥厂工人张耀明和他说他们有一个组织和上面（中央）单线联系，联系人是101（指叶帅）的秘书，经常通过军区的汽车给他们送文件看，看后就拿走了。还说中央现在两派斗争很激烈，一派是老派（京派）以总理为首的老帅们，一派是新派（上海派），又说中央开了'华山会议''武林会议'，在一次会议上李先念主持会，要把姚文元当场抓起来等等。市局汇报后，公安部的丁昭家、何大贵说，中央政治局交给部里一件重大案件，公安部施义之、杨贵副部长亲自交给他俩来山西交办，他们说案件是群众给陈永贵副总理写的检举揭发信，说山西一个化肥厂有个叫张耀明的造谣和散布分裂党中央无产阶级司令部的反革命活动，内容和市局汇报的相同。根据市局的汇报和公安部交办案介绍参加会议的人研究认为是一案,当时确定一方面写报告,请示省委立案侦查,一方面由市局进一步调查摸底了解情况,在此期间,又发现省直政办公室刘先志,向负责人李玉祥反映过张耀明与上述相似的情况,当时公安部来人与省公安局负责人一起到省委向谢振华等人汇报了案件情况,记得 1974 年 2 月 9 日,谢振华、王谦批准立案侦查之后,就通知太原市公安局正式立案侦查。"

张耀明也许是一个非常合格的宣传部长,但不是一个合格的地下工作者。在类似于"裴多菲"俱乐部的场合,只能宣传组织观点,不能宣传组织机密,这是一个常识。张耀明就是违背了这个常识,使张赵集团遭到灭顶之灾。散布一些反对中央文革的观点,即便是被抓了,也是个人问题,一旦有了组织,就形成了现行反革命集团,惩处将会很重,这也许是张耀明没有弄清楚的地方。张耀明读书很多,好辩清真理,易冲动,或许还有一点书呆子气太重的气味。阎逢碧提到的"省直政办公室刘先志",原是山大附中八一八的学生,与张耀明是同学,曾为红联站总勤务站的勤务员。张耀明刚暴露时,刘先志曾作为公安局的耳目,找张耀明佯作"入伙"之态,向张耀明刺探张赵集团的虚实。张耀明竟然毫无戒备之态,将机密"倾囊相授"。对付张赵集团,张耀明是一个很好的"突破口",张耀明也成了一个"突破口"。

张耀明不是唯一的"突破口"。据传,张赵集团骨干成员,原红联站太原三中红旗负责人魏润福成了第二个突破口。魏润福毕业后分配到了山西省汽车运输公司。该公司党委书记程文是一位老干部,红联站观点,魏润福与程文关系密切,常有思想交换。在张赵问题即将暴露之时,魏润福可能有点"心虚",他就找程文向党组织谈心,并把张赵集团的"中央二委"的材料给程文看了。魏润福此举有"自首"之嫌,程文作为一个老干部,党性原则很强,断然与魏润福划清了界限,就向某位省级领导做了汇报,致使张赵集团的内幕暴露的更清楚。这是张赵集团成员的一次失误,一次致命的失误!

1974 年初,可能是陈永贵把群众揭发的材料带到了政治局,也可能是省委向中央政治局打了一个报告,反正是该案惊动了中央政治局。于是，就有了本章开头江青的批示。据说中央政治局还有周恩来、王洪文、华国锋做过批示。周总理的批示是："如属实，可查。"其他人的批示内容不得而知。由此，"张、赵"案就成了中央政治局交办的案件。

本来，追查张赵集团的工作很快就要大规模铺开了，但此时恰逢批谢之时，山西的工作重点转向了批林批孔批谢曹，社会又有所动乱，太原市公安局的侦破工作没有太大进展。中央文革和山西省委只顾对付像谢振华这样的抵制中央文革路线的大头目，似乎顾不上张赵集团这些"小毛贼"了，"张、赵"案就被搁置了一段时间。

2. 王谦提升侦破级别

到1974年3月下旬，山西省委扩大会议开始批谢，王谦开始主持山西省的全面工作，王谦终于有机会出手来收拾张赵集团了。

王谦的心情应该是特别好，因为他遇到三件喜事。一是当了山西省的一把手，实现了自己多年的夙愿；二是遇到了"不识时务"的张赵集团，使他有了向中央文革立新功的机会；三是借此机会可以打击红联站、兵团等谢曹势力。

王谦现在已经深谙毛泽东"阶级斗争，一抓就灵"的指示，他已经撇开省委和基层公安组织，撇开了太原市公安局，提高了侦破级别，亲自指挥省公安局人员破案。

当时的情况，阎逢碧是这样回忆的：

"批判谢振华的省委扩大会议刚开始的时候，一天耿季亭处长叫我和他一块去崔培源副局长办公室。去后，崔说他在临猗县搞银行被盗案，王谦书记打电话把他叫回来交给一起中央交办的重大反革命案件。以前听说你们知道，市公安局搞中有暴露，靠不住，王谦书记指示要撇开市局让我在省局组织专案组，直接抓侦破，并说中央公安部来人了，住在宾馆。当时我们听了就感到奇怪，公安部第一次来人是直接到省公安局交办，第二次来人直接找王谦，虽然当时是批判谢振华的错误，但和搞案件有什么关系，为什么对公安局不相信？当我们和崔培源到宾馆向公安部来人汇报时,是第一次来的何大贵,他见我们之后有些不好意思,便说你们山西复杂,现在批谢,这次来是部领导让我们直接找王谦书记的。接着他说,这个案件是中央政治局交办的,中央首长很重视,有批示,当我们要交办的批示时,何大贵说原件在部里,复制件给省委了。他打开笔记本说江青批示是"一个厉害的反革命集团",(按:据说江青批示原文是"这是一个有预谋、有组织、有纲领的反革命集团,要尽快查处,并追出黑后台!")。过了两天,王谦书记把崔培源副局长叫到宾馆,并让带上省公安局照相的。去后照了获得材料的取材像。就在这次,王谦书记交给崔局长两个'耳目',过去总是蒙在鼓里觉得奇怪,这样搞案从来没有过,老一辈无产阶级革命家,广大群众理所当然地反对他们,张赵这些钻研理论,认真学习马列主义、毛泽东著作、联系现实实际,提出'现在搞人为的阶级斗争,现在是小孩领导大人,女人领导男人,农民领导工人',都是有所指的。1958年以来,国民经济建设上是有问题的。他们是拥护周总理、邓副主席,支持老帅的,所以江青大叛徒就说是厉害的反革命集团,这就给定了性,被列为反革命案件,现在看来张赵案我怀疑并非中央政治局批示的,而是大叛徒江青批的,通过公安部插手的亲信,借山西正在批判谢振华的错误和批判资产阶级派性,通过王谦对广大革命群众进行高压镇压,专政,不然公安部来人为什么不交给中央领导对该案的批示呢?"

"王谦书记凌驾于省常委之上,他是家长,对当时的常委信不过,据当时省公安局付局长崔培源向我们几个办案人交代,王谦同志指示,这个案不准打印材料,不准走机要,向省委汇报请示(平时办案都是用机要送给省委请示报告)而要以崔培源私人名义手抄件报告,并指派专人张河或我直送王谦办公室的干丁顺秘书,更为突出的是在破案时,省委常委会上走形式,1975年4月21日上午崔培源召集专案组几个人说,王谦书记指示,明天要破案,快把报告写好,明天晚上九时要上省常委会通过,让今天做好要捕的人张珉、赵凤歧、张耀明、魏荣福、胡公在、朱长生、郭海等的一切准备工作,还说今天把执行任务的人员分组编好,明天晚饭后通知开会,集中到二楼会议室交代任务后,谁也不准离开,以防泄露。等崔培源向常委汇报通过后,不等常委会散会,你们就完成捕人任务,这样就泄露不了机密,事实上在破案中也是这样做的,由此看来王谦书记岂不是凌驾于党组织之上。常委会形成了形式而已,他成了家长,这是组织原则能允许的吗?如果王谦书记坚持了正确的路线,打击镇压了真正的敌人和反革命活动也算,可偏偏执行的四人帮那一套,镇压的是反对四人帮的革命群众,而且在打倒四人帮之后,还变本加厉又抓了一批人,不是华主席为首的党中央英明,最高法院的慎重执法,由山西定案,人头就落地了。"

"据崔培源对我们办案人说,王谦说太原市公安局有暴露,所以要崔培源省公安局组织专案组直接搞,按理说有暴露要找原因,总结教训是属工作中的漏洞,还是有意泄露,还是有该案成员,而绝不应该把整个太原市公安局党委和工作人员撇开,在省公安局又为什么不准向党委汇报,不让党委会知道,不用公安局的汇报材料,难道省公安局党委对此案有暴露吗?既然没有,王谦有什么理由不相信一个局的党委,而只靠崔培源一个人呢?"

"在张赵案涉及的有关人员的单位中,王谦书记对原来的基层领导和党组织一概不信任,据我在搞案中听崔培源指示说,王谦书记不让去厂里随便找人了解和开展工作,太原市的单位要由崔找市委马杰确定名单。单位管这一工作的负责人,太原化肥厂张保江,化工厂找吴书记(吴俊州),太钢找卜虹云,然后由他们确定本单位的负责人搞这一工作,这种做法当时我们办案的就觉得反常,除了说明王谦书记不相信和依靠大多数领导和干部外,别无其他解释。如果说当时是批判谢振华,这样做也违背中央指示,谢的错误对下面的干部和群众是没有责任的,同时也违背王谦书记讲话中省委承担主要责任,为什么说的一套实际做的是另一套呢?"

站在中央文革、陈永贵、王谦的立场上,或者站在客观破案的立场上,王谦的做法并没有错。当时对中央文革的极左路线有看法的人很多,赞成张赵集团观点的人也很多,在基层、甚至在高层难免走漏消息。实际上在省级高层也走漏了消息。

张耀明回忆：他与时任山西省委常委、省革委常委（原副省长）刘开基之女刘汾英是山大附中的同学，又是同一群众组织的战友，毕业时一起分配至了太原化肥厂。某次省委常委开会讨论张赵集团问题，有意无意地未通知刘开基参会，会议把包括张耀明在内的张赵集团的人定性为反革命分子，并提到了张耀明的女友刘汾英。其中有一参会人在记忆中有印象刘开基有一女儿名叫刘汾英，会后，该人找到了刘开基询问：是不是有一女儿叫刘汾英？刘开基回答说：是。那人说：她与化肥厂的一个叫张耀明的反革命有来往，让她注意点。刘开基认识张耀明，两人还在一块吃过饭。之后，刘开基告诉女儿，不要和张耀明再来往，也不要告诉张耀明省公安局追查的事。按刘汾英与张耀明的关系，刘汾英不可能不告诉张耀明把他定为反革命的事，于是张赵集团提前知道了要逮捕他们的事。由于此事影响太大，刘汾英在张耀明被捕后，受到了牵连，被迫调出了有政治前途的团市委。

其实，张赵集团在其他方面也察觉到了事情的暴露，张耀明还回忆：

"先是省委会上定性我为现行反革命分子，揭发人有刘先志，而后华国锋在化肥厂的姪女婿刘汝堂去北京看望华国锋，华国锋问'你们化肥厂有个赵凤歧？'刘汝堂回答中，语有赞扬，华国锋提醒他说这个人可能是个反革命，注意保持距离。

在我们通过不同渠道得知这些消息后，可谓骑虎难下，欲干不能欲罢难休。74年8月罗建中也神密失踪了（注：已被秘密逮捕），我们没有了消息来源，也明白了我们自身的处境，只能以静对动，以不变应万变。

在此期间，我和张珉讨论过前途，我们认为中央这场新老斗争不可避免，没有罗这个渠道我们还可以另辟它途，立足自己干，反正已上了贼船，能不能下来由不得咱们，也许形势发展得好，上面解决问题，我们躲过一劫，不了了之，也许江青上台，咱们成了替罪羊，当不了志士当烈士，杀头了事。

就在这种彷徨等待中，公安局下了逮捕令，1975年4月22日，我、张珉、赵凤歧、郭海、朱长生、魏润福同时被捕，关进柴村（注：当时太原市北郊区区委和政府所在地）看守所，张赵的活动也就此终止。"

常理正回忆，在张赵被逮捕的那一天，他正好从东北出差回来。十五中红旗的一个初一的小同学，其父是山西省高院刑事庭的副庭长，不知道怎么从父亲那里的张赵集团名单上，得知有常理正的名字，于是，"担着血海般的干系"来通知常理正：张赵反革命集团名单上有你，赶快跑吧。常理正自己觉得没地方可跑，只能硬着头皮顶吧。第二天，常理正故意没去上班，它所在的太原变压器厂通知他去上班，随即让他停职写交代材料。因为没有太多的事实根据，公安局和单位也没有限他的行动自由。

与常理正一样，李兆田也没有参加几次张赵集团的集体活动，也没有多少事实根据，但他是副厅级的重头人物，所以被控制在单位的学习班交代问题。

从1974年8月到1975年4月，有长达八个月的时间，张赵集团在等待中被捕，没有做任何准备，尤其是张耀明没有销毁或者藏匿他的"反动"日记，后来被作为罪证，真是不可思议！

3. 王谦乘胜扩大战果

王谦不能以逮捕张赵集团的几个人为满足，他当然想把战果扩大到段立生、刘灏、宋捷，扩大到红联站、兵团的骨干，有可能还要扩大到张日清、谢振华。

阎逢碧回忆：

"在搞张赵案件中，王谦书记直接领导的一些耳目关系，用这些人千方百计地拉一些人追张赵案，有的是他们给人家说一些言论，尔后又反咬一口。所谓的田庄等人，就给胡公在说了言论，如要把刘灏拉进去，这一点在破案后查获的胡公在转移在棉花巷的笔记本中就看得清楚（可查）。由于王谦听信这些人的陷害，所以破案后指示，崔培源审20次也要把张赵案和段刘宋的关系审下来（这事办案人员都知道）。当时办案人认为侦察中未涉及无法审，便受到另眼看待，请看这是按法律按事实真相办案吗？这完全是人为的陷害人。当然段刘宋不选王谦的票，从组织上来说，就是严重的问题，但王谦书记绝不应该采取这样的手段打击报复，硬要想把他们提到案件中。"

"在党内开展侦察，在张赵案中许多人是共产党员，并且是领导干部，有的是军队负责人，本来这些人对四人帮在文化大革命中要打倒一大批老干部十分不满，这是正常的，然而由于大叛徒江青的批示，当时正是这些人和王谦持不同意见，所以王谦书记借此案不但不信任他们，有的还列入该案成员和有牵连的人，诸如省运公司的党委书记陈文就因为和魏润福关系较好，曾看过中央二委的文件，在调查中陈向省公安局副局长崔培源反映了魏的情况。就是这样的人，破案后，还以看过材料的人就是成员为理由，把程文打成集团成员。省运公司的党委负责人军代表王永刚（现在省军区）就因为魏润福供称，他给王说过一些观点，并看过材料，王谦书记多次指令让军区保卫处追查清楚报告他。使王永刚在军区几次受到批判，军代表胡学和原在太原重机厂负责军管，就因为耳目反映胡支持何立言，说胡支持他们，而不加旁证就对胡进行怀疑。直到破案后，虽然胡已回军区，但王谦书记也不放过，几次批示让军区保卫部门追查。山西医学院第一附属医院副院长平崇义是个老干部，文化大革命中和张赵是一派群众组织的观点，张赵等人谈论反对四人帮，拥护老帅们等观点时，平也参加过。罗建中去北京，平给他的一个老同事写过一条，让给安排住处，就因为这，破案后隔离起来多次批判斗争，甚至在打倒四人帮以后还被捕判刑八年。省水利厅的副厅长李兆田在侦察中并未发现其是张赵案的成员，而在省委扩大会议批判谢振华时，罗建中告他们说陈永贵副总理要抓他们，他和张赵等人逃跑到文水的农村住了几天，同时和张赵等人也议论过一些观点，这样就作为成员对待，不经公安机关，由王谦书记直接让省水利厅长期隔离审查，至于涉及到的一般人员中党员也不少。"

第十二章 文革中的普罗米修斯们

"在侦察中,张珉去了一次北京,据耳目反映张要去石家庄见张日清,到北京找谢振华,在这以前听公安部何大贵说张赵与石家庄有联系。当我们问线索来源以及和谁联系时,何大贵说,王谦书记没告你们说吗?当时包括崔培源付局长听了都感到不知道是怎么回事。何大贵觉得失口,就说,他是听王谦书记说的,张珉从北京回来后,我们看到外线报告材料,才知道张去石家庄见到张日清谈了几个小时,去北京301医院找见谢振华,因军队医院(高干)外线进不去,不知谈话内容。当时我们有感觉,认为张、谢不会公开和这些人搞反革命活动,王谦书记无权对谢、张进行侦察,涉及这样的情况应立即向中央报告,按中央超三级审批手续办理。可是提出意见后置之不理,现在看来当时谢振华还是中央候补委员,王谦书记擅自乱用侦察手段不是用在党内是什么?"

张耀明回忆了他们被转到山西省看守所后的情况:"有天,看守突然让我卷铺盖搬家,转押到上马街(注:太原市的一条街名)看守所,第一次提审,换成了常福银,他先是许愿后是恐吓,语里话外派性十足,竟然说什么'李顺达怎么样,不是也完了!我是个党性不足、派性有余的人。'听闻此言,知道遇上了对头,就气不打一处来,干脆和他耗上了,三天审问了四次,翻来覆去就是三个问题:①刘开基、刘开基大女婿和你说过什么,给你传过什么消息。②预审员是怎么审你的,跟你说过什么?(此时预审员也因涉嫌包庇张赵问题被捕)③段立生是不是成员,参加过你们的那些活动?为让我老实交代,常福银还拿出一页张珉的交代材料让我看,意思是张珉都交代了你抗什么,我看是张珉见谢振华的经过,全文不足六行字,什么也说明不了,常还借题问我认识不认识段立生和谢振华,我答我怎么能认识他们。因我思想上有对立情绪,认为姓常的纯属搞派性,加之姓常的审讯方法和业务水平确实不怎么样,三天过去也没问出什么对他有用的东西,我又被押回省看守所,可姓常的有句话预告了未来。'你就硬吧,没有你好果子吃,脑袋能不能保住都是问题。'"

段立生、马尚文、李辅幸运地躲过了王谦这次扩大战果的行动。

马尚文说：张耀明也找过他"入伙"，并且省公安厅曾派人跟踪他。马尚文知道当时"入伙"的严重性，弄得不好就会成了反革命。马尚文自知，1974年不比1967年，在1967年的"九五"事件时，当时是单身汉一个，没有太多的顾虑，所以在"九五"事件坚持到了最后；1974年已经是"老婆孩子热炕头"，有了后顾之忧，真是没有心思去再冒险了。马尚文采取了对家庭负责的态度，拒绝了张赵集团的邀请。

李辅回忆，张珉找他的时候，第一句话就是：毛泽东的继续革命的理论不对，阶级斗争一直搞下去，国家和人民将也越来越穷。李辅说，虽然他当时对陈永贵和中央文革有些不满，但对毛泽东还是挺有感情，就拒绝了张珉的宣传劝导。

段立生也回忆了当时的情况：张珉等人也找过他，邀请他加入，但他毕竟是山西省委党校毕业，清楚这种非组织活动不太合适，至少是违反党的纪律的行为，所以他表示不能参加，而且劝说张、赵等人也不要这样搞。后来在审讯张赵集团时，审讯人员想极力把段立生拉进张赵集团案中去，问：段立生为何未加入？得到的回答是：段立生太正统。

太正统的段立生和太不正统的张珉同为红联站的领袖，同样是抵制中央文革的极左路线，却采取了两种不同的方法。段立生的方法是正统的方法，他是利用组织来抵制上级组织的"错误"，用组织的理论矛盾来对付上级组织的极端理论，这是温和派常用的方法；张珉的方法是非正统的方法，他是利用非法组织来对抗组织，用非组织理论来对抗组织理论。这是激进派常用的方法。如果同样是失败的话，激进派往往比温和派要早得多，这次张赵集团的失败就说明了这一点。1975年上半年，红联站的激进派的骨干大部被抓，或被关进学习班，基本退出了历史舞台。

第五节 "张、赵"事件的意义

到 1975 年,类似于张赵集团的事件在全国频发。在这诸多的事件中,张赵集团事件有着典型的意义,因为它是"有预谋、有组织、有纲领、有黑后台的",江青批示的每一个词无意中都显示了特殊的含义。

"有预谋"说明这个事件酝酿了很长时间。张赵集团从 1970 年到 1975 年足足酝酿了五年时间,这正证明了群众对毛泽东"无产阶级专政下继续革命"的理论,对中央文革的极左作法,有一个认识过程。中国的文革,从 1965 年批判新编历史剧《海瑞罢官》开始,每发动一次斗争,挑起一个事端,似乎也取得了暂时的胜利。但是,中央文革每取得一次胜利,它就把某个社会阶层"得罪"一回,拥护它的人就少许多。从红色贵族(共产党干部和子女)到白色贵族(国民党的干部和子女);从过去的地主、富农、中农到现在的贫下中农;从旧时的资本家到现代工人;从老知识分子到知识青年,没有一个阶层感到"舒服"。这就如同"饮鸩止渴"一样,中央文革把社会的各阶层推离自己一次,它本身就越离灭亡近了一步。当社会各阶层都认清其本质的时候,它的丧钟就会敲响!

"有组织"说明群众已经会用组织来对抗中央文革的所谓"组织"。懂得"组织"是各阶层的一大进步。要不然,面对中央文革掌握的强大的国家机器,没有组织是不行的。能够突破"单一组织"概念,也是人们思想上的一个升华。到 1975 年,中国人基本上已经从"僵化"的思想中解放出来了,开始了独立思维,开始脱离"正统思想",开始脱离"组织",张赵集团就是一个最好的例证。

"有纲领"说明群众已经不再相信毛泽东"无产阶级专政下继续革命"的思想,而开始从马列主义中寻找"纲领"。到 1975 年,中国的马列主义学习小组、自修大学如雨后春笋,挡也挡不住。1968 年后的知识青年的学习运动,被现代网络作家称作为"文革中的地下学习运动"。各种各样的外国名著和非名著,在知识青年中悄悄流传,中国人，尤其是年轻的中国人，像当年自己的先辈向西方、向苏俄寻找救国真理一样，积极地向原旨马克思主义寻找真理，从马克思主义与毛泽东思想的对比中，寻找毛泽东思想的差距和错误。在这中间，许多知识青年有了自己的独特看法，有了自己的思想不同于毛泽东思想的"纲领"。

"有后台"说明高层开始觉醒。从文革初期的"三家村"开始，经历了彭、罗、陆、杨，刘、邓、陶，王、关、戚，杨、余、傅等集团的垮台，这些倒了霉的人真还没有弄清这么回事，没有认清毛泽东革命路线的本质，就糊里糊涂的下了台。到林彪，按《五七一工程纪要》的内容，他已经知道了怎么回事，但林彪本人思想还是有点"僵化"，做事太被动，有点听天由命的意思，他的儿子和下边的人没有他的积极支持，也折腾不出什么样子。不过，林彪毕竟是觉醒了。林彪事件的发生引起了更多高层的觉醒，他们开始或明或暗、或自愿或不太自愿地加入了反对中央文革的阵营中去了。"中央二委"的出现就是高层觉醒的表现。

张赵集团的出现说明了中国的"盗火者们"进入了更高的层次，他们要把"火种"播向全国，形成熊熊烈焰！可以说，类似于张赵集团的"盗火者"的出现，为后来的"四·五"运动作好了思想上和组织上的准备。果不其然，张赵集团失败刚刚一年，中国就出现了震动世界的反对中央文革"四·五"群众运动，这证明张、赵思想是全国广大干部和老百姓的反"四人帮"普遍思潮的先声！

第十三章

毛泽东的最后一拳：批邓，反击右倾翻案风

1973 年至 1974 年间的某一天，毛泽东召见江青、张春桥、华国锋、陈锡联、汪东兴，说：总理病不轻，我很着急，他催得我好紧。我不至立即去见马克思，谅他（指邓小平）不敢翻案。今天就定论：请第二号走资派出来，不要太固执。春桥出来主持工作，老帅、将军不会服，今天在座的也不会服，你（指江青）也不会真服。

张玉凤回忆：邓小平当年复出，毛泽东是迟疑不决的，问了叶剑英、李先念，他们很赞成；问了汪东兴、江青、张春桥，他们很反对；问了华国锋、纪登奎、陈锡联，他们都表示，主席定论。

后人很不理解毛泽东，他的晚年的思维很不符合逻辑。既然"总理病不轻"，去日不多，他为什么还要发动"批林批孔"运动，促进总理的病情？"既然谅他不敢翻案"，为什么还要"批邓反击右倾翻案风"？我们只好带着这些疑问进入难忘的 1976 年。

第一节 "四五"的火山

1. 总理在悲愤中死去

在长期的革命战争、社会主义革命和建设中，毛泽东与周恩来的关系很奇特。周恩来作为一个能力特别强的行政专家，一直是毛泽东的得力助手，或者说是毛泽东的实际上的"总参谋长"。由于长期依赖的缘故，毛泽东可能已经离不开周恩来，所以毛泽东在挑选周恩来

的接班人的时候,要求的有点苛刻。他认为,只有邓小平勉强合适。当然以上所述是人人都知道的事情。不是每个人都知道的事情是,周恩来表面上看来是对毛泽东唯唯诺诺、绝对服从,实际上在每个历史时期,周恩来都与毛泽东的意见不相一致。在红军时期,在宁都会议上,博古、周恩来、李德等人解除了毛泽东的军权,毛泽东对周恩来就有心芥。周恩来主导的中革军委(中央革命军事委员会)的意见就与毛泽东的意见大相径庭,后来周恩来在遵义会议上做了检查,支持了毛泽东的意见,才把红军失败被迫长征的责任推到了李德和秦邦宪(博古)头上(其实红军失败的根本原因是敌人的强大,与战术关系不大,所谓"路线斗争"只是领导"换届"的需要);在抗日时期,周恩来先是主张和平解决"西安事变",后是与王明一起主张"一切通过统一战线",并与国民党协调抗日,后来在延安整风时做了检查;在后来的合作化运动、大跃进中,周恩来都被指责为"右倾",好像都作过检查。周恩来对付极左路线有着他自己的办法和策略。他从来不硬顶,老是实行"抽象的肯定,具体的否定"的办法。虽然周恩来在历史上几个重大的关节点上,尤其是毛泽东处于少数时,都拥戴了毛泽东个人,似乎毛泽东并不领情。可能是毛泽东认为周长期对他"口是心非",并不信任周,但不能离开周,也没有什么好法子对付周,因之周恩来有点像曹操口中的"鸡肋"。

文革开始后,按说周恩来最有条件担任"亲密战友"之重任,但他在批刘方面表现得不太积极,又无"军权"(其实周恩来军中威望很高,拥周的将帅很多),"亲密战友"之重任才"历史"地落在了林彪头上。

周恩来在文革中处境一直左右为难,十分艰难,一方面要维护毛泽东个人的权威,维护他倡导的革命大方向,又要维护整个共产党的事业和保护为这个事业曾经浴血奋战的一批老干部,保护好这一大批推动这个事业发展的难得的人才资源。虽然他"违心"地为毛泽东做过许多事,但从他心里讲基本上没有站在"毛主席的革命路线"上。文革当红人物王、关、戚,都是周恩来设法"除去"的(当然也是他们自己作法极左的缘故)。九大以后,周恩来与林彪"合作",开始对抗中央文革派。他利用部队干部来稳定全国局势，批判极左，发展经济。

林彪死后，由于周恩来在文革中采取的至少是表面上的较"温和"和较"中立"的态度，在干部、军队和老百姓树立了极高的威望，老百姓认为，周恩来是毛泽东的"众望所归"的接班人。不过，这种看法却不是毛泽东的想法。

张玉凤回忆：林彪事件后，毛泽东患有高血压症、狂躁症，常常摔东西、撕文件、骂人。他经常失眠，睡梦中惊叫"亲密战友""接班人""副统帅""永远健康"等。这时，毛泽东对其他老帅和老将军的疑心加深。他点了刘伯承、徐向前、聂荣臻等的名，还定下了老帅、将军可以出来挂个职，但不准带兵的决定。毛泽东多次把周总理请来，重复地问："我周围还有没有亲密战友式的人物？"总理总是照例地说："全党、全军、全国人民都热爱毛主席、保卫毛主席，捍卫主席思想，紧跟主席干革命！"毛泽东也总是会重复反问："是真心吗？我看不是。（对）亲密战友，我，你，都没有发觉（证明致江青的信是假的—作者）嘛！我整了不少人，他们会保卫我，你信吗？"然后，毛泽东会仰头哈哈大笑，发着呆。

毛泽东的晚年，和许多老人晚年的性格一样，多疑、多变。虽然头脑清楚，但思维的逻辑性肯定要差得多。他对周恩来说了那么多次的"亲密战友"的话，显然林彪事件对他有了很深的刺激。他本来就对九大以后周恩来与林彪"合作"表现很不满意，所以对周恩来很不放心，老疑心周恩来是另一个"亲密战友"，加上毛泽东从来没有让周恩来接班的意思，又忌惮周的威望超过自己，他就发动了一场"批林批孔"运动，以警告周恩来。

在那么大的政治攻势之下，说周恩来不担心自身的安危，那是假话。1975年1月，周恩来在"批林批孔"和繁忙工作的双重压力下，1972年所患的膀胱癌加重住院。也正是在1975年1月，邓小平成了中共中央副主席、中央军委副主席、中国人民解放军总参谋长，同时在四届人大上，邓小平成为国务院第一副总理，既大有替代周恩来之势，给人民的印象又有可能成为毛泽东的另一接班人。

毛泽东找好周恩来的"替身"之后，仍然不愿意让周恩来"舒舒服服"自然逝去，于是，又发扬"宜将剩勇追穷寇"的精神，不断引深"批林批孔"运动，对重病中的周恩来施压。

1975年8月，毛泽东和中央文革派又开展"评《水浒》"运动，大批以"宋江"为首的投降派。人们知道，《水浒》是中国古代四大名著之一，有极高的文学价值。人们不知道，在二十世纪七十年代中期，《水浒》有了极高的政治价值。为了借《水浒》批周恩来，不惜曲解《水浒》书中的原意，给宋江定了两条罪名。

毛泽东给宋江定的第一条罪名是"架空晁盖"。《水浒》中的晁盖是梁山的最高领袖，宋江是副领袖。书中描写宋江是晁盖的得力助手，常代替晁盖带兵出去作战，根本没有"架空晁盖"的意思。而毛泽东在批判宋江时，非说宋江要"架空晁盖"，意喻周恩来要"架空自己"。这对于古代的宋江和现代的周恩来都是"莫须有"的罪名。

毛泽东给宋江定的第二条罪名是"投降派"。在历史上，梁山宋江等人只是一伙小小的"草寇"，史书上说他们只有三十六人，即便在《水浒传》中，梁山的规模比起攻城略地的方腊起义也小很多，朝廷不会任他们永远逍遥下去，所以招安是其生存下去的唯一出路，在这一点上，以宋江为首的主流派是明智的。招安不同于投降，招安是为了当官，为了封妻荫子。投降是为了保命、为了当良民。毛泽东故意混淆"招安"与"投降"的区别，是为了借《水浒》批判周恩来的投降行为。周的所谓"投降"行为发生在1932年。该年的2月20日左右，上海的《时事新报》《时报》《申报》刊登了一则《伍豪启事》，声明伍豪等二百四十三人脱离共产党。《启事》中的伍豪是周恩来在上海中央工作时的化名。1932年，以中华苏维埃共和国临时中央政府主席毛泽东署名的政府布告，将此事解释为："这显然是屠杀工农士兵而出卖中国于帝国主义的国民党党徒的造谣污蔑"。这则启事在文革中被天津的红卫兵所发现，后报中央文革，解释为国民党特务机关为挑动共产党内斗所为。不过，此事一直是周恩来的一个心结，在长期的党内路线斗争中采取谨慎的态度，在文革中江青一伙又企图用此事发难。1975年9月20日下午2时，在周恩来即将进行第四次手术，在手术室前，他让工作人员将他在几年前所作的"伍豪启事"的讲话记录稿取来。躺在担架车上的周恩来强撑病体，用他颤抖的右手郑重地签上"周恩来"三个字，并注明"于进入手术室前"的字样。当担架车进入手术室时，躺在车上的周恩来又突然睁开双眼，拼尽全身气力大声说道："我是忠于党、忠于人民的！我不是投降派！"（中共中央文献研究室《周恩来年谱1949—1976〈下〉》，中央文献出版社，1997年5月第1版，第721页）在周恩来被病魔折磨的体重只剩下35斤奄奄一息时，还爬在病床专设的小木板上给毛泽东写检查，最害怕毛泽东整他，最担心"晚节不保"。

1976年1月8日，周恩来在忧党忧国忧民忧己中去世。此时的中国已经像一座活火山，随时有可能在某点突破而爆发，周恩来的逝世为这座火山的爆发增添了最后的能量！

2. 人民"扬眉剑出鞘"

对于周恩来的去世，全国人民都希望毛泽东能给周恩来公正的评价，并能参加追悼会，但毛泽东没有参加追悼会，在中共中央和国务院发的讣告中，也没有说周恩来是"伟大的马克思主义者"（通常都有这么一句话）。正面的说法是，毛泽东本人也病得很厉害；负面的说法是，毛泽东和中央文革对总理的去世表现得很冷漠。

张玉凤是正面的说法：七六年一月，周总理逝世。当时有四十名老帅、将军给主席写信，要求和盼望主席能出席追悼会，哪怕到场一下。主席看了信后，说："老帅、老将军对总理爱得很深，是为总理委屈、抱不平，是在借题促我反思搞文化大革命。"宋庆龄也给主席写信，也要求主席能出席周总理的追悼会，体现国家、人民、党的团结，主席健在。主席请汪东兴代复宋庆龄，内容称：文化大革命已经十年，问题还是丛生，并说："自己也快走了！"

在近几年研究周恩来的著作《新发现的周恩来》中有这样的说法："毛的体力已经不允许他去参加周恩来的追悼会。但是，毛想要向世人表示对周哀悼和惋惜、表示对周的看重，方法是多得很：毛可以发出赞扬周恩来的'最高指示',赞扬的级别可以有不同的选择,但是毛没有这样做(原书注:陈友群同志十一月十四日发言,中直机关讨论《历史决议》〔草稿简报〕第五组第三十二号,一九八零年十一月十七日。本书注:陈友群,1978年4月后,先后任中国社会科学院近代史研究所革命史组组长、中共中央毛泽东著作编辑出版委员会办公室,后改名为中共中央文献研究室任室务委员、朱德著作生平研究组组长、机关党委书记、中央文献研究室副部长级顾问)。"

1976年1月11日下午4时,当周恩来的遗体送往八宝山火化时,首都百万群众冒着凛冽的寒风,自动伫立在从北京医院到八宝山的几十里长街上,为周恩来的灵车洒泪送行。灵车过处,人们脱帽肃立,泪珠滚滚,许多人失声痛哭,出现了从未见过的极其悲壮的送灵场面。人民心中压抑着巨大的悲痛和不满,这与中央文革的人形成了巨大的反差!

在1月15日的周恩来的追悼会上,中央安排邓小平致悼词,似乎既是对周恩来的不敬,也是对邓小平的嘲讽。由于邓小平有"右倾翻案"的动作,1975年11月20日,毛泽东指示中央政治局开会,要求邓小平做出肯定"文化大革命"的决议,遭到邓小平的拒绝。毛泽东决定停止让邓小平统管全面工作,让其"专管外事"。这个时候,不安排即将担任代总理的华国锋致悼词,也不安排当红的中央副主席王洪文致辞,而安排即将第二次下台的"专管外事"的邓小平致辞,含义何其深也。其暗喻周、邓一路货色也,也使邓小平有"兔死狐悲"之感觉。这样的精心安排实在有些过分,他们只考虑到了如何使邓小平难堪,没有考虑到人民的愤怒。这一次,人民是真的愤怒了,他们认为"鞠躬尽瘁,死而后已"的总理走了,带着不公正的待遇走了。他带走了人民对国家的最后希望。尽管近几年来,有些周恩来的研究者对周的一些行为、甚至周的整个为人处世方式提出了异议,但在周恩来当时作为反对中央文革派(不管他本人是有意还是无意)的一面旗帜,起到了唤醒民众的伟大作用是毋庸置疑的。

1976年3月下旬,中国传统的清明节渐近,全国各大城市的群众,纷纷自发进行悼念周恩来,抗议中央文革的各种活动。3月29

第十三章 毛泽东的最后一拳：批邓，反击右倾翻案风

日，南京大学师生率先发起抨击江青、张春桥、姚文元，悼念周总理的活动，史称"三二九南京事件"。该活动震撼全国，成为"四五运动"的先声。清明节（4月5日）前，北京市上百万人民群众，自发地聚集于天安门广场，在人民英雄纪念碑前献花篮、送花圈、贴传单、作诗词，悼念周恩来，拥护邓小平，声讨江、张、姚。最醒目的是，人民英雄纪念碑上高高悬挂着的一副挽联："红心已结胜利果，碧血再开革命花；倘若魔怪喷毒火，自有擒妖打鬼人。"好像在向中央文革派宣战！还有一首直接针对江、张、姚的诗，题目是《向总理请示》，暗示江、张、姚快要垮台："黄浦江上有座桥，江桥腐朽已动摇。江桥摇，眼看要垮掉；请指示，是拆还是烧？"，

对于人民群众的行动，毛泽东和中央政治局认为是另一次"匈牙利事件"，并认为邓小平就是"中国的纳吉"。4月4日，华国锋召集在京的中央政治局委员会议，错误地认为群众的革命行动属于反革命性质，并在当晚开始清理天安门广场的花圈和标语，抓走许多坚持在广场进行悼念活动的群众。当时，作为毛泽东同中央政治局之间的"联络员"毛远新，把中央政治局委员会议情况，向毛泽东作了书面报告，毛泽东圈阅批准了这个报告。4月5日，北京广大人民群众纷纷提出抗议，在"还我花圈，还我战友"的口号下形成了天安门广场大规模的群众抗议运动，并同首都工人民兵、警察和战士发生严重的冲突，导致车辆和治安岗亭被烧。当晚7时半，中共北京市委第一书记吴德在广播讲话中说，天安门广场有坏人"进行反革命破坏活动"，"要认清这一政治事件的反动性"。九时半，出动倪志福麾下的1万名首都民兵，3000名警察和5个营的卫戍部队，部队全部换穿首都民兵的工作装，带着木棍，包围天安门广场，对留在广场的群众进行血腥镇压，并逮捕了许多人。随即全国各地都对悼念周恩来、反对中央文革派的运动进行了镇压。这就是著名的1976年的"天安门广场事件"，后来又称"四五"运动。

常理正是太原"四五"运动的策动者之一，也是太原市策划和支持送花圈追悼周恩来的人。常理正有一同班同学叫李宁，李宁有一个弟弟叫李静。平时，李静与常理正经常来往，深受常理正思想影响。

李静是一个血气方刚的小青年，容易激动，特别痛恨中央文革那些人。临近清明节的时候，常理正和李静开始策划清明期间追悼总理的事。他们对怎样做花圈、摆放地点、时间、怎样举行仪式等事宜进行了商量，决定悼念仪式在太原市人民公园（现太原市儿童公园）革命烈士纪念碑前进行，此时常理正还在停职审查期间，不便公开出面，商定由李静和他的几个小兄弟出面。为了保护李静，常理正还建议由其他人出面主持仪式，但李静最终还是自己出面主持了仪式。李静当时年纪较小，社会关系不是很广，没有物质力量做这件事。常理正是太原变压器厂的年轻人中的领袖，在厂里影响很大，他把制造花圈的原料和笔墨纸张交给了李静，由李静组织制作。3月底，李静率领一些人，在太原市人民公园（现太原市儿童公园）革命烈士纪念碑之前，送上了太原市追悼总理的花圈，并举行了追悼仪式，发表了慷慨激昂的讲话，拉开了太原市"四五"运动的帷幕。

在"四五"运动中，太原人一点也不落后于北京和南京人。张赵集团的没被抓的"残余"势力，策动了太原的"四五"运动。后来被抓的张赵集团主要成员何立言，当时是太原重型机器厂党委办公室秘书，组织了一批人，做了太原市最大的一个花圈，矗立在了太原市五一广场。当时常理正和时任太原变压器厂团委书记的李大纲（原山大八八红旗的负责人）一起策划和组织了太原变压器厂群众送花圈活动。李大纲组织人员，以太原变压器厂团委和各基层单位团支部的名义送花圈；常理正有二十五个十五中的同学分配到了太原变压器厂，再加上红联站其它学校分到变压器厂的学生，几乎每个车间和班组都有"自己人"，常理正则组织"自己人"以各车间和班组的名义送花圈，太原变压器厂共送了大大小小几十个花圈到五一广场，使太原变压器厂成了太原市送花圈最多的单位之一。可以说张赵集团在太原"四五"运动中起到了至关重要的作用。

十三冶的李明山当时担任太原市工宣队办公室副主任，带领工宣办全体人员和府西街小学、黑龙潭小学、新建路小学全体师生到人民公园和五一广场送了七个花圈祭奠总理，也是太原"四五"运动的主要人物，后来也被追查。

有的太原人在太原闹得不过瘾，就跑到北京写诗祭奠。驻地在山西太原坞城路的，铁道部第三工程局机电队建筑处机械厂的青年工人王立山，就是这样一个人。他一个人跑到北京写了一首题目是《扬眉剑出鞘》的诗："欲悲闻鬼叫，我哭豺狼笑。撒泪祭雄杰，扬眉剑出鞘。"这首诗震撼了全国。

是谁发动了"四五"运动？是谁指挥了"四五"运动？按当时官方的说法是一个理着"小平头"的人，暗指邓小平。其实，这么大的运动没有群众思想所具有的基础条件，哪个个人都难以发动起来。难怪毛泽东在"四五"运动之后常对毛远新、张玉凤说："民心、军心，我看不在（我们）这边。你们要信！"毫无疑问，"四五"运动是一场从自发到自觉的伟大的人民民主运动。

"四五"运动既是一场人民运动，实际上就是文革以来人民思想解放的结果。如果说张赵集团事件代表了人民思想解放的深度，那么，"四五"运动就代表了人民思想解放的广度。1966年的时候，由于人民对"走资派"的"资本主义复辟"，对"修正主义"的赫鲁晓夫式的人物，特别痛恨，害怕"吃二茬苦，受二茬罪"，民心、军心在毛泽东和中央文革一边；到1976年的时候，人民对"无产阶级专政下继续革命"的理论，对极左路线，特别痛恨，民心、军心到了"第二号走资派"一边。历史就是这样的"风水轮流转"，谁站在了大众百姓一边，谁能和人民大众的心相连，理想通，风水就会转向谁。

"四五"运动是一场人民运动，还在于在这场运动中，各种人、各个阶层、各个政治派别能摒弃"前嫌"，统一在"追悼总理"的旗帜下，反对中央文革。"造反派"与"走资派"，红五类与黑五类，干部与群众，知识分子和"大老粗"，尽管政治认识有深浅，政治见解各不同，却能奇妙地结合在一起。在十年间，中国人的心从来没有这么一致过！

正是在"四五"运动中，人民学会了自导自演"群众运动"。后来的"西单民主墙"运动和1989年的"六四"学潮正是"四五"运动的继承和发展。同样，当政者也在"四五"运动中认识到了这种"自发"到"自觉"的群众运动的危险性，之后无论是左派执政，还是右派执政，都不主张这种群众的民主运动，似乎很害怕这种民主运动，当1978年"四五"运动平反时，也没有对"四五"运动做过多的宣扬。当时团中央书记韩英准备组织四五斗士到全国巡回报告，被邓小平制止。

最后应该指出，"四五"运动是一场有局限性的运动。它的目标只是指向了个人，而没有指向制度，运动本身没有认识到，个人的专制是由制度所造成的。"四五"运动的局限性在于它的思想认识还停留在体制内。

第二节　王谦批邓的大动作

1. 批邓：张铁生的"预警"

早在"四五"运动前的两个月，山西省委曾经邀请张铁生来并作报告，张铁生在报告中对即将来临的"批邓、反击右倾翻案风"作了"预警"，使山西省委有了思想准备。

张铁生，1950年生，辽宁兴城人。1968年中学毕业后下乡插队。曾任兴城县白塔公社枣山大队第四生产队队长。

1973年6月，张铁生被县里推荐考大学工农兵学员。在物理化学考试时，大部分考题不会回答，但他在卷子背面写了《给尊敬领导的一封信》，最终他的考试成绩语文38分，数学61分，物理化学6分。1973年7月19日，《辽宁日报》以《一份发人深省的答卷》为题，刊登了张铁生的信。《编者按》说："张铁生的理化这门课的考试，似乎交了白卷，然而对整个大学招生的路线问题，却交了一份颇有见解、发人深省的答卷。"8月20日，《人民日报》又转载了张铁生的信，又另加《编者按语》，其中说："这封信提出了教育战线上两条路线、两种思想斗争的一个重要问题，确实发人深思。"信息被时任辽宁省革委副主任的毛远新得知，张铁生的命运从此改变。全国各地报

第十三章 毛泽东的最后一拳：批邓，反击右倾翻案风

刊纷纷转载，张铁生一夜之间成了名噪全国的勇于交"白卷"的反潮流英雄。

后张铁生被铁岭农学院破格录取。任中共铁岭农学院核心小组副组长、院党委副书记。1975年1月当选为第四届全国人大常委。

1976年1月，铁岭农学院组织四十多名申请当农民的应届毕业生去大寨参观，这在当时是一种政治待遇。张铁生本不想去，他的社会活动太多了，可同学们一定让他去。因为当时去大寨参观的人很多，如果张铁生去，他们这个参观团的规格就提高了，张无法拒绝同学们的请求。

从沈阳到大寨路过北京，大家很想到清华大学去看一看，铁岭农学院便与清华大学联系。清华大学听说是张铁生带队，马上表示欢迎，并且邀请张铁生给学生做报告。他们在清华大学受到热情接待，还参观了当时全国最先进的物理实验室。张铁生给清华学子做了报告。离京前，时任清华大学党委书记迟群和谢静宜接见了张铁生，迟群主要讲了批邓的事。

张铁生等人离开北京到大寨参观时，接到山西省委电话，请他去太原做报告。2月10日，张铁生在太原市湖滨会堂做报告，主题是批判修正主义教育路线。其中也谈到了迟群所讲的批邓之事。

张铁生的报告在山西省引起强烈反响，成了爆炸性新闻。张铁生讲话的内容，山西省的干部从来没有听过，特别是有关"反击右倾翻案风"的激烈言论，直接牵连到中央上层的政治斗争，这让山西省委感到兴奋而紧张，他们立即把张的讲话内容反馈到中央政治局。

江青得到消息后，马上打电话找毛远新，毛远新立即派秘书找张铁生，让张不要再讲话，尽快回辽宁。

这次邀请张铁生的事情是由省委第一书记王谦亲自批准的，报告大会由省委书记王大任主持的，后来清查"四人帮"时把责任推到了下面，不过这已经是后话了。

顺便说一下张在文革后的遭遇。文革后，张铁生被官方和媒体讥讽为"白卷英雄"，1976年10月后被撤销所担任的党内外职务，并被开除党籍。1983年被锦州市中级人民法院以反革命宣传煽动罪、

阴谋颠覆政府罪判处有期徒刑15年，剥夺政治权利3年。1991年10月刑满获释，和另外三人创办了饲料公司。

应该说张铁生当时仅二十三岁，面对很简单的高考题，初中毕业的张铁生觉得还是比较困难，写信谈自己的真实想法，要求有平等的待遇，是他的权利，并没有多大错误。后来他做的事情，都是在党组织的安排下作的，其个人不应该负主要责任。至于说，对他所判的"反革命宣传煽动罪、阴谋颠覆政府罪"，有点"莫须有"。他进行的是文革的"革命"宣传，而且是按当时的政府的安排做的，因此，这两项罪行都不能成立。张铁生的遭遇与许多文革人物一样，是时代的悲剧。

2. 毛泽东最高指示："资产阶级就在共产党内"

在1976年3月份，中共中央针对邓小平的"右倾翻案"活动下发了毛批示"同意"的（1976）4号文件。毛泽东在他的重要指示中，深化了"无产阶级专政下继续革命"的理论，其中有两个要点。一个是扩大了革命对象的范围，"大量的小资产阶级""大量未改造好的知识分子""小生产"都已经成了革命对象；另一个是资产阶级"就在共产党内"，毛泽东的意思是，即便是旧的资产阶级消灭了，党内还有新的资产阶级产生，他们还会走资本主义道路。

毛泽东在这次所讲的一些理论观点，确实有一些值得探讨的地方。如果当时占社会少数的工人和贫下中农，把小资产阶级当作革命对象，只会孤立自己，造成自己革命的失败。毛泽东"资产阶级就在共产党内"的说法，有深刻的含义。由于共产党是执政党，农民阶级、地主阶级、红色贵族阶级等等等等，各个阶级、阶层都要在共产党内寻找代理人，或者说，各阶级、阶层的思想都要反映到共产党内来，这些代理人都为了各自阶级或各自阶层的利益在党内进行路线斗争，只不过都打着马克思主义的旗号罢了。一些钻入共产党掌了权的人，靠权发财，贪污受贿，腐化堕落，买官卖官，把权力资本化，商品化，使自己变成了新生的资产阶级。毛泽东按着他的这个预见和理论,他认为邓小平很可能是这样的代理人,于是他又发动和支持了"批邓反击右倾翻案风"的运动。但是,邓小平复出后所大力推行的"整顿生产秩序,狠抓经济建设"的手段,符合广大干部和群众的愿望,符合扭转中国当时经济颓势的需要,再加上当时党内党外,上层、下层对国计民生的忧虑,对已故周总理的怀念,特别是四人帮在悼念总理问题上的低调与不公,越加激发了人们对毛泽东,特别是"四人帮"的不满,"四五"运动集中反映出当时人心的向背。虽然改革开放三十多年后,中国的社会实际,生动而又具体地中的了毛泽东当初的这个预言。也不能否定"四五"运动所折射出的民众的民主觉醒,民众追求公正的胆略;也不能不说,"四五"运动实际上宣告了毛泽东"批邓、反击右倾翻案风"这一举措是不得人心的。

当时,毛泽东并没有认识到这一点,他誓要坚持他的继续革命的理论,贯彻他的战略部署。1976年4月6日,中央政治局在京委员听取北京市委的汇报,认为天安门事件是反革命暴乱,并要北京市委写成材料通报全国。毛泽东又根据毛远新的书面报告同意中央政治局的决定。4月7日,毛泽东同意发表吴德的广播讲话和《人民日报》记者关于天安门事件的"现场报道"。当时的《人民日报》报道文章,把人民的"四五"运动说成是"反革命"活动,是"反革命"政治事件,并说邓小平为天安门事件的"总后台"。中央政治局根据毛泽东的提议,于4月7日任命华国锋为中共中央第一副主席、中华人民共和国国务院总理。同时,认定邓小平问题的性质已经变为对抗性的矛盾,并作出撤销邓小平党内外一切职务,保留党籍,以观后效的决议。由此,全国性的"批邓、反击右倾翻案风"的运动开始了!

3. 王谦大动作之一:举国无双的批邓誓师大会

与1966年一样,1976年,山西省委第一书记王谦又面临一个历史的十字路口。1966年,由于没有认清形势,王谦成了山西省的第二号走资派,为此还坐了三年牢。在卫恒去世后,又上升为山西省的第一号走资派。十年之后,王谦成了山西省的第一把手,已经是今非昔比了，自己有了把握形势的权利了。十年间，王谦的思想也有了很大的变化。十年前，王谦虽然思想比较"左"，但整个山西省委都被打入了彭薄安陶的体系，即刘少奇体系，连分辨的机会都没有。十年后，王谦已经加入了陈永贵的体系，自然是要紧跟伟大领袖毛泽东和中央文革闹革命了。在毛泽东与邓小平这场重大的路线斗争中，革命多年的王谦自觉自愿地甘当毛泽东革命路线的排头兵了。

1976年5月11日，山西省委在太原市杏花岭体育场召开"批邓、反击右倾翻案风"誓师大会。参会人员都是党员，号称十万，实则七万。在会上，王谦、王扶之、黄志刚发表了慷慨激昂的长篇讲话。王谦在讲话中把邓小平骂了个痛快，说邓小平是："党内外新老资产阶级和没有改造好的地富反坏右的总代表""复辟资本主义的总头目""制造天安门广场反革命政治事件的罪魁祸首""党内最大的死不改悔的走资派""中国的纳吉""刮右倾翻案风的总后台""党内资产阶级的总后台"，"对邓小平和一小撮阶级敌人手软，就是对无产阶级的残忍"。表示：山西省委坚决拥护中央的两个决议，要与邓小平斗争到底。讲话结束时，王谦带头高呼"坚决打倒邓小平""与邓小平血战到底"的口号。会后，王谦步行走在队伍的最前头带领七万干部党员，进行了声势浩大的火把游行。震天的口号声、火的长龙，震撼、映红了太原市的大街小巷。

王谦给邓小平的"定性"远比中央的"定性"要严重得多。

中央并没有把邓小平开除党籍，也没有给予留党察看处分。中央虽然"认定邓小平问题的性质已经变为对抗性的矛盾"，并没有说成是"敌我矛盾"，其中提法的细微差别是有说法的。应该是"人民内部矛盾"转化成"对抗性"的了，还没有发展为"敌我性质"的。"以观后效"的意思是还给予改正错误的机会。

王谦比极左的中央还要极左。"地富反坏右的总代表"这个词本身就不科学，"地富反坏右"不是一个利益体。按马克思主义的道理，历史上，资产阶级是在对封建阶级的斗争中成长起来的，与地主不可能有本质的共同利益。如果说，中央对邓小平的"资产阶级代表"的定性是相对准确的，而王谦的"地富反坏右的总代表"的定性是荒唐可笑的。王谦同志能把这么一个矛盾体拿捏在一块，创造出一个新名词，无非是要说邓小平是天下最坏最坏最坏的坏人，或者是想说邓小平是世界上最大最大最大的大坏人。王谦同志这样做当然是想在"批邓、反击右倾翻案风"中唱高调、抢头功。

"四五"运动后，毛泽东及"四人帮"与当年的国民党一样，采用了镇压群众的手段，说明了他们真是没有其他招数了。而中央向各省打招呼，要求各省表态支持中央，也说明中央的软弱。只有自信心不足的时候，中央才需要地方"勤王"，就像汉献帝时代一样。在这个时候，毛泽东及"四人帮"的自信心显然已经丧失，需要地方"诸侯"表态"勤王"。当时，中央文革极左派已经相当孤立，只是靠着毛泽东的那点残存的"威望"在维持着，所以各省地方"诸侯"表态肯定有真有假。

不过王谦的表态肯定是真的，而且加上了自己的"发明"。像当年刘格平创造了夺权的全国第一一样，王谦终于在"批邓、反击右倾翻案风"中创造了第一。山西省委的表态大会无论在声势上（如"血战到底"的口号）、在形式上（如火把游行）、理论上（如说邓小平是"地富反坏右的总代表"）都有独特之处。王谦这样作当然是想在"批邓、反击右倾翻案风"中抢头功。此时的王谦已经没有了退路，他要坐稳山西一把手的位置，就必须打击反对他的周恩来、邓小平体系的谢曹势力，因此，他必须跟随陈永贵和中央文革的极左派继续走下去。王谦应该是下了一个赌注，他把自己的前途押在了中央文革胜利的基础上。但是，王谦的眼光毕竟是短浅的，因为中央文革即便是取得了胜利，也必将被历史证明是错误的。

4. 王谦大动作之二：张赵、"四五"一勺烩

什么叫"批邓、反击右倾翻案风"，在王谦看来，就是清除所有反中央文革势力和反自己的势力。虽然张赵集团的主要成员都在狱中，王谦仍然把对张赵集团的清查与"四五"运动参与者的清查结合起来，显然他认为，张赵的思想与"四五"运动的思想是一致的，并

且可以借清查"四五"运动的参与者以打击谢曹势力。

王谦在追查"四五"运动参与者和张赵集团时,采用了两个标准。

在"批谢曹"和"王谦落选"两件事情上,王谦与谢曹的势力相互结下了很深的"梁子"。与谢曹势力有关的人大多与中央文革和陈永贵有"旧隙",难免参加"四五"运动和持与张赵集团相同的观点,这次就成为王谦的重点打击对象,甚至采用了一些"莫须有"和栽赃陷害的手段。

"四五"运动结束不久,王谦就亲自主持成立了"追查反革命谣言和活动办公室",对凡是去过天安门广场和太原五一广场的同志个个登记,一一审查。把对江青等人的不满言语和揭露江、张、姚的诗词都作为政治谣言和现行反革命活动。王谦在1976年5月中旬部署追查所谓反革命的会议上讲:"这次追查反革命和追查政治谣言是批邓的重要组成部分,要以对毛主席对党负责的精神追查清楚。""有些单位不认真追查,通知开会负责人不来,如果你不干就声明,干就要领导起来,这是对中央的态度和立场问题。""公安部已打了几次电话,要求迅速搞清楚。""初步统计反动诗词、政治谣言就有两千三百多份,来源有八十九条线索。五一广场明显反中央的诗词就有三十七首,是什么人搞的,查不清,你们是交不了账的。""五一广场送花圈的问题,是谁组织的,谁发动的,谁支持的?要一一搞清楚。厂矿送花圈是有计划的、有领导的,是领导授意的,总有一个幕后操纵者、策划者,必须搞出来。"王谦在另一次讲话中说:"在五一广场出现的这些反革命活动,并不是孤立的、偶然的。它的性质同天安门广场出现的反革命政治事件是一样的,在政治上是紧密配合、遥相呼应的,是有组织、有计划、有预谋的。""他们打着拥护周总理的幌子进行反革命活动,悼念周总理是假,护驾邓小平是真。"王谦的命令一下,没几天在太原等地先后把悼念周总理活动的所谓组织者、策划者统统逮捕、拘留起来。被逮捕的有五十五人;被拘留的有一百一十八人;被隔离审查的十四人,共计一百八十七人。王谦把这些同志都作为现行反革命审。受到牵连和追查的受害者竟达四万余人。在粉碎"四人帮"之后,王谦竟然还对被拘留的六位同志下令予以逮捕。

第十三章 毛泽东的最后一拳：批邓，反击右倾翻案风

李静在清查"四五"运动的镇压中第一个被捕。据常理正回忆，当时还在湖滨会堂开了一个抓捕大会，对参加"四五"运动的主要人物进行逮捕，可怜的小孩李静没经历过大事，被五花大绑捆作了一团，经历了生命中的第一次重要的考验。

何立言，1940年生，家庭出身贫农，山西洪洞人，在张赵集团中不是主要人物，参加活动少，在1975年抓捕张赵集团的行动中没有被捕。由于策动太原"四五"运动，新帐老账一起算，于1976年5月20日被捕。此时正是山西省委召开"批邓、反击右倾翻案风"誓师大会的第十天，何立言成了大会后的第一个被示威羔羊。

阎逢碧回忆："在批判时，凡是原兵团红联站群众组织观点，而且对王谦有意见的，就抓住大整大批，甚至划入成员，而支持王谦的人就不但不予追查，反而提拔晋升，举一例足以说明，如省运输公司的党委书记程文虽和该案成员魏润福关系较好，看过材料，但后来给专案组反映了不少情况，还获得了一些材料，按理说是作了工作的，就是这样的人，王谦在破案后都把人家按集团成员处理，而对矿机的贾基山（领导）也看过材料，并有议论，可是由于贾是支持王谦的，是黄志刚的部下，不但不追查，反而提到太原市当了市委副秘书长。"王谦确有挟私报复之嫌。

在王谦的阵营里，其实也不乏对中央文革不满的人。如太工红旗、山大八八红旗等大学生有些人进了各级党政机关，归到了王谦旗下。还有一些老干部经历了文革的磨难后，也陆续得到了"解放"，虽然回到王谦麾下，有许多人也对中央文革不满。这些人中间，也难免沾到"四五"运动和张赵集团的边，王谦对这些人采取了"放一马"的态度。

另一个例子是原山大八八红旗的负责人李大纲的事。李大纲在一月革命风暴中曾经退出过"一·一二"夺权，还炮打过中央文革关锋，自然对中央文革的一套作法不满。在"四五"运动中李大纲也在太原五一广场有过慷慨激昂的演说，沉痛悼念周总理，激烈谴责过江、张、姚。为此，他在清查中遇到了麻烦，被列入抓捕名单。幸亏山大八八红旗的另外一位负责人在省委办公厅工作，找到王谦替李

大纲说了情，王谦放了李大纲一马，李大纲才躲过了一劫。

山西清查"四五"的活动的声势一点也不比誓师大会的声势小，王谦的统治似乎也开始了他的全盛时代。王谦本人也是踌躇满志，计划在政治上、经济上及理论上都干出一番事业来，以显示他的能力。

5．王谦大动作之三：策划批邓的两本书

从理论上批倒批臭邓小平是王谦的又一个大动作。

山西成为极左理论的故乡，有一定的历史渊源。在抗战前夕，在山西的许多小县城中，有许多小知识分子和青年学生对现状十分不满，都在寻找救国救民的新道理。在一些马列主义的小册子的影响下，这些人大多参加了革命。在抗战中，这些人都局限在山西贫困的抗日根据地的山区，从来没有见过"大世面"。由于当时共产党队伍中缺乏知识分子，他们中间的一些人从事了理论研究和教育工作。这部分人当时很少接触原旨的马克思主义，他们只能根据自己的所处的环境，根据自己的理解，根据上级的意思，再加上自己的初中和高小水平的文化知识，去解释马列主义，于是创造出了一种具有中国特色的马列主义。这种主义无不带有小知识分子的特色，所以这种理论不能不"极'左'"。时任省委宣传部长李慰就是这些人中的一个。他准备与省委第一书记王谦一起，在"批邓、反击右倾翻案风"中大显身手。

李慰，1914年生，山西昔阳人，太原师范毕业，1942年参加中国共产党。李慰一直与王谦在太行区工作，曾任高级小学主任，太行区抗战学院、太行联合中学教师、太行长治师范学校党委书记、副校长，太行工业职业学校、太行财经学校、太行职业学校校长，山西行政干部学校副校长，山西省委党校党委书记、校长等职。李慰在文革初期被批斗罢官。"解放"后，任山西省委宣传部部长。

"批邓、反击右倾翻案风"开始后，李慰按王谦的指示，策划编纂了两本书。

一本书的书名是《资产阶级就在共产党内》，由山西人民出版社

1976年6月1日出版，作者是李伦慧、李言实（估计是笔名），全书分五章：为什么说资产阶级就在共产党内；党内资产阶级产生的根源是什么；认清走资派的特点和活动规律；文化大革命是亿万群众同党内资产阶级斗争的伟大实践；伟大的理论 指路的明灯。该书出版三十万册，在全国影响很大，各省纷纷效仿。

另一本书的书名是《反面教员邓小平》。这本书在1976年10月排印完毕，还未及出版，因"四人帮"被粉碎而死于胎中。

对于"批邓、反击右倾翻案风"，李慰表现出了从未有过的热情。他亲自组织大型的"理论研讨会"和"宣讲团"，批判邓小平的"反革命"实践，声讨中国的"纳吉"邓小平"复辟资本主义"的滔天罪行。王谦还指定李慰负责全省清查"四五"运动的策划者和参与者，全省各地各单位办了许多"学习班"，关进了许多与"四五"运动的"谢曹体系"的干部和工人，使得全省清查"四五"运动的策划者和参与者的活动，被大大地扩大化了。

如果用我们现代的角度来看李慰的理论和两本书，简直是荒唐得要命。用落后的封建社会主义的思想，来批判当时是先进的资产阶级思想，本身就是一种社会意识的倒退。

第三节　自然的历史规律淹没"四人帮"

我们将很谨慎地使用"四人帮"这个词，是因为这个词与历史事实不是很符合。

第一个与历史不相符合的地方是，"四人帮"不是四人"帮"。实际上，中国的极左派没有成为一个帮派组织，他们只是一个政治思想派别，属于同一个思想体系。在这个政治派别中，甚至对于每一次政治事件都还没有形成统一的看法，他们只是按毛泽东对待每一个政治事件的态度，来决定自己的政治选择。他们中的许多人因为跟不上毛泽东跳跃性的思维而被抛弃，如：王、关、戚在反军问题上，陈伯达起草党的九大报告问题上，康生在赞同设国家主席上都与毛泽东的看法不相一致。

第二个与历史不相符合的地方是，"四人帮"不是"四人"帮。如果用"四人帮"这个词来替代极左派这个词，实际上是夸大了"四人帮"的历史作用。极左派的队伍也很大，其领袖是毛泽东，还有康生、华国锋、陈永贵、……，这就使得其他人推行极左路线的历史责任得到解脱，这当然是不合适的。

至于"四人帮"这个词的来源，也是毛泽东随口说的，不完全具有贬义。这个词在文革后被他们的政治反对派抓住，成了单指"王、张、江、姚"的贬义词。文革中，极左路线与其它的极"右"、右的、中间的、左的路线进行了不断斗争，到1976年，它本身遭到那些路线的不断冲击，终于不堪"重负"，到了垮台的时候了。

1. "三十二人大字报"和"八·二三"对极左派王谦的冲击

所谓"三十二人大字报"和"八·二三"事件都是太原市的谢曹势力在忍无可忍的情况下对王谦的反击。

"三十二人大字报"事件发生在1976年4、5月间。1974年批谢之后，支左的解放军人员撤走，谢曹势力受到了严重排挤。1974年底，市委第一书记、军队干部刘世洪回到部队，职务由黄志刚接替。黄志刚是王谦的铁杆死党，上任后实行了"两个凡是"的政策：凡是陈永贵、王谦体系的人，无论坏好，一律重用；凡是谢曹体系的人，无论好坏，一律排斥。用当时时髦的语言来说，就是"翻烙饼"。1974年4月以后，黄志刚利用"批邓、反击右倾翻案风"之际，结合清查"四五"运动，加紧了对谢曹干部的排挤和迫害。市委副书记张华庭、牛发和、仝云，市委常委、革委会副主任贾茂亭、李民星，及绝大部分的处室级干部都靠了边。

1976年4月，太原市委、市革委两个大院和山西省委门前出现了一张大字报。内容直指王谦、黄志刚，批评他们把批谢曹引申到了批群众，大搞"翻烙饼"。这张大字报由三个人署名，即蒋守身、张新文、李锁成，因之，被称为"三人大字报"。这三人均为市委组织部干部，领衔的蒋守身，1938年生，山西山阴县人，1958年山西畜牧学校毕业，参加工作后于1964年按"调干生"进入省委党校学习，成为山西省的县级干部的重点培养骨干。文革中，还在省委党校学习的蒋守身没有参加任何群众组织，但他是党校东方红的观点。1969年党校毕业分配到太原市委政工组干部审批组（相当于组织部干部办公室）工作，在写三人大字报时，蒋守身已经是"靠边"了。

1976年5月王谦举行批邓大会之后，与谢曹势力的矛盾更加激烈。5月中旬，蒋守身、张新文、李锁成等三人联合了二十九名太原市委、市革委各处室负责人，在市委、市革委和省委门前贴出了"三十二人大字报"。该大字报的内容与三人大字报差不多，主要还是批评王谦、黄志刚把批谢曹搞成了批群众，大搞"翻烙饼"。"三十二人大字报"得到了太原市委、市革委大多数领导和机关干部的支持。该大字报还经太原市委副秘书长白玉批准，印发全省，影响极大。在太原市，在全省掀起了炮轰王谦、黄志刚等人的滔天大浪，最后发展到"八·二三"游斗王谦的事件。

王谦反击"三十二人大字报"时说："三十二人大字报"不批邓，专批王、黄，干扰了批邓的大方向。如果说，王谦落选事件，使王谦恨透了段立生的话，"三十二人大字报"事件，使王谦恨透了蒋守身。蒋守身后来为此付出了坐牢的代价。

"八·二三"游斗王谦事件也是山西文革史上不能不提的事件。无论是"四人帮"，还是后来复辟的"走资派"，都对该事件及其发起者进行了批评和否定，这当然值得我们研究和探讨。在此，我们先还原一下事件的整个过程。

自从王谦、陈永贵"批谢曹"之后，王谦又不断地找谢曹体系干部的"麻烦"。同样，原兵团工总司下属的一些单位的组织成员（因为是在工厂里，骨干还能聚在一起，其中也夹杂着许多分配到工厂工作的红联站、兵团的学生）也时不时地炮轰一下陈永贵和王谦。双方积怨愈深。

到 1976 年的夏天，在王谦火把游行声讨邓小平之后，"批邓、反击右倾翻案风"进入高潮。王谦加大了清除谢曹势力的力度，并占据了绝对的优势。而反中央文革一边的谢曹派，由于是非执政方，自然处于劣势。那时，他们只好采用一些非正常手段，用大字报和大标语炮轰王谦和太原市委第一书记黄志刚。"三十二人大字报"打响反击王谦的第一炮之后，这样双方的矛盾更加激化，谢曹势力采用的非正常手段达到了极点。

1976 年 8 月 23 日，太原铁路局革命委员会举行"抓革命，促生产"誓师大会，省委第一书记王谦前往参加大会。会议在太铁俱乐部举行。会议刚开始，太原铁路局原"铁路红旗"（文革初期属于工人兵团，后为兵团工总司）负责人陈岳秋等人，率领几百人冲击了会场。他们给王谦戴上了高帽子，脖子上挂上了写有"走资派王谦"的铁牌子，上面还画有红叉。他们把王谦押上了事先准备好的大卡车，进行了游街批斗。同时被游斗还有太原铁路局党委书记谢治国。游街游到了府东街省委门口之时，王谦被省委的干部和工作人员所解救。

事后，山西省委向中央报告了这一严重事件。中央随即指示要严肃处理这一事件。山西省委在 8 月 27 日上午，举行广播大会，宣贯中央指示精神，并责成公安机关，逮捕了陈岳秋、王大壮（原兵团建校二一七负责人，后分配到建工局工作，在此次事件中挂名副总指挥）等策划者、指挥者和骨干，陈岳秋等人后被判刑。

"八·二三"事件影响很大，因为它是中国文革最后一个省委第一书记被批斗的事件，也是最后一次针对极左派的群众群体事件。由于制造这次事件的人打着"批邓、反击右倾翻案风"的旗号，再加上山西省委的宣传，人们对这次事件的性质产生了误解，认为它是针对"走资派"的"打砸抢"事件。

"八·二三"事件的对象是王谦。如果说 1966 年王谦的角色是"走资派"的话，1976 年王谦的身份已经发生了极大的变化。王谦的身份在 1974 年批谢曹时就有了一百八十度的大转变，1980 年，邓小平是这样为王谦定性的："谢振华对'四人帮'不感冒，他执行的是周总理的指示，'四人帮'比较恨他，所以'四人帮'支持陈永贵和王谦夺他的权。"也就是说，谢振华是周总理、邓小平一方的人，谢曹势力就是"走资派"一方的势力；陈永贵、王谦是"四人帮"一方的人，他们的势力是"四人帮"的极左势力。如此，"八·二三"事件是谢曹势力对王谦的冲击行为，不管是出于什么动机，应该定性为是针对"四人帮"极左势力的行为。

这样就提出了一个问题，是不是所有针对"四人帮"极左势力的行为都是正确的？或者说"四人帮"所做的事情都是错误的？用历史的观点看，或者用客观的观点看，当然是不对的。

"八·二三"事件至少是一种鲁莽的行为。它采用了1967年使"走资派"心惊胆寒的方式对待1976年的王谦，这种让人丧失尊严的方法，是中国封建时代的传统，由上世纪二、三十年代的湖南农民运动和苏区斗地主运动所继承。在后来的土地改革、镇反、反右、文革各项运动中频繁使用。文革中，"走资派"受了这种方法的害，特别讨厌这种方法，进而特别讨厌使用这种方法的人。这种方法似乎又让王谦回到了"走资派"行列，而"八·二三"事件的策划者、指挥者们又回到了"造反派"的行列。其实这不是"八·二三"事件的策划者、指挥者们的本来的意思，但结果却适得其反，这也许"八·二三"事件一直不能平反的原因。

2. 中国出了大事情

中国的历史很有意思，每当改朝换代之际，总有许多异常的事情，异常的传说频繁出现：

1976年1月8日，周恩来去世。

1976年3月到4月，"犯上"的"四五"群众运动爆发，被当局血腥镇压。

1976年4月5日，清明节，北方下了一场雪，老百姓后来传说，总理死得冤，"四五"群众运动被镇压的冤。周总理去世后，当时的中国老百姓认为，走了周总理，中国再无好总理。在华国锋担任总理后，老百姓觉得他当不了总理。当时谁也没有想到，毛泽东选择了表面看起来"很笨"、循规蹈矩的、说话不利索的华国锋当接班人,对中国的前途感到绝望,并没有意识到华国锋有后来表现出来的"若愚大智"。

1976年7月6日,朱德去世,老百姓觉得很蹊跷。据当时的"谣传"说,朱德本来好好的,吃了一根生黄瓜,腹泻而谢世。有些自以为"有头脑"的老百姓分析说,毛泽东病很重,毛泽东的心思与明代皇帝朱元璋一样,害怕在他去世后,江青、毛远新、张春桥等人控制不了局面,所以要在他去世前,把威望极高的老战友周恩来、朱德去掉,以免这些领袖级的人物会否定文革,并像苏联否定斯大林一样否定他自己。

1976年7月28日,唐山大地震,造成24.2万人死亡,重伤16.4万人,名列20世纪世界地震史死亡人数第一。唐山大地震后,老百姓流传:周总理、朱总司令这样的大人物走了,老天爷要带走好多人。

1976年9月9日,伟大领袖毛泽东去世。老百姓意识到中国将要有大变化。

从9月9日到10月6日,中国的老百姓觉得时间过得好长好长,好慢好慢。几乎每一个人都感觉到中国要产生大乱。

常理正回忆,当时他认为时局就像1911年辛亥革命后一样,肯定会天下大乱。张赵集团在外面的人也开始筹划大乱后"行动方案"。如果局势有变,他们计划利用能够掌握的太原变压器厂民兵营的武装进行劫狱,救出在狱中的张珉、赵凤岐、罗建中、张耀明等同志,与省内的反"四人帮"势力联合,与"四人帮"势力进行武装斗争。这个方案现在看起来有点悬,面对中国"遍地是军人"的状况,"黄花岗"式的革命的条件已不复存在(即便是孙中山时代那种形式也不会成功),因此,这个方案成功的概率很小。常理正还回忆,当时他的确没有想到,"四人帮"问题就用那样"简单"的方式解决了。

原太原市人委秘书长韩德功之子、当时的太原五中学生韩贯斗也回忆了1976年9月至10月间的纷乱局面。当时韩贯斗正在北京军区坦克乘员培训基地司令部,任连级参谋。毛泽东去世后的那段时间，他们几个自认为"国家兴亡，匹夫有责"的青年军官议论当时国内的纷乱局势，认为很可能发生内战大打起来。随之就产生了一个问题：真打开了，我们该怎么办？结果大家一致认为：就以全国人民早已深恶痛绝的江青作标志，如果江青在对方，那就放开了狠狠打他们。如果江青是我们这一边的，那就立即倒戈。总之，我们的坦克一定要对准江青那伙祸国殃民的家伙。

党心、军心、民心都不在"四人帮"一边，毛泽东这棵大树一倒，"四人帮"就遭到了灭顶之灾。

3. 1976 年 10 月 6 日：中国社会的转弯点

1967 年夏天的某一天，北京航空学院学生领袖韩爱晶对清华大学学生领袖蒯大富说："江青要是走在主席前面，那是她的福气，如果毛主席先走，留下江青，那她不堪设想，会很惨。"我们分析，韩爱晶的意思是，如果毛泽东走在江青后面，毛泽东的历史责任将自己来承担；如果毛泽东走在江青前面，毛泽东的历史责任将有江青来承担。也许是历史不公正，也许是因为毛泽东比江青大二十二岁，反正她的遭遇不幸被韩爱晶言中了。

1976 年 10 月 6 日，既是中国社会命运的转折点，又是毛泽东夫人江青命运的转折点。在这一天，"华国锋和叶剑英等同志代表中央政治局，采取断然措施，对王洪文、张春桥、江青、姚文元等人实行隔离审查，一举粉碎'四人帮'，挽救了党，挽救了中国社会主义事业，推动党和国家事业发展翻开了新的一页。"（自《百度百科》）这么一个重大历史事件竟然以中国传统的"宫廷政变"的方式来完成，难怪常理正觉得"简单"。

之所以"简单"，是因为"四人帮"太孤立了。粉碎"四人帮"的行动应该是由各个派别"联合"完成的。粉碎"四人帮"的行动至今也流传着两个版本，一个是叶剑英主导的版本，一个是华国锋主导的版本。

叶剑英这个人挺有意思。据一些官方的说法，叶剑英每每在历史的关键时刻来挽救中国革命。1975年6、7月间,叶剑英和邓小平一起,主持召开了具有重要历史意义的军委扩大会议。他在会上就国际形势、压缩军队定额、调整编制体制、安排超编干部等问题做了重要讲话。会议前后,他同许多高级干部谈话,向他们通气,讲了"四人帮"的问题,揭露江青等人背着中央,插手军队的活动。说明叶剑英早对"四人帮"不满,也早有准备在行动上对付"四人帮"。在毛泽东去世之后,时任国防部长的叶剑英,实际上掌握着军权。也只有他有威望、有资历、有实际职位去调动军队将领。因此,粉碎"四人帮"的行动即便不是叶剑英首先提出的,离开他的调度指挥也是不行的,可以说,叶剑英又一次在历史的重大时刻改写了中国的历史。

华国锋版本的说法是,由华国锋主动找的叶剑英商谈粉碎"四人帮"的事。其实谁找谁并不重要,因为谁也离不开谁。华国锋找叶剑英是因为华国锋没有粉碎"四人帮"的实力,需要叶剑英的实力和坐镇主持;叶剑英需要华国锋是因为叶剑英不想担"篡国"之名,华国锋毕竟是毛泽东钦定的党的第一副主席,打着"华国锋"的旗号似乎比较"名正言顺"。事实上,极左派中人的"起义"也起了重要作用,华国锋、汪东兴、吴德、纪登奎等人是"火线"起义过来的,省去了好多事,避免了京城的动乱,"简单"地解决了"四人帮"的问题。

那时的官员们思想还不"解放",为华国锋"接班"制造了许多根据。诸如:毛泽东对华国锋说:"你办事,我放心";毛泽东用《史记·高祖本纪》中汉高祖刘邦赞周勃的话来赞华国锋:"重厚少文",还说华是"是个老实人","是我的父母官"(指华国锋在毛泽东的家乡湖南湘潭当过官);毛泽东还对华国锋说:"按过去方针办。"

如果按旧的封建社会的习惯传统,在毛泽东"尸骨未寒"之时,华国锋等人就逮捕他的遗孀和亲属、亲信(毛远新等人),当然是一种"大逆不道",耿直不阿的史官是要写进史书的。实际上,所找的根据也不足。江青在后来的法庭上曾经大喊说,毛泽东在"你办事,我放心"的话之后,紧接着说:"还有遇大事,找江青。"可见,毛泽东最终还是希望江青接班的,毛泽东对于江青搞得圈子太小很担心,曾经很关切地对江青说:我死后看你怎么办?,毛的担心和韩爱晶的说法惊人的一致！毛泽东可能本来计划让邓小平担任"顾命大臣"，但邓小平我行我素，不愿"顾命"；后又选华国锋任"顾命大臣"，但华国锋虽愿"顾命"，却没有能力"顾命"，镇不住大局。华国锋等人寻找和制造的"根据"如果有"虚"，终有真相大白的一天，那时在历史上恐怕是不很光彩。实际上华国锋等人没有必要担心这一点，按中国共产党党章和《宪法》，共产党本就是按民主原则建设的党，国家本就是共和制度的国家，指定"太子"之法本就不合法，其实按《党章》和《宪法》的选举，老百姓是理解和拥护的。问题在于，官员的思维方法长期笼罩在毛泽东的权力之下，习惯思维中已经没有民主意识，只好寻找和制造毛泽东的"遗嘱"。

从毛泽东的角度看，他是选错了人。毛泽东肯定不愿意执行他的思想路线和政治路线的"四人帮"被粉碎。华国锋没有按毛泽东"你办事我放心""按既定方针办"的"遗嘱"办，而是粉碎了执行他的思想路线和政治路线的"四人帮"，在九泉之下的毛泽东肯定不会满意。本来，他是选择一个"重厚少文"的人，使得在他之后，"四人帮""抢班"容易一些，他没想到，老华不仅不把"班"交给"四人帮"，反而粉碎了"四人帮"。可见，华国锋"少文"但并不"重厚"，也不算是"老实人"，而是看起来"老实"的"大智若愚"者。

从毛泽东的角度看，他也是选对了人。因为华国锋确实"少文"，自身不会有太大的作为。除了华国锋，"四人帮"之外的能够"接班"的人，没有人会提出"两个凡是"，即"凡是毛泽东作出的决策，我们都必须拥护；凡是毛泽东的指示，我们要始终不渝地遵循"。也就是说，除了"粉碎'四人帮'"一件事之外，其它都是"按过去方针办"的，毛泽东的"无产阶级专政下继续革命"的路线得到了延续。

粉碎"四人帮"的"简单"有"简单"的好处，就是避免了社会的又一次大动乱，避免了社会又一次付出大代价。但"简单"又有"简单"的不好处，就是"两个凡是"基本上继承了极左路线的做法，使得中国的改革开放遇到了又一次的巨大阻力。

百分之九十九的历史文献都认为，文革结束于粉碎"四人帮"的事件，事实并非如此。1977年，对"四人帮"势力的清查和坚持极左路线的人对反"四人帮"势力的"倒清查"运动,进行的比文革还激烈,其规模不见得比文革初期的批判资反路线时小,好像拉开了又一次"反右"或"肃反"的大幕。

第十四章

"文革后"的文革:疯狂的山西"倒清查"运动

如果说文革运动中不同时段目标都是明确的,双方的阵营是分明的,唯独清查"四人帮"运动乱了阵线,乱了目标,乱清了一气,最后受伤害的有坏人,有好人;有敌人,有朋友。造成这样的结果的责任,当然在于"两个凡是"的提出。

1976年10月26日,华国锋在听了中宣部的汇报时说:目前要集中批"四人帮",连带"批邓";"四人帮"的路线是极右路线;凡是毛泽东讲过的,点过头的,都不要批评;天安门事件(四五运动)要避开不说。实际上提出了"两个凡是"的思想。他不但没有勇气纠正毛泽东晚年的错误,反而批准"两报一刊"关于"两个凡是"的社论。

1977年2月7日,《人民日报》《红旗》杂志、《解放军报》的社论《学好文件抓住纲》中提出:凡是毛泽东作出的决策,我们都必须拥护;凡是毛泽东的指示,我们要始终不渝地遵循。这是"两个凡是"的正式版本。

1977年开始了针对"四人帮"的揭批查运动,俗称清查"四人帮"运动。按官方的说法,这次运动重在清查同"四人帮"篡党夺权阴谋活动有牵连的人和事,清查"四人帮"的资产阶级帮派体系。其实,当时清查"四人帮"运动在理论标准上、清查手段上、组织机构上和清查对象上都存在着很大的问题。

如果把"四人帮"的路线说成是极右路线,那么,批"四人帮"就是批林、批周、批邓,这就和文革的极左路线没有区别;如果用"两个凡是"批判"四人帮",那就是实行的没有"四人帮"的"四人帮"路线。结果将造成批来批去、清查来清查去,整的还是反"四人帮"、反极左路线、反"无产阶级专政下继续革命"理论的人。

从手段上讲，地方都按照中央的"隔离审查"的办法，不经法律程序，乱抓乱捕，大搞逼供信，还是采用"四人帮"的"无中生有"、指鹿为马、黑白颠倒、罗织罪名那套整人手段去清查"四人帮"，用"阶级斗争"的方法再来一次"反右"式的反"四人帮"运动，那么，清查"四人帮"的人与"四人帮"有什么区别？

那时中央及各省各级组织机构中，很难说是因为粉碎了"四人帮"就没有了四人帮势力。如果是那样的话，还有必要清查什么"四人帮"的资产阶级帮派体系？实际上，"四人帮"很孤立，真正被认为是组织上的帮派体系的人很少，或者基本上没有在组织上形成帮派体系。华国锋提出帮派体系，没有把帮与派分开，不少地方是掌权派清查"在野"派。十年文革中，跟随毛泽东"无产阶级专政下继续革命"路线的人还是有一定数量的，这些人实际上也是"四人帮"的势力。经过十年文革的积累，这些人占据着从中央到地方的许多重要岗位，如中央的陈永贵、地方的王谦等。用这些人来清查"四人帮"岂不是倒清查？

至于说到清查"四人帮"的对象，后来清查的实践证明，许多地方清查的对象指向了群众组织头头，尤其是基层的干部和群众。真正直接与"四人帮"篡党夺权阴谋活动有牵连的人和事很少很少，把基层干部和群众中跟随过毛泽东极左路线的人，当作"四人帮"来清查显然是不公正的。清查对象的扩大化，造成了许多新的冤案，把清查"四人帮"运动变成了一次报复的整人运动，显示出了清查运动的混乱。

当时的清查"四人帮"运动确实"疯狂"而"混乱"。"混乱"到有的地方是"疯狂"的"清查"，有的地方是"疯狂"的"倒清查"。之所以说是"疯狂"，就是说人们又回到了文革初期人斗人的"批斗"场面，人关人的非法"关押"场面。之所以说是"清查""倒清查"造成混乱，就是说有的地方是清查"四人帮"势力，有的地方是"四人帮"势力清查反"四人帮"势力，总体上不知道到底谁"清"了谁。

山西是陈永贵的根据地，又是王谦统治的地方，自然进行的是"倒清查"。

第十四章 "文革后"的文革：疯狂的山西"倒清查"运动

第一节 三晋开始大恐怖

1. 全省大逮捕、大隔离、大揭批

革命的结尾和革命的开头一样残酷而惨烈，一样的无法无天，我们不知道这是不是革命之规律，反正文革是这样的。

粉碎"四人帮"不到一个月，王谦就以清查"四人帮"名义开始对他认为的持谢曹观点的干部、群众实行大逮捕、大隔离、大揭批。其规模之大，乃建国以来所罕见，实在是不亚于五十年代初的镇反运动。

先是1976年11月到1977年一季度，全省在每个县、每个地区、每个市都有许多人被捕。这些人被捕时没有理由、没有罪名、没有根据、没有手续。

1976年12月1日晚，在省城太原，太原市委对太原市的十二名重点人物进行了抓捕，其中有张华庭（太原市委副书记）、牛发和（太原市委副书记，革委会副主任）、张根兰（太原市公安局局长）、段立生（清徐县委副书记）、王清英（太原市妇联副主任）、蒋守身（太原市委组织部干审组副组长）卢引业（太原市委宣传部负责人之一）、孟甲喜（太原市民兵总指挥部负责人之一）、朱国政（太原市教育局局长）等。太原市委副书记仝云、太原市委常委、革委会副主任贾茂亭也被隔离交代问题。

差不多在同一时间，山西省级机关也开始了抓捕行动，李瑞芳（山西省卫生厅副厅长）、李文亮（省人事局局长）、刘志英（省委组织部处长）、杨国和（省工会常委）等著名谢曹观点的干部，都在第一时间被捕。

段立生回忆了他被捕的情况。被捕那天，段立生正在清徐县治理汾河工地领导治汾工程。县委突然通知晚上召开县委常委会，与以往不同的是，这次参会人员需要在会议通知上签字，段立生立即意识到要出事。回到县委驻地后，正好有位朋友来找段立生，段立生吩咐朋友，晚上过来看一下，如果他的房间拉住了窗帘，就没有出事；如果窗帘没拉住，那就是出事了，请他通知相关人员。果然，段立生一进会场，县委立即宣布对段立生进行隔离审查。那时已到冬天，段立生问：可以不可以带上大衣，得到许可后，回住处拿上了大衣，公安人员还搜查了房间。两个公安人员把他带离县委，押上了吉普车，并蒙住眼睛，带上了手铐，当时段立生也不知道要把他带到哪里。在车上，段立生心里计算着时间和车的转向，估计是到了小店（当时太原市南郊区所在地，现为小店区）看守所。下车后，段立生发现前面有七、八辆吉普车，也是同时被抓的人送到了这里。段立生说，那天晚上正好停电，把他关进了一间牢房，黑乎乎的什么也看不清楚，看见一个胡子麻茬的一个老头也关在里面，他就问："老大爷，这是不是小店看守所？""老大爷"回答："是"。段立生心里不平衡，自己没干过什么犯法的事情，抓他实在是没道理，一夜也没睡着。第二天天亮，他发现老大爷是一个比自己还年轻的年轻人，可能是关了时间长了，没剃胡子，晚上看成了老大爷。早饭时间，段立生从牢房的门缝往外看，发现太原市委副书记张华庭在外面拿着个饭盒在打饭，心里一下子平衡了：人家参加过"一二·九"运动的老革命都被关进来了，咱们这小人物算个啥？段立生开始了他长达三年多失去自由并常被批斗的生活。

　　蒋守身也回忆了他被抓的情况。粉碎"四人帮"之后，太原市委机关的谢曹一派干部成了被批判的对象，包括张华庭、仝云、贾茂亭这样的市级领导在内的谢曹用过的干部，上午在太原东山的农田基本建设现场，拉平车运土"学大寨"，下午当作"四人帮"被批判。11月底，市委、市革委两个大院里已经贴满了批判谢曹一派的大字报，对蒋守身等"三十二人大字报"进行了上纲上线的批判。12月1日下午，学习批判会结束后，通知蒋守身晚上继续学习批判。蒋守身感到不妙，急忙回家安顿了一下，把手表等贵重物品放到家里。晚八点到机关后，立即被宣布隔离审查。公安人员给蒋守身戴上了头套，待市委所抓的人凑齐后，被押上吉普车送往了小店看守所，和段立生一样，开始了三年多的监狱生活。

第十四章 "文革后"的文革：疯狂的山西"倒清查"运动

1977年一季度开始，全省各级基层单位陆续开始成立了清查"四人帮"办公室，办起了清查学习班，大规模的揭批查运动就这样开始了。各单位持谢曹观点的县、科级干部大多住进了学习班。各级学习班的"待遇"是不一样的，大部分的县处级单位、公社办的学习班整天关在屋子里，定时放风上厕所，如同监狱一般。开始时，这些学习班"学员"一般在白天被巡回批斗，晚上八、九点至次日凌晨两、三点被审讯，被整的很惨。机关科室和企业车间办的学习班，一般是白天交代问题，晚上可以回家。即便是在班组，每天下班后开会，也有重点的清查对象，交代跟随头头们"篡党夺权"的问题。

既然已经宣布文革结束，清查所用的手段就应该合理合法。而王谦、陈永贵在清查中所采用的手段像文革一样，判刑、逮捕、隔离审查（即长期囚禁）、批斗体罚、刑讯逼供、威胁利诱，真是无所不用其极。这次清查运动中被整的干部和群众，在十年文革中，绝大多数是刘格平、陈永贵、王谦的反对派，一直在抵制大寨的极左路线。这次王谦、陈永贵有了冠冕堂皇整他们的机会，"仇人相见，分外眼红"，陈永贵、王谦不会放过这次机会。

山西进入了与全国不同的清查时期。被清查的这些人中间有好大一部分，在"批邓、反击右倾翻案风"运动中被"打成"邓小平的人，这次在清查"四人帮"运动中又被"打成""四人帮"的人，出现了既是邓小平的人又是"四人帮"的人的怪现象。到这时，政治运动如同"儿戏"，就像焦裕禄的战友张钦礼所说，"说你是圆的，就团团；说你是长的，就拽拽。"可以任意"胡按胡裁"，被整对象没有一丁点的自我辩护的机会。谁也没有想到，在1977年，山西进入了历史上政治最黑暗的时期。

2. 陈永贵、王谦扩展势力范围

为了对付反"四人帮"的谢曹势力，更有效地开展清查运动，陈永贵、王谦早就在扩展自己的势力范围。

陈永贵担任中央政治局委员后，开始在山西省、地、县三级班子里安排昔阳人担任重要职务。1980年，原太原市委常委、革委会副主任贾茂亭写给中央纪律委员会的材料中有着一样一段话：

"陈永贵认为十七年（注：指建国后到文革这一段时期）的组织路线是错误的，是受到刘少奇控制的，各级党委都变修了。为此，他把昔阳县委一副书记调到省委组织部担任副部长，抓人事大权；派王金籽为分管农业的省委副书记；王调任黑龙江省任省委书记后，又提拔李韩锁为省委副书记，郭凤莲为省委常委、省革委副主任；陈永贵到中央工作后，仍兼山西省委书记。十五个左右的省委常委中，昔阳人就占了五分之一。

那位省委组织部副部长，根据陈的意图，安排了大寨供销社售货员为省委宣传部副部长；省农委安插了三个昔阳人为副主任；省外贸局、省商业局、省农机局、省外办，都安插了昔阳人任副职；团省委、省妇联也有昔阳人任副书记、副主任。省级单位就安排了高级干部十一人。山西省共七个地区，昔阳人就任两个地区的地委书记，还从昔阳抽出一批农村支部书记（注：大队级设支部）到洪洞、寿阳、榆次、平定、交城、临县、屯留、襄垣等八个产粮多的重点县任县委书记，每个县委书记还要带三四个参加县委常委的干部，分别担任组织、宣传部部长和县委办公室主任。从昔阳调来的干部，应该说大部分是好的和比较好的，但是，一个大队的党支部书记，一个售货员，离开本县、本社一步登高到一个大县，或省委的一个部担任书记、部长，确实也是困难不少的。至于张怀英、宋莎荫这种人，利用手中权力大搞派性，胡作非为，甚至在'四人帮'倒台后，大搞冤假错案，明目张胆地抵制党的十一届三中全会的路线、方针和政策，也不是个别的人。"

如果说，在阎锡山时代，山西是"会说五台话，就把洋刀挎"，那么在二十世纪七十年代后半叶的山西，就是"会说昔阳话，就把洋刀挎"了。

王谦也在扩展自己的势力范围。王谦过去当过省长，又是省内太行派的首领，有着建立自己体系的自然条件。由于红联站在1967年一月革命风暴中反对刘格平等人的夺权，王谦等原省委的老领导们

第十四章 "文革后"的文革：疯狂的山西"倒清查"运动

则比较赞赏红联站的观点。不过，从王谦后来的表现来看，王谦并不反对毛泽东"继续革命"的夺权理论，他反对的是山西的夺权的具体实践；他并不一般的反对夺权，他反对的是特殊的刘格平、刘贯一、袁振等省委的非主流派的夺权。谢振华替代刘格平主政后，原省委及各地委领导"被解放"的障碍已经没有了，原省委及各地委领导被逐步解放，并陆续回到了的省、地级领导岗位。当他们面临在谢振华和陈永贵之间选择的时候，又发生了分歧。王谦等人再没有选择站在"走资派"邓小平一边，而与陈永贵一起站在了毛泽东的革命路线一边。这些人包括赵雨亭、武光汤、郭钦安，还有从河南调过来的王庭栋。历史很特奇，1967年势不两立的两方，被批斗、被夺权的一方与批斗、夺权的一方，到1977年终于摒弃前嫌汇集在了一起；在1964年被原省委、原晋中地委打成"坏人"的"十月事件"的受害者，在1967年造反报复后，终于原谅了原省委主要负责人整他们的罪行，握手言和了。原刘格平麾下的红总站、决死纵队的干部和群众到1977年大部汇集在了王谦旗下。"七·二三"布告以后再次失势的十月事件受害的干部也大多被王谦重新起用。用一位有识之士的话来说：王谦已经成了红总站的"站长"了。

1980年4月1日，《人民日报》编印的供中央领导参阅的机密刊物《情况汇编》特刊第七期中，有前山西省委农委副主任李辅和前山西省政策研究室副主任陈良柱写给报社一份揭发王谦的材料，其中谈到了当时的情况："凡是支持过刘格平、陈永贵、王谦的人，提拔重用的是他们，清查运动的骨干是他们，晋级提薪的是他们。由于王谦明目张胆大搞派性，大搞宗派主义的干部政策，所以王谦身边麇集着一批趋炎附势之辈，告密害人之徒。这些人对王谦惟命是从，王谦对这些人垂青器重。较著名的人物有所谓的'三英、三李'，即张怀英（即任、王、张中的张怀英，后任运城地委书记）、张步英（阳泉市委书记）、宋莎荫（陈永贵的御用文人，新华社记者，后为《山西日报》副主编）、李慰、李维彬（长治市委书记）、李韩锁（昔阳县委书记，后任山西省委副书记）等，这些人已掌握了一个地区或一个部门的领导权，尽管他们几乎成了那个地区或部门的'土皇帝'，乖谬悖理，胡作非为，什么非法、缺德的事也敢干，但是由于和王谦有不可告人的关系，王谦一个也不予认真处理，除去张步英被免职外，其他人只要中央不说话，王谦是不会处理的。王谦多年来搞的这一条宗派主义的干部路线，通过清查和他调整领导班子，已达到了登峰造极的地步，给党的革命事业带来了极为严重的后果。"

陈永贵、王谦建立的体系构成了"倒清查"运动的骨干力量，其中的"三英、三李"，政治品德实在是糟糕，整人手段却毫不含糊，充当了"倒清查"的急先锋。

粉碎"四人帮"的结果，非但没有遏制住山西的极左势力，在"两个凡是"口号的鼓舞下，在陈永贵和王谦的上下呼应之下，山西的极左势力终于再次扬眉吐气了。

3. 王谦另立的"清查"标准

为了清查反"四人帮"的谢曹势力，为了进行"倒清查"，王谦必然要另立与中央不同的"清查"标准。

按当时中央的说法，清查"四人帮"运动清查的是"与'四人帮'篡党夺权阴谋活动有牵连的人和事和"四人帮"的资产阶级帮派体系"。文革十年来，在山西文革的各个时期，陈永贵都得到了以"四人帮"为核心的中央文革支持。在刘格平时代，陈永贵站在刘格平一边，或者说两个人的地位逐渐趋于平等，双方都得到了中央文革均等的支持。在王谦时代，王谦则是跟随陈永贵与谢振华作斗争，而得到了"四人帮"的支持，这似乎是一种间接的支持。与陈永贵、刘格平、王谦对立的谢振华、张日清等军队干部及劳模李顺达等，则直接受到了中央文革和"四人帮"的压制，他们的幕后是周恩来及后来的军委办事组，后期有邓小平。这两条线在山西的文革中应该说是基本分明的。当然，也有一些造过反的干部在过程中投向了保守的反中央文革的一方，如：刘、陈、刘和袁振等；也有一些"走资派"在过程中投向了革命的中央文革一方，如：王谦、赵雨亭等。也就是说，在山西"与'四人帮'篡党夺权阴谋活动有牵连的人和事和"四人帮"的资

第十四章 "文革后"的文革：疯狂的山西"倒清查"运动

产阶级帮派体系"只可能发生在陈永贵、刘格平、王谦和追随他们的一些干部和群众组织负责人身上，而谢振华与谢曹势力在文革中长期受"四人帮"及中央文革的压制，几乎没有好活过一天，当然不会与"四人帮"一起搞篡党夺权阴谋活动，成为他们的"资产阶级帮派体系"。

问题在于，在开始清查"四人帮"运动的时候，"四人帮"势力和两个"凡是"的势力在中央和山西占有绝对优势。那时，"邓小平之流"和"四五"运动还在被批之列，山西的谢曹势力就"活该倒霉"了。王谦不能清查"四人帮"。一清查"四人帮"，相当于清查自己。这样一来，只好另立标准，把矛头对准谢曹势力。王谦在清查运动中自立了一套土政策，即著名的"划大线，切西瓜"的清查方针，把凡是对陈永贵和对他有看法、反对陈永贵和他作法的人都列入了清查范围。为此，王谦另立了三条"清查"标准。

一是对大寨的态度问题。1977年4月5日，王谦在山西省的三级干部会议上讲话时强调说："大寨问题一直十几年来山西两条路线斗争的焦点"。王谦说的应该没有错，大寨是毛泽东农业社会主义的样板田，一直得到了毛泽东、中央文革、"四人帮"的维护。从文革一开始（甚至从1964年十月事件开始），在山西围绕着大寨问题，毛泽东的"无产阶级专政下继续革命"的路线（在山西以陈永贵、刘格平、王谦为代表），与刘少奇（在山西以卫恒、王绣锦早期还有王谦为代表）、周恩来（在山西以谢振华、张日清、刘贯一、李顺达、崔冰为代表）、邓小平（在山西以谢振华、曹中南、李顺达为代表）等人的为民务实的路线，进行了持续不断的斗争，这当然是不争的事实。不过，把清查的标准订立为以"大寨划线"，以毛泽东"无产阶级专政下继续革命"的路线划线，那就不是清查"四人帮"，而是清查反"四人帮"的人。这本身甚至不符合当时还是"左派"执政的中央的精神，无疑是另立了一个清查标准。

二是继续清查"四五"运动和张赵集团。"四五"运动和张赵集团都是典型的反"四人帮"和反毛泽东"无产阶级专政下继续革命"的路线的事件，如果对他们也进行无情的"清查"的话，那就是明目张胆的"倒清查"。善良的人们没想到,王谦就是这样"明目张胆"!他以涉及到毛泽东为借口,不但不释放"四五"运动和张赵集团的被捕人员,而且扩大了清查"四五"运动和张赵集团的范围,甚至在粉碎"四人帮"一年多之后的一九七八年,将反"四人帮"的张赵集团中的十几个人分别判了极刑、重刑。可见王谦紧跟"四人帮"紧跟"凡是派"的立场,是多么的鲜明,是多么的坚定。在这一方面,王谦另立"清查"标准搞得特别"离谱",造成了更大范围的冤案

三是对"谢曹问题"的继续"清查"。1978年3月24日,王谦在山西省党代会上所作的报告中说:"对谢振华的问题是揭还是捂,是几年来山西两个阶级两条路线斗争的焦点"。按江青的说法,谢振华在延安时期就和她过不去,在文革中更是与她唱对台戏。谢振华在文革中的"问题"确实很大,主要是他听了周总理的话。在"七·二三"布告以后,镇压了一些中央文革支持的造反派中的打砸抢分子、指挥武斗造成严重后果的头头;抵制大寨极左错误;批了极左;炮制了《三上桃峰》,"替刘少奇翻案"。这些行为得罪了"四人帮",以至于江青亲自穿上军装"炮轰谢振华"。由于当时"四人帮"不能公开直接地批判周恩来,只能间接地借"批林批孔"和批下面的人来批周,所以谢振华在一定程度上是替周恩来"顶了杠子"。王谦在粉碎"四人帮"一年半之后,还要大唱"阶级斗争""路线斗争"的高调,借清查"四人帮"之际,继续揭批谢振华的反"四人帮"的问题,不能不说王谦是冥顽不化的"四人帮"集团的骨干分子。

当然,王谦自立"清查"标准有其自身的利益在内。如果真正地清查"四人帮",岂不清查了自己?一个省委第一书记不讲大是大非,置公平与正义于不顾,这种人还有资格当省委第一书记吗?正是有了王谦这样的人,山西省非但没有扭转文革中的整人的纷乱局面,反而又制造了很多很多的冤案。由于冤案很多,这里只能挑选几个典型的案例来叙述。

第十四章 "文革后"的文革：疯狂的山西"倒清查"运动

第二节 "反大寨"冤案何其多

1. 李顺达冤案

　　李顺达，山西平顺县人。平顺县与河南林县（林州）、河北涉县毗邻，都是贫困山区。平顺又是一个革命老区，解放的早，所以虽然贫穷，这里的人民觉悟高，解放前几年和解放初期就涌现了许多劳动模范。现在的平顺县也就是十六万人，解放初期可能不到十万人，一个小小的平顺县，著名的全国劳模就有李顺达、郭玉恩、武侯梨、申纪兰等，李顺达和申纪兰还是一个村子的人，应该是山西省劳模最集中的地方。这些劳模在支援前线、农业合作化运动、人民公社运动中都起到了带头作用。这些人最大的特点就是"实在"、实干，不善于说谎，这也是这批劳模没有在大跃进中再度辉煌的原因。在文革前，以平顺县为主的晋东南劳模代表团曾经访问大寨，这些"老农民"很有经验，对大寨的粮食产量问题提出了质疑，对大寨"虚报产量"就不太服气。文革中，李顺达虽然与陈永贵、解悦共同创建了一个群众组织，但合作了没几天，终因看不惯陈永贵翻脸不认人（即不认培养过他的山西省委和晋中地委）的造反派的行为和反对解放军的行为而分道扬镳了。李顺达和他的西沟也成了山西反中央文革派，抵制、对抗大寨的一面旗帜。之后，李顺达一直与军队站在一起，抵制中央文革在山西势力的"篡党夺权"行为。

　　粉碎"四人帮"之后，由于陈永贵、王谦为代表的"四人帮"势力还把持着山西的政权，李顺达成了清查"四人帮"的对象。李顺达被打成了"山西反大寨的总代表""晋东南'四人帮'篡党夺权的罪魁祸首"，还搞了一个"李顺达帮派体系"，牵连了数百人。在清查李顺达时，清查负责人对李顺达说："只要你做个检查，就选你当代表（指党的'十一大'代表）。"李顺达说："代表可以不当，但我没做过的事，不能瞎说。我瞎说了，不就是欺骗党欺骗人民吗？！"此后，李顺达被免除了省委常委、晋东南地委书记等职务，并因此使他的

"十一大"代表资格落选。

因为李顺达对大寨的做法不满,就说李顺达"反大寨",;说李顺达是"晋东南'四人帮'篡党夺权的罪魁祸首",完全是颠倒黑白。文革十年来,在"四人帮"(中央文革)的支持下,陈永贵从大寨大队党支部书记开始,经过昔阳县委书记、晋中地委书记、山西省委书记,在谢振华时期歇了一小会儿,最后达到了中央政治局委员、国务院副总理的高位。实事求是地说,陈永贵才是"'四人帮'在山西篡党夺权的罪魁祸首"。李顺达则是托周恩来之福,才弄了一个挂名的中央委员。如果把李顺达的经历和陈永贵比较一下,谁是"四人帮"的势力自然是不言自明。

2. 岳增寿冤案

比李顺达还冤的是平定县的岳增寿。岳增寿,1947年生,山西省平定县岳家山人。1968年参军,1971年复员分配到县广播站当修理工。因为给毛泽东和党中央写信反映陈永贵和大寨的问题,在清查"四人帮"运动中受到残酷迫害。原《光明日报》理论部、群工部主任陈英茨曾经就此事,写过一篇长篇通讯报告,题目是《太行奇冤》。下面是报告中所反映的岳增寿受残酷迫害的情况。

岳增寿从1974年5月到1976年底,连续给毛泽东、周总理、华国锋、叶剑英和中央有关单位写了十二封信,反映陈永贵和大寨的问题。

岳增寿的第一封信是1974年5月写给毛泽东和周总理的。信中反映陈永贵包庇他妻子前夫王金魁的事情。王金魁乃王金籽(昔阳人,被陈永贵破格提拔为山西省委副书记)之兄,在昔阳某小学任教师,1966年因强奸幼女被判刑二十年。1974年,刚刚服刑八年,就放出平了反,给予了一千五百元补助,并由小学教师转为公社干部,群众对此议论纷纷,很有说法。岳增寿在信中写道:"为了寻求真理,特不避斧钺,冒死上言,恳请主席速赐调查,将坏人重新归案,给徇情枉法以处理。"信中还对只准提出"学大寨""赶大寨",不准提"超

第十四章 "文革后"的文革：疯狂的山西"倒清查"运动

大寨"提出了异议，认为这是林彪的形而上学的"顶峰论"。同时对王洪文提出的"谁整陈永贵的'黑材料'，就把谁抓起来"的说法提出反对意见，并在信中表示："你抓你的，我写我的"，"明知山有虎，偏向虎山行"。

第二封信写于1974年7月，也是写给毛泽东和周总理的。这封信对第一封信作了补充分析，指出："当了政治局委员就无视党纪国法，一般庶民又将如何？这与旧社会一人作官、鸡犬升天有什么两样？要是这样，当官的家属不就是永远犯不了法，犯了法也不会受到法律制裁了？"并反映陈永贵"一贯骄傲自大，目中无人，言过其实，不可大用，用则生乱，乱则生变，不可不防"。信中还系统地揭露了陈永贵支持武斗，大搞昔阳帮，把昔阳几十个大队和公社干部提拔到省、地、县各级领导岗位上。认为："这是贩卖英雄创造历史的唯心史观。难道哪里落后就得昔阳的救世英雄去改变吗？这不符合毛泽东的干部路线！"信中还着重揭发了陈永贵参加日伪组织"兴亚会"，为日寇刺探我情报的严重问题。

第三封信是1976年3月写给毛泽东的。信中对"反击右倾翻案风"和"批邓"问题提出了不同看法。这在当时没有高度的政治水平和政治勇气是做不到的。信中说："要说翻案，别的地方我不知道，要说山西的翻案，就不是邓小平，而是那个从农民提起来的政治局委员陈永贵。"还揭发了陈永贵与江青迫害谢振华的问题。

第四封信是1976年10月写给华国锋和叶剑英的，揭发陈永贵紧跟"四人帮"，大力推行极左路线，粉碎"四人帮"后摇身一变，又戴上了红帽子。信中指出："在毛主席病重期间，江青为什么不到大庆而去大寨搞阴谋活动？'苍蝇总是往最脏的地方飞'。当时的陈永贵陪同江青到大寨，沿途打扑克。两次都是专程到阳泉去迎接江青，沿途戒备森严，三步一岗，五步一哨，生怕白骨精出事。但现在陈永贵说：'江青一到大寨，我们一下就把她识别出来了，就知道来者不善、善者不来，首先就给她来了个冷冷清清，村口既无欢迎的锣鼓，又无接待的人员，还在一系列的文章和讲话中，一口咬定江青到大寨是'反大寨、砍红旗的'。"信中还揭发了填平江青挖的那条战壕，也完全是谎话，说这是陈永贵的一贯作法，陈永贵以前就讲他顶住了刘少奇、林彪、邓小平、谢振华的压力。信中批评大寨现在不检查错误，反而摇身一变，说他们是反江青的，真让人笑掉大牙。

第五和第六封信也是给华国锋和叶剑英的，揭露陈永贵的吹牛给广大农民带来的灾难："大寨（分）粮从来不扣水分，使农民吃亏。群众反映：分多少由人家定，但吃亏要吃在明处，为什么分给含水分的粮？而领导人却既要马儿不吃草，还要马儿跑得快，农民吃不饱，却要没明没夜的干，早上四点多就赶着出工，一天两次送饭，晚上还得加班加点，不管风雨大雪，酷暑寒冬，天天如此，谁要不去就开会整谁，这样农民还有几个小时睡的时间？""一个人养活不了三口人，搞点副业吧，就被斥为'重副轻农''只知抓钱，不看路线'的资本主义道路、'与学大寨唱反调'。我要求能体贴农民的疾苦，适当解决分粮不扣水分和减少劳动时间与强度，以保证农民的身体健康。"同时对陈永贵今天讲过了"黄河"，明天讲过了"长江"，把功劳都记在自己账上，表示不满。

第七封信还是写给华国锋和叶剑英的，揭发一个从昔阳某公社干部调出任县委书记的人，攻击华主席，要求中央调查处理。

第八封信是1976年11月写给《人民日报》和《解放军报》的，标题是《从样板戏的创作看江青的野心》，批判江青把自己打扮成"文艺革命的旗手"、窃据文艺领导权："舞台上出现的第一号人物，多数是女的，一贯正确的，有卓越领导才能的，这意味着只有江青才是救世主，她不出场，其他人束手无策，甚至一错再错，这是为她篡党夺权大造舆论。"

第九封信也是写给上述两报的，针对报上的一些文章说"四人帮"是"正在走的走资派"，提出不同意见，揭露早在四十年前，张春桥即攻击鲁迅，窃取了大权以后，干的更是反党反社会主义的勾当，是党和人民的凶恶敌人，不是走资派。

第十、十一、十二封信还是写给两报的。他在信中说："'四人帮'掌握舆论大权时，指鹿为马，粉碎'四人帮'后，报纸面貌大改变，但仍然存在着一些不实事求是的现象。如这些天来，收音机里听到

第十四章 "文革后"的文革：疯狂的山西"倒清查"运动

的，几乎天天都是陈永贵的讲话录音，陈永贵是典型的风派人物，再广播他的讲话是不适当的。"他还对《人民日报》1976年11月21日一文的《编者按》提出不同意见，这篇编者按说："大寨党支部带领贫下中农，对王张江姚反党集团阴谋篡党夺权罪行的批判，是一发重型炮弹，打得好，打得痛快。"岳增寿的信说："我向报社大声疾呼，这发炮弹打得不怎么样，不但没打到点子上，而且是不了解大寨实情，大寨那个人不是斗江青的英雄，斗江青是假，敬江青是真。陈永贵是个十足的政治投机家。"

这十二封信，白纸黑字，句句凿凿，岳增寿的为人跃然纸上。给人的印象是，岳增寿其人疾恶如仇，甚至有点过分。粉碎"四人帮"之前，岳增寿写的信如石沉大海。粉碎"四人帮"之后，岳增寿写的一部分信被批转到平定县，陈永贵派到平定当县委书记的李锁寿，得到难逢的谄媚巴结陈永贵的机会，不容分说，就把岳增寿打成现行反革命分子，岳增寿就大祸临头了。

1976年12月22日晚，一群公安人员突然闯进岳增寿的住处，把他强行拖到会场。在千人大会上被宣布为"'四人帮'的黑手""反大寨的跳梁小丑"，经过一番激烈的批斗后，被五花大绑拖到了看守所关押。

预审时，预审人员要岳增寿承认对陈永贵进行了"恶攻""诬陷"，要他交代同伙和幕后操纵人。同时还劝告："你这样的身体，莫说是判你几年徒刑，就是关你几个月，你也活不出去。"并诱供："你在前台，人家在幕后。你在这里受罪，人家却稳坐钓鱼台。只要你说出他们来马上就可以宽大处理。"岳增寿回答："我信里讲的都是事实，你们可以去调查，我写信不是受什么人指使，我也没有同伙。一人做事一人当，你们不要诬陷好人。"接着他又说："正因为考虑到你们会这样迫害我，所以我在写信时都是背着任何人的。而且我在写给毛主席的第一封信里就明确讲过：如果我因这些信而被打成反革命，请对我一个人专政，不要株连我的亲属。你们可以去查！"预审人员说："你想得倒轻松，可天下没有那么便宜的事！"

1977年4月12日，平定县人民法院判处岳增寿有期徒刑十八年。李锁寿为了显示其对主子的忠心，也为了树立他的权威，岳增寿判决后并没有立即押赴祁县监狱执行，而是把他拉到平定县所属十个公社、六十多个大队和一些厂矿游街示众。每天示众十二个小时，连续示众了五天。岳增寿的精神和身体受到了极大的摧残。

不仅如此，岳增寿的亲属也受到了株连。当时岳增寿一家有三个现役军人，四个共产党员。岳增寿本人是复员军人、共青团员。一夜之间，一个革命家庭变成了"反革命家庭"。岳增寿的家被抄了七次，妻子的娘家也被抄了多次，全家在村里受到民兵监视。父亲被捆到公安局，带绳受审数十个小时，后自杀被救；两个叔伯兄弟被关在学校受审；岳增寿的大哥岳维寿在北京某部队工作，受到株连被处理转业，十岁的小女儿在学校被叫成"小四人帮"；二哥岳恒寿在河南某部队任政治处代理股长，平定县公安局的材料也寄到了该部队，部队领导虽然比较明智，但迫于巨大的政治压力，也给岳恒寿降了级；岳增寿的姐姐岳维生，被列为重点嫌疑对象，姐夫是1946年参军的离休干部，检查了多次都过不了关，三个外甥参军受到了影响；岳增寿的妻子李金鹏被关押了四十三天，放出后还组织单位上的人批斗她，并逼她与岳增寿离婚。

岳增寿工作单位中与岳来往比较多的同志也受到了牵连。广播站副站长被关四十多天，后下放娘子关提水工程处；一位编辑被撤了职当了工人；一位同岳增寿下过棋的司机，被审查了一个月，罢了司机职务打发去修车；县医院的医生郝玉金因给岳增寿看过病，被陆续整了两年之久……，诸如此类被审查被打击的人共有七十多人。

最荒唐的是，岳增寿一案还牵连到县委常委成员。县委常委王建平和郭巧文被揪出来了。郭不屈服于这种诬陷，被撤职下放公社劳动改造。

具体导演岳增寿冤案的人是县委书记李锁寿。李锁寿是昔阳县大寨乡南堖村人，文革中造反夺权，当了南堖大队党支部书记，因炮制"农业学大寨，打倒走资派"的经验，后来一下子被陈永贵提拔成平定县委书记，在制造岳增寿冤案充当了"急先锋"的角色。时任晋中地委书记的李韩锁也在岳增寿冤案中起了重要作用（原平定县人民法院对岳增寿判刑十年，经过晋中地委研究追加八年，成为十八年）。平定县委中的知情人曾经对陈英茨说过：岳案不能单怪李锁寿，他只是一个执行者，主使者则是陈永贵，他得知转来的岳信后，便来到平定，在剧院召开干部大会，点了岳的名，私下里同李（锁寿）讲了什么就不清楚了。这种说法当然片面，把案件搞得这么冤，搞得这么残忍，搞得范围大了几百倍，李锁寿的责任不可推卸。

在岳增寿的二哥岳恒寿持续不断地申诉（投诉的单位有中央办公厅、中纪委、最高法院、新华社、《人民日报》）下，山西省有关部门不得不在岳增寿入狱两年又两个月后将其释放。但山西省委、晋中地委、平定县委却一直不肯为岳增寿彻底平反。1980年9月8日，在胡耀邦的批示下才得到正式的彻底平反。改革开放后，岳增寿成为一名律师，为实践自己的社会平等、公平、公正的愿望而辛勤工作着。1997年6月25日，由于在监狱中身体受到残酷的摧残，年仅五十岁的岳增寿英年早逝。

陈英茨在《陈永贵本事》一书中提到："调查清岳案之后，我和梁衡（注：陈英茨和梁衡都是中央工作组成员）便到县委访问李锁寿，请他谈谈岳案。他还未等我们说什么，便连声说：'我错了，我错了。'"一个人造下这么大的罪孽，岂是一个"错"字能化解的了的？在此应该着重指出的是，在毛泽东和"四人帮"时期，对岳增寿的信件都采取了"容忍"的态度，而在华国锋、陈永贵及王谦时期，却对岳增寿的信件采取了"残忍"的手段，相比较而言，陈永贵、华国锋及王谦的做法是不是比"四人帮"还要"四人帮"！？

3. 山西："反大寨奇冤"比比皆是

1977年的山西农村到处都笼罩着批判"反大寨"的恐怖气氛。陈永贵、王谦以清查"四人帮"的名义清查对他们有看法的干部和群众，在各县和农村最厉害的罪名就是"反大寨"。按当时的宣传和"两个凡是"的道理，"反大寨"就是反毛泽东、反革命、反社会主席制度，就是搞"资本主义复辟"。像岳增寿那样的人是明着反，是在理论上和实践上都反。而许多干部和群众并不像岳增寿那样"觉悟"，只是针对陈永贵的做法说了几句话，就被糊里糊涂扣上了"反大寨"的帽子，而被批斗、被迫害，甚至殒命。在这里再举两个例子说明当时的情况。

一个是蒲县县委书记杨桂舟的事情。1977年，在清查"四人帮"运动中，杨桂舟被戴上了"反大寨"和"搞武装暴动"两顶帽子，被多次残酷批斗，受辱不过被迫"自杀"，成为临汾地区的第一号冤案。

蒲县位于临汾地区西北的贫困的吕梁山区，蒲县县委书记杨桂舟上任后，办事讲实效，不来虚的，使蒲县的面貌有了很大的改变。杨桂舟与蒲县人民武装部部长关系甚好，该部长是从六十九军调到蒲县的，两人有共同的爱好，就是打猎。有一年，六十九军某部在蒲县拉练，正好与该武装部长认识，就给当地武装部留下两万发子弹，供当地民兵护林、防兽、打猎用（当然也包括他们二人打猎的子弹）。

清查"四人帮"运动开始后，王谦、赵雨亭为了打击谢曹势力，在临汾地区揪出了胡亦仁（临汾地委副书记、行政九级高干）、郭璞（临汾地委常委、宣传部长）、郭允瑞（临汾地区革委会副主任）、李辅（襄汾县委书记）四个"四人帮黑手"，赵雨亭在地直机关第三次揭批"四人帮"罪行大会上讲："我区少数人是和'四人帮'有着直接和间接的联系，他们为了紧跟'四人帮'的部署，全面地从思想上、舆论上、组织上、物资上进行了准备，而且既有幕后策划者、指挥者，又有秘密联络网，既作了夺权庆祝活动的准备，也还有一定的武装准备。"其实，胡、郭、郭、李只是地、县级干部，平时连省委书记可能都难以单独见面，根本不会与"四人帮"认识，更谈不上与"四人帮"有直接和间接的联系了。再者，这些人都是谢振华体系的干部，谢振华被"四人帮"整得很惨，他提拔的干部都跟着受了害，恨"四人帮"和陈永贵还来不及呢？那会是"四人帮"的黑手，来替"四人帮"篡党夺权呢？正是王谦、赵雨亭这些政治品质特别差的真正的"四人帮"的势力（当然不是说"四人帮"势力中都是政治品质差的人），在"四人帮"被粉碎后继续替"四人帮"制造冤案。

为了作实胡、郭、郭、李"篡党夺权"的行为，加重这些人的罪

第十四章 "文革后"的文革：疯狂的山西"倒清查"运动

行，赵雨亭、王定谟（接替赵雨亭担任临汾地委书记的人）就硬把六十九军留子弹和杨桂舟打猎的事情，说成是胡、郭、郭、李"篡党夺权"的"武装准备"。位于蒲县城东柏山上，是以东岳行宫大殿为中心的一级大型建筑群，相传始建于唐，元、明、清均复修重建。为国家重点文物保护单位。当时东岳庙还没有成为旅游胜地，只是由一个叫桑宝珍的老汉看庙。由于东岳庙为中心的柏山地势险峻，临汾地区公安处处长高堂侯想在赵雨亭、王定谟面前表现一下，派人到蒲县东岳庙的垣上，在周边挖了一圈战壕，加上桑老汉挖的储存土豆、萝卜的地窖，说是武装政变的工事。杨桂舟到农村视察农田基本水利建设，也被说成为"武装暴动"察看地形。王定谟、高堂侯组织大批人马对杨桂舟软硬兼施，多次批斗，想把这种诬陷搞成"事实"。王定谟甚至亲自跑到蒲县向杨施加压力，结果杨被逼自杀，造成了张赵、岳增寿以外的又一大冤案。

其实这种栽赃陷害的手段十分拙劣，连最起码的军事常识也不懂。即使是搞"篡党夺权"的军事政变，要先占领蒲县县城，再攻打临汾。在东岳庙的垣上修工事坚守，最多是土匪搞"武装割据"，谈不上什么"篡党夺权"。在现代的条件下，在东岳庙固守，就犯了马谡的错误，岂不等于自行困毙？再者，区区两万发子弹，打猎可以用的时间长一点，搞"武装暴动"，按每人一百发子弹配发，也只够装备二百人。由县委书记和武装部长带领这二百个破民兵，怎能实现"四人帮""篡党夺权之大业"？这一点恐怕连冤案的制造者也不会相信。明知"不是"而制造"是"，谓之"故意"。故意制造"冤案"是极左路线的传统，王谦、赵雨亭、王定谟等人正是继承了这一传统。王定谟、高堂侯还抓了杨桂舟的司机张七斤、县委办公室主任高宪阁、蒲县铁厂厂长耿玉文、柏山看庙的老汉桑宝珍，在地区五七干校昼夜逼供信，终于逼出了一个有组织、有预谋的"武装暴乱"案。在省城的清查"四人帮"成果展览上，因为只有子弹没有枪，只好从武装部借出枪支照相做成图片进行展览。1980年，杨案平反后，只有地委书记王定谟一人承担了责任，受到了撤职和留党察看处分。

另一个是昔阳县整体的例子。从1966年到1980年，昔阳县一直由陈永贵的极左势力所控制，不像山西省其他地区极左势力与反对势力一直进行着拉锯战，陈永贵的反对势力一直无法抬头，从这个意义上讲，昔阳县的"倒清查"一直在进行。陈英茨在《陈永贵本事》一书中说："党的十一届三中全会以后，昔阳县调整了领导班子，陈永贵不再任县委第一书记，此职由原县委副书记刘树岗接任。这些年老刘忍辱负重，委曲求全，此时，他要在昔阳进行拨乱反正的工作。为此，他重点抓了在全县人民中最为关心、民愤最大的乱打人乱杀人的问题。经调查，全县在'文革'中'清理五种人'（注：五种人是混进领导班子里的坏人、被阶级敌人拉下水的蜕化变质分子、热心于走资本主义道路的人、民主派、老好人）时被非法打死、逼死的无辜干部和群众达一百四十一人。这一百四十一个冤魂，不仅牵连着家属、也牵连着全县人民的心。"

当时的昔阳县约二十一万人，平均一千五百人中就有一个人因"反大寨"或"走资本主义道路"被打死、逼死。这一百四十一人，每一个人可能有着不同的故事，但有一点是相同的，就是都是冤枉的。《陈永贵本事》记载："以昔阳县委副书记郑融为组长的落实非正常死亡人员联合调查组经过一一核实，认为一百四十一人全部是冤案和错案，宣布全部平反昭雪，并在经济上给予了适当抚恤，被害人家属都十分感谢，并认为这是十一届三中全会后才能有的事。不然，人冤死了，家人还得背几辈子黑包袱，继续受到歧视和打击。对于群众要求追究陈永贵刑事责任的问题，联合调查组也按中央的精神做了解释。"

事实上，挨整挨批被处理的人十倍于被整死的人。《陈永贵本事》统计："在1980年初召开的中共昔阳县委三级干部会议上，县、社、队的各级干部以大量事实揭露了陈永贵在十年文化大革命中大搞阶级斗争扩大化，靠七斗八斗、强制高压来推行大寨经验的错误。据初步统计，十年间全县在整党、清队、批判资本主义等各项活动中，被错批、错斗处理的干部群众一千三百七十二人。全县每一千人中，就有六人被批斗处理。县级机关干部被错批错斗的九十六人，占机关干部总数的百分之八。文化大革命期间，昔阳并没有发生武斗，但全县因批斗而致死的共一百四十一人，致伤致残四十多人。全县共纠正冤假错案三千零二十八起，占全县总人口的百分之一点五；错戴各种帽子的两千零六十一人，占全县总人口的百分之一。干部们说：'七斗八斗的教训太沉重了'。"这种"七斗八斗"之法被昔阳的干部群众称恶作为"年年整风整党，天天反修防修。"

清查"四人帮"运动开始后，山西省的陈永贵、王谦、赵雨亭、王庭栋等人把昔阳的"七斗八斗"之法推向全省，掀起了批判"反大寨"和"走资本主义道路"的新高潮，阶级斗争"扩大化"的手段比"四人帮"时期更甚！

第三节　张赵案"冤上加冤"

在粉碎"四人帮"之后，各地对于类似于张赵集团案的处理，有着天壤之别。

按说在粉碎"四人帮"之后，在文革中反"四人帮"的人士，应该得到平反和重用。但在个别"四人帮"势力特别大的省份和地方，反而对反"四人帮"的人士举起了屠刀。

江西省的"李九莲案件"就是典型例子。刘九莲，女，1946年生，江西赣州人。1969年，已经分配到赣州冶金机械厂工作的李九莲，因在日记中反对当时的极左路线被人告发而被捕。林彪事件后，被释放一段时间。1974年再次被捕。1976年，粉碎"四人帮"后，李九莲因当局拒绝为其平反而继续表示抗议，12月，写了《我的政治态度》。1977年12月14日，江西省省委认定李九莲在服刑期间重新犯有反革命罪，同意鄱阳县人民法院判处李九莲死刑，并放在其家乡赣州执行。当天，在赣州体育场召开了公判大会，李九莲被五花大绑，押至公判大会现场。为避免她在公众场合呼喊口号，她的下颚、舌头被一根竹签刺穿成一体。上午10时，李九莲被押往西郊通天岩下受刑。1980年，经胡耀邦批示平反。

张赵集团则是比"李九莲案件"还要典型的例子。在北京，与张赵集团有密切关系的第四国际案的赵一凡和徐晓，粉碎"四人帮"后一个月被释放。虽然当时没有正式平反，但这说明北京当局至少知道这里面存在变数，也有改正错误的准备。而在山西，属于同案的反"四人帮"的张赵集团在粉碎"四人帮"之后，处境却更加困难。原因是陈永贵、王谦已经决心整掉山西的"反四人帮"的势力，而张赵集团首当其冲。王谦虽然没有办法否定张赵集团的反"四人帮"的性质，但他企图用张赵涉及毛泽东的问题，把张赵置于死地，并借此来打击谢振华的势力。这是一起极其严重的"四人帮"势力的报复行为。

1. 张赵案扩大了一百倍

按张耀明的回忆，张赵集团的正式成员加上李兆田、常理正这样的不常参加活动的人员也就是二十人左右。对付这二十几个人，其实用不着有多大的行动，可是1977年清查"四人帮"运动开始之后，山西省委把张赵集团及与其相牵连的"四·五"运动人员列为了重点清查对象，在山西省和太原市的各级机关单位和大中型企业办了许多学习班。只要说过对毛泽东和"四人帮"不满的话的人，都当作了清查张赵集团的对象，由此受到迫害和牵连的同志竟达到两千多人，被打成反革命集团成员的有三百多人。

张赵集团没有入狱的重点人物"迎来"了新的厄运。原在省水利局学习班的李兆田于1976年11月25日被逮捕；山西医学院第一附属医院革委会副主任平崇义1977年7月19日被逮捕；原红联站太原重机学院"联总"勤务组勤务员（张珉的同学）、太原锅炉厂技术员胡海清先驻学习班，后被逮捕。

常理正被省公安厅隔离审查，由太原变压器厂代为看管。由于牵扯到了李静在"四·五"运动中送花圈的事情，常理正一下子成了张赵和"四·五"的"双料货"。一方面张赵的问题还没有说清楚，另一方面策划"四五"运动的问题又缠上了身。

第十四章 "文革后"的文革：疯狂的山西"倒清查"运动

对常理正的审讯则由省公安局负责。由于常理正与张珉是单线联系，参与集体活动相对少，对参与的事情"背着牛头不认账"，来厂审讯他的省公安局的人也抓不住他什么要害的把柄，拿他也没多少办法。被宣布隔离审查时，常理正被认定为：反革命集团骨干，敌我矛盾。省公安局人员问："你怎么看你的问题？"由于当时"四人帮"已经被粉碎，常理正自觉没有做错什么，就回答道："我在想，运动后期你们怎么给我平反。"搞得公安人员很没有意思。

在"四·五"运动中较早送花圈的李静，已经被关押了近一年的时间了。尽管"四人帮"已经粉碎，尽管李静在严重的"逼供信"下已经"服软"，山西省有关部门还是不准备释放他。为了不释放李静，省公安局的人就计划千方百计给李静戴上"反华主席"的帽子。这中间有一件事情，恰好被省公安局找到了借口。这件事发生在1976年的"四·五"时期，有一次李静等人找常理正商量送花圈的事情，李静的情绪非常激动，对毛泽东更换接班人的事情非常不满。李静认为，毛泽东的接班人应该是邓小平，华国锋这个警察头子上台，中国更没有希望了。可能是当时在场的李静的小伙伴在狱中熬不过审讯，就招供了这件事。

省公安局的人多次到变压器厂的隔离地点找常理正落实李静"送花圈"和"反华"的事情。常理正矢口否认知道李静送花圈的事，更不知道"反华"之事。省公安局的人好像也没有什么办法。常理正回忆，有一次省公安局采取了特殊的办法。那一天，省公安局来了两个人，好像是来例行公事的审讯常理正。好像该谈的问题都谈完了，两个人与常理正海阔天空聊起大天来了。三人就家庭、工厂、个人经历问题足足聊了两个小时的天，常理正不知道这也是一种审讯方式，就是在转移被审讯者的注意力之后，突然提出问题，常常使被审讯者措手不及，常理正就差点中了招。省公安局两人中的一人突然发问：你知不知道李静的事。常理正不经意的回答：知道。公安人员又问：你怎么知道的？后来常理正回忆当时的情况时说，那时心中一震，马上意识到上当说错了话，冷汗马上就流了下来。常理正非常明白，他一旦承认了此事，加上张赵的问题，对己对李静都不利。常理正镇静了一下，灵机一动，做出了一个异常的反应，就回答说：是你们告诉的呀。公安人员莫名其妙：怎么是我们告诉的？常理正回答：你们找了我好几次，问的就是这个问题，不是你们告诉的是谁告诉的？公安人员觉得正在有所突破的时候，没有想到常理正来了这么一手，气得都说不出来话了。因为是在厂里的隔离的地方，对常理正是既不能打又不能骂，憋了半天，指着常理正的鼻子，说了一句话：你这个家伙！当时的情况很奇怪，双方都心知肚明。公安人员知道常理正策划了那次事件，就是找不到证据；常理正也知道对方掌握了自己的情况，就是不认账，对方也没有什么办法。常理正还回忆，在张赵问题平反后，他和省公安局的李处长成了老相识。他们在聊起当时的情况时，李处长说，当时我们又怕你承认，因为你已承认，就会被立即逮捕；又希望你承认，因为这毕竟是我们的职责（潜台词是审不出来显得我们无能），实际上我们挺佩服你的。

常理正还回忆了胡海清的事情。他说，他与胡海清同一天被省公安厅隔离审查（不过是在不同的厂，常在太原变压器厂，胡在太原锅炉厂），又在同一天，省公安局的人先到太原锅炉厂审讯胡海清，询问了毛泽东逝世后是否有过策划武装劫狱救张赵的事情，可能是胡海清心里准备不足，承认了有过此事，结果是胡海清马上被逮捕了。接着，到了变压器厂学习班，照旧审讯了常理正，常理正没有承认有参与过策划武装劫狱之事，结果常理正没有被逮捕。这一事件，活脱脱地体现了当时党的"抗拒从宽，坦白从严"的政策。常理正可能是在学习班过得最舒坦的人，他为人很讲义气，又能说会道，在太原变压器厂的青年工人中很有威望，在学习班的看守中没有人为难他。时间也长了，本厂的看守民兵也疲了，看管的也松了，常理正也能隔三岔五的回家了。

胡海清没有等到审判就死在了监狱里，当时有人说是受到了刑讯虐待；有人说是得了重病，反正与监狱恶劣的条件有关系。太原锅炉厂与胡海清一起住进学习班的还有罗德源等人。罗德源，1935年生，时任太原锅炉厂金工车间技术副主任（后来任太原锅炉厂总工程师），他当时并未加入张赵集团，因为经常与胡海清等人在一起痛骂

"四人帮",也难免牵扯到毛泽东,罗德源几个常与胡海清来往的人也被抓进了学习班。太原锅炉厂也就是一个一千多人的市属中型企业,就牵扯到了好几个张赵问题的人,全市全省就更多了。

2. 王谦比"四人帮"手更黑:张赵被判死刑

在粉碎"四人帮"之后,反"四人帮"行为已经不构成"问题",按说像张赵集团的人员至少是应该无罪释放了,但王谦为自己的"一己私愤",却要加重对张赵集团的"刑罚"。在粉碎"四人帮"一年多之后,王谦指示相关部门进一步罗织"莫须有"的新罪名。最可笑的一次是一个素质很低的老法律工作者,竟然把恩格斯的一段话当作张耀明的话来批判。张耀明是这样回忆这段故事的:

"四人帮倒台后,我们以为盼来了解放。结果除看守员对我们有所放松,没什么变化。那时因法律规章不健全,分不清法院和公安的区别,也没有人告,更没有检察院起诉一说。有一天提审问我的又换人了,是位白发满头的人,还有原审的卢兴贤,一进去白毛老汉就给了我个下马威,我还没坐下,他就问:'张耀明,这么多天了,你考虑得怎么样?'我随口说:'该说的我都说了。'他马上反问:'那把你不该说的交代一下吧。'没等我反应过来,他又说看你那吊二浪当,满不在乎的样子。我只能站的听他训话,心想这是个干什么的,卢兴贤为消除难堪,挥手让我坐下,老头才说他是法院的,与我核对材料。他问我答,除个别字句上的误差,核对后再按指印外,有一个问题真让我哭笑不得,他竟把恩格斯在《费尔巴哈与德国古典哲学的终结》一书中如下一段话作为我的反动言论来问我:'与其说是个别人物——即使最杰出的人物——的动机,不如说是推动大量人们、推动整个民族,而在每一个民族中间又是推动整个阶级行动起来的动机,并且在这里重要的也不是短时的爆发,不是转瞬即逝的闪光,而是引起伟大的历史变迁的长期的行动,探讨那些明显地或不明显地,直接地或从思想形式,也许甚至以幻想形式反映在行动着的群众和其领袖,所谓伟大人物的头脑中而成为自觉的动机的动因……',他问我你这段话是什么意思,我答:'那是恩格斯的原话,怎么问我什么意思,难道学马列也错了?'他似有点尴尬,愤愤地说:'你学马列也是为了反马列,你懂什么马列?你要学马列就成不了反革命!'呜呼,我真说不出话来,只希望法官们多学点马列,不要再把自己没听过,听着不顺耳的马列原著当成反动言论,断章取义,栽在老百姓头上当罪行,法院似乎只对过一次材料,我们也没见过什么起诉书就被判了刑。"

张珉、赵凤岐、罗建中在看守所都是按死刑犯对待的,单独关押,成年戴着手铐、脚镣。对张珉的"待遇"更是特殊,狱方为了折磨他,甚至在冬天把冷风吹进牢房。当时因谢曹问题也关在同一看守所的段立生、马尚文说,张珉、赵凤岐出来倒便桶时,听脚镣声就可以分辨出是谁。马尚文回忆,张珉的脚镣声频率慢,步伐长而有力;赵凤岐的脚镣声频率快,步伐小而急促。张赵集团既未杀人,也未放火,按死刑犯待遇,是未审先定罪也。

1977年11月19日上午,山西省高级人民法院对张赵集团进行了宣判。判决书如下:

山西省高级人民法院判决书
(77)晋刑法二判字第1号

公诉机关:山西省公安局

被告人:张珉,男,三十三岁,家庭出身贫农,山西省朔县城内人。一九七五年四月二十二日逮捕,捕前系太原化肥厂汽车队机械员。

被告人:赵凤岐,男,三十二岁,家庭出身贫农,河南省滑县人。一九七五年四月二十二日逮捕,捕前系太原化肥厂武装部副部长。

被告人:罗建中,男,二十七岁,家庭出身地主,山东省冠县人,一九七四年八月十五日逮捕,捕前系太原化肥厂造气车间工人。

被告人:张耀明,男,二十九岁,家庭出身贫农,山西省武乡县

第十四章 "文革后"的文革：疯狂的山西"倒清查"运动

人。一九七五年四月二十二日逮捕，捕前系太原化肥厂硝酸车间工人。

被告人：魏润福，男，三十一岁，家庭出身工人，山西省太原市人，一九七五年四月二十二日逮捕，捕前任山西省汽车运输公司团委副书记。

被告人：李兆田，男，三十八岁，河北省宁晋县人。一九七六年十一月二十五日逮捕，原任山西省水利局副局长，

被告人：何立言，男，三十七岁，家庭出身贫农，山西省洪洞县人。一九七六年五月二十日逮捕，捕前系太原重型机器厂党委办公室秘书。

被告人：胡公在，男，二十九岁，家庭出身小土地出租者，上海市人。一九七五年四月二十二日逮捕，捕前系太原钢铁公司三轧厂工人。

被告人：平崇义，男，五十二岁，家庭出身中农，山西省壶关县人。日伪侵占时期，充当过日伪壶关县政府建设科雇员。一九七七年七月十九日逮捕，捕前任山西省医学院第一附属医院革委会副主任。

被告人：程文，男，五十四岁，家庭出身贫农，山西省平遥县人，一九四二年充任过日伪警备队班长。一九七七年十一月八日逮捕，原任山西省汽车运输公司党委书记。

被告人：刘纪儒，男，三十三岁，家庭出身中农，山西省霍县人，系太原矿山机器厂技术员。

被告人：张尚官，男，三十五岁，家庭出身贫农，山西省原平县人，系太原矿山机器厂打眼机车间党支部书记。

上列被告人经本院审理查明：确系一个有组织、有纲领、有行动的现行反革命集团。一九七一年就以张珉、张耀明、罗建中为首勾结在一起，策划反革命组织，发展反革命人员。一九七四年五月间，由张珉主持召开反革命成员会议，正式决定张珉为第一负责人，赵凤岐为第二负责人，并宣布了反革命组织名称，主要核心成员的职务和分工，研究了发展反革命成员的条件和方法，制定了反革命组织纪律。几年来这个反革命集团进行了一系列的反革命活动，他们书写反动

文章，编写反革命材料达二十多种，制造谣言数十条，恶毒地攻击、污蔑伟大领袖和导师毛主席和敬爱的周恩来总理，分裂党中央，疯狂地反对我国社会主义制度。他们为寻找反革命靠山，张珉等人指派罗建中、赵凤岐多次外出进行反革命接线挂勾。他们为建立反革命武装，于一九七四年七月二日深夜，由罗建中赵凤岐带领歹徒十余人乘坐汽车，身带凶器抢劫武器，被我巡逻民兵和民警冲散未能得逞。这伙反革命分子为长期隐蔽，坚持反革命活动，一九七四年五月窜到文水县马西公社神堂大队，上山勘察地形。为巩固无产阶级专政，严惩一切反革命分子的破坏活动，根据各犯罪行以及认罪态度，分别判处如下：

反革命犯张珉，是反革命集团的"党支部书记"，多次主持召开反革命会议，策划成立反革命组织，发展反革命成员，散布反动言论，多次指派他人进行反革命接线挂钩，抢劫武器。系反革命集团的首要分子。此外，张犯在无产阶级文化大革命中还犯有策划、指挥武斗，抢劫武器等罪行。必须从严惩办，依法判处张犯珉死刑。

反革命犯赵凤岐，是反革命集团的策划者之一，反革命集团"党支部副书记"。共谋召开黑会，传阅反革命材料，散布反革命谣言，策划搞反革命武装，抢劫武器等。此外，在无产阶级文化大革命中还犯有策划、指挥武斗，带领武斗小分队到太原重机学院、汾阳等地进行打、砸、抢等罪行。罪大恶极，民愤极大，依法判处赵犯凤岐死刑。

反革命犯罗建中，系反革命集团的组织者、发起者之一，多次进行反革命联络，制造反革命材料和谣言，恶毒攻击伟大领袖和导师毛主席和污蔑敬爱的周总理，实属罪大恶极，非杀不足以平民愤的反革命分子，依法判处罗犯建中死刑。

反革命犯张耀明，是反革命集团的组织者，策划者之一。思想极为反动，书写反动日记、笔记、诗词和批语，恶毒攻击毛泽东思想，在反革命集团内从事书写反动文章，抄写反革命材料，罪行严重，依法判处张犯耀明无期徒刑。

反革命犯魏润福，系反革命集团的副书记，多次参与反革命黑会，充当会议记录，复制反革命材料，散布反动言论。罪行严重，依

第十四章 "文革后"的文革：疯狂的山西"倒清查"运动

法判处魏犯润福有期徒刑十五年。

反革命犯李兆田，是反革命集团的主要成员。参加反革命黑会，传阅反革命材料，制造和传播反革命谣言，共同议定建立反革命组织，为这个反革命集团出逃文水县积极寻找关系，进行了一系列反革命活动。此外，还在晋中多次策划指挥过武斗。依法判处李犯兆田有期徒刑十年。

反革命犯何立言，系反革命集团的主要成员，多次参加反革命黑会，传看反革命材料，散布反动言论，为反革命集团起草反革命纪律等，进行一系列反革命罪恶活动。依法判处何犯立言有期徒刑十年。

反革命犯胡公在，是反革命集团的骨干分子。胡犯传抄反革命材料，散布反动言论，进行反革命勾连活动。依法判处胡犯公在有期徒刑八年。

反革命犯平崇义，是反革命集团的骨干分子，多次与张珉等人交谈反动观点，并积极进行传播、传阅反革命材料，散布反动言论，为反革命集团提供开黑会地点，从事反革命活动。依法判处平犯崇义有期徒刑八年。

反革命犯程文，历史上当伪军为敌效劳，欺压群众。这次又参与反革命集团，传播反革命谣言，传看反革命材料，纵容魏犯润福进行反革命活动。在破案过程中，程犯发现反革命集团已被暴露，隐瞒了罪行，向公安机关提供了罪证材料，应视有悔过表现。但在一九七六年"四人帮"篡党夺权阴谋活动的时候，程犯感到时机已到，又积极进行反革命活动，鼓动侯马、长治等运输公司的一小撮坏人，参与"八二三"反革命打砸抢事件，还企图在"八二三"晚上揪斗省委主要负责同志，八月二十四日程犯等人到省交通局找局领导哄闹。实属屡教不改之徒。依法判处程犯文有期徒刑七年。

反革命犯刘纪儒，是反革命集团的主要成员，参加反革命集团核心成员会议，为反革命集团编写发展成员条例，秘密传递反革命材料，散布反动谣言，积极发展反革命成员，罪行严重，但尚能交代罪行，认罪态度较好，依法从宽判处刘犯纪儒管制三年，由原单位监督执行。

反革命犯张尚官,是反革命集团的骨干分子,积极从事反革命活动,传阅反革命材料,为反革命集团起草"军事训练计划"等,罪行严重,但能交代罪行,认罪态度较好,从轻判处张犯尚官管制三年,由原单位监督执行。

以上各犯如对本判决不服,从接到判决的次日起,限十日内上诉于中华人民共和国最高人民法院。上诉书一式两份,由本院转呈。

一九七七年十一月十九日

山西省高级人民法院(章)

张耀明愤愤不平地回忆:"1977年11月19日上午,牢门大开,不断有人进出,我们被拉上一辆装煤的卡车,押到山西省高级法院,在一个审判大厅,坐满了听审的群众,据说都是各单位的代表,法官宣读了我们的罪行、刑期后,原路押回了看守所,法院的老裴找我谈话,发给判决书,问我上诉否,我答不上诉。堂堂高级法院判我这样的人无期徒刑,上诉有什么用,但还是写了申诉书,其实我头脑里分不清上诉与申诉有何区别,反正都是十天,反正无期徒刑有的是时间。所以上不上诉就么回事,只是形式罢了。对判决书,我最不能接受的有三点:

(1)说'他们为建立反革命武装,于1974年7月2日深夜由罗建中、赵凤歧带领歹徒十余人乘坐汽车,身带凶器抢劫武器,因被我巡逻民兵和民警冲散未能得逞。'这条罪状纯属捕风捉影,别的不说,仅赵凤歧身为武装部副部长,自己就有配枪,化肥厂民兵是师级建制,有几百条枪放在武装部箱子里,厂区有十几门大炮的炮库都属武装部管辖,用得着去为一枝破枪兴师动众、大动干戈吗?

(2)说'这伙反革命分子为长期隐蔽,坚持反革命活动,1974年5月窜到文水县马西公社神堂大队,上山勘察地形'这条罪状更是欲加之罪,何患无辞的捏造。前面我已讲过,张赵李去神堂是因为罗建中误传陈永贵要抓他们才去的神堂村躲几天,和'上山勘察地形'有何干系,再则他们为什么要丢家舍业,放下有职有权的日子不过,去山村'长期隐蔽'难道不怕饿死?

（3）说'我思想极为反动，书写反动日记、笔记、诗词和批语，恶毒攻击毛泽东思想'，这不符合事实，首先，日记是记自己的所思所想，难道写真话就是罪？为何冠以反动二字。其次，笔记、诗词在我当学生时就有几大本，难道经我手抄一遍就有了'反动性'？第三，我一再申明我不反对毛泽东，我是对他有看法，他老人家教导我们说，共产党员对什么问题都要问个为什么，怎么我思考一下文化大革命的某些作法就成了思想极为反动呢？成了恶毒攻击毛泽东思想呢？"

通过《判决书》可以看出，王谦对张赵集团的定性完全与江青的定性一样，王谦继承了江青的衣钵！

张赵集团案的审判过程颇有波折，如果不是山西省司法系统一些同志的坚持，张、赵、罗三人在1977年可能就已经被处决。张赵案平反后，据山西省高院的有关人员讲，当时王谦指示该案件由太原市中级人民法院进行一审，山西省高级人民法院进行二审。按我国的两审制度，二审为终审，正好那段时间，中央把"杀人权"下放到了省里，王谦的意思是不通过中央在本省"解决"掉张赵，即在本省判处张、赵死刑并立即执行。

但是，山西省司法系统的陶健、刘九祥、谷震等一大批老司法工作者，以实事求是的大无畏的精神，顶住了王谦、陈永贵的错误做法，坚持按原则办事，没有同意王谦的指示，才保住张、赵、罗三人的性命，使他们能坚持到最高院的平反。我们不知道这些老司法工作者当时不同意王谦意见的原因，也许是坚持司法程序的缘故，也许是出于对张、赵的同情，也许是不愿意担责（不愿意承担杀害"反'四人帮'人士"的责任），他们提出的反对这种做法的公开的合法的两个理由是：一是张赵案这样重大的案件是由中央委托查办的，应该由省高院一审，最高人民法院终审（即二审）；二是张赵案件一直是由省公安厅负责侦办的，叫太原市中院审判不合常规。

王谦没有办法，只好同意由省高院一审。虽然省高院按王谦和山西省委的意思，对张、赵判了死刑，但案件送到最高院后被压了下来。最高院认为，这是一件明显的反"四人帮"的案件，罪名中肯定有许多不实之处,张、赵才有了"喘息"的机会。

所以,从某种意义上讲,是陶健、刘九祥、谷震等敢于坚持正义的老同志留住了张赵等人的头。这些老同志呵护了人间正义!

第四节 谢曹势力大"遭殃"

王谦与谢振华结怨很深,主要责任当然在王谦。谢振华与"四人帮"抗争的过程,或者说"四人帮"批谢的过程,王谦是全程参加了的。王谦应该是很了解谢振华的下台原因的,按理在粉碎"四人帮"之后,王谦应当组织安排山西省委为谢曹平反。但王谦很自私,报复心很强,根本不顾党的原则和是非,借清查"四人帮"的名义,揪住"四人帮"时期定性的"王谦落选"和"八·二三"事件不放,大大扩大了批谢曹路线的规模,把斗争矛头指向了长期"反四人帮"的谢曹体系的干部和群众。在这个"四人帮"势力继续批谢的高潮中,许多地方"批谢曹"与批"反大寨""清张、赵"结合进行,制造出了更大更多的冤案。

1. "三句话和两本书"的故事

1981年1月30日的《人民日报》第四版刊登了该报记者许仲英的一篇文章,题目是《"三句话"和"两本书"》。这篇文章反映了山西省委在清查"四人帮"运动中的巨大偏差。该文中所述的主角李一夫在本书的前半部写过,人们应该已经相当熟悉,他通过与刘格平"较量",已经充分认识到了中央文革极左路线的本质,特别痛恨"四人帮"的所作所为。

在谢振华时期,李一夫担任冶金厅长。1974年,开始批谢后,李一夫说:"谢振华要干,我陪几年;谢振华要是下台,我也不干了。"后来批谢曹,李一夫受到了牵连。李一夫早在1974年到1975年间,

第十四章 "文革后"的文革：疯狂的山西"倒清查"运动

在省委大院内公开对张、姚的文章提出了质疑。李一夫对毛、江等人的极左路线很不满，在"批邓、反击右倾翻案风"时，有人劝李一夫上班，李一夫说："什么时候不批邓、不批三株'大毒草'（指邓小平的《工业二十条》《汇报提纲》《论总纲》）了，我就上班。"体现了李一夫不愿与"极左"路线为伍的气质。李一夫听到"四人帮"被粉碎的消息之后，高兴地说："早该如此。"山西的清查"四人帮"运动开始后，李一夫对省委另立标准的做法提出了异议。王谦却说："李一夫是反'四人帮'的，但他的思想体系是'四人帮'的。"由此，李一夫受到了省委的批判。许仲英的文章就是说的这件事情，文章及编者按全文如下：

"三句话"和"两本书"
——记两个人的两件事

编者按：一位同志说了三句真话受到清查，另一位同志编了两本坏书却清查别人。颠倒黑白，是十年浩劫中流行的瘟疫，前两年，竟然还在一些地方、部门凝聚不散。现在，该是认真清除这种遗毒的时候了。

在山西省委统战部"清查"工作的"档案"里，记者看到这样一封信：

"我的病情看来是严重的，在医院三个月的治疗，毫无效果，医生也好像有点束手无策了。趁我还会说话的时候，请你们把我的问题做一处理，定为一类也好，二类也好，不要老拖了。你们认为拖是最好的办法，其实矛盾是不能回避的，拖是对三中全会的犯罪。

李一夫　　　1979年2月23日

李一夫同志是山西省委统战部副部长，1937年参加党的老同志。他写这封信的时候，年已七十，因肺癌住在北京的医院里。

在十年浩劫的后期，李一夫同志的认识逐渐提高，他对照马列主义的经典著作，对张春桥、姚文元《论对资产阶级的全面专政》等两篇文章提出反对意见。在"四人帮"煽动的"批邓"和"反击右倾翻案风"中，关照一些同志不要跟着跑。他经常议论和指斥康生、江青不是好人。就是这样一位同志，在山西清查与"四人帮"篡党夺权阴谋活动有牵连的人和事的运动中，被列为"清查"的对象，经省委批准在统战和冶金系统批斗。

山西省委前主要负责人和管清查运动的几个负责人，多次在正式报告中提出要清查"反大寨"和对"十一条"（1974年在"四人帮"操纵下订的解决山西问题的十一条意见）的态度问题；并反复强调要清查几件事，其中有一件事是查清哪些人听过和传播过反革命分子张铁生在山西的讲话。在几次讨论省委的"清查"报告的小组会上，李一夫同志先后讲过这样的"三句话"：第一，省委的报告不符合中央文件的精神，脱离了中央制定的"清查"运动的规定，自立了标准；第二，山西"清查"联系实际，首先应该联系江青穿上军装炮轰谢振华这个实际；第三，请反革命分子张铁生来太原做报告，是省委第一书记批准的，报告会是省委书记主持的，要查这个问题，省委应先做检查，而不是先查听报告的群众。就是因为这"三句话"，李一夫被列为重点"清查"对象。当时，李一夫因为身体不好，有三次未出席学习会，于是，又加了一个"三请不到"的罪名。山西省委前主要负责人亲自批示，责令李一夫"停职检查"，交代问题。

对于这些"莫须有"的罪名，李一夫当然不服。他说，我讲的三句话是有根据有理由的，如果省委第一书记批准请反革命分子张铁生来太原作报告是对的，而群众听报告是错的，那么我可以算是错的，问题是没有这样的道理。他还说，我不是"三请不到"，我有病没有出席一般的会议，如果开批判我的会，我就是爬，也要爬去参加。李一夫指出：省委前主要负责人是因为江青炮轰谢振华才上台的。他上台以后曾在"杏花岭"主持召开了有七万党员参加的"批邓"大会，会后还亲自带七万党员游行示威。李一夫说，你们干这些事的人竟成了反"四人帮"的英雄，我这个从1973年以来几乎天天骂"四人帮"的人倒成了与"四人帮"有牵连的人，这叫什么道理？这叫"实事求是"吗？

第十四章 "文革后"的文革：疯狂的山西"倒清查"运动

李一夫有理有据的辩驳，更加引起一些人的憎恶。当时的省委宣传部长自告奋勇对统战部说，你们拉不下他来，就交给我们宣传来拉！省委前主要负责人批评统战部心慈手软，并通过组织措施加强统战部"清查"的领导力量。

"七斗八斗"，李一夫病情恶化，医生怀疑患了癌症，但不能确诊。李一夫要求去北京做检查，省委不准。经过一番周折，李一夫到了北京，住进医院，这时，党的三中全会开过好长时间了。许多是非问题已经清楚，李一夫写信给山西省委，要求对他的问题尽快做出结论。

1979年8月，山西省委统战部一位副部长因工作去北京，顺便向李一夫讲了山西省委前主要负责人对他的问题的处理意见，说李一夫虽然不是"四人帮"帮派人物，但说过不利团结的话。针对这个结论，李一夫给省委写了一封申诉信：

"……当前党要求全党同志、全国人民安定团结向前看，整了我两年的事，我概不计较了。但是在结论中说我说过一些不利于团结的话，我坚决不同意。因为我是被列为清查'四人帮'的对象批斗的，结论中说我不是'四人帮'，为什么还要留下一个尾巴和清查'四人帮'运动联系起来呢？"

"整了我两年，我没有要求你们承认错误，你们反而找点借口留个尾巴，真是岂有此理。检查一下，看看你们跟上'四人帮'做了多少坏事？说了多少坏话？批邓、批'三株大毒草'、鼓吹张春桥、姚文元等人的反动文章……。而我恰都是反对'四人帮'这一套的……。"

山西省委前主要负责人看了这封信，未做任何处理，批了"存查"两个字完事。

1980年2月6日，李一夫同志在北京逝世。

中共中央组织部、统战部、冶金部等送了花圈，协助安排火化等事宜。山西省委统战部将李一夫同志逝世的情况向省委作了报告，并建议以山西省委和省人民政府的名义送两个花圈以示哀悼。但是，这个建议被山西省委前负责人勾去了。

山西省委前主要负责人调离山西时，李一夫已逝世八个多月了，由他主持的山西省委，既未对李一夫的冤案做出正式的平反决定，也未召开追悼会。

　　在山西省的"清查"运动中，李一夫因为"三句话"受到了清查。当时，有不少人提出省委宣传部长的问题，他却安然无事。1976年，"四人帮"提出揪所谓"死不改悔的走资派"，这位部长按照"四人帮"在辽宁搞的那个模式，亲自组织"理论讨论会""宣讲团"，大唱"四人帮"篡党夺权的调子。后来，在这个基础上，他主持炮制了《资产阶级就在共产党内》和《反面教员邓小平》两本书。前者出版30万册，流毒全国；后者排印完毕，因"四人帮"被粉碎未能公开发行。

　　1976年清明节，太原广大群众在"五一"广场悼念周总理，这位部长被指定"清查"这一革命活动，但在清查与"四人帮"篡党夺权阴谋活动有牵连的人和事的运动中，此人又被前省委主要负责人指定领导宣传系统"清查"工作。1977年春，有人揭发他主持炮制《反面教员邓小平》一书的问题，他竟有恃无恐地说：党中央并没有说他是正面教员，有什么错！那位揭发他的同志，却因此被扣上破坏"清查"的帽子。那位同志在被批斗的时候病了，有人请示这位部长怎么办，他说："他就是下午死，上午也必须把问题交代清楚！"

　　粉碎"四人帮"以后，这位部长在省委前主要负责人支持下，在一系列重大问题上同中央唱反调。中央报刊展开审理标准问题的讨论，他竟然要人们"提高警惕"，"迎接这场战斗，参加这场战斗"，"要敢于豁出去斗争"，"一定要在这场战斗中取得胜利。"中央提出要贯彻"按劳分配"的原则，他说这是"批了林彪又回到了刘少奇那里去了"，并组织文章进行反宣传。根据这位部长在"四人帮"横行时的问题，以及粉碎"四人帮"以后的表现，中央有关部门提出此人不宜担任省委宣传部长的职务，才由宣传部长改任省委副秘书长兼政策研究室主任了事。

　　许多同志向记者反映，在山西一些像这位部长一样本来应该受到"清查"，不仅没有受到"清查"，反倒成了"清查"运动的负责人。像李一夫那样的同志却被"清查"了，明明白白搞错了，就是不给平反，这是多么不公平不正常啊！

此文中所说的"山西省委前主要负责人"指的是王谦；那位宣传部长指的是李慰。透过这篇文章可以看出，在粉碎"四人帮"后的四年里，"四人帮"势力在山西仍然是那么猖狂！"倒清查"运动仍然是那么疯狂！

2. 谢、曹体系干部群众人人自危

粉碎"四人帮"没有多久，王谦找了各种理由，开始大整谢曹体系的干部和群众，当时山西省各级机关和单位的学习班里更是人满为患。其中有一些典型案件我们在此一述。

山西省卫生厅厅长张金是一位老红军，1915年生，十四岁参加红军，中央卫生学校毕业后，曾在红五军团搞卫生工作。长征结束后分配到红二方面军总部卫生所任主治医生、所长，是贺龙元帅的老部下。在文革初期，张金曾在家中收留保护无家可归的贺龙元帅的女儿，后来被某军事专家赞扬说："贺龙元帅的部下千千万，敢于在那时收留贺龙女儿的就张金一人。"在文革中，张金始终站在反"四人帮"一边引起了陈永贵、王谦的不满。还有一件事使陈永贵耿耿于怀，就是大寨卫生所要求卫生厅特批给一套X光机，由于当时山西的许多县级单位均无X光机，张金按原则没有照顾大寨，就被陈永贵诬为"反大寨"。清查运动开始后，张金被列为重点清查对象，并被捏造出一个所谓"张金帮派体系"，牵连到了文教卫生界一千多名无辜干部群众。

原山西省委常委、秘书长史纪言，1910年生，1935年毕业于山西大学教育系，1936年参加革命，是老干部中少有的大才子。在文革初期，与旧省委一起受到冲击。1972年初山西省的老干部大多"解放"，王谦执政后，因史纪言支持卫恒当省委第一书记，记恨于心，降格使用，把史纪言贬到山西省人大常委会任常委兼秘书长、省革委常委，后又任省委宣传部副部长。史纪言在"批谢""批邓"中都没有跟随，陈永贵、王谦对他不太满意。史纪言为人随和，与老字辈的李一夫、小字辈的刘灏关系都不错。清查运动开始后，他与李一夫有比较多的交流，两人看法一致，认为省委另立了清查标准。为此，王谦、李慰等人把史纪言列为了清查对象。对史纪言的清查主要内容有："反大寨"问题；对王谦的看法问题；对"清查"运动的看法；与刘灏的关系问题。将史纪言定性为"卖身投靠""出卖灵魂"的"马天水式的人物"，并在省委宣传部和宣传口会议上予以批判斗争。山西省委先是停止了史纪言的工作，又在1977年12月29日免去了史纪言省委宣传部副部长职务。

段、刘、宋是造反派干部的典型代表，当时都是副县级。段立生在粉碎"四人帮"不到两个月被抓入狱。段、刘、宋的"罪行"是明摆着的，谢振华是什么罪，他们就是什么罪。或许比谢振华还多一点，就是策划"王谦落选"事件，没有投王谦的票，往严重说算是"违反"党的纪律吧，况且段立生那两天正好感冒，没有去会场，只是投票那一天去了一下，根本不知道是怎么串联的，其实，抓段、刘、宋本身就违法。如果站在王谦的立场上，段、刘、宋的罪行是十恶不赦的，尤其是"王谦落选"和"八·二三"事件，让省委第一书记"颜面丧尽"。于是，王谦把段、刘、宋交给了他们所在系统和区、县进行轮番批斗，也让他们的"颜面丧尽"。

有一段时间，他被清徐县各公社轮流批斗。一次，在某公社批斗，由某公社副书记主持。批斗前，段立生在一个房间里等待批斗会开始，公社的工作人员对他很客气，还给他准备了茶水。该副书记不知是谢曹派干部的残余，还是平时对段书记的敬佩的积累，或是人性未灭，在批斗大会即将开始时，用请示工作的口吻对段立生说："段书记，开始吧。"段立生有点哭笑不得，只好回答说："我现在已不是书记，请你安排吧。"批斗会遂开始。

还有一次，段立生又被拉到另一公社批斗，十年文革人们对于批斗司空见惯，也不认为被批斗的是坏人，来了许多老人、妇女、小孩充数，这些人也弄不清批斗什么，场面很乱。批斗会开始不久，已临中午，许多妇女准备回去做饭，从会场的大门往外挤，会场就更乱了。段立生在批斗台上站着，看见这个场面很好笑，不由自主地笑了一下。会场的前几排坐着的都是小学生，有一个小学生看见段立生在笑，用手指着段立生喊："看他在笑了。"顿时全场哗然，批斗会开不下去了，组织者只好喊了几句"段立生不投降就让他灭亡！""段立生顽固到底决没有好下场！"诸如此类的口号而草草收场。到文革后期，所谓的批斗会纯粹成了闹剧。

段立生还有在狱中"造反"的故事。1978年，段立生已经被关押两年之久，我国逐步开始法制方面的宣传。当时段立生关在太原市中级人民法院看守所，监狱的高音喇叭中也在进行"依法办事，有法必依"的法制宣传。本来中级人民法院看守所关押的是刑侦侦结，等待审判的嫌疑犯，像段立生这样的"隔离审查"人员根本不应该关押在这里。有一天上午，趁放风之机，段立生把自己的行李搬到了牢房旁边的看守的办公室内，请求"依法办事"，并向监狱方提出三点要求：一是要求立即对他下达逮捕令，这样就有了关押期限；二是请监狱方把门口的牌子改成国民党的监狱，因为这里面关的是共产党；三是如果不改名，就不能关押国家干部、共产党员，请换地方隔离审查。监狱方作了许多解释，意思说他们是执行者，事情不由他们决定。双方僵持了近一白天，最后达成妥协：段立生的监房不上锁，可以随时出入。

过了一段时间，有领导视察监狱，了解监狱是不是"依法办事"。正好段立生在院内溜达，就上前问道：现在不是讲究"依法办事，有法必依"吗？我的问题怎样解决？领导不认识段立生，问：你是谁？答曰：段立生。那几位领导一听是段立生，马上扭头就走，自知是理亏，实在是不愿意再招惹段立生。未几日，段立生就被转移到了清徐县的一处不是监狱的地方隔离，由六名民兵看守，就自由多了。按段立生的说法，经常与那六个民兵一起捉麻雀，用来炸着吃，还常有许多公社和大队的人提着香油等东西来看他，心理上得到了很大的安慰。

蒋守身也被关过好几个地方，与段立生不同的是，蒋守身被硬安上了策划、组织及指挥"八•二三"游斗王谦事件的罪名，成了"打砸抢分子"，在小店看守所就被逮捕，蒋守身认为逮捕理由不符合事实,拒绝逮捕证上签字。后又送到太谷看守所,最后在当作重刑犯关押在太原市中级人民法院看守所。蒋守身回忆当时的一些情况。

蒋守身说,小店看守所的看守人员很坏,大冬天往在押犯人的床上拨水,冻成冰后才让在押人员睡觉,手段堪比法西斯。《太原日报》连续几天刊登了批判"三十二人大字报"的文章,据说也要像中共九评苏共中央公开信一样,也要九批"三十二人大字报"。《太原日报》把"三十二人大字报"定性为"反革命大字报",批判它要"替谢曹翻案,矛头指向王谦、黄志刚,干扰了批邓反击右倾翻案风的大方向。"结果出了四批,蒋守身等人就被"批倒批臭"了。在被抓后不久,就在新建路礼堂批斗了蒋守身,脖子上用铁丝挂着大牌子,上写"打砸抢分子蒋守身"。陪斗的有张洪文等人。在山西省工人文化宫展出的"'四人帮'帮派体系在山西的罪行"展览中,还专门列出了蒋守身策划、组织及指挥"八·二三"游斗王谦事件的罪行。

蒋守身还说,他与"八·二三"游斗王谦事件没有任何关系。"八·二三"那天,游斗王谦的大卡车曾经进入了市委大院走了一圈,在市委大院时,有人在王谦的脖子上挂了一个大牌子,后来被王谦、黄志刚无端指责成是蒋守身干的。蒋守身强调,那天他根本不在市委大院,把他与"八·二三"游斗王谦事件挂钩纯粹是栽赃陷害!

蒋守身还回忆了狱中的一些情况。

1978年的正月十五,蒋守身接到了省公安厅发的第一份起诉书,罪名是策划、组织及指挥"八·二三"游斗王谦事件,起诉书指控蒋守身是"罪大恶极、民愤极大"。为此,蒋守身被当做重要的刑事犯,从太谷看守所,转移到了太原市中级人民法院的重犯监房,戴上了脚镣、手铐。到中级人民法院的第二天晚上,开始了"八·二三"问题的预审,每天晚八时至次日凌晨一、两点是审讯时间。在"八·二三"问题预审时,蒋守身在狱中尝到了狱警的厉害,审讯时,需要走出重刑牢房区,带着脚镣、手铐的囚犯,必须跪在门口专门铺设的煤渣上向站岗的哨兵请示:"报告班长",哨兵说:"干?"(监狱中哨兵懒得说话,语言简练,意思是"干什么去?")犯人答曰:"提审。"哨兵说:"滚!"意思是批准出去提审,因犯才能起身出去。看来中国上千

第十四章 "文革后"的文革：疯狂的山西"倒清查"运动

年的封建式的监狱管理方式在实质上一直没有什么改变。

对蒋守身的预审进行了约半个月，因为蒋守身没有参加"八二三"事件，也审不出什么问题。预审大约进行了一周左右时，就给蒋守身去掉了手铐，罪行好像是减轻了似的。1978年5月份的一天，中级法院同情他们的狱警（有些狱警是69军转业下来的，所以同情谢曹派的干部）悄悄告诉蒋守身，第二天要审判"八二三"案件，明天可能要用铁丝捆一下子，一般人受不了。蒋守身说，当时穿的只有一身囚衣，捆一下子确实受不了，那位狱警就给他借了一件棉大衣，准备第二天被捆时穿上。蒋守身第二天早早起来等待被捆着去审判，等到七点，没有什么动静。到八点，那个狱警也挺奇怪地问他：怎么没有你？看来栽赃陷害也不容易，毕竟预审员中还是有"好人"的。

很快，蒋守身接到了第二份起诉书，罪名已经不是"八二三"问题。这次的罪名有三条。

第一条是攻击毛主席分裂和党中央。粉碎"四人帮"之后，蒋守身在某时某地曾经说过：毛泽东不支持江青，江青怎么敢胡来？江青的罪行，竟然把毛泽东也拉进来了，岂不是大罪？结果被人告发，成为一条罪状；

第二条是偷听敌台广播，散布小道消息。蒋守身在粉碎"四人帮"之后不久，到了北京军区看原69军的朋友，当时粉碎"四人帮"的消息还未公开，但北京军区的人已经知道，就告诉了蒋守身，几个人还为此喝了一通酒。回并后，蒋守身把这个消息告诉了几个朋友，结果被同一人揭发，说成了是从敌台得到的消息；

第三条是到北京与"四人帮"联络，准备武装起义。这条罪状很可笑。蒋守身在北京军区听到粉碎"四人帮"的消息，还与几个军人喝酒庆祝。北京军区的军人们是抵制"四人帮"的好汉，蒋守身却变成了"四人帮"的同伙？

这份起诉书，让蒋守身知道了什么是"莫须有"，他愤怒地拒绝在起诉书上签字。

蒋守身就这样一直在监狱待到了1979年12月31日，经太原市委批准，法院宣布：因盗窃、泄露国家机密罪，判处蒋守身有期徒刑三年。此时，蒋守身已经坐牢三年零一个月，已经到了该刑满释放的日子了。这明显是太原市委不愿意承认抓错人的错误，而耍的一个手段。蒋守身说，他本身就是负责审查干部工作的，查阅干部档案和提供干部材料是分内之事，根本不存在"盗窃、泄密"之说，本来他不想出狱，后有人说出狱以后有了人身自由，才更有利于找上级上诉。蒋守身终于出狱过了1980年的新年。

李辅等人是当时青年干部的典型代表。李辅被关进学习班时间要晚一些，原因是王谦在一开始是保李辅的。李辅在阳曲县插队时与王谦有些"私情"，王谦还比较看中李辅的能力（王谦这个人还是挺讲"私情"的）。有些事情促进了王谦态度的转变。一是李辅与原临汾地委书记赵雨亭在农业问题（包括"学大寨"问题）上有较大的分歧，赵雨亭对李辅很不感冒，赵雨亭在调任省委书记后，在王谦面前给李辅添了不少"好话"；二是襄汾县的几个原"三一八"派的干部给李辅捏造了"反王谦"的材料（其实李辅对王谦也有"私情"，当时主观上也不准备反王谦）；三是新上任的临汾地委书记王定谟立功心切，恨不得多抓几个"四人帮"，急忙对李辅下手。王谦听说李辅骂他是"走资派"，立即与李辅翻了脸，把李辅列为了"清查"对象。虽然李辅被称为"清官"王谦不管你是不是"清官"，只要你是反对我的，或者是疑似反对我的，只要是谢振华体系的干部，一律被"划大线，切西瓜"打成"四人帮"，一律"格杀勿论"。1977年8月间，李辅被关进临汾地区二招所办的学习班。9月间学习班移至地区五七干校。李辅只有反"四人帮"的人和事，本就没有什么与"四人帮"有牵连的人和事，在学习班交代不出问题，只能落个"态度不好"的下场，最后与胡亦仁（临汾地委副书记、行政九级高干）、郭璞（临汾地委常委、宣传部长）、郭允瑞（临汾地区革委会副主任）一起被打成临汾地区的"四人帮"。1977年底开始，李辅被襄汾县及各公社巡回批斗半年之久，场数达三十四场。李辅在被关押十六个月后才被释放。

在"四五"反"四人帮"运动中有积极表现的李明山，因为工宣办组织学生听了张铁生的报告，也被当作"四人帮"的黑爪牙受到了

第十四章 "文革后"的文革：疯狂的山西"倒清查"运动

清查，并被判刑三年。李明山根正苗红，家里七位亲人因为是共产党员被敌人杀害，不会有人相信他真正反党和反毛主席。晚年的李明山十分感慨地说：我上过天安门的观礼台（李明山清楚记得是43排3号）；进过中南海；吃过人民大会堂的国宴；座过三叉戟专机；也住过共产党的监狱，真成了完人了。

据《人民日报》1980年4月18日编印的《情况汇编》（机密）特刊第七期所述，山西省的清查运动中，仅省级机关部、厅、局一级干部被王谦迫害的就达八十多人，除上述所提到的外，著名的还有李文亮（省人事局局长）、吴象（曾任《山西日报》总编辑，中共山西省委副秘书长兼政策研究室主任）、刘毅民（山西省委组织副部长）、陶健（山西省公安厅厅长）、刘九祥（山西省公安厅副厅长）、王银娥（女，劳动模范，山西省团省委书记）、康宇（山西省水利厅厅长）、李希曾（山西大学党委第一书记，革委会副主任、主任，山西师范学院党委书记、革委会副主任，1979年任山西省司法厅厅长、党委书记）、续存实（太原市革委会副主任）、潘公良（山西省机械厅厅长）等。

3. "拨乱更乱"的基层

粉碎"四人帮"之后，官方宣传的多是"拨乱反正""安定团结"。如山西这样的清查"四人帮"，却是难以"拨乱反正""安定团结"，在基层只能是越"拨"越乱，更谈不上所谓"团结"

由于"八二三"事件发生在太原铁路局，所以这里"清查"的特别厉害。"八二三"事件即便是错了，那也是一个孤立的事件，与"四人帮"毫无关系。如果说"八二三"事件与"四人帮"有关系，那就是"错误"地批斗了"四人帮"在山西的代表，使"四人帮"大动肝火。由于"王谦落选"事件，王谦把段、刘、宋批斗了好大一阵子，谢振华的势力在"八二三"批斗了王谦一下子，也算是一报还一报，两下子扯平了。把"八二三"列入清查范围，本就是错的，难道王谦批斗群众合理，群众批斗王谦就不合法吗？

《情况汇编》（机密）特刊第七期还说到了清查"八二三"的情况，太原铁路局系统在清查"四人帮"运动中，被逼打致死的就有十四人。他们有的被活活打死；有的被从高楼上推下摔死；有的公然被枪杀，残忍程度骇人听闻。清查中最惨的就是参与"八二三"的人员，他们没犯太大的错误，有的被打死，有的被判刑，由于被扣上了"造反派批斗'走资派'（之所以加引号，是为了说明王谦是至死也'不走资'的跟随'四人帮'的走资派）"的帽子，这些人至今也不能平反昭雪，非法杀人者至今还逍遥法外。

我们在举一个太原锅炉厂的例子。在文革中，太原锅炉厂的大多数干部（包括党委书记孟振功、厂长张鸿志）和群众都站在反"四人帮"的一边，他们就被王谦看作了谢振华体系的厂子。在批谢之后，王谦曾经拉拢过孟振功（1937年参加革命的老干部，行政十三级），未能奏效，就把他从太原锅炉厂调离。太原锅炉厂是太原市大中型企业中极少数书记和厂长团结很好的单位之一，又是太原市大型企业中党政关系、干群关系、军民关系乃至知识分子关系十分融洽的单位，王谦等上级领导把这样的班子拆开，有故意制造矛盾的嫌疑，也许这是王谦这样的领导一种惯用的"统治"手段。从1977年2月开始，太原锅炉厂很早就开始举办清查学习班。2月13日，学习班开班的第一天，学习班的管理人员就用一只碗，把驻学习班的两成员之一的王忠强（原十中七一学生领袖）打得头破血流，负了重伤。太原锅炉厂办了厂级和车间级两级学习班，住过学习班的人近百名。以厂长为首的五人被打成"张、顾、蔡、王、邢帮派体系"，张鸿志是老革命，行政十四级；顾培元，金工车间党支部书记；蔡必章，厂党委办公室主任；王忠强，维修车间工人，车间团支部书记；邢金斗，汽车队队长。张、顾、蔡、王、邢被关在学习班至少有一年半的时间，曾在厂部和车间巡回批斗。

据《情况汇编》（机密）特刊第七期所述："由于王谦的清查方针错误，目的不纯，所以在清查的方法上，不仅背离党中央的一贯政策，而且完全使用了'四人帮'那一套逼供信手段。王谦的办法，一是：先点名定罪，然后凑材料批判（王谦亲自点名的干部不下一百人)。现在的事实已经完全证明,当时搞批判的大都是、有的全部是无中生有,捕风捉影,穿凿附会,无限上纲,生编硬造的东西;二是:随意剥夺党员干部的政治权利和人身自由。事实根本没有澄清,问题没有落实,王谦就动用专政工具"隔离审查",或送进"群众专政"式的'学习班',一律剥夺政治权利,免职撤职,交群众批斗;三是:大搞逼供信。不仅使用威胁、骗供、诱供、假证等手段,而且不少同志受到非刑拷打,如棒子打(省文化局系统),火炉烤(省卫生系统)、铁丝捆(省建筑系统)、开水烫,甚至几天几夜不准休息,轮番折磨,使成百上千的同志身心受到严重摧残,把许多同志打成终身残疾。"

山西全省被清查的两万多人中,"一是百分之九十九和"四人帮"篡党夺权阴谋活动毫无牵连,全部搞错了;二是被清查的百分之九十七以上都是不同程度地支持过谢振华,对陈永贵、王谦提过一些意见的同志。凡是支持过刘格平、陈永贵、王谦的,即使有严重问题,甚至有罪,也根本不与触动。"(自《情况汇报》(机密)特刊第七期)

4. 山西只有三个"四人帮"

纵观山西的文化大革命,从1967年一月革命风暴开始,山西真正与"四人帮""篡党夺权阴谋活动"有直接牵连的只有三个人,一个是刘格平,一个是王谦,一个是陈永贵。

之所以说这三个人与"四人帮"有直接牵连,他们直接参与了"四人帮""篡党夺权重大的阴谋活动"策划和指挥。

刘格平之所以是山西第一个与"四人帮""篡党夺权阴谋活动"有直接牵连的人,是因为他参与策划和指挥了下列"四人帮"在山西的"篡党夺权阴谋活动":

第一件事是山西"一·一二"夺权行动。山西"一·一二"夺权是当时中央文革(虽然当时还没有"四人帮",但直接策划的康生和关锋也是"四人帮"范围的人)直接策划的,而刘格平在北京直接参与了策划,并接受了中央文革的秘密指示,回来后直接具体策划、组织、指挥了"一·一二"夺权行动。

第二件事是策划了"四·一四"炮轰刘陈刘行动。"四·一四"是康生、江青为了巩固刘格平等极左势力地位，肃清山西省革委中不听话和反对派势力的一次重大行动。

第三件事是策划了1967年的"七月会议"。"七月会议"是中央文革策划的打击山西反中央文革军队势力的重要步骤，在会议上康生、关锋、刘格平起了主要作用，山西军队势力遭重创，进一步巩固了中央文革在山西的地位。

之后的近三年间，刘格平指挥山西的中央文革的势力与反中央文革军队势力进行了长期"文攻武卫"的拉锯战，有时武斗的规模很大。可以说，刘格平是文革前半期中央文革在山西的代表人物。

如果说，刘格平在文革的前半期在山西代表中央文革的话，王谦则是在文革的后半期在山西代表"四人帮"的利益。在这里，我们分别使用了"中央文革"和"四人帮"的称呼，是因为极左路线的领导层的人员和称呼也是在变化之中的。文革前半期，中央文革小组是与中共中央、国务院、中央军委几乎并列的机构，甚至中央和国务院都已经瘫痪，领导全国工作、处理重要问题的是中央文革碰头会，中央发文一般都是以四个单位署名。因此说，极左路线的领导机构本身就是中央文革。党的九大后，领导中央工作的是中央政治局碰头会议。在这个领导机构中已有军队人员参入，并且担当了具体办事的角色，中央文革基本消失。林彪事件之后，原中央文革人员及新提拔的王洪文、纪登奎、陈永贵等占据了中央重要领导地位，临时性的中央文革已经自然消失，极左派已经没有统一的名称来称呼，我们也只好用大家都采用的"四人帮"来称呼。王谦参与策划了下列"四人帮"在山西的"篡党夺权阴谋活动"：

第一件事是策划和指挥"批谢"行动。山西的"批林批孔批谢曹"运动，是"四人帮"进行的"批林批孔批周公"运动的重要组成部分，也是"四人帮"为打击周恩来廓清"篡党夺权"道路的重要步骤。王谦在这中间起到了重要作用，尤其是坐镇策划和指挥省委扩大会议上的"批谢"活动。

第二件事是按"四人帮"的旨意迫害"张赵集团"。"张赵集团"

第十四章 "文革后"的文革：疯狂的山西"倒清查"运动

是一个反"四人帮"的集团。江青批示张赵集团是"有预谋、有纲领、有组织"的反革命集团，是为了清除反"四人帮"的民间势力。王谦作为省委第一书记亲自制造了这起冤案。

第三件事是"批邓，反击右倾翻案风"，王谦在理论上和实践上都有独到之处，清查"四五"运动人员，又抓捕打击了一批反四人帮的群众。如果不是"四人帮"被粉碎，想来"四人帮"会给王谦的答卷打上"一百二十分"。

在"四人帮"被粉碎之后，王谦还继续替"四人帮"清除反"四人帮"的张赵集团和谢曹势力，在监狱里的"四人帮"应该很欣赏和感谢王谦，因为王谦作了他们本来很想做的事情。说王谦是文革后半期"四人帮"在山西的代理人应该是"当之无愧"的，真是一点都不冤枉。

陈永贵作为极左路线在山西代表，整个文革时期他都贯穿其中，他几乎参与了刘格平和王谦所作的所有事情，在文革后期他还进入了中央政治局，参与了批林批孔运动、"批邓、反击右倾翻案风"的策划和指挥。陈永贵完全靠自己"实干"干上去的。文革初期一路造反，造到省委。在昔阳批斗省级和晋中地级走资派时，拳打脚踢，特别凶狠，一人（苗枫）致死三人（刘开基、赵雨亭、王绣锦）致残。1974年和四人帮一起迫害了谢振华，整了一批干部，再次搞乱山西，造成严重后果。在运动中，一直跟随中央文革和"四人帮"打击反中央文革和反"四人帮"的干部和群众，运动后期与王洪文一样参与到了"四人帮"的核心策划层中了。更为严重的是，江青两次去大寨，到底搞了什么阴谋，一直未清查。在"四人帮"的支持下，陈永贵在昔阳"七斗八斗"所谓"反大寨"的干部和群众，造成了许多冤案。陈永贵在粉碎"四人帮"时没被抓起来，一是有毛泽东"农业学大寨"和"劳模"的光环。二是和"英明领袖"道路相同、情感相通，在"两个凡是"的保护下竟然安然脱险。

第十五章

平反与"反平反"的斗争

1977年8月,中国共产党第十一次代表大会在北京召开。华国锋主持大会并代表中央向大会作了政治报告。总结了同"四人帮"的斗争,宣告"文化大革命"以粉碎"四人帮"为标志而结束。他指出,安定团结不是不要阶级斗争,"文化大革命"这种性质的政治大革命今后还要进行多次。他重申在本世纪内把我国建设成为社会主义现代化强国,是新时期党的根本任务。

华国锋同志不知道把马克思主义的辩证唯物论学到哪里去了,完全否定了社会革命的"自然性",即革命发生有"自然性",革命"结束"也有"自然性",岂是宣布"结束"就能结束了的?而且华国锋仍然强调了"阶级斗争",说明华国锋用"两个凡是"继承了毛泽东"无产阶级专政下继续革命"理论,清查运动也要用"七斗八斗"的阶级斗争手段,这样岂能"安定团结"

事实上文革也没有结束,当时的许多省份的"四人帮"势力并没有被"粉碎",反而借着"两个凡是"的庇护,疯狂进行"大清查"。

第一节　文革派和反文革派的大争论

1. "真理标准讨论"大展开

转眼间,粉碎"四人帮"近两年了,文革中发生的许多冤案没有平反,清查中又增加了许多新的冤案,"解放"干部的工作进行得极

第十五章 平反与"反平反"的斗争

其缓慢,毛泽东"无产阶级专政下继续革命"的理论还是压的老走资派们抬不起头来。当时的许多省份的"四人帮"势力并没有被"粉碎",反而借着"两个凡是"的庇护,疯狂进行"倒清查"。似乎不在理论上解决文革问题,文革"永远"不会结束。

也许是自身解放的需要,也许是彻底结束毛泽东"无产阶级专政下继续革命"理论的需要,也许由于真正结束文革的需要,也许是再也不能按毛泽东的"过去方针办"了,党内的改革派或曰"反文革派"的确需要解脱"两个凡是"(文革派)的"紧箍咒"了。1978年5月10日,中央党校的内部刊物《理论动态》第60期,刊登了经胡耀邦同志审定的由南京大学胡福明教授撰写的文章《实践是检验真理的唯一标准》。第二天,即5月11日,《光明日报》公开发表了这篇文章,署名是:本报特约评论员。当天,新华社将这篇文章作为"国内新闻"头条,转发全国。5月12日,《人民日报》和《解放军报》,以及不少省级党报全文转载了这篇文章。到5月13日,全国多数省级党报都转载了此文。一场与"两个凡是"的理论斗争打响了。

"真理标准"问题看似哲学问题,实则不是。发起这场讨论的目的,旨在突破"两个凡是"对毛泽东和毛泽东思想的迷信。从哲学上讲,真理永远没有一个绝对的检验标准,"两个凡是"是把思想和事物凝固化的表现。"实践是检验真理的唯一标准",要比"两个凡是"的"毛泽东的话是检验真理的唯一标准"有大的进步,是中国思想历史上是一次飞跃。

"真理标准讨论"是一场思想政治上的争论,是政治的需要。果然,文章的发表引起了极左路线继承者的激烈反应及对抗。原"毛办"负责人当晚就打电话给《人民日报》总编辑胡绩伟,指责此文是"砍旗""犯了方向性错误""政治上问题很大、很坏很坏";紧接着,当时中央主管意识形态的领导在中宣部召开会议作严肃批判;华国锋也在胡耀邦面前直接点了吴江、杨西光、胡绩伟的名。形势骤然紧张,高压之下,鸦雀无声。此时有人已开始作沉痛检查。

当时的中央军委秘书长罗瑞卿,看到《实践是检验真理的唯一标准》的文章后即认为,这篇文章提出了一个牵一发而动全身的问题。

他同胡耀邦一起，指导中央党校的哲学家吴江撰写了《马克思主义的一个最基本的原则》一文，全面批驳了"凡是论"者的观点。这篇文章作为《解放军报》特约评论员文章在1978年6月24日发表，《人民日报》在同一天刊登，《光明日报》于25日转载。军队的表态是对这个讨论的又一次有力支持，没有罗瑞卿的支持，胡耀邦独木难支，也不可能有后来的真理标准讨论的胜利，一句话，中国的事情，不管是正面的，反面的；实践的，还是理论的，最终还要"枪杆子"来解决。在这场争论中，罗瑞卿起到了别人起不到的重要作用，就这点讲，罗瑞卿对中国历史的影响是巨大的。

胡耀邦又是怎样评价《马》文的呢？胡耀邦后来说："现在看，1978年，《实践是检验真理的唯一标准》那篇文章，水平并不高。真正有分量的是第二篇《马克思主义的一个最基本原则》，是罗瑞卿亲自抓的，是吴江他们起草的，罗改了几遍，给我打了三次电话。当时我的处境有困难，罗挺身而出，这篇文章的影响大。"（原罗瑞卿秘书、中国法学会会长王仲方《王耀邦与我的两次谈话》《炎黄春秋》2005年7期第17页）

这个讨论发展到1978年的八、九、十月，就形成了大讨论的局面。

1978年11月10日开始的中央工作会议，真理标准问题成为一个热点。二百多与会者结合实际，阐明了实践是检验真理的唯一一标准观点的正确性和重要性，指名道姓地批评了"两个凡是"的错误。与会者以实践为标准，议论了"文化大革命"及此前发生的一些重大案件，议论了一些领导人的功过是非。党的许多老一辈革命家和领导骨干，对"文化大革命"结束后两年来党的领导工作中出现的问题提出了批评，对党的工作重点转移到经济、政治方面的重大决策，党的优良传统的恢复和发扬等，提出了建议。在与会者讨论的基础上，党中央为"天安门反革命事件"平反，撤销了中央关于批邓的文件，提出为彭德怀、陶铸、薄一波、杨尚昆等同志平反。这次会议解决了许多有关党和国家命运的重大问题。

邓小平在中央工作会议结束时发表了重要讲话。他着重指出，关于实践是检验真理的唯一标准问题的讨论,实际上是要不要解放思想的争论。他说:"一个党,一个国家,一个民族,如果一切不能从实际出发,思想僵化,迷信盛行,那它就不能前进,它的生机就停止了,就要亡党亡国。"他明确指出,真理标准问题讨论,是个思想路线问题,是个政治问题,是个关系到党和国家的前途和命运的问题。邓小平的讲话,把问题提到了应有的高度,是对这个讨论所作的最好的总结。

2. 十一届三中全会的不足

中国共产党第十一届中央委员会第三次全体会议于 1978 年 12 月 18 日至 22 日在北京举行。

全会的中心议题是讨论把全党的工作重点转移到社会主义现代化建设上来。

全会讨论了党的思想路线问题,确定了解放思想、开动脑筋、实事求是、团结一致向前看的指导方针。全会高度评价了关于真理标准问题的讨论,认为这对于促进全党和全国人民解放思想,端正思想路线,具有深远的历史意义。会议坚决批判了"两个凡是"的错误方针,强调党中央在理论战线上的崇高任务,就是领导、教育全党和全国人民历史地科学地认识毛泽东同志的历史功绩,完整地、准确地掌握毛泽东思想的科学体系,把马列主义、毛泽东思想的普遍原理同社会主义现代化建设的具体实践结合起来,并在新的历史条件下加以发展。

全会讨论了党的政治路线问题。全会果断地停止使用"以阶级斗争为纲"这个不适用于社会主义社会的口号,否定了"无产阶级专政下继续革命"的错误理论,重申了毛泽东 1957 年作出的中国"大规模的急风暴雨式的群众阶级斗争已经基本结束"的正确论断,作出了把全党工作的重点和全国人民的注意力转移到社会主义现代化建设上来的战略决策。这是党第一次明确解决了从 1957 年以来一直未能解决好的工作重点转移问题,标志着党开始全面地、认真地纠正"文化大革命"中和以前的"左"倾错误,是党在政治路线上最根本的拨乱反正。同时，全会指出，实现四个现代化，要求大幅度地提高生产力，也就必须要求多方面地改变同生产力发展不相适应的生产关系和上层建筑，改革一切不适应的管理方法、活动方式和思想方式，因而是一场广泛、深刻的革命。对于社会主义社会的阶级斗争，应该按照严格区别和正确处理两类不同性质的矛盾的方针去解决，按照宪法和法律规定的程序去解决，决不允许混淆两类不同性质矛盾的界限，决不允许损害社会主义现代化建设所需要的安定团结的政治局面。全会指出党的新时期政治路线的基本内容是：全党、全军和全国人民同心同德，进一步发扬安定团结的政治局面，动员起来，鼓足干劲，群策群力，为在本世纪内把我国建设成为社会主义现代化强国而进行新的长征。

全会讨论了党的组织路线问题，强调了实事求是的原则和民主集中制的原则。全会总结了党的历史的经验教训，认真讨论了"文化大革命"中发生的一些重大政治事件，实事求是地审查和解决了党的历史上一批重大冤假错案和一些重要领导人的功过是非问题，决定撤销中央发出的有关"反击右倾翻案风"运动和它的错误文件，纠正过去对彭德怀、陶铸、薄一波、杨尚昆等所作的错误结论，肯定了他们对党对人民的贡献。会议认为，过去那种脱离党和群众监督，设立专案机构审查干部的方式，弊病极大，必须永远废止。

党的十一届三中全会在中共历史上占据了非常重要的地位。它对"两个凡是"的批判反映了中国社会通过文革所产生的思想解放。问题的核心是不是还要"继续革命"？中国人民将近革命了一个世纪。从1900年的义和团开始，到1978年的党的十一届三中全会，中国人一直在革命的道路上猛跑。按马列主义、毛泽东思想的定义，不间断地从半封建半殖民地的社会，冲过资本主义、新民主主义，社会主义，1958年已经跑到了共产主义的边缘。全国人民都已经跑得上气不接下气，又饿又累又疲又倦的绝大多数人不想跟着跑了。虽然毛泽东思想接着猛跑，但党内逐渐有许多高级干部也不想跑了。先是彭德怀，后来刘少奇、邓小平、陶铸、彭真、罗瑞卿、陆定一、杨尚昆等人也不想跟着跑了。无奈之下，毛泽东发动一些老帅和副总理也跑不动了，开始反对猛跑。后来，林彪和周恩来，一个代表军队，一个代表老百姓，用"一硬一软"的方法来对抗毛泽东"继续革命"步伐。毛泽东虽然再次粉碎了林彪和周恩来的"阴谋"，但他想让江青接力赛跑的意图却没有实现。他老人家也老了，对于继续赛跑是"心有余而力不足"了，在心力交瘁的状况下很不甘心地离世了。毛泽东设定的"临时接班人"有点不争气，有点像汉献帝，或者有点像刘禅，虽然创造了"两个凡是"的说法，虽然他说""文化大革命"这种性质的政治大革命今后还要进行多次"，但没有一点号召力，只不过是毛泽东"无产阶级专政下继续革命"理论的一丁点的"回光返照"罢了。毛泽东所选的"临时接班人"的资历太浅了是他压不住阵的重要原因。在邓小平等人担任大区军政委员会主席的时候，华国锋仅是一个县委书记，级别至少差了五级，因此华国锋不可能不被"老家伙"们挟持。

党的十一届三中全会有两点不足之处。

一点是理论旗帜不够明确，即是不敢否定毛泽东思想中的违背马克思主义的部分，进而否定封建社会主义整体。党内的老"走资派"们，虽然最终认识到"不能再革命"，是因为在文革中他们成为革命的对象，受到了极大的冲击。"不断革命"者总是先革敌人的命，再革同盟者的命，最后再革自己内部人的命。在革到自己内部大多数人头上之时，就革不下去了。所以说，无论是一个团体、一个政党、一个国家、一个社会，总不能一直革命下去。

另一点是仅对"四人帮"等几十个人做了组织上的处理，大多数极左路线拥护者和执行者都没有做组织上的处理。

极左理论在中国流行了十几年，乃至几十年，应该有支撑它的人力资源和社会条件。当下层已经不信奉这种理论之时，即在它失去人力资源和社会条件基础之时，当然应该对仍然坚持极左理论的高层做组织处理，使极左理论无法再"继续"下去。其实，有许多高级干部，哪怕是在文革初期受到冲击的高级干部，并没有放弃极左理论，他们还是要紧跟毛泽东的，"两个凡是"就是典型的例子，王谦也是一个例子。"庆父不死，鲁难未已"，极左理论和极左势力就是中国的

"庆父",如果中国不彻底清除极左理论和极左势力,中国的改革开放就不会一帆风顺,后来的事实也证明了这一点。

不过,对党的十一届三中全会的正面评价怎么说也不为过,它毕竟宣称结束了中国近一个世纪的暴力革命状态。宣称"结束革命"是要冒很大的风险的,可能被指责为马列主义、毛泽东思想的"叛徒",在那个时代,当个"叛徒",是要"全党共讨之,全国共诛之"的,是要"遗臭万年"的。党的十一届三中全会是一个时代结束的标志,又是一个时代开始的标志,能够成为时代结束和开始的标志,它当然是伟大的;邓小平、胡耀邦、赵紫阳作为时代交替的代表人物,无疑也是伟大的。当代的有些人也许体会不到这种伟大,再过一百年,再过二百年……,这种伟大将载入史册。

第二节　张赵集团的"半拉子"的平反

1. 胡耀邦及最高人民法院介入"张、赵"案

党的十一届三中全会的召开,仅仅是刚刚拉开平反冤假错案的序幕。几十年的冤假错案堆积如山,由于甄别工作量很大,在短时间是难以一下子纠正过来的。

"张赵反革命集团"案最好甄别,因为它明摆着是反对"四人帮"和极左路线的案件。张赵案又是正在审理中的案件,还是惊动中央和震动全国的大案,所以,"张赵反革命集团"案的平反问题摆上了最高法的案头。

说到平反冤假错案,就不能不提到胡耀邦,也不能不提到江华。

胡耀邦,1915年至1989年,湖南浏阳人,十五岁参加革命,新中国成立后曾长期从事共青团的领导工作,是中共最后一任中央委员会主席,又是中共改制后的第一任中央总书记。在1978年任中组部长、中央纪律检查委员会第三书记、中宣部长后,以非凡的胆略和

勇气，组织和领导了大量历史上和现实中的冤假错案的平反工作，组织和领导了大量的落实干部政策的工作，使大批受到迫害的老干部重新走上领导岗位，使其他大批蒙受冤屈和被迫害的干部、知识分子和人民群众得到平反昭雪、恢复名誉。胡耀邦甚至为文革中具有极左思潮的青年学生也平了反。像杨小凯（著名澳洲经济学家，在文革中叫杨曦光，是长沙市的中学生）这样的因炮打周恩来而坐牢的年轻人，胡耀邦认为是"思想认识问题"而予以平反，这体现了他对年轻人的宽容，也体现了他思想中的民主因素。

江华，1907 年至 1999 年，湖南省江华瑶族自治县人，瑶族，1925 年参加革命。新中国成立后曾任浙江省委第一书记。期间也有过极左表现，如：1957 年把省长沙文汉打成"右派"；1958 年也在浙江刮过"共产风"。文革受到冲击后思想有了很大的转变。1975 年江华当选为最高人民法院院长。1978 年 12 月，党的十一届三中全会以后，开始全面拨乱反正的工作。江华领导各级人民法院冲破重重阻力，坚持实践是检验真理的唯一标准，认真复查纠正大批冤假错案，解放大批干部群众。1980 年，全国人民代表大会常务委员会任命江华为最高人民法院特别法庭庭长，主持了对江青、林彪两个集团的审判。

张赵案是胡耀邦、江华亲自处理的重要案件之一，在中共党史出版社出版的《江华传》中对张赵案的平反过程是这样描述的：

山西张珉等 12 人'现行反革命集团'上诉案。该案发生在 1973 年年底至 1974 年上半年期间，是山西省委书记亲自领导的专案组侦破的，认定'集团'成员 12 人。该案由山西省公安局于 1976 年 8 月 16 日起诉到山西省高级人民法院。1977 年 11 月 19 日，山西省高级人民法院做出一审判决，判处 3 人死刑、立即执行，1 人无期徒刑，6 人有期徒刑，2 人管制。同时还有 300 多人直接受株连被审查，受到'戴帽'（反革命）监督劳动、开除党籍和其他行政处理。在侦察破案过程中，山西省委书记在全省地、市委书记会议上专门就此案作过讲话，多次向全省发案件材料进行讨论，还在内部搞了案件展览，因此这是一件在山西全省影响较大、涉及面较广、株连较多的大案。

山西省高级人民法院一审判决认定：张珉、赵凤歧等人'确系一个有组织、有纲领、有行动的现行反革命集团'，自'1971年就以张珉、张耀明、罗建中为首勾结在一起，策划反革命组织，发展反革命人员'，并于'1974年5月间，由张珉主持召开反革命成员会议，正式决定张珉为第一负责人，赵凤歧为第二负责人，并宣布了反革命组织名称'。'几年来这个反革命集团进行了一系列的反革命活动，他们书写反动文章、编写反革命材料达二十多种，制造谣言数十条，恶毒地攻击、污蔑伟大领袖和导师和敬爱的周恩来总理，分裂党中央，疯狂反对我国社会主义制度''为寻找反革命靠山'，'多次外出进行反革命接线挂钩'。'为建立反革命武装'，进行'抢劫武器活动'。'为长期隐蔽，坚持反革命活动'，'窜到文水县''上山勘察地形'，等等。宣判后，张珉等人不服判决，向最高人民法院提出上诉，说他们的活动和动机目的，完全是为了保卫周恩来总理等老一辈无产阶级革命家和反对'四人帮'的，没有反革命的动机目的和活动，原判决认定的犯罪事实很不实事求是，有的是割裂、歪曲、无限上纲的，有的更是毫无根据的，等等。山西省高级人民法院于1977年12月2日将该案移送最高人民法院审理。

最高人民法院受理后，在江华主持下，立即组成以刑庭副庭长彭树华为审判长，解士明、江政洁为审判员的合议庭，对90多件原卷和材料进行了全面的审核，合议庭并于1978年12月赴山西提审了张珉等12名被告人，对该案的事实进行了认真的核对，查明了事实真相。合议庭认定：张珉、张耀明、罗建中等人在1973年年底到1974年上半年期间，面对着'四人帮'假借'批林批孔'之名，猖狂反对周恩来，迫害老一辈无产阶级革命家，进行篡党夺权的阴谋活动，出于对周恩来总理等老一辈无产阶级革命家的热爱和对'四人帮'的憎恨，以及对党和国家前途的忧虑，在一起学习马列著作，交换对一些问题的观点和看法，抒发对周总理等老一辈无产阶级革命家的崇敬，谈论'四人帮'的种种倒行逆施，指名道姓地反对江青、张春桥、姚文元、王洪文和康生等人，说江青有野心、想当'女皇'等。后来，罗建中为了争取更多的人来保卫周总理等老一辈无产阶级革命家，同'四人帮'作斗争，竟采取了错误的做法。他编造了一些假情况和假材料，说中央存在着以周总理为首的'老派'和以江青为首的'新派'的斗争，'老派'有以周总理为首、叶剑英元帅为统帅，由邓小平、朱德、聂荣臻、徐向前、刘伯承等组成的'中央委员会第二委员会'的组织，他认识由叶帅秘书101首长领导的芦克勤这条线。张珉等人信以为真，于是联络一些人，传阅、学习这些假情况、假材料，并成立了在所谓的'中央二委'和'山西省委二委'领导下的'党支部'，明确宣布：名称仍然是中国共产党，纲领仍然是党的十大党章，理论基础仍然是马列主义。他们在实际活动中也是这样做的，并没有做出反革命的行为，没有什么'恶毒攻击、诬蔑周总理和分裂党中央、反对我国社会主义制度'的言论和行为。在罗建中编造的假情况和假材料中，确实说过毛泽东支持江青等"新派"，要"以新代老"等错话，但不是为了反对毛泽东，而是认为江青等人欺骗了毛泽东，骗取了毛泽东的信任，打着毛泽东的旗号，招摇撞骗，进行篡党夺权的阴谋活动。其动机、目的、行为都是反对'四人帮'及其倒行逆施的。至于山西省高级人民法院一审判决认定的被告人等'寻找反革命靠山'、'进行反革命接线挂钩'、为'建立反革命武装'而'抢劫武器'和为建立'反革命根据地'而'上山勘察地形'等，都是没有根据的。

江华仔细审核并批准了合议庭对该案的案情报告。为了尽快改判纠正和处理好该案，并立即释放全部在押人员，江华于1979年1月23日致电山西省委第一书记，电报在简述合议庭认定的案情事实以后，明确指出：'山西省高级人民法院把他们以现行反革命集团判罪是错误的，应该撤销原判，宣告张珉等十二人无罪。在改判纠正以前，对在押的张珉等十名被告人应予先行释放，听候处理；以上意见，请你考虑。如同意，请即指令山西省高级人民法院执行'1月27日，山西省委第一书记给江华复电：'张、赵案的处理，原则上同意你的意见'1月31日又给江华来电称：'省委常委于今日认真讨论了张、赵反革命集团案，……本着有错必纠的精神，大家同意迅速为这一案件平反'2月1日，山西省高级人民法院副院长王金友给最高人民法院打电话，汇报了在山西省委召开的会议上山西省委第一书记提出的处理该案的五条措施：（1）对张、赵案件撤销原判，予以平反。有关单位要做好善后工作；（2）先行放人，听候处理；（3）这个案件在全省讨论过，在地、市委书记会议上讲过，凡是有关此案的文件，要一律销毁；（4）凡因此案件受牵连的人应一律平反纠正；（5）会后，各单位都要传达，由党内到党外，做好细致的思想工作，统一认识，对释放人员的生活安排好。

2月2日，江华复电山西省委第一书记并转山西省委常委诸同志：'我们同意你们关于对张、赵反革命集团案件迅速平反和在党内外积极做好思想工作和善后工作的五项处理意见。鉴于该案在山西影响较大、涉及面较广，为了稳定山西局势，将该案发还山西省高级人民法院撤销原判，宣告张珉等12人无罪，予以彻底平反' 2月4日，山西省高级人民法院院长谷震向张珉等12人宣布撤销原判，宣告无罪，并立即将在押的10人释放。2月27日山西省委召开群众大会，为该案公开平反。山西省委第一书记代表省委、省革委会对这一重大错案承担了主要责任，并向张、赵等人表示承认错误，赔礼道歉。山西省委第一书记还要求全省各级党委加强领导，抓紧进行复查平反冤假错案的工作。3月2日，《山西日报》在头版头条刊登了平反大会的报道。随后，张珉等人所在单位妥善地做了平反善后工作，对受株连的300多人也一一落实了政策，消除了影响。至此，这一轰动山西全省的重大错案已彻底纠正。

2. 张赵集团平反，但很不"痛快"

王谦是在极不情愿的情况下给张赵案平反的，到最后还耍了一点小手腕。1979年初，在最高人民法院把张赵案平反材料呈报上胡耀邦的案头时，他批示要求在春节前释放张赵等人，让同志们过一个愉快的春节。在《江华传》中也提到江华在1979年1月23日致电王谦要求："在改判纠正以前，对在押的张珉等十名被告人应予先行释放，听候处理。"在这一指示中，也反映了胡耀邦的批示精神。王谦并没有按这个指示办。1979年的春节是1月28日，在五天的时间

第十五章 平反与"反平反"的斗争

内王谦完全可以办妥"先行释放"张赵等人的事，但他故意拖到了1月27日即大年三十，才回复江华同意平反。而且，最高人民法院的意思是"先释放，再改判"，而王谦则执意要"先改判，后释放"，使得张赵无法在年前出狱。就这样一直拖到2月4日（正月初八）山西省高院改判后才释放。王谦的这点小手腕，说明了王谦思想上和性格上的狠毒和劣根性。一是说明王谦在思想上仍然追随极左路线不回头；二是说明王谦的心胸狭窄，不肯承认自己的错误，也不肯放过反对过自己又证明是反对"对了"的人；三是说明入党几十年的王谦毫无"党性"，为了自己的"一己成见"，对中央的指示竟拒不执行！

据1979年3月2日《山西日报》报道，2月27日下午，中共山西省委、山西省革命委员会在湖滨会堂召开群众大会，为所谓张珉、赵凤岐反革命集团这一重大错案进行彻底平反昭雪。参加大会的有省委、省革委会和太原市委、市革委会的领导同志，省、市级机关和厂矿企业的负责同志、干部、职工，"张赵"这一错案中被判刑、被逮捕、被审查以及受到株连的同志，共四千多人。会前，省、市领导同志接见了张珉、赵凤岐等同志，他们也在主席台上就座。大会由省委书记王夫之主持，省委第一书记、省革委会主任王谦在会上郑重宣布：为张赵等人彻底平反、恢复名誉。王谦代表省委、省革委会对这一重大错案承担了主要责任，并向张、赵等同志表示承认错误，赔情道歉。张珉、赵凤岐、常理正先后在会上发了言。罗建中代表"张、赵"一案的全体同志宣读了《致华主席为首的党中央的感谢信》。大会号召，全省每个共产党员、每个共青团员、每个革命同志、每个爱国者，团结起来搞好四个现代化。

在召开平反大会前，还有一个插曲是官方新闻媒体不可能报道的。常理正回忆，在会前，省、市领导接见张、赵等人时，王谦已经明确承诺张赵等人的发言稿不审查。但在临开会前，王谦与张、赵等人对《致党中央的感谢信》的标题产生了分歧。这封信的原标题是"致党中央的感谢信"，王谦要求改为"致英明领袖华主席为首的党中央的感谢信"，遭到张、赵等人拒绝。张、赵等人在思想上还是能够独立思考的，他们能够分得清华主席的"两个凡是"的是与非。张赵集团所反对的"四人帮"并不是孤立的,他们的思想来源本来就是毛泽东"无产阶级专政下继续革命"的理论,张赵集团长期得不到平反的原因也是他们不仅在反对"四人帮",而且反对"无产阶级专政下继续革命"的理论,他们很清楚按"两个凡是"走下去,无疑就是按"无产阶级专政下继续革命"的理论走下去,这样中国还是没有前途的。他们拒绝添加"英明领袖华主席为首"几个字,并不一定是对华主席本人有什么特别成见,而是对"两个凡是"极其不满。王谦要求添加"英明领袖华主席"的意思,一是为了维护"两个凡是"的尊严,表示紧跟华主席的本意不变;二是企图说明粉碎"四人帮"之后,"张赵"冤案的造成与华主席的"两个凡是"有关,实际上自己的责任不大。双方就这个问题僵持了近一个小时,使四千人的大会无法正点进行,王谦十分恼火,最终是由张珉做主,"张、赵"一方让了步,会议才得以举行。可见,会议开得并不融洽。

这种对立注定了张赵集团的平反不会一帆风顺。王谦只是为了应付中央,急于开完平反大会了事。平反大会只是做了形式上的恢复名誉,张、赵集团的许多具体问题都没有得以解决。

其中最典型的是李兆田。张赵案平反后,还揪住李兆田的"谢曹问题"不放,李兆田的副厅长职务一直没有恢复,甚至在重新登记党员时没有予以登记,原因就是李兆田运动初期造过反,当过晋中总司的司令。原山西省水利厅厅长许四复(技术型干部,1922年生,1944年入西南联大学习,1948年毕业于清华大学土木工程系。曾任山西省水利厅总工程师、副厅长、厅长、厅党组书记等职)的回忆录《水韵长歌》中,说到了李兆田在平反后继续被迫害的情况:"1984年,全省省直厅局长集中在党校学习,研究清理三种人的工作,当时有位原为晋中的造反派头头,曾有很短一段时间调到水利厅当过副厅长,后因组织反江青的小集团被破获,经法院判处16年徒刑,"四人帮"倒台后被平反释放。当时省委组织部划定该人为三种人,并整理出以此人为典型的三种人案例来,准备发给与会人员参考。因此人的行政关系还在水利厅,所以在此案例发出以前,省委书记让秘书将此文送我签字,以水利厅党委名义发出。我认为该人行政关系虽在水利厅,但早已不在厅里工作。他当造反派头头之事是在晋中地区,当造反派头头时的言行,均由组织部直接派人调查,我们并未参与,对调查结果也不了解,做的结论让签字,我无法承担此责任。如果让我负责,我需要看完调查材料,无误后我再签字。那位秘书说书记让你签字,你就该签字。我说我无法从命。他说那他就把我的态度向省委书记汇报,我说你请便!后来了解情况的人告诉我说省委书记大发其火,说:许四复当个厅长还可以,当党组书记不行,不听话!这就是1985年免去我党组书记的缘由。"一个知识分子出身的党组书记,有着知识分子的"认真劲儿",坚持实事求是的做法,竟然被免去了党组书记的职务。

一个"四人帮"体系的省委书记李立功硬要把反"四人帮"的英雄打成三种人,这真是颠倒黑白的事情,这件事活脱脱地就发生在1984年的山西省。活该李兆田倒霉,谁叫他是孙悟空,"造反派头头"的帽子很像孙悟空头上的紧箍咒,唐僧一不高兴不分是非地念起咒语来,搞得孙猴子很头疼。当年不懂事的孙猴子,闹了一下天宫,落下了话茬,想改好都不行。由于是"造反"出身,尽管孙猴子在取经路上斩妖除魔,还常常遭到唐僧的无端怀疑,或大念咒语,或被驱逐,受到很多冤屈。

还有常理正的问题也没有解决。常理正虽然没有入狱,但他的损失也挺大的。本来,常理正在十五中高三是一个成绩优良的学生,由于文革耽误了进大学学习的机会。1977年恢复高考,已经被隔离的"老三届"的常理正,经过激烈斗争终于参加了高考,他清楚地记着,高考的作文题是"知心的话儿献给华主席",政治试卷有一道题是"大寨的根本经验是什么",这些题纯粹反映了"两个凡是"思想。常理正的高考平均成绩是70多分,在当时来说,分数还是比较高的,考个大学应该没有问题。常理正甚至参加了体检,厂里并派人随同监视。在体检时,医生查到常理正的心脏跳动有点急促,问他是怎么回事?他说是喝了点酒。医生责问:你想不想上大学了,体检前为什么喝酒?常答曰:本来我就不可能上大学,只是走个程序,我因为反对"四人帮"被打成反革命正在隔离期间,你看门外还有两个人看着我。医生当时同情反"四人帮"的人,立即在体检表上打了一个"√"勾,表示体检合格。但省公安厅不同意被隔离审查者上大学,本应有机会进入大学门槛的常理正,再次失去了上大学的机会。在平反时,常理正提出了上大学的要求,但省委一直没有给予可操作的答复,最后不了了之。未能上大学读书成为常理正这辈子的缺憾。

张赵案的平反,只能算一个"半拉子"的平反,或者是有始无终的平反,原因当然是王谦、李立功执政的结果。

第三节 "谢、曹"平反路迢迢

1. 陈永贵、王谦及山西省委对十一届三中全会的抵制

我们没看过王谦与谢振华的八字,想来两人的命中相克的厉害。王谦好像上辈子就与谢振华有着血海深仇似的,死也不肯为谢、曹平反,以至于在粉碎"四人帮"四年之后,谢振华、曹中南反"四人帮"和反"大寨"的谢曹路线还被当作"错误"来批判,而不予平反。

1974年批谢以后,以王谦、陈永贵为首的山西极左路线势力不断地打击反对势力,逐步把山西建设成了极左路线的"坚强堡垒",在省委中至少有五六个以上的王谦、陈永贵的亲信常委,地、市级也有不少王谦、陈永贵靠得住的人。在王谦、陈永贵的影响下,这些人对真理标准讨论、对党的十一届三中全会精神有着强烈的抵触情绪,对主张改革的邓小平、胡耀邦等人也是恨之入骨。

陈永贵对极左路线感情特别深,因为他在政治上的发迹源于极左路线。在邓小平刚刚再次出山时,陈永贵居高临下地叮嘱邓小平不要再犯"右倾"错误。在胡耀邦担任中宣部部长后,大大削弱了对大寨封建社会主义的宣传,引起陈永贵的极大不满,不分场合地经常骂胡耀邦是"胡乱帮",气焰十分嚣张。

王谦的理论家李慰跃跃欲试,企图在真理标准讨论中再次"崭露

头角"。李慰在"批邓、反击右倾翻案风"中所采用的理论,这次在反击"党的十一届三中全会精神"中可以再用。李慰号召省委宣传部的人,要"提高警惕""迎接这场战斗,参加这场战斗""要敢于豁出去斗争""一定要在这场战斗中取得胜利。"中央提出要贯彻"按劳分配"的原则,他说这是"批了林彪又回到了刘少奇那里去了",并组织文章进行宣传。对于这种公然对抗党的十一届三中全会精神的做法,王谦给予了充分的支持。

在粉碎"四人帮"之后的一段较长的时间内,陈永贵、王谦极左帮派体系的骨干张怀英依然掌握着运城地委的大权。他仍然依照极左路线的方法办事,残害运城的干部和群众。更有甚者,在党的十一届三中全会《公报》发表之后,有人以"运城地委秘书处"的名义,贴出触目惊心的大标语:"千万不要忘记阶级斗争""坚决镇压反革命""无产阶级专政万岁"、以及"高举毛泽东思想伟大红旗,贯彻十一大路线"。一个党的地方委员会的工作部门竟敢明目张胆地、大张旗鼓地反对具有伟大历史意义的党的十一届三中全会,岂非咄咄怪事?为彻底解决运城地委的问题,中央纪委常委刘丽英携中央工作组的陈英茨等人亲自到运城,排除种种阻力,彻底解决了运城地委存在的继续执行极左路线的问题。

2. 中纪委工作组遇到了阻力

1979年4月开始,山西清查"四人帮"运动中出现的严重问题引起了中央纪委的重视。中纪委接到一封群众来信,揭发《山西日报》副总编宋荫莎、摄影美术部主任王祥云迫害洗印女工李桂花的事情。时任中纪委常务书记的黄克诚,决定以此事为契机,解决山西问题。经黄克诚批示,中纪委派出以中纪委专职委员毛铎(1912年6月生,山西省平陆县人)为组长的工作组调查山西问题。工作组组员有陈英茨(《光明日报》理论部、群工部主任)、张白水(中共中央纪委一室、二室副部级监察员)等人。此外,中纪委、中组部还派出了以刘家栋为负责人的工作组调查山西问题。

令人不解的是，山西省委第一书记王谦顽固的真是可以，不但不配合工作组工作，而且对中组部向山西省委发出的复议谢振华问题的通知也置若罔闻。1980年6月11日，中纪委赴山西调查小组再次来到太原，并于当日先后向省纪委副书记赵维基、省委书记兼省纪委书记朱卫华说明来意，都明确谈到，调查组是奉中纪委指示来山西的，任务之一就是调查、了解谢振华的案件。九天后，6月20日，中央组织部给山西省委发来复议谢振华问题的通知。6月27日，调查组了解到次日山西省委将复议谢振华的申诉时，当即请省纪委询问省委，调查组可否列席？省纪委回答说，省委办公厅办公室主任甘丁顺已回复：常委准备自己先做讨论。以此拒绝调查组的正当要求。随后，调查组又请省纪委直接询问朱卫华，答说朱已回复：因常委会要讨论几个问题，谢、曹问题不一定能讨论得上。又一次被拒绝。

其实，中纪委赴山西调查小组为解决谢振华案件曾在北京、沈阳（此时谢振华已任沈阳军区副司令员）等地进行了三个月的调查研究，做了大量工作，并同谢振华本人谈了话。到太原后，又向有关方面了解情况，6月23日还向省委书记王庭栋、省委常委王文章做了调查。但因山西省委复议谢振华案件的会议未让调查组列席参加，写复议报告时也未征求调查组的意见，调查组没有机会向省委汇报调查的情况以及对此案的处理意见，所以，调查组不得不于7月17日向中纪委和中组部写了《紧急报告》。

《紧急报告》给出了四条意见，要点如下：

一、我们认为谢振华、曹中南一案是个错案，谢振华同志没有"走错了路线"，更不是"路线错误"，应予彻底平反。

构成谢振华错案的全部依据，就是所谓"十一条"中的七条错误。其中跟着陈伯达走错了路线，批极左，抵制、干扰学大寨，搞《三上桃峰》为刘少奇翻案等四条是主要的。现已查明，这四条中的首末两条纯属捏造，中间两条所指的事实，不但不构成错误，而且是正确的，在当时是难能可贵的。

谢振华同志的其他三条错误，前两条属于部队支左工作中发生的错误，按华国锋同志1978年11月在中央工作会议上的讲话精神，

第十五章 平反与"反平反"的斗争

总的责任由中央承担，不追究个人责任。后一条属于工作作风问题，不能成为立案依据。因此，我们认为，谢振华同志对自己工作中的缺点和错误，应深刻认识，吸取教训，但不应影响为谢振华错案的平反。特别是构成谢案的四条主要错误，大多是王洪文、张春桥、江青，并有纪登奎参与直接罗织的；批谢时，江青是穿着军装，亲自上阵，大喊大叫"炮轰谢振华"的；领导批谢和立案的"中央解决山西问题五人小组"成员又是王洪文、张春桥，还有纪登奎、陈锡联、陈永贵。因此，谢振华同志当时之所以受到诬陷，是"四人帮"直接插手和操纵的结果。山西省委报告中所说的受到了"四人帮"的干扰，是不符合实际的。

二、山西省委应毫不含糊地为谢振华同志摘掉"路线错误"的帽子。……1979年5月31日，山西省委在给中央组织部并报党中央的《关于谢振华同志申诉问题的报告》中，除仍重述"为《三上桃峰》平反并不影响他的错误性质及其错误的严重性"的观点外，又提出谢振华同志的其他错误"是否应该平反，请中央考虑决定，我们不好直接答复谢振华同志本人"，此似委婉地表示了省委无意为谢摘除"路线错误"的帽子。而在1974年批谢振华时，李先念副总理就不赞成说谢振华是路线错误。

三、在为谢曹平反的同时，必须强调因谢、曹案而造成的冤假错案以及受到株连的干部和群众，都应一律平反。这是我们在山西听到的一个普遍呼声。我们认为这一呼声是合理的，正当的。但这个问题在省委的复议报告中只字未提。据了解，在山西因谢、曹案而受到株连的人，数量很大。把这些人从冤假错案中解放出来，团结一致搞四化，比为谢、曹二人平反更为重要。受谢、曹错案牵连的人数之所以很多，是因为1974年谢、曹错案形成之后，山西一直以肃清谢、曹路线的错误和贯彻"十一条"为口实。王谦在1978年3月下旬代表省委在山西省第四次党代表大会的正式报告中，再次提出了山西两个阶级、两条路线斗争的焦点集中在"对前省委主要负责人谢振华的错误是揭呢？还是捂呢？是坚持贯彻执行'十一条'呢？还是反对和干扰'十一条'呢？"这种指导思想必然会使大批无辜受到谢、曹错案的株连而遭到迫害。

四、为谢、曹平反的工作绝不能草率从事。为了做好谢、曹平反的工作,省委必须加强思想政治工作,特别要做好各级领导干部的思想工作。要教育干部实事求是地纠正因谢、曹错案受株连的冤假错案,为受株连的人彻底平反,决不允许顶住不办。要做好平反后的工作安排等各项善后工作……

到1980年8月,山西省委仍然坚持不给谢、曹案平反。1980年8月23日,《人民日报》群众工作部编印的特刊第八期《对山西省清查和善后工作的一些看法》中指出:

以王谦为首的领导清查的同志认为"运动是正确的、健康的、稳妥的""是根据中央政策办的"。但绝大多数同志则认为"扩大化"了,有些地方甚至存在"倒清查"。

一、严重地扩大化,伤害了许多人。全省究竟清查了多少人,至今没有一个确实数字。据省清查办公室负责人讲:全省可能达到3万人。而据一些干部估计,仅晋东南地区就达1万人。太原铁路局一个系统也有1万人。太原市被清查和强令"三大讲"的达1万人;北城一个区,有干部700人,被清查的占226人。许多党政军的高级干部,无辜受到清查。著名劳动模范李顺达和李秉璧,刘胡兰烈士的母亲胡文秀等等也都被清查了。这些人被大会批、小会斗,不少人被关两三年之久。还有不少人被撤职、免职、停发工资。虽已证明这些人绝大多数无问题,但单位领导还坚持说"清查是应该的,正确的""不清查怎知你无问题"等。

二、违法乱纪刑讯逼供,甚至打死打残。不少单位确定审查对象,是先定性,后找材料;先关进学习班,后逼供。为了使被审查者承认"有罪",便采取各种刑罚,如跪石子、跪砖头、跪三角铁、压杠子、火柱烫、烟头烧、皮鞭抽打,许多人被打得死去活来。仅铁路系统被打死逼死的就有十多人。

三、有的单位负责人品质恶劣,派性严重,借清查之机,打击报复……

四、当年紧跟"四人帮"干了很多坏事的人,却受到保护,甚至成了清查领导人……

其实,谢曹案与张赵案一样,反"四人帮"的性质是明摆着的。此案的情况,中纪委不一定了解,但王谦应该是最了解的。王谦参加了"四人帮"迫害谢曹的全过程,或者说参与了策划谢曹冤案的大部分过程,又是谢曹冤案的主要制造者,只不过是他不愿意脱离极左路线改正错误罢了。这段时期是中共路线斗争史上最敌我不分明的时期,也是是非最不分明的时期。造成这种情况的原因,一是粉碎"四人帮"是由"两个凡是"派与老帅、老副总理们联合完成的,而"两个凡是"派其实是极左路线拥护者们中的温和派,实质上还是毛泽东"无产阶级专政下继续革命"理论的继承者,他们中间本身就混有很多的与'四人帮'篡党夺权阴谋活动有牵连的人;二是在清查"四人帮"的过程中,重点目标多放在文革中起来的新干部(尤其是运动初期有"造反嫌疑"的干部)头上,这样就放过了许多站在"四人帮"一边的老干部。实际上在文革中,极左路线之所以能够得以"流行",是与许多老干部逐渐接受了毛泽东"无产阶级专政下继续革命"的理论,投靠了"四人帮",成为极左路线的强有力的支撑;同样,有许多青年干部虽然在运动初期由于"资产阶级反动路线"的压迫造过反,在后来却认识到了极左路线的错误,站在了反对极左路线一边。不以"路线"划线,而以干部的出身划线,也是清查中发生的最大偏差的原因。

陈永贵就是一个例子,他在大寨和昔阳搞"七斗八斗",就是为了在大寨和昔阳树立他的绝对权力。像王谦这样的老干部,本来就"精通"阶级斗争,执行起极左路线来,比青年干部更有经验,更顽固。在山西的清查运动运用的手段,包含了延安整风、土改斗地主、反右、文革中采取的方法,清查谢、曹势力的规模超过了山西历史上的历次运动。1974 年批谢以来,通过几次运动(批林批孔批谢曹,整党、批邓、反击右倾翻案风,清查"四·五"事件,清查"四人帮"运动),王谦、陈永贵建立了自己的"一统天下",岂能轻易给"谢、曹"案平反，使自己的"一统天下"毁于一旦。这里用毛泽东的一句话是非常恰当的："凡是反动的东西，你不打，它就不倒。这也就和扫地一样，扫帚不到，灰尘照例不会自己跑掉。"

王谦的顽固，使得上层再也不能容忍下去了，使得下层再也不能忍耐下去了，山西的问题应该是到解决的时候了。

3. 王谦被调离，谢曹案获平反

1980年10月，中共中央决定，由霍士廉担任中共山西省委第一书记。同时免去了王谦的山西省委第一书记职务，并调离山西，另行安排工作。这样就搬去了阻碍"谢、曹"案平反的一块最大的石头。

在新任山西省委第一书记霍士廉赴任前，邓小平找霍士廉谈话说："谢振华对'四人帮'不感冒，他执行的是周总理的指示，'四人帮'比较恨他，所以'四人帮'支持陈永贵和王谦夺他的权。你到山西任第一书记，罗贵波任第二书记兼省长，到职后要重视解决这个问题。"

霍士廉，1909年生，山西忻县（现忻州）人，1930年参加革命，1936年入党。新中国成立后，曾任浙江省委书记处书记，陕西省委第一书记，宁夏回族自治区党委第一书记，农业农村部部长；罗贵波，1907年生，江西南康县人，1926年4月参加革命，1927年1月加入中国共产党。新中国成立后，曾任中央军委办公厅主任，中国驻越南顾问团团长，驻越大使，外交部副部长。这二人都不是山西本土干部，霍士廉虽是山西人，但在抗战时期一直在山东工作，新中国成立后长期在浙江工作，文革前才调到西北工作；罗贵波虽然抗战时期在山西工作，但一直从事的是军事方面的工作，又是吕梁地区的，和山西主流派太行、太岳系干部并不熟悉。因之，即便是王谦走了，由于山西干部"爱抱团"的特点，二人所面临的平反工作还是很艰巨的。

在邓小平、陈云、李先念等人的亲自过问下，中共山西省委由霍士廉主持，对谢振华、曹中南的申诉信进行了认真的实事求是的核

实,并于 1980 年 12 月 30 日重新向中央上报了为谢振华同志平反的报告。《报告》的结论如下:

鉴于一九七四年处理山西问题,"四人帮"直接插了手,山西省委三届四次全体(扩大)会议和《中央负责同志关于解决山西问题的讲话要点》中所述谢振华、曹中南的主要问题不是事实。省委决定:

(一)为谢振华同志、曹中南同志彻底平反,恢复名誉;建议中央撤销《中央负责同志关于解决山西问题的讲话要点》。

(二)对于一九七四年山西省委三届四次全体(扩大)会议以来,在省委的报告、文件、讲话中有关谢、曹路线错误的提法,以及一切诬陷诬蔑不实之词,应统统推倒。

(三)按中央有关规定,彻底清理和销毁山西省委三届四次全体(扩大)会议的记录、简报、材料和档案;

(四)对于一九七四年山西省委三届四次全体(扩大)会议批判谢、曹及以后贯彻执行《中央负责同志关于解决山西问题的讲话要点》,凡因谢、曹问题而受株连的地方的、军队的干部和群众众以及省、太原市等支左办公室的同志,一律予以平反,有关材料按规定处理;

(五)对于一些地方和单位在贯彻执行《中央负责同志关于解决山西问题的讲话要点》时发生的缺点和错误,责任在省委。

1981 年 1 月 18 日中共中央批复了这一报告,1 月 21 日,山西省委在太原召开了有六千多人参加的全省县团及以上干部大会,正式宣布为谢振华等同志彻底平反、恢复名誉。山西省委第二书记、省长罗贵波代表省委在会上做了讲话。

1981 年 2 月 2 日,《人民日报》《光明日报》分别对这次大会的情况做了报道。《人民日报》报道的题目为《经中共中央批准 山西省委为谢振华、曹中南彻底平反》。《人民日报》的报道说:"谢振华、曹中南同志根据中央领导同志在全国外贸工作会议上的讲话精神,提出批判极左思潮和无政府主义的问题,这是正确的。再如所谓'抵制和干扰'农业学大寨运动和所谓'支持了大毒草《三上桃峰》'问题,现已证明,谢振华、曹中南同志在山西工作期间,反对在农业上推行大寨那套'左'的做法,是难能可贵的。至于强加给《三上桃峰》和山西省委及谢振华同志的种种罪名,纯属捏造、诬陷。"《光明日报》的题目是《山西省委为谢振华、曹中南错案彻底平反——"四人帮"插手炮制的那个"十一条"由中央明文撤销》,报道称:"'四人帮'插手炮制的那个《中央负责同志关于解决山西问题的讲话要点》(即十一条)由中央明文撤销。这个被颠倒七年之久的大是大非,终于彻底改正过来了。"

4. 青年干部的失落

谢、曹的平反并未给这一案件画上句号。一是"谢、曹"案本身套着许多案件,如:王谦落选案,"八二三"案,还有形形色色的"反大寨"案,这些案件不一一平反,"谢、曹"案就不算彻底的平反;二是对于基层干部(尤其是有"造反"历史的青年干部)和群众的平反还有大量的工作要做,对于这些人的态度,也关系到"谢、曹"案能不能平反彻底的问题。

粉碎"四人帮"近五年后,1981年的春夏之际,跟随谢、曹反"四人帮"的干部和群众才迎来了平反的机会。老干部和劳模的平反工作进行得还比较顺利,李顺达、史纪言、李一夫、李文亮、吴象、刘毅民、陶健、刘九祥、王银娥、牛发和、康宇、李希曾、续存实、潘公良、刘志英等都有了较完满的平反结果。但是,对于许多青年干部和群众来说,遇到的仅仅是一个机会而已。

像王谦落选事件和"八二三"案件平反是没有多少指望的。这两个案件在"四人帮"时期都有过中央的指示和批示,中央不撤销这些指示和批示,平反是不可能的。但是,虽然这两个案件的目标都是指向"四人帮"及其在山西的代理人的,问题是粉碎"四人帮"后的中央,当时也没有认可这两个案件的目标是正确的。而且这两个案件的手段也是后来中央最忌讳的,一个是采用了民主手段,一个是采取了"暴力"(批斗、游街)手段。看来这两个案件算是"沉冤海底"了。

这是不公平的。前一案件涉及的民主手段是党章里明确规定了的，选举谁不选举谁是党员的基本权利，此案本身就不构成一个案件。相反，如果利用这一事件来报复和迫害未选举自己的人，那才是一种犯罪；后一案件虽然采取了批斗、游街的手段，但那是文革时期，最起码是"合文革的理"的。王谦、陈永贵在粉碎"四人帮"之后，仍然采取这种文革的手段，批斗、游街反"四人帮"的人（如岳增寿），岂不是在以后还去、去"合文革的理"的吗？这样岂不是犯了更大的罪？

因为这两个案件，再加上有"造反"出身之嫌疑，段立生、刘灏、宋捷等人虽然出了狱，但他们的平反遇到了极大麻烦。估计霍士廉、罗贵波也感到很棘手，一是他们的精力有限，不可能亲自调查那么多事；二是这些人目标大，霍士廉、罗贵波也心存顾忌，沾惹"造反出身"的问题；三是王谦势力还很大，平反这些人有着很大的阻力。

早在霍士廉刚来山西的时候，原山西清徐县委副书记段立生就预见到了这种情况，他给《人民日报》写了一封信，刊载在1980年11月15日《人民日报》编印的第五七二期《情况汇编》（机密）上，全文如下：

关于解决好山西问题的几点建议

十年浩劫期间，林彪、"四人帮"，以及纪登奎、陈永贵、王谦等人把成千上万曾经反对或批评过他们的干部、群众进行关押、残酷迫害，制造了大批冤、假、错案。三中、五中全会以后，人们一时曾满怀希望，谁知道陈永贵、王谦等人仍不醒悟，死抱住"四人帮"极左路线不放，不要说一般平民百姓的一些冤、假、错案，就连原省委第一书记卫恒同志的冤案，受"四人帮"直接迫害的谢振华同志的冤案，以及受康生、关锋直接迫害的张日清、刘志兰、刘贯一、陈守忠等同志的冤案，都至今不予平反、昭雪，甚至坚持将反对"四人帮"的张珉、赵凤岐、李兆田等十五位同志判处死刑或重刑。

在党中央的直接关怀和指示下，山西终于有了希望，五届人大解除了陈永贵的副总理职务，开始揭发、批判陈永贵对山西人民欠下的一笔笔重债。随后，党中央又调离王谦，委派霍士廉同志任山西省委第一书记，开始解决山西的问题。恨透了"四人帮"极左路线那一套的山西广大干部、群众，对党中央的这一连串的英明决策，无不拍手称快！

为了把山西问题解决得更好，特提出四点建议供参考：

（一）调整好山西省委的常委班子，把真正拥护三中全会、五中全会路线、方针、政策的好同志，调整充实进来。把那些至今留恋或抱住"四人帮"那一套不放的和积极参与制造种种冤、假、错案的人，坚决调整出去。

特别应该引起注意的是，以王谦为首的山西省委原中有一些人，原来就是投靠陈伯达、纪登奎，受到陈、纪赏识，而被推荐或直接配备进山西省委中来的。这些人在粉碎"四人帮"之后，仍照纪登奎的眼色行事，在山西干了不少坏事，像王庭栋这样的人就是。有的是十几年来，置党的原则、利益于不顾，极力维护王谦的宗派山头，三中全会和五中全会以后，仍不贯彻执行党中央所确定的路线、方针、政策，唯王谦之命是从，象赵雨亭、武光汤、郭钦安等人就是。对于后一种人，调离山西换换工作地区，对他们本身焕发精神，取得工作上的主动，也是大有好处的。而像王庭栋这样的干部却应严肃审查其问题，彻底弄清其面目，万万不可给党的事业留下后患。

（二）彻底批判、清算林彪、"四人帮"、康生、陈伯达插手、搅乱山西的严重罪行。结合两案审判，进一步批极左，肃流毒，并深入揭、批林彪、"四人帮"的严重罪行。

对于陈永贵、王谦、刘格平等人，卖身投靠"四人帮"，参与"四人帮"制造冤、假、错案，极力推行极左路线等一系列严重问题，必须进行严肃的清查。并对他们的严重错误，展开群众性的揭发和批判，以分清山西在一系列重大问题上的是非，借以提高广大干部、群众辨别路线是非的能力。

（三）平反昭雪一切冤、假、错案。为受林彪、"四人帮"极左路线迫害致残、致死的同志，申冤昭雪。为受极左路线伤害，受陈永贵、王谦、刘格平挟嫌报复，被错整、错关（包括"隔离审查"，限制人身自由学习班）、错捕、错判的所有同志及其株连者彻底平反。

（四）严肃处理在"清查"运动中，积极推行林彪、"四人帮"的极左路线，制造冤、假、错案，又阻挠、干扰给受害人平反昭雪的顽固分子。特别是对那些借"清查"运动，搞派性，搞挟嫌报复，采用法西斯手段，搞逼供信，而致人死、残者，要依照党纪国法，给予必要的纪律和法律的制裁。

段立生的建议很不错，可惜是时过境迁也。一是中央没有再搞一次大规模的"清查"运动的意思，可能是中央认为，整人的时代结束了，也可能是中央的某山头当时再不愿意对自己方面的老干部下手，还可能是中央要把精力放在经济建设上，抑或是三者兼而有之；二是霍士廉也没有那样做的魄力，从霍士廉在浙江从政的经历看，他在浙江曾经把省长位置让给周建人，说明他不是一个争权的人。三十年后，当《百战将星——谢振华》一书出版时，段立生才在这本书上看到了邓小平在霍士廉上任时所说的那句关于"四人帮"与陈永贵、王谦关系的话。看到这句话时段立生十分感慨：如果当时知道这句话的话，谢曹系统的干部的结局绝不是现在这样的不尴不尬的状态，霍士廉真的是误了事。

李辅在回忆录中也说到霍士廉"心太软"的情况："中央对山西的情况了如指掌，为了扫除障碍，已决定把赵雨亭、郭钦安、武光汤、贾俊、赵力之等几个省级领导调离山西。这几个人不愿离开，有装病住院的，有找霍书记哭鼻子表示悔改的。霍书记信以为真，自信能把这些人团结过来，又要求中央把这五个人全留在山西。与霍书记的愿望相反，赵雨亭等人并不和霍书记团结合作。一九八六年选举党的十三大代表时，李立功已任省委书记，选举会上提名霍士廉、罗贵波为代表候选人。赵雨亭等在会上带头发难，结果霍、罗二老双双落选。掌控会议的人袖手旁观，看了一个新版的'农夫和蛇'的故事。习仲勋曾对霍士廉说，不要当宋襄公，事实证明霍士廉真的当了宋襄公！由于霍士廉面对尖锐、复杂的政治斗争，菩萨心肠，心慈手软，未从政治上、思想上与王谦之类的"四人帮"和"凡是派"的追随者划清界限，正本清源，肃清王谦的流毒，组织上也没有做必要的调整，埋下祸根，导致王谦想干未干成的事，被他的继任者都干了，许多人"吃了二遍苦，受了二茬罪"，至今未能翻身。"

段立生建议中提到的卫恒问题也值得一说。原山西省委第一书记卫恒的平反居然也走了一条曲折的路，山西省委从1972年开始到1985年，对卫恒的结论竟然有过四次。1972年11月和1975年5月，山西省委先后以晋发〔1972〕155号文、晋发〔1975〕49号文，对卫恒的问题做过两次结论，肯定卫恒的问题是人民内部矛盾，但结论中仍说卫恒"犯了走资本主义道路当权派的错误""执行过刘少奇的资产阶级反动路线"。限于历史条件，在文革中这种评价就应该算是平反了，邓小平也是承认了这些错误能够重新出山的。不可理解的是，在粉碎"四人帮"之后的1979年1月，山西省委召开的四届二次全委（扩大）会议上，虽然宣布为卫恒"彻底"平反昭雪，不但未作文字决定，而且给卫恒留了个"大尾巴"："对错误地认为卫恒同志在'文革'初期'怕群众，怕革命，怕革命革到自己头上''犯了严重的组织错误'和'严重的政治错误'的省委〔66〕221号、〔66〕223号文件，在历次给卫恒同志所作的结论和后来宣布平反中，均未撤销。"（摘自1985年山西省委《关于为卫恒同志彻底平反昭雪的决定》）直到1985年6月27日，山西省委作出了《关于为卫恒同志彻底平反昭雪的决定》，在卫恒蒙难近二十年、粉碎"四人帮"近十年的时候，卫恒才真正的彻底平反昭雪。个中原因当然与王谦有关，王谦对卫恒在文革初期的所谓"软弱"很有看法，省委〔66〕221号、〔66〕223号文件本就是王谦主导做出的，在1979年他完全可以为卫恒彻底平反，但为了维护自己的这一丁点不是错误的"错误"，竟然不肯为自己的老同事、老战友作些许让步，可见王谦之自私！

李辅在平反中是青年干部的一个特例，他在《所思所忆七十年》里也谈到了自己的平反和重新启用的情况：

"霍士廉到山西工作以后，抓紧为清查中的冤假错案平反。一九

第十五章 平反与"反平反"的斗争

八零年冬，霍士廉到襄汾县调查研究，许多干部、群众到县招待所找霍书记，要求省委为李辅尽快平反，要求李辅重回襄汾工作。去的人很多，无法一个一个的接谈，霍书记让各行各业派代表召开一个座谈会，由省委副秘书长张长珍主持召开，听取了广大干群的意见。会后张长珍给霍书记汇报，霍书记听了后说：'还有这样好的干部啊'他回到临汾问地委书记董启民、专员续恩岚'李辅有什么问题'他们都回答说：'没问题'霍书记说：'没问题，就赶快平反'后来霍书记又亲自问王谦，李辅有什么问题？王谦也说没问题。经过霍书记的督促，临汾地委于一九八一年三月十六日向省委转报襄汾县委为我平反的请示报告，请求省委为我平反。在地委的请示报告中讲到'所谓临汾地区篡党夺权的组阁名单，纯属凭空捏造。将李辅同志列入组阁名单，显然是错误的，应予推倒'山西省委于四月十五日正式批复了临汾地委为我平反的请示报告。在省委的批复中承认'省委主办的"四人帮"及其伸向山西黑手罪证展览会'上和一九七七年省委召开的县团级以上干部会议，省五届人大一次会议《简报》中，以及在一九七七年十二月十四日《山西日报》一版头条新闻报道中，强加给李辅同志「紧跟"四人帮"、大搞层层揪，不仅在思想上和"四人帮"是一致的，而且行动上也是步步紧跟的，是推行"四人帮"政治纲领的急先锋」等诬蔑不实之词，应一律推倒。为李辅同志恢复名誉'一九八一年四月二十七日襄汾县委召开三级干部千人民代表大会为我平反。在平反大会上我讲：'我在襄汾工作了三年零八个月，冤枉了三年零九个月，历史是无情的裁判，不到四年，已经证明襄汾县不存在"四人帮"篡党夺权阴谋活动有牵连的人和事，更不存在以李辅为头子的帮派体系。从襄汾来讲，确实是天下本无事，庸人自扰之。几个月的运动，把原来的十一个县委常委中的八人，二十二个部长中的十四人，以及一半以上的局长干部，还有许多一般干部，基层干部，甚至社员群众，都打成"四人帮"势力。使许多勤勤恳恳、老老实实干工作的同志遭受打击，襄汾的工作又陷入动乱，真是乱后再乱，灾后遭灾。造成的损失是巨大的。假如没有这四年的折腾，襄汾的面貌不会是现在这般模样''襄汾人民为我们一些同志交了昂贵的学费，总应该吸取点经验教训吧！到底从这次清查中应该学到些什么？去年十二月，在地委召开的工作会议上，常泽民（襄汾前书记）同志曾讲过，从今以后，害人之心不能有，整人之事不能干。我认为这是很深刻的。五七年以后，我们搞了不少政治运动，伤害了许多人。从我们县清查中发生的错误，进一步证明，那种七斗八斗的政治运动再不能搞了，这种运动为搞极左的人，为别有用心的人，提供了整人的机会，往往搞得人妖颠倒'"一九八一年五月霍士廉、罗贵波在向中央汇报工作时，专门汇报了我的情况。说我在'文革'初期造过反，较早觉悟，没干过坏事，也没打砸抢，以后每到一个地方，都表现很好，受到群众的赞扬，像这样的干部该怎么办？中央书记处胡耀邦、习仲勋、宋任穷等同志表态说：'像李辅同志这样，仍要作为党的优秀干部来培养'霍、罗书记有了中央书记处的明确指示，省委常委会再次讨论，同意分配我继续到县上工作。后来李辅到平遥县任了三年县委书记，又干了一番事业。1983年，被新任的李立功所迫害，当作"三种人"被清理。

　　蒋守身是青年干部中的一个幸运者。他之所以是幸运者，是因为运动初期没有造过反。1980年1月3日，刚刚出狱不到三天的蒋守身到了北京，找到了时任中组部组织局局长的同学，诉说他的平反问题。这位局长同学把他介绍到中纪委、最高院及中组部的相关单位，这些单位答复说，山西问题马上就要解决，请他回去等待。回并后，到太原市委组织部要求工作时，太原市委组织部由黄志刚调去的新部长还叫他"刑满释放分子"。看来，制造冤狱易，平反要难得多，几千年中国封建社会留下来的传统难以改变！提前出狱的蒋守身成了一群落难干部家属的头儿，领着她们到各级机关上访，营救那些还在狱中的战友们。1982年山西省高级人民法院撤销了对蒋守身的一审判决，蒋守身回到组织部工作。1984年，太原市委作了平反决定，恢复党籍，回到党政干部处工作，1985年调北郊区任副区长、党委成员。真是一条艰难的平反之路！一个青年干部的青春就毁在了这八年的艰难之路上了！

第十六章

文革后的怪状

第一节　复辟派成了"还乡团"

"还乡团"这个名词出现在被传统史学家称之为"第三次国内革命战争"时期，由于解放区采取了手段激烈的土地改革政策，激化了社会矛盾，许多地主、富农，甚至富裕中农被迫逃到国统区，并在国民党政府支持下，组织的返乡武装集团，随国民党军队进攻解放区。这些"还乡团"回到家乡后，进行了残酷的报复。

"还乡团"情结分为两个方面。一个方面是特别强的报复心理，对分得他们土地和财物的贫、雇农进行了同样残酷的报复；另一方面是复旧心理，他们还特别希望恢复到过去的那种封建式的土地制度。一句话概括，"还乡团"情结就是一种复辟情结。

虽然复辟后的走资派们在经济发展上有着很大的分歧，但在报复心理上却有着惊人的一致。

1982年和1984年中共中央连续发出《中共中央关于清理领导班子中"三种人"问题的通知》和《中共中央关于清理"三种人"若干问题的补充通知》，开始彻底清理、清除王洪文式的人物。

1983年4月23日中央向全国颁发了一个《关于"文化大革命"期间高等院校学生造反组织重要头头记录在案工作的意见》。文革的发端是大学，反攻倒算清理三种人，也是从大学开始的。文件中说："对'"文化大革命"'期间高等院校学生中造反组织的重要头头和有严重问题的人，应由原所在院校认真负责地将经过调查核实的材料，通知这些人现在所在单位的党组织和有关省市、自治区党委组织部门，记录在案。""今后，凡从""文化大革命""期间的在校学生中选拔领导干部和选派出国人员，用人单位都必须主动与这些同志原所在院校联系，取得他们在校期间的表现材料。高等院校党组织应积极协助"。这样的人物实际上就是蒯大富式的人物。

邓小平给这样的人物画了一个圈：

一、追随林彪、江青反革命集团造反起家的人，靠造反夺权升了官，干了坏事，情节严重的人。

二、帮派思想严重的人，竭力宣扬林彪、江青反革命集团的反动思想，拉帮结派，粉碎"四人帮"以后，明里暗里进行帮派活动的人。

三、打砸抢分子，诬陷迫害干部、群众，刑讯逼供，摧残人身，情节严重的人，砸机关、抢档案、破坏公私财物的主要分子和幕后策划者，策划、组织、指挥武斗造成严重后果的分子。

所谓清理三种人就是复辟者的一次复辟运动。

第二节　文革的革命者不被原谅

1. 一场是非不分的革命

历来的所谓革命者都不会有好下场，他们不是被内部的倾轧所碾碎，就是被复辟者所毁灭。

其他的革命是敌我分明，唯独文革的事情是说不清道不明，也许是"无产阶级专政下继续革命"的缘故。在"无产阶级专政"的内部，谁是我们的敌人？谁是我们的朋友？还真是搞不清楚。群众搞不清楚，邓小平搞不清楚，毛泽东也搞不清楚，要不然也不会持续地出现那么多"反革命集团"。"无产阶级专政下继续革命"的理论在长达十年的时间内曾经是党的指导理论，把这种理论的"罪行"归咎于所谓的"三种人"明显是不合理，也是不尊重事实的。

我们在中央文件、省委平反文件中经常看到，错误责任不在下面，应由中央或者省委来负。这样一来，个人的责任就没有了，而"中央"和"省委"是一个虚词，具体的责任也没有人来真正承担。我国自新中国成立以来，进行过多次运动，每次都有大量的冤假错案，虽然后来胡耀邦冒着风险平反了很多的冤假错案，但这些冤假错案的制造者却"平安无事"！该树碑立传的照样树碑立传，在这些传记中，大多歪曲事实，颠倒黑白，好像他们从来没有犯过错误似的。河南原省委第一书记吴芝圃就是一个很好的例子，在虚报产量、造成大量人口非正常死亡的他，后来竟然平反了？对于文革中站在极左路线一边的老干部也采取了"保护"措施，大多也就是"易位做官"而已，王谦就是易位做了官。"易位做官"其实很不好，这种做法并没有消灭极左路线，而是把极左路线易了位。以山西为例，走了王谦，去祸害重庆；未几年，来了另一个极左派李立功来祸害山西，真是"前门走了狼，后门来了虎"。

2. "三种人"是个伪命题

对于文革中造反派出身的人则采取了另一个标准，即"三种人"标准。所谓"三种人"的说法本身就是一个伪命题。

跟着"林彪、江青反革命集团"造反，这种说法本身就是非常矛盾的。谁都知道，当初的红卫兵都是唱着"我们是毛泽东的红卫兵，大风浪里炼红心"，按党中央的《五一六通知》和党的八届十一中全会决定的《十六条》起来造反的，也就是说，红卫兵的造反行动源于中央，源于上层的高干子女，后来高干子女都平反了，百姓的子弟却成了"三种人"，岂不是"刑不上大夫，礼不下庶人"？

退一万步说，即便是造反造错了，也是跟着毛泽东为首的党中央造错的，责任应该由"毛泽东为首的党中央"来负，怎么能让当年的红卫兵小将来负？再退一万步说，当时无论是"江青反革命集团"，还是"林彪反革命集团"，都还没有形成，红卫兵小将们怎么能够跟着他们造反呢？

一个负责任的政党,应该客观评价王洪文式的造反派。不管是老干部,还是造反派;不管是领导,还是群众,对毛泽东都有一个认识过程。老干部们从1927年跟着毛泽东"革命造反"上井冈山开始,到1978年批判"两个凡是",认识到毛泽东不是"全对",终于不跟着毛泽东走了,整整用五十一年!即便是这样,批判"两个凡是""真理标准"讨论,还遇到了老干部内部的巨大阻力。如此,为什么要苛求当年的年轻的"造反派"一下子能认识到毛泽东和党的错误呢?毛泽东的"威慑力"不是年轻的造反派捧起来的,而是革命了几十年的老干部们一步步捧起来的,年轻的造反派只是接受了革命先辈们的"结果"而已。王洪文式的人物在运动初期造反的责任,不管对与错,应该由毛泽东和中央来负责,只是当了中央副主席之后,和江青结帮后干的坏事应由他负责。

3. 林彪、江青应该得到客观公正的评价

文革中的人物和派别,包括江青和林彪在内,都应该客观评价。对毛泽东的错误有选择进行批评,把文革的责任推到林彪、江青头上,肯定是不公正的。即便江青和毛泽东是"一家子",虽然毛泽东的敌人就是江青的敌人,最终的得益者也可能是江青,但也应该是责任自负。

江青在特别法庭说过:"我就是主席的一条狗,主席让咬谁就咬谁",可见她也就是一个执行者。林彪半主动半被动地跟了毛泽东"一阵子",不愿意"当狗咬人",反过来开始反对毛泽东的"马克思加秦始皇"的做法,这是应该值得肯定的。

把文革的责任推到林彪、江青头上,是不敢正视毛泽东的错误。对"两个凡是"的批判搞得遮遮掩掩、羞羞答答,还要打出"真理标准"讨论的旗号来,可见,毛泽东在老干部中的"威慑力"。不敢正视毛泽东的错误,其原因也许是某些人由于跟着毛泽东也犯了许多错误,甚至是发展了"毛泽东的错误",实际上是不敢正视自己的错误。

4. 文革主要是党内干部之间的斗争

其实，造反派自主且自由的"造反"也就是1966年的几个月的时间，革命风暴"三结合"之后，各路"反王"都有了自己拥戴的"革命干部"。即便是独立活动最长的蒯大富到1968年7月之后，也就退出了文革。这些"革命干部"从经历上讲，从理论造诣上讲，从斗争策略上讲，都比造反派领袖要高出不止一筹，造反派们就开始"不由自主"了。

十年文革，最起码有八年是"革命干部"（当然也包括军队干部）指挥着"造反派"们斗来斗去。可以说，这八年间主要是党内的干部之间的斗争，这些干部观点和立场则是来自中央各派之间的斗争。

以山西为例，从革命开始，先是刘格平、张日清、刘贯一、袁振等山西非主流派的干部，按毛泽东和中央文革、中央军委的指示，对山西省委原主流派干部（被认为是刘少奇派系的干部）夺了权；1967年4月以后，张日清与按中央文革指示"揪军内一小撮"的刘格平发生严重对立，各自支持的两派群众发生严重武斗，最终以张日清在中央七月会议上的失败而告终；再后，是谢振华与陈永贵、王谦的斗争，以中央支持陈永贵、王谦而结束。造反派组织并没有自己的特殊的"派性"，他们实际上是跟着他们的"革命"干部或者"不革命"的干部走的。因之，他们没有自己的"帮派活动"。如果说他们有"帮派活动"的话，也是跟着省级和中央的帮派活动的。

其实，造反派与老干部一样，也分为两派。老干部分为走资派和革命派，造反派分为激进派和保守派。激进派跟着革命派，保守派后来跟着走资派，岂能把两派一视同仁？

其实，如果造反派需要清理的话，老干部执行了极左路线又不肯悔改的人（即文革派的老干部）更需要清理，因为他们的"为害"和影响更大。可惜，当时的邓小平、陈云等人权力在手急于报复，分不清敌我友，弄错了报复对象。

第三节 最后的冤案

1. 极左派李立功祸害山西

李立功，1925年生。文革前长期在山西工作，曾任多地地委书记，团省委书记。1966年6月，北京市委第一书记彭真在一片造反声中垮了台，华北局特地从山西把李立功调到北京成为工作组成员，参加过对北京市委和团市委的造反夺权活动。其间李立功因参加夺权成为北京团市委书记，8月，任北京新市委常委、宣传部部长。

李立功晚年回忆了中写道："西城区几十所中学的红卫兵协商成立了'首都红卫兵纠察队西城分队'……他们的出现受到广大群众的赞扬和支持。当时我也感到这才是真正的革命行动。"看来，李立功至少是支持了臭名昭著的北京老红卫兵的"恐怖的红八月"行动。在文革中李立功步步高升。后又任市革委政治组副组长，负责过北京市委第二书记、副市长刘仁的专案组工作，与刘仁冤案不无关系。李立功还负责过北京的清查"五一六"的工作，也造成了不少冤案。他是中央文革信得过的人。

李立功从文革初期被派到北京市委夺权，到后来被北京人民赶下台，喊出"不要吴（德）李（立功），要（彭）真（万）里"的口号。在"两个凡是"盛行时期，李立功凭借华国锋的支持，当上了北京市委书记（当时设有第一书记）、革委会副主任。李立功与华国锋的关系非同一般，早在战争年代，华国锋任交城县委书记时，李立功任宣传部部长，而且两人还是儿女亲家，与公与私都有密切联系。

真理标准讨论时，北京市委书记，市革委会副主任郑天翔和刘仁夫人甘英在北京市委会议上提出要追究李立功在文革中的三种人问题，在华国锋的保护下，李立功在中南海工作了一段时间。华国锋失势后，追随华国锋"两个凡是"的李立功在北京待不下去了，通过罗贵波的老部下找到了他的老领导罗贵波（抗战时期曾任晋绥军区第八军分区政治委员兼司令员，解放战争时期为吕梁军区政治委员兼司令员。交城县属八分区，八分区属吕梁军区），表示愿意到山西工作。罗贵波向中央推荐李立功来山西当省委书记，李立功才摆脱了在北京的困境，来到山西工作。

在罗贵波的推荐下，接任霍士廉担任山西省委书记，本应维护霍、罗执行的党的十一届三中全会精神，继续纠正王谦、陈永贵搞的"倒清查"恶果，促使山西走向改革开放的康庄大道。但李立功反其道而行之，上任伊始，就开始否定霍、罗在山西推行的改革开放路线，将霍、罗及中央工作组已经纠正解决的一些冤假错案及"倒清查"出现的问题，予以否定，继续维护王谦、陈永贵的一些错误做法，以他自己的实际行动站在了党的十一届三中全会精神的对立面。后来山西许多紧跟王谦、陈永贵的人，大反三中全会精神，极力坚持极左路线的言行，山西的改革开放局面一直难以打开，都与李立功的这种立场有着很大关系。

李立功一来到山西就和王谦的老部下（如赵雨亭）们打成了一片，在山西，非山西派的干部在山西任职很难，山西的干部思想比较左，派系和老乡观念都很强，对外来干部有一定排斥性。像霍士廉、罗贵波那样的外来干部在山西都没有能够工作较长的时间，就是这两个原因。李立功到山西任职，受到了原王谦部下欢迎，也是这两个原因。

李立功原先在山西长期工作，也有一帮拥戴者；李立功与"两个凡是"靠得很近，思想上与王谦部下能合起拍来。李立功到山西开始与王谦的人合拍，重用了一贯整人害人被中央领导人万里点名为坏人的赵雨亭，文革专案组骨干路正西等人，开始收拾起谢、曹体系的人来了，理由是中央工作组和霍士廉手太软，放掉了许多"三种人"。

山西人挺倒霉的，走了个极左派王谦去祸害重庆，来了个中央文革培养出来的极左派李立功比王谦还能祸害。

2. 清理"三种人"制造冤案之一：县委书记李辅

许多兵联站的干部和群众都有一个感觉：在"四人帮"及陈永贵、

王谦批"谢、曹"的时候,他们作为谢、曹的人被批;在批邓、反击右倾翻案风之时,他们因为"四五"被追查,似乎他们是铁杆邓小平的人;在清查"四人帮"也被当作"四人帮"来清查,似乎他们又是"四人帮"的人;在20世纪八十年代前期刚刚有点平反希望的时候,又迎来了清理"三种人",作为"三种人"被批,他们到底是什么人,恐怕自己搞不清。

李辅实际上最冤枉。他在襄汾和平遥两县任过县委书记,都得到了人民群众的极好的评价,后来著名作家柯云路的小说《新星》中的主人公县委书记李向南的形象,据山西省委组织部一位副部长调查研究,认为是依据李辅两任县委书记的事迹塑造出来的。李辅在文革中强烈地抵制过"四人帮"及陈永贵、王谦推行的"农业学大寨"极左路线。按说,像李辅这样的好官,应该"刀下留人",让他多为人民群众做点好事。但是,李立功、王庭栋、卢功勋(时任省委组织部长)等人却不管你对人民群众如何,只管你对自己有利没利。霍士廉走后,已经没有人替他说话。胡耀邦、习仲勋、宋任穷等人对李辅的评论也没有能够保住他。李辅在《回忆录》中对这件事这样回忆的:

"一九八四年是我一生中一个最黑暗的时期。回到行署办公室无所事事,度日如年,等待省委最后的处理。元旦前,李林广书记和我谈话时说,省委常委在讨论我的问题时,李立功最后说,李辅的主要问题是丢失省委机要档案,这个问题落实了,就可以定为'三种人'。省委常委讨论后,省委组织部立即组织人马,兵分三路到四川、内蒙、太原分别找我在省委政研室时的同事蹇仕明,张嘉滨等调查取证。调查还没有结果,一月中旬,省委召开清理'三种人'会议,听取省清理'三种人'办公室汇报。当说了几个已经查证落实的有打砸抢问题的案件时,一个省委副书记(注:指王庭栋)就迫不及待打断了汇报。他说,拿着几个无名小卒,怎么向中央和全省人民交代!段立生、刘灏、宋捷这些人哪里去了!他一带头,有几个常委跟着起哄,点了李瑞芳、李辅、李兆田、高翔等人。

参加会议的省委调研室处长毛景山为我鸣不平,提出为啥不搞张怀英？因此惹下大祸，不久，就把毛景山从调研室调到社科联。段立生没有搞过打砸抢，就是因为不选王谦当四届人大代表，一直被揪住不放。原来怀疑刘灏参加过并州饭店武斗，李立功说只要查证有这个问题，就可以定刘灏为'三种人'。后来查明刘灏与并州饭店事件无关。而且他是中学生，不在中央清理'三种人'规定之内。在太原市常委讨论刘灏案件时，市委书记王建功说，'刘灏、段立生不用什么材料，他们不会杀人放火，就凭他们是头头就可定他们三种人'可见，山西清查'三种人'根本不管政策，更不看事实，由领导拍板就可以了。

在省委召开的清理"三种人"动员大会上，李立功点名说我'问题严重'抄过杨尚昆的家，杨尚昆家在北京，后搬到广州，我在太原能抄上吗！罪名挺大，骇人听闻，有意制造社会舆论。几年后李立功写的中共中央党史出版社出版的自传《往事回顾》中，没有再提抄杨尚昆家的事。这么重大的问题会忘了吗？绝对不会。为什么"铁证"不见了？这说明谋害的目的已经达到，就像窃贼行盗得手后，毁掉现场一样，隐去劣迹，掩盖卑鄙！

那次会议结束后，地委副书记张怀仁回到榆次就找我谈话，说省委要求地委在十天之内，与你见面谈两次话，然后让地委做出开除党籍的决定。看来省委不管问题落不落实，迫不及待要下手了。尽管我和李林广、张怀仁书记都谈了事实真相，批驳了给我罗织的罪名，地委领导也向省委转达了我的意见却都无济于事。我也曾找过分管清查工作的省委副书记李修仁，李修仁告我不要急，耐心等待。"

以后李辅觉得不能坐以待毙，又找了许多领导，甚至上书中央，还是被定为"三种人"，由基层支部开除了党籍，李辅只好不断上访中央，最高上书到了胡耀邦，胡两次圈阅，未作指示。后把情况反映到了在中央整党指导工作委员会工作的胡耀邦之子胡德平那里，胡德平觉得解决问题的时机还不成熟。

李辅回忆："后来才知道，胡耀邦认为所谓'三种人'问题，是党中央犯错误造成的，应区分责任，不能过多地追究下面的青年人。

胡耀邦的态度，后来被一些党内的老人抓住，攻击他包庇'三种人'，消极抵制'清理'工作。原来胡耀邦自己有苦难言，有心无力阻挡'清理'的错误行为。"李辅还曾经经过吴象、林涧青（时任中央政研室副主任、中央整党办公室副主任）将申诉材料送给过薄一波，1985年，薄一波回过林涧青一封短信："涧青同志：我除请巡视员小组注意外，并跟山西省委一位书记当面谈了，并将李辅同志的文件让他们看了。请他们报告李立功同志。最近他们要原件，我准备复印一份给他们。在这之前，因无结果所以迟迟没有把处理情况告你！歉意！薄一波 九月八日"。也许是薄一波觉得李辅申诉得有道理，也许是林涧青的面子，薄一波是过问了这件事。可能是山西省委敷衍了事写了个报告，薄一波不可能为李辅这样的小人物认真地去查问，反正是没有起作用。之后，李辅还上访过多次，终"石沉大海"。李辅在《回忆录》感叹："天天喊实事求是，要兑现，难啊！中国何时能再出个胡耀邦？"

李立功在回忆录《往事回顾》中对李辅竭尽污蔑造谣之能事，对李辅进行攻击。李辅气愤不已，曾计划拿起法律的武器捍卫自己的清白——

2013年10月8日，我带着委托律师起草的民事起诉书，去管辖被告李立功住宅所在地的太原市迎泽区法院立案庭立案。立案庭的一位姓刘的法官接待了我。刘法官看了起诉书后说：你能提供李立功的住址吗？我说：他就住在省委办公大楼后面省委宿舍首长别墅。刘法官说：你得提供证明。我想，省委机关我有朋友可以证明李立功的具体住址，真正要提供出来，他又会说首长的住址是秘密，泄露机密，或者说你"窃取机密"，那又会惹出新的麻烦。我又问：刘法官还有别的办法吗？他让我到派出所开具证明。

我去了管辖省委宿舍的太原市公安局迎泽分局庙前派出所，得到的回答是：要开具证明应该是法院来问，个人不行。后我回到迎泽区法院，刘法官又让我到我的居住地杏花岭区法院起诉。

我到了杏花岭区法院，立案人员拿出《民事讼诉法》翻到第二十二条让我看，上面明文规定由原告住所地人民法院管辖的四种情况：一、不在国内居住的人；二、下落不明的人或失踪的人；三、对被采取强制性教育措施的人；四、对被监禁的人。对以上四类人提起诉讼，才归原告所在地人民法院管辖。人家没说话就把我顶了回来。

结果是立案没立成，还被迎泽区法院刘法官耍了一回。他们应受理，不愿受理，所以编造理由把你推走。我真正地感觉到：民告官真难。

像李辅这样不断"辛辛苦苦"申诉的人，就其诚恳的"申诉"态度来说，即便是"三种人"，也应该给予平反了，因为他还是相信组织相信党的。李辅申诉的失败使他对组织失望，寄希望于出现"清官"。中国的体制自古以来平反昭雪要靠清官，所以出现了包拯、海瑞、胡耀邦等传奇人物。问题是包拯太少，和珅太多，冤案永远平不完，只好累积到下辈子、下下辈子了。

3. 清理"三种人"制造的冤案之二：李兆田、段立生

李兆田与李辅一样冤，甚至比李辅还冤。李兆田刚刚从反"四人帮"的张赵集团平反，没多长时间就成为"四人帮"的"三种人"，真是"说你是什么人，你就是什么人"！把李兆田说成是造反派，的确冤枉。李兆田几乎参加了文革中所有与中央文革在山西的代表人物做对的事情。在运动初期，李兆田保护过被批斗的晋中地委书记王绣锦；在一月革命风暴中，在晋中地委常委、军分区政委崔冰的指挥下，实施了保守派的"假夺权"；在夺权中产生的晋中总司，一直站在与陈永贵及任、王、张势力的对立面，以至于在中央七月会议上被中央文革打了个落花流水，当时的中央文革还承认红联站是革命组织（当时的红总站是革命左派组织），晋中总司连这个待遇也没得到；李兆田后来又跟着谢、曹反对陈永贵的极左农业路线；再后来李兆田又参加了"王谦落选"事件，最后又跟着张赵集团公开反对"四人帮"。很难想象，李兆田被定为"追随林彪、江青反革命集团造反起家的人"，但事实确实如此。李兆田只占了"些许"张赵集团的光，

没有被定为"三种人"。但是，李立功等人没有放过李兆田，他们让李兆田享受了"三种人"的"待遇"：罢免了省水利厅副厅长的职务、党员登记时没有重新登记（相当于开除了党籍）。

李兆田尚且如此，段立生就更是"三种人"了，他当时不是没有替自己辩护的理由，只是王谦及其追随者，不准备按中央规定的"三种人"的标准行事，而是自立"三种人"的标准，来打击报复持不同意见和反对过他的人。段立生曾戏称：他入过一次党，竟被开除过三次（三次平反，三次开除），每次定性材料，都是随着王谦的意图反复改变，一会儿是"反大寨"，一会儿是"不选王谦"，一会儿是"参与造反"，一会儿是"造反派组织头头"，王谦的整人手段也是"与时俱进"的。几十年后，段立生知道邓小平那句评价谢振华的话后，十分感慨，认为当时如果知道这句话的话，不至于被定成"三种人"。其实不竟然，既然像李辅、李兆田这样有千般理由不被定成"三种人"的人，都被定成了"三种人"，段立生也"理应在劫难逃"！

李辅、段立生、李兆田等人的遭遇，使我们想起了《水浒传》的故事。梁山的英雄好汉们被"官逼民反"，逼上梁山。上了梁山后，大多数人又有着"招安"情结。费了老大气力，好不容易招了安，又征辽、平田虎、平王庆、平方腊，立了很大的功勋，结果还被朝廷官员看作"反贼"（即"三种人"）出身。李、段、李等的遭遇与宋江、卢俊义等的遭遇是何等的相同，所不同的是一个在古代，一个在今朝罢了！

4. 迫害和排挤牛发和、陈惠波

李、段、李多多少少与"造反派"的影子能够搭上点界，许多根本不是"造反派头头"的干部也被按"三种人"加以迫害，如：白兴华、阎广洪、肖聪慈、李瑞芳、刘志英等老干部；牛发和、陈惠波、王建功、张维庆、李飞飞、郭林槐等青年干部。其中最典型的是牛发和、陈惠波二人。

牛发和，1938年生，河北容城人，1959年12月加入中国共产党。工人出身，全国劳动模范，技术能手，和李瑞环、倪志福同时闻名全国。1965年为十三冶西安冶金建设指挥部，担任指挥员工程师。文革前任十三冶大修厂任副厂长、党委委员，文革中至1977年先后任太原钢铁厂七轧厂革委会副主任、主任、党委副书记，中共太原市委常委、市革委会副主任、市委副书记、市总工会主席等职，1983年任太原市委常委。在牛发和的履历中根本没有"造反"的经历，而且在运动初期还反对过杨承孝的夺权行动。就是因为他反对江青、张春桥"批谢"，并参与了"王谦落选"事件，就一直开始被整。到清理"三种人"居然被李立功当作"三种人"迫害和排挤。

李立功在他的《往事回顾》中对牛发和如此写道："还有一个市的原革委会原副主任是个工人，曾经当过劳动模范，折腾得也很厉害，他带头围攻原市委，批斗领导干部，带头夺权，策划武斗，也是造反派头头。省委常委在讨论这个人的问题时，一种意见认为他所在的组织是行政机构，他不是造反派，更不是坏人，只是说了错话、办了错事，是'好同志'；另一种意见则认为此人是有名的造反派头头，有罪恶。两种意见相持不下，吵得面红耳赤。后来，这个人去了外省工作。"李立功实在抓不住牛发和什么"东西"，但也不使用牛发和，以至于李瑞环让中组部几次调京安排工作，李立功居然欺骗中央说山西要用不放，拖了几年，最后离晋到了济南涤纶工程指挥部当了副总指挥。唉！山西省人的心眼儿真小，连一个劳动模范都用不住，非要让外省用上，难怪当时山西的经济也上不去。

陈惠波，1939年生，满族，辽宁抚顺人，教授级高级工程师，1984年第一批被批准为国家有突出贡献的中青年专家，政府特殊津贴享受者。陈惠波文革中为太原重型机器厂技术员，太重东野骨干，在"九·五"事件中曾在十中七一大楼上守过楼。1974年至1975年间，陈惠波在无缝钢管的轧辊方面有了突破性的研究。他多年从事应用力学的研究，在无缝钢管轧机的受力和辊形研究方面造诣较深。首次在世界上为无缝钢管工业建立了数学解析法，实证了一切斜轧机使用锥辊是经验发明，有局限性，都应改成无限阶超越曲面轧辊，轧机才会好用，为世界建立了精确的轧制（几何）原理，并取得重要成果。发明研制的线接触式矫正辊及高精度管材矫正机，1978 年获全国科学大会奖；矫正辊的设计和计算方法，1979 年获山西省科技成果一等奖；主持研究的穿孔机辊形改造试验，1980 年获山西省和一机部科技成果一等奖；主持研制的双凹曲线棍棒材矫正机，1981 年获一机部科技成果二等奖；主持研究的复合曲线轧辊和线接触式矫止辊，1982 年分别获国家发明一等奖和国家科技奖步奖；主持研制的管材斜轧机新型轧辊和综合式轧机，1987 年获国家两项专利。据此，奠定了新的制管方法，为中国和世界的无缝钢管工业做了革命性的贡献，对冶金工业发展有着深远影响，多次受到党和政府的表扬和肯定。

由于陈惠波所取得的成绩，20 世纪八十年代初，被提拔为山西省科委党组副书记、副主任。1984 年后，由于陈惠波没有及时答应及安排李立功小姨子的工作，借口陈有造反经历，受到李立功的排挤打击，最后被迫调离了山西。后任山东省冶金总公司副总经理。《光明日报》记者梁衡，替陈惠波说话，被李立功栽赃说其受贿，排挤出山西省，中组部平反后任国家新闻出版署副署长、《人民日报》副总编。

5. 清理"三种人"无理可言

清理"三种人"的运动本身也毫无道理可言，与历次运动一样，采取了不管证据，不管理由，不允许辩护，管他三七二十一，打成"三种人"再说的政策。这让人想起了共产党描述的国民党在 1927 年"四·一二"政变时的政策，那个政策就是"宁肯错杀三千，不肯放过一个"。我们不知道当年国民党是不是真的采取了这个政策，不过，李立功、王庭栋、卢功勋等人确实采取了这个政策。"三种人"是什么人，至今谁也说不清，如果下一个比较准确的定义，就是新的"黑五类"。这些人没有给予的"被选举权"，剥夺了一半的政治权利，只能算"半个公民"。

其实，把人打成"三种人"本身就是非法的。如果"三种人"造

第十六章　文革后的怪状

反、打砸抢有罪，可按法律进行制裁，剥夺政治权利，何必用这种不依法、不遵法、不按法的方法？采用这种方法说明采用这种方法的人本身自己就觉得自己"无理"，既然这样，与"革命"的"四人帮"的"无理"又有什么不同？与所谓"三种人"的造反、打砸抢又有什么不同？

在文革结束的时候，整人的还是那些整人的人，被整的还是那些被整的人；整人的手段还是那些陈谷子烂芝麻的手段，被整的事情还是那些被说了几百遍的事情；整人的材料还是那些用了好多次的材料，被整的对象还是那样申诉无门。所不同的是整人的旗号换了好几茬，但都没有离开"无产阶级专政下继续革命"理论确立的整人办法！

在文革结束的时候，毛泽东被邓小平三七开。毛泽东自己说过，他一辈子就干过两件大事，一件事是把蒋介石赶到那个海岛上去了，另一件事是"文化大革命"。中共中央彻底否定了文革，也就是说，毛泽东就只能五五开了。

正因为有许多老人参与了毛泽东的错误，这些老人不敢在理论上和实践上正面接触毛泽东"不对"的地方；也正因为老人们成为，也不敢或不愿意正视和承认文革正确的部分（如："四大自由"的民主形式）即老人们错误的地方（比如说：镇压群众的"资产阶级反动路线"）。不敢说清毛泽东的功与过、是与非，只好把他的夫人当作替罪羊。如此，就有了一个僵化的思维：参与文革的人都是错的，文革被批的人都是对的；"四人帮"所说的话和所做的事都是坏的，老干部所说的话和所做的事都是好的。

"走资派"得意扬扬，造反派臭名远扬。这就是复辟的时代，但是，回头路终究是走不通的。于是，老干部们也发生了分歧，文革中被称为"走资派"的人中间也不全要"走资"，他们对邓小平的走资也采取了软磨硬扛的态度。邓小平费尽气力来了个"打左灯，向右转"，中国在混沌的思想状态中开始了改革开放，而改革开放所打的理论旗帜是"摸着石头过河"和"不管是姓'社'还是姓'资'，发展才是硬道理"！

尾　声

回到原点和新的开端

　　激进的革命理论认为,革命必然导致社会结构的巨大进步,但法国革命和俄国革命实践证明其实不然。这种认识实际上违背了历史唯物论,即没有经济的巨变,就不会有社会结构的巨变的道理。但是,革命家们往往想要尽早尽快地实现的社会结构的巨大改变,造成其理论设想脱离现实社会很多很多,使之成为一种空想。

　　当人们想实现那种平均的自由的愉快的共产主义集体劳动的时候,却发现人们的"自觉性"没有那么强,要提高生产效率,必须要么强迫劳动,要么物质刺激。大寨没有物质刺激,靠的是"七斗八斗""大批促大干"的强迫性劳动,其实,这与农奴制没有实质区别。当人们认为实现理想的时候,却惊奇地发现回到了过去。这种过去还不完全是中国的过去,倒有点像欧洲中世纪的庄园制,或者有点像俄国旧时期的农村公社式的农奴制。

　　当人们想实现一种没有国家的自由的、平等的、博爱的公社制的社会之时,却发现进入了一种类似于军事共产主义的怪圈。1958年的公社后来变成了一级政权形式,与马列主义所设想的社会主义的公社形式大相径庭。毛泽东在1966年说聂元梓等人的大字报是二十世纪北京公社的宣言,在1967年2月份,上海已经宣布"公社"成立之时,毛泽东却退缩了,自己也认为成立公社的条件不成熟,"公社"变成了"革命委员会",成了一种纯粹的政权形式。毛泽东所说的"北京公社"是什么,人们终究没有搞清楚。

　　二十世纪八十年代上半叶,在农村实行了家庭联产承包责任制,我国的农村社会结构基本上回到了土地改革以后、合作化以前的状态;公社一级的政府机构也改成了"乡、镇"的名称。将近半个世纪的空想的农业社会主义的"公社情结"在中国大地上就此终结。这是一种倒退，还是一种进步，当然还是有争论的。自主、自由地耕种土地，应该比强迫劳动要能成百倍的提高生产积极性，无疑是一种社会进步。但是，作出这种改变的人自己却认为是一种"倒退"，至少是一种理论上的倒退，所以制造出那么多自相矛盾的"初级阶段"的理论来，不知是要说服自己，还是要说服人民群众，或是要安慰已经去世的毛泽东。反正，堂堂正正的改革开放的理论，被搞得有点"名不正言不顺"似的。

文革以后，山西文革舞台上的几个主要人物还有着自己的不同道路。

陈永贵在1980年8月30日召开五届人大三次会议上被解除国务院副总理职务后，一直在北京赋闲。这个全国第二大的造反派（第一大的造反派是王洪文）绝对是沾了毛泽东的光，如果没有毛泽东"农业学大寨"的光环笼罩，说不准就成了"四类分子"被"群众专政"了。陈永贵于1986年3月26日因病去世，估计他临死也没有想通他的极左的封建社会主义路线有什么不对。陈永贵的骨灰按他的遗嘱，撒在了大寨的土地上，可能唯独没有洒在狼窝掌，因为那里的名称不吉利。大寨人在大寨为陈永贵树了一座碑，上书：功盖虎头，绩铺大地。在大寨纪念馆的对面，还竖立着一座陈永贵的胸像，成为中国极左的封建社会主义残存的象征。在上世纪八十年代、九十年代间，中国为数不少的极左路线的拥护者，还断不了常常到这里拜谒。一位著名学者曾经说过：大寨已经成了极左路线的拥护者的"靖国神社"！这当然离不了山西省委的呵护。最具有讽刺意味的是，一生中都在极力反对资产阶级和资本主义"复辟"的陈永贵，他的儿子却成了不但"剥削"中国劳动人民、而且"剥削"澳洲劳动人民的资产阶级大老板！成了"复辟"资本主义的急先锋！

刘格平在文革中成为第一个夺权省份的夺权指挥员，在文革中的表现太过分，以至于连中央文革都抛弃了他，1970年他就退出了历史政治舞台。沧州回民文化协会所办的沧州回民文化网对刘格平在文革中的评价是这样的："文革中，刘格平坚持原则，拒绝批判中央领导同志，引起了林彪、'四人帮'的极度不满，他们制造各种事端和矛盾，使刘格平无法工作。他们找借口把以刘格平为首的山西省上万名干部调到石家庄办'学习班'，对刘格平进行数月批判后，将他下放到唐山陶瓷三厂劳动，一去就是六年。即使这样，林彪、'四人帮'仍不放过他，千方百计想给他戴上'叛徒'的帽子，找不到证据就挂起来等待审查，使刘格平从１９７０年后就失去了工作的权利。党的十一届三中全会后，中央经过审查，给刘格平作了结论：'没有任何政治问题，是中国共产党的优秀党员，久经考验的共产主义战士，优秀的民族工作领导者之一'，1983年，任全国政协委员。刘格平在84岁时，终于由招待所搬进了自己的家。他高兴地说：'只要党的政策好，国家会越来越富裕。''我已经80多岁了，能够活着，看到国家向前发展，也是一种幸福。'1992年3月11日，刘格平因病去世，享年88岁。人们在八宝山革命公墓举行了告别仪式后，遗体被送回故乡河北孟村回族自治县大堤东村，按照回族的风俗安葬在了生养他的那片土地上。"看来，刘格平在晚年还是接受了改革开放政策，不过，对于该网对刘格平在文革中的评价却不敢恭维，只能以一句话来回应："历史是由人打扮的小姑娘"在这里得到了体现。

王谦在调离山西后，任四川省委书记、重庆市委第一书记，1985年退位回到北京。与刘格平不同，王谦即便晚年也没有认可邓小平理论，仍然有着浓厚的"文革情结"。2007年7月9日，王谦在北京去世。王谦的外甥王翼（曾任山西省委党校副校长、《山西日报》纪检组长）在2010年9月23日在《中华论坛》上发表的一篇文章中，提到王谦临终前夕曾经说："现在回头看，我认为毛泽东发动和领导文化大革命，从指导思想到方式方法，是完全正确的，是百分之百正确的。那么'三分错误'出自哪里呢？是走资派的干扰破坏！"王谦同志的临终述怀十分明确而坚定表明了他与"四人帮"的关系，如果说山西有"四人帮"的话，王谦当为"首选"。文中还说王谦是"一个坚定的共产主义者"。说明王谦至死也未放弃毛泽东"无产阶级专政下继续革命"的学说和"两个凡是"，还认为刘、邓是走资派，还对改革开放政策"耿耿于怀"。九泉之下的毛泽东和"四人帮"能有这样的信徒和弟子应该感到"庆幸和骄傲"。

尾声　回到原点和新的开端

李立功离休后的生活很惬意，常常泡在高尔夫球场，其余时间估计是在编造其回忆录，2012年，出版了他的回忆录，名称是《往事回顾》。李立功在回忆录中，提到了自己许多功绩，却只字不提在他主政山西期间，山西经济"飞流直下三千尺"的"政绩"。山西这个地方本来是个有煤、有铁、有粮、有棉，吃穿不愁的地方。在"农业学大寨的"时代，竟然搞得饿了肚子；到李立功时代，则继承了陈永贵同志的"七斗八斗"和"穷社会主义"的衣钵，迟迟不肯为"改革开放"开禁，致使山西省的经济发展速度远远落后于全国其它省份，曾经有一段时期，仅好于西藏，落到了全国倒数第二，被山西的老百姓戏称为"二战区"。

原山西省委副书记李修仁在其回忆录《断壁残题》书中谈到了这种情况："1984年作为一个转折点，山西省主要经济指标在全国所占比重发生了截然相反的变化，出现了逐年下降的趋势：经济发展水平在全国的位次后移，1986年我国27个省区经济效益和总体规模指数排序中分别为21位和22位。确实面对着有滑入落后地区的危险。山西居于发展中地区的最末位，与同属于落后地区的贵州比邻。""造成这种落后局面的原因固然很多，但主要是山西省委主要领导同志在指导思想上有很大的失误。"

李立功在山西主政期间，仍然坚持毛泽东"无产阶级专政下继续革命"和"两个凡是"的思想，在他的影响下，山西以省委宣传部长李慰代表的抵制十一届三中全会的奇谈怪论横行，成了全国最突出的极左路线的顽固堡垒，最终山西也堕为"二战区"。李立功对搞经济不内行，在搞政治投机却是内行。1987年胡耀邦被逼辞职，李立功以山西省委名义立即表态支持几个老人违背党章搞的"宫廷政变"，这在全国独此一家。据人民网消息，当时李立功个人还向邓小平推荐当时66岁的华国锋再任总书记，受到邓小平的严厉批评。李立功对他有恩的老上级都能落井下石，可见其人品。李立功在回忆录《往事回顾》提到了他在清理"三种人"的"丰功伟绩"，仍然不肯放过他整过的所谓"三种人"。其中提到了李辅、牛发和。如果他提到的是真正的"三种人"也罢，他提到的恰恰是为人民群众作了许多好事，抵制了"四人帮"极左路线的好干部。在 2012 年出版的回忆录上，还宣扬"七斗八斗"时代的整人业绩（还是整错了的人的业绩），李立功不会想到，他在宣扬自己整人业绩的时候，实际上是为自己的历史画上了一个大大的黑色的八叉！李立功曾经整理材料送往安徽，企图去整文革后在安徽担任省委书记处书记的袁振，被时任安徽省委第一书记的万里驳斥：如果说"三种人"，李立功是头一份。可见，万里深知李立功的为人。李修仁在回忆录中就指出李立功在"干部政策上存在的问题也不少。物以类聚，人以群分，有什么样的领导人，就喜欢用什么样的干部，这是很自然的。主要领导人昏昏，使用的干部能会昭昭吗？有智有能的干部还是有的，可惜屈居囊中，徒叹奈何！"

谢振华在 1975 年被免去地方职务之后，就脱离了地方的政治生活，回到部队工作。先任北京军区副司令员，后任沈阳军区副司令员，最后任昆明军区政治委员、军区党委书记兼云南省军区党委书记。在昆明期间，参与指挥了中越自卫反击战。2006 年在纪念中国工农红军长征胜利七十周年大会上，中央军委邀请谢振华作为老红军代表在会议上发言。并且在会议上由中共中央总书记胡锦涛搀扶上台，在主席台中央就座。应该说，这是谢振华一生中最大的荣耀。谢振华于 2011 年 8 月 3 日去世。

张珉是造反派领袖中最有故事的人。在激烈的阶级斗争中间，张珉曾是个激进派。在张赵集团事件发生时，张珉已经是极力在反对"无产阶级专政下继续革命"的理论，反对阶级斗争，提倡发展经济，他的思想已经领先了同时代的人最起码有十年以上。文革后的 1984 年间，张珉曾经与常理正在一起做过中国第一个私有性质的出租汽车公司。张珉永远在追求新思想，不知什么时候起，张珉开始信奉基督教。他对基督教的教义领悟的很快，如今已经不是普通的信徒了。2010 年，太原市基督教协会为张珉申报牧师资质。该资质需要好像是宗教局来批准，在批准以前要与本人约谈。宗教局找张珉约谈时，应该是知道张珉的经历，所以问张珉：你真的是信基督教？张珉回答说：真的信，不信是对主的不尊！宗教局人员说：真的信就不能批。张珉最终没有当成牧师，至今也没弄明白是为什么没批准，是因为张赵集团的问题（虽说是平反了，也是重点关注对象）不能批，还是"真信基督"就不能批，或许是两者兼而有之。不管是哪种理由，似乎都不太合理，基督教管不了自己的事，也是一个怪事。不过，虽然张珉没当成牧师，他还是每天在自家中讲经布道，广授门徒。张珉信教确实是真心的，连常理正也跟着他信了基督，成为有神论者。有朋友问常理正：你真的信基督？常理正也很虔诚地回答：真的信。其他人可能搞不明白，当年冲锋陷阵的造反派领袖怎么会信教？其实，道理很简单，有思想的人总是想向精神世界的最高层进发，按常理正的解释，信基督的原因有两条，一是宗教解释了科学不能解释的东西，这也是一些伟大的科学家如牛顿、爱因斯坦最终信教的原因；二是基督教的"原罪论"，体现了人与人之间的平等关系，不管是富人，还是穷人，不管是伟人，还是凡人，不管是皇帝，还是百姓，都存在"原罪"，都需要用"为人民服务"的方法来救赎。

段立生现开着一个小公司，自给自足绰绰有余，小日子过得挺滋润。其子也挺有出息，是著名电视片《大国崛起》的编剧之一。段立生虽是造反派领袖出身，却一直很正统。段立生有着"反贪官不反皇帝"的思维。在文革中，他几乎一直在抵制毛泽东"无产阶级专政下继续革命"和"农业学大寨"的路线，一直站在中央文革在山西的代表人物的对立面，但他好像一直认为，这是陈永贵、刘格平、王谦的责任，与毛泽东和中央文革关系不大。段立生虽被开除出党，却一直对党和毛泽东很有感情。二十一世纪的一十年代的某一天，在一群老朋友聚会上，席间，有一位朋友言语间有对毛泽东和党略有"不恭"的意思，段立生立即拍案而起，厉声说：你们再有这种言论，我下次再不参加你们的聚会！可见段立生之正统！不愧为党校教育出来的学生！

刘灏被免职并开除党籍后，成为太原市北郊区乡镇工业局所属的供销公司的普通员工。该公司被个人承包后，刘灏开始吃社保，生活水平一般般。至今见到刘灏说起文革的事，刘灏仍然对把他打成"三种人"耿耿于怀，开口就是："当年我们也是跟着党和毛泽东干革命的，……"意思是说，同样是跟着党和毛泽东干革命，1927年干革命的就没事，1966年干革命的就成了"三种人"；同样是造反，老干部造了反就没事（可以刘格平的平反为例），青年学生造了反就摊上大事了（刘灏本人就是例子），北京制造"恐怖红八月"的中学生有陈云庇护，又升官又发财；刘灏也是中学生却被李立功打成"三种人"，一样的人，采用了两种标准。刘灏的说法不能说没有道理，本来党中央也有不追究中学生的文件，但是整他的人从来不讲道理，他只好当一辈子"三种人"了。

李兆田文革后虽然不当水利厅副厅长了，但还是从事他的水利工作。上世纪九十年代，李兆田作为一个台商的代表，在太原开了一个公司，取得了太原城区段的汾河两岸的治理开发权，准备利用汾河两岸做一番事业。李兆田是建没汾河公园的先驱。事情刚刚有眉目的时候，太原市政府政策有变，政府要开发汾河公园，胳膊扭不过大腿，民营的公司顶不过政府，李兆田的事业只好作罢。政府肯定不会让不是"三种人"的"三种人"发大财。

李辅是个才子，应该回到书堆中去，他到了晋中榆次区图书馆。这里是可以做学问的地方，不是做事业的地方，李辅的事业心还未泯灭，后来他又到几个企业作过顾问和CEO之类的事情，似乎不是很成功。过程中，李辅也总结过不太成功的经验："我曾经十分自信，认为一个县我可以搞好，我的同学吴慧琴能当得了太钢党委书记，我难道连一个小铁厂都办不好吗？事实证明，失败了。办成一件事，天时、地利、人和三者缺一不可。"其实，能当好一个县委书记，不见得能当好一个企业的CEO；能当好一个国有大企业的党委书记，不见得能当好一个县委书记，或者能当好一个小企业、尤其是民营企业的CEO，因为两者之间的要求有很大的不同。"天时、地利、人和"之说也不一定成立，因为对于作战或者营销而言，尤其是一般的民营企业，三者同时具备几率很小，当然还是老祖宗的话比较合理："天时不如地利，地利不如人和"，在考虑问题时应该首先是"人和"！我们现在某些官宦子弟又能做国有垄断企业的CEO，又能做政府高官，不是他们的本事大，也不是他们能把工作做得很好，他们能够稳固地呆在那个位置上,权力使然也!最近,李辅还有一件事情值得一提。当年开除李辅党籍的文件,是由党总支批准签发的,这就违背了党章由党委批准的规定。李立功有点太大意了,开除一个县委书记的党籍,竟然由总支就处理了l。这说明李立功至少没把党章当回事,或者没有好好学习党章。有一位有识之士指出,由于当时开除党籍的程序不对,李辅在理论上还是共产党员。李辅按这一条找到中纪委,要求解决自己的问题。中纪委答复:这个问题还应该由当初作出决定的基层单位来解决。这就给现在的晋中市政府办公厅(原晋中行署办公室党支部作决定,机关总支签字批准开除党籍)党组织出了个大难题,时隔近三十年再作出开除李辅党籍的决定似乎不合适,如不作出决定就必须恢复党籍,这就闹出了天大的笑话,这也算是有法不依的一个典型例子。

复辟的时代必然会出现这样的状况:在革命中得到的,一般会在革命后失去;在革命中失去的,一般会在革命后复得。文革后的复辟时代也出现了这种现象。

时间在流逝,文革在我们的视野中逐渐远去,但大革命给社会带来的创伤要花很长很长的时间来抚平,也许有些创伤就永远抚不平了。一代人的教育的缺失,影响了两三代的人的国民素质;虽然有了上山下乡知青回城的政策,但他们的回城之路走得还是很艰难很艰难;许多冤案虽然平反了,但这些被冤枉的干部和群众的青春年华是再也追不回来了。

当我们准备"团结起来"向前看的时候,才觉得人与人之间的关系还是很紧张的;当我们回过神来向世界张望之时,才发现十五年间世界把我们抛得好远好远。造成这一切的人和组织都没有向全国人民说一句:对不起!最可悲的是,那些躺在这片古老土地上的年轻的红卫兵和造反派,他们的名分成了"三种人"。让一批紧跟毛主席和党中央搞文化大革命的年轻人去承担这段历史全部责任。这,当然是很不公正的,也是没有道理的。

原清华大学党委副书记罗征启为造反派红卫兵说过几句公道话。在《炎黄春秋》杂志2014年第4期上,刊登了杨继绳的一篇文章，题目是《以宽容消解文革恩仇——罗征启访谈录》，说到了这件事。1978年，曾经批斗罗征启的原清华大学井冈山团派骨干学生孙耘，因当年清华大学武斗问题被海拉尔公安局长期关押（未判刑），罪名是"反革命杀人犯"。孙耘的亲属找到时任清华大学宣传部长的罗征启请求帮助，罗征启写了一封代表受害人家属（死者为罗征启之弟）宽容的信，通过北京市公安局转到了海拉尔公安局，孙耘被释放。同年，孙耘报考哈尔滨工业大学硕士研究生，又因该问题政审不过关，又是罗征启致信哈工大使其得以上学。事后，罗征启让清华大学党委书记兼校长刘达看了信的原稿，刘说："我不赞成，这些人当时都疯了。应该让他们坐牢坐到六十岁再出来，否则他们还会找我们麻烦。"罗说："如果说疯狂，我要问，好端端的一个共和国、共产党，搞成这个样子，是谁先疯的？"刘达不语，他的秘书王乐铭在旁插话："是毛主席，毛主席先疯的！"静默了一会，刘达说："这倒也是。"

这段对话说明了一个问题，文革即便是一场疯狂，也有谁先疯的问题。先是毛主席疯了，再是党的八届十一中全会上同意《十六条》的中央委员疯了，然后才是基层干部和群众疯了，那么，这个"疯"的责任该谁来负呢？！不过，用一个人先疯带动亿万人疯狂来解释文革，似乎也太肤浅了一些！

在那一代人中，尤其是青年学生很少没有参加过造反的（除非是当时真正的"反党反社会主义分子"），不过是有的激进，有的保守而已。那一代人原本的动机就是要改变当时中国的状态，这当然是不错的，因此，无论是造反派，还是保守派，在他们的墓碑应该镌刻上："为改变中国而献身的人们永垂不朽"的大字！

回到原点不是坏事，是为了重新进发。用常理正的观点说，有两种文革，一种是上层内部所谓两条路线斗争矛盾激化所产生的文革，即官方的文革；另一种是下层对旧制度和官员的不满形成的文革，即人民的文革。两种文革交汇、融合在一起，你中有我，我中有你，其实也很难分辨清楚。文革后，两种文革思想又逐渐分流，除了复辟的思想外，官方的文革在人民文革的影响下，产生了改革开放的思想。人民的文革则走向了追求民主自由的路线。不管文革的启动者原来的动机如何，文革，尤其是人民的文革依然有着它自身创造出的积极意义。这个积极意义使中国避免了再次走上朝鲜式的专制道路，使中国的经济走上了改革开放之路。中国人在自己行进的道路上标上了"民主、自由、平等、博爱"的路标，"四五"运动，西单民主墙，"自由化"运动乃至"六四"学潮，都是这条道路上的阶段性的印记。甚至于"苏（联）、东（欧）"巨变也是受了中国的影响。当然，中国在这条道路上还有很长很长的路程要走，这条道路上必然还有许多艰难险阻，也许还有人们都不愿见到的民主革命爆发，但毕竟中国已经不可能再回到原点，政治改革还是在缓慢地、极其缓慢地向前走！

后 记

　　如果说把全国的文化大革命作一简结的话，那就是毛泽东、江青、康生等文革派及造反派，为坚持"无产阶级专政继续革命"的路线，与刘少奇、周恩来、林彪、邓小平等"走资派们及保守派"，进行了或明或暗、或硬或软、或急或缓的斗争。这长达十几年的斗争，有文斗，有武斗；有轰轰烈烈的群众运动，有策划于密室的"宫廷阴谋"，在其中每一个阶段，阵线都不断地发生着变化，你中有我，我中有你，真像是浓缩了几千年的中国历史！

　　这么多人进行了这么多年斗争，当然不是儿戏。这些斗争是中国社会矛盾的总体现，总爆发，所以说，这些斗争关系到了中国的前途，关系到了世界的未来格局。无论文革的发动者是为了解决接班人问题，还是为了"反修防修"。无论造反派是为了"跟随毛主席闹革命"，还是为了"给党组织提意见"，终归都是对"现状"不满意，目的都是为了改变中国当时的状况，是为了改变"旧制度"，是为了阻止已经初步形成的"新阶级"（当时称之为"资产阶级特权阶层"，应该解释的是，"特权阶层"是封建阶级的概念，资产阶级革命的要求是平等和自由）。在1966年的中共中央《五一六通知》中，毛泽东说："不破不立。破，就是批判，就是革命。破，就要讲道理，讲道理就是立，破字当头，立也就在其中了。"可见，他决心对旧的秩序要破除。后来他又提出"北京公社"的说法。再后来他又要实行"巴黎公社"的民主原则。又后来他又总结了山西、上海的夺权的经验，提出了革命的"三结合"的组织原则。这些提法和作法都体现了毛泽东的要"破旧立新"。但是，事情并不像毛泽东想象的那么简单，破旧不等于立新。像法国大革命一样，当文革在一瞬间把一切旧制度统统打碎之时，一时间不知道社会应该向何处去？之后，眼睁睁地看着旧的制度一项一项地恢复，以至于最后毛泽东只好说出了与"资本主义差不多"的话。毛泽东甚至哀叹："看来党心、民心不在我们这一边。"其实,毛泽东已经在马列主义的圈子里找不到解决中国社会问题的出路,他又不甘心实行他认为的"资本主义"的方法,从而陷入了两难的境地。

文革的结果是这样的:原先想要打破旧秩序的革命者,最后为了"社会主义"的声誉,思想回到了旧的体系;原先想要维护旧体系的某些"走资派"(之所以说是"某些'走资派'",意思是被毛泽东打成"走资派"的老干部不都是想走资的,绝大部分还是想走"社"的),不管出于什么目的,实行了有利于国计民生的改革措施,最终走上了改革开放之路。这一点点的改革,实际上大大地改变了中国的发展方向,才有了中国的今天。

文革后的三十年,证明了文革的思想解放的作用,没有文革,就不会产生"四五"运动那样的民主意识的解放和申张;就不会产生"六四"那样的反腐浪潮;就不会有西单民主墙;也就不会有后来的"实践是检验真理的唯一标准"的大讨论;更不会聚集起那么大的改革开放的能量。从另一个层面讲,没有文革中所暴露出的那些触目惊心的蔑视法制,甚至连国家主席刘少奇都保护不住自己的怪事,就不会使国人深刻地认识到人权的需要、人权的重要;就不会使国人深刻地认识到法制的需要、法制的重要及健全法制的紧迫性;没有刘少奇的冤死、林彪的出逃、周恩来的累死,没有"四五"的花圈,就不会使党内外的群众都认识到了"民主"的必要和重要。

经济体制改革,使中国的经济有了飞速的发展,超过了许多发展中国家,甚至超过了当年被誉为"第一世界"国家的俄罗斯。人民已经基本告别了缺吃少穿的时代,有了更高的追求。

政治体制的不改革,使中国产生了"新阶级"(即毛泽东所说的"资产阶级特权阶层",实际上是封建思想及制度残余形成的)。在1989年的"六四"之后,反腐民主思潮遭到压制,"新阶级"有了长足的发展,改革开放成果逐步被"新阶级"吞噬,社会产生了极大的贫富差距。让人民监督,"让人民自己决定自己的事情",成了人民群众的迫切要求。

共和国六十多年的历史告诉我们:不能因为贫穷,而去否定前三十年的社会主义的措施（如：公费医疗、退休制度、住房制度及公民福利等）；也不能因为腐败，而去否定后三十年的改革开放路线。因此，对于人民来说，需要更多的社会保障；对于官员来说，则是需要更多的民主监督。

文革使国人学会了思考，文革也使国人敢于思考，这种思考将是国家和民族不断进步的动力，是中华民族极其宝贵的财富。

文化大革命已经过去三十多年了，但对文革的研究却刚刚开始。不同的人群对文革有着不同的看法。如：有的人举着文革和毛的旗帜来反对腐败和贫富不均，要"回归社会主义"；有的人力主政治体制改革，实施宪政，实行民主来杜绝政治和经济的腐败；有的人则同时坚持着毛和邓的理论寻求着强国富民的办法，维持着现有体制的基本框架。

我们相信在今后的几十年里，必将掀起对文革研究的高潮。在今后，对这场人类有史以来的最大的革命的研究中，必将发掘出更加宝贵的财富，最终促成党内、党外、广大民众对"自由、民主"更加科学、更加深刻的认识和理解，不断推动中国民主政治的进程。对中国、乃至人类的发展提供出更多的经验和教训！本书正是本着这个目的，希望能够对今后的研究起到抛砖引玉的作用。

本书实际上是原山西造反派部分领袖和骨干提供的第一手资料以及他们对当年文革一些重大事件的记忆及思考。不可否认，由于时间相隔太长，国家档案不解禁、不能利用，一些事件的形成过程也较为复杂，其中不乏有疏漏之处或以偏概全之嫌。在认识上也会有不妥、不当之处，汇集撰写者诚心地希望广大读者，特别是一些事件的亲历者、参与者予以补充，修正，更希望一些文革中的积极分子和一些对文革研究感兴趣的有志之士，对文稿中一些认识上的偏颇与错误给予批评指正。

参加本书回忆和讨论的主要人士有段立生、李辅、李兆田、马尚文、张耀明、常理正、李飞飞、陈川生、韩贯斗、孟永定等先生；周伦佐、陈斌寿、乔阳生、李富彪先生为本书提了许多宝贵意见；原山西轻工业学院学生徐宪成、魏光健提供了大量资料；毛力丁先生参与编审；丁东、何蜀先生为本书作序，在此一并表示感谢。

2013-6 定稿
2025-5 修订

参考文献

〔1〕《天翻地覆慨而慷——无产阶级文化大革命大事记》 首都红代会部分大中学校毛泽东思想学习班编 1967年

〔2〕《毛泽东思想指引下的人民革命是历史前进的火车头——山西无产阶级文化大革命两条路线斗争大事记》 山西红色造反联络站《大事记》编写组 1969年4月

〔3〕《虔诚与疯狂——山西"文革"及太原五中学生刘灏10年沉浮纪实》孙涛著

〔4〕《文革：全国"第一夺"》（网络版） 余汝信、曾鸣著

〔5〕《所思所忆七十年》 李辅著 溪流出版社 2012年第一版

〔6〕《陈永贵本事》陈英茨著 时代国际出版有限公司 2008年5月第一版

〔7〕《知天命》 飞飞著 天马出版有限公司 2010年6月第一版

〔8〕《水韵长歌 许四复回忆录》 许四复著 （未出版）

〔9〕《陈伯达最后口述回忆》 陈晓农编撰 星克尔出版（香港）有限公司 2010年10月第一版

〔10〕《吴法宪回忆录》吴法宪著 香港北辰出版社 2007年7月第二版

〔11〕《邱会作回忆录》邱会作著 香港北星出版社 2011年4月第一版

〔12〕《卫恒之死》 李玉明、杨顺科著 北岳文艺出版社 1997年2月第二版

〔13〕《王谦 一个省委书记的风雨征程》 张国祥主编 中共党史出版社 2009年12月第一版

〔14〕《十年一梦》 徐景贤著

〔15〕《清华蒯大富》 许爱晶著 文革历史出版社 2012年10月第一版第一次印刷

〔16〕《聂元梓回忆录》 聂元梓著 中央编译出版社 2009年10月第一版第一次印刷

〔17〕《谢振华 百战将星》 欧阳青著 解放军文艺出版社 2001年1月第一版

〔18〕《王力反思录》 王力著 香港北辰出版社2008年1月第二版

〔19〕《放言集》 马沛文著 新风出版社 2003年8月第一版

〔20〕《一剧惊天下》 雷捷发著 中国戏曲出版社 2009年2月第一版

〔21〕《记述刘格平等在山西"1·12"、太原"1·18"夺权中镇压迫害干部史料》 刘建基、赵承亮辑录 1998年7月印（未出版）

〔22〕《新发现的周恩来》 司马清扬、欧阳龙门著 中央文献出版社 2010年5月第一版

【附录一】

一星突陨众友悲
——悼名岗

李 辅

国内研究文革稀疏的星星中,石名岗是闪亮的一颗。正当众友期盼他更多的研究成果问世时,没有想到,这颗闪光的星星突然陨落。噩耗传来,许多朋友悲生心底,惋惜声接连不断!

石名岗是以执笔完成《文革中的山西》六十万字巨著而名播文革史坛的。我和石名岗正是在撰写《文革中的山西》时相识、相交、相知成为朋友的。一晃近二十年了,这二十年与石名岗的交往,是我一生难忘的一段经历。

约二十年前,经段立生倡议和组织,十来位山西文革的亲历者,参加回忆撰写山西文革的历史。石名岗在文革中还是榆次轻纺学校的学生,既不在太原参加文革,更不是头面人物。是因为他帮助李飞飞《知天命》一书的注释,而显示他知识的渊博和写作的才能,被举荐到这个创作团,担当执笔的重任。

这个创作团队,当时的思想差距很大,以李飞飞、常理正、石名岗、孟永定为代表的是较早觉悟的思想领先者,以段立生和我为代表的是被框框束缚、觉悟较慢的跟进者。回忆史实争论不大,大家互相补充、订正、查实较易统一。但对文革诸多问题的认识、评论、批判,特别是对文革发动者的看法,差距和争论就特别大。参加写作,对我是一个学习提高的过程,对创作团队来说,也是争辩、妥协、统一的过程。石名岗作为执笔者，成文就特别费劲。他既要坚持真理，把握原则，又要包容、妥协，把不同的认识写成不同认识的人共同认可的文字。一次又一次的争论，一次又一次的修改，我记得光书的前言，就改来改去有十来次之多，从中可以体会到石名岗落笔之艰难。

石名岗博览群书，知识渊博，他是站在世界看文革，是跳出文革写文革。令我惊叹的是他对法国大革命烂熟于心，他把中国的文革和法国的大革命比对研究，分析其差异，思想探索的深度层进。他研探中国文化大革命的产生，不是简单地从党内斗争、排除异己，领袖的个人意志去认识分析，而是从国内十几年来官民矛盾，矛盾斗争不可调和的内因，阐述中国文化大革命的必然发生。对于党性派性，对于红卫兵、造反派，对于"彻底否定文革"他都有独到的认识和见解。对于文革破除个人迷信、思想解放，许多中国公民有了自我意识，说话时要讲"我"，给予很高的评价。

参加《文革中的山西》创作团队多数好友年龄偏大，石名岗年龄最小。除去石名岗，别的朋友或精力或能力或体力限制，都很难胜任执笔写书的重任。《文革中的山西》能够出版，石名岗作出了重大贡献。他在脑梗有病的情况下，不厌其烦地一遍遍修改，不辞辛苦坚持七年完成六十万的巨著。我可以说，没有石名岗不会有《文革中的山西》，没有石名岗不会有思想性、理论性较高，影响较大的《文革中的山西》。石名岗的贡献是历史性的，将永载史册！

石名岗研究中国文化大革命正进入创作旺盛时期，突然匆匆离去，许多朋友发出"可惜了"的悲叹，一个难得人才的逝去，一颗星突陨，是史学界的重大损失，文史讲坛群里悼念石名岗先生的悼词接连不断，共同发出惋惜的哀声。天妒英才，老天不公啊！无奈啊，名岗你太累了，愿你在天堂安息吧！

【附录二】

"杠头先生"二三事

——纪念老友石名岗

启 之

一

石名岗喜欢抬杠,他说在厂子里,没人能杠得过他,所以大伙封他为"杠头"。我有点儿不服,说,你们厂子的人水平太低,有些事是不能抬杠的,比如太阳从东边出来,你能抬什么杠?他摸摸光脑袋,太阳从哪边出来,要看你在什么地方,如果你在金星上,太阳就从西边出来。所以,在金星上的人只能唱"西方红,太阳升,幸亏这里没有毛泽东"。

我说:"这话要在文革时说,你就没命了"。

他说:"还用等到那会儿,文革前十年,就咔嚓了。"他还用手在脖子上比画了一下。

我说:"怎么也得等到反右吧?"

他扶扶眼镜,郑重其事地想了想:"等不到,就算混过土改,也混不过肃反。"

我大笑,拍拍他的肩膀:"老兄,快把你的'杠头'收起来吧——你是48年生人,山西47年土改,你那时还没出生呢。肃反是55年,你那时才7岁,刚上小学一年级,文件上规定,学校的肃反不抓学生。"

"杠头先生"脸不红心不跳:"文件上说的就都能照办吗?土改文件上说,要保护支持过共产党的开明士绅和进步人士,结果刘少白被游斗,牛友兰被打死了。这两位可是大名鼎鼎的爱国人士,他们的儿女，一个是三晋女杰刘亚雄，一个是牺盟会领导牛荫冠，没有他们父亲的支持，他们能早早参加革命吗？"

我领教了"杠头先生"的厉害，不再跟他杠下去，"杠头先生"得意地摇晃着那亮亮的秃脑袋嘿嘿。

这个故事发生在五年前。那年，乐山开了一个地方文革史研讨会，他是与会者之一。

二

当"杠头"是需要本钱的，要是不知道金星自转的方向与地球相反，"东方红，太阳升"的杠就无从抬起。要是不了解土改政策，不知道晋绥土改逼交浮财的乱斗乱杀，"杠头"也不能把杠抬到惨死在"搬石头"政策之下的刘少白、牛友兰。"杠头"博闻强记，他的光脑袋就像一个巨型计算机，存储量惊人。尤其是马恩列斯、国际共运、中共党史、山西文革，从理论到掌故，他都能慢条斯理地给你细细道来。你看他执笔的《文革在山西》，上下两大本，六十多万字，经典作家的观点言论随手拈来，纵论主义，横议制度，洋洋洒洒，逸兴遄飞。

那年冬，我去太原会朋友，先找到"杠头"，家里就他一个人。

"老伴去了女儿那儿。她在家，我就是被管制分子。她不在，我就解除了劳教。""杠头"指了指室内的乱象："没人收拾。我是懒人，每天九点才睁眼，起来后，先摆盘棋。"

"你跟谁下棋？"

"跟电脑下。这个棋友好，随叫随到，还不悔棋，不骂人。"

聊起了他的学历职业。他本来是学工艺美术的，后来考上太原机械职工大学，学的是机械制造，干的是锅炉，当上了高工。作为锅炉设计的顶尖专家，整个山西，凡是要改造锅炉的厂子，都把他当神仙似的请来请去。八九十年代全国锅炉会议，他是座上宾。

我问："你这个锅炉大师，怎么对国际共运马恩列斯那么感兴趣？"

他摸摸光头，又杠起来："毛主席语录第一页第一条是怎么说的

——'领导我们事业的核心力量是中国共产党,指导我们思想的理论基础是马克思列宁主义'。"

"你什么时候读那些马列原著的?"

"这得感谢十年浩劫,国家不幸'杠头'幸,乱哄哄的正好读书。"

问他写什么,他说什么也不写。不是不想写,是不让写。他家里的《文革在山西》都被抄走了。"人家还挺当回事,有什么呀,都是五十前的陈糠烂谷子。不过,这些人工作不到家。"他嘿然一笑,不往下说了。

其实他并不是什么也不写,未几,他发来了两篇关于"四清"和"共运"的大论文,说征求我的意见。我问他,大作打算发在哪儿?他说,只能在墙外。我说,不管是墙里墙外,你最好用个笔名,以免再惹麻烦。他大概是痛感到了查抄之苦,没跟我抬杠,起了两个笔名,一个是成岗,一个是马理。我说:"喂,杠兄,成岗是《红岩》里的烈士,人家可是为共产主义牺牲的。你刨了共产主义老根,跟成岗是两条道上跑的车。""杠头"又来劲了:"哈哈,成岗要是活到现在,也是'两头真'!"

"杠头"的脑袋好使,腿不跟劲,腔隙性脑梗后遗症,走路特慢。过马路,上台阶还得扶着他。在乐山,是李辅扶他。他说,李先生有爱幼的传统美德,因为他比李辅小。他请我吃饭,就得我扶着他。他说,这是尊老,因为他比我大。我说吃山西刀削面吧,他说,刀削面只能算是中国特色,剔尖才是山西特色。剔尖其实就是拨鱼儿。我在内蒙吃过。刀削面是一条一条的,得用筷子挑,有嚼劲。剔尖是两头尖中间圆,像一条条小鱼,最好用勺,放到嘴里,还没等你嚼,它就哧溜一下,溜进肚子里了。那顿饭,我们三个人花了六十八元。

后来,"杠头"领着我们见了几位朋友[1],又带我们转了晋祠。分手时他送了我两套《文革在山西》。看来,有司的查抄确实做得不细。

---

[1] 这些太原朋友的姓名,我都记得清楚。他们送我的字画书籍已经妥存。为众所周知的原因,恕不详述。

三

2022年初我得了膀胱癌，手术之后化疗。化疗之后复查，一年住了四次院。第三次住院的时候，他执意要划给我五百元。我说，我有公费医疗。钱退回之后，他不甘心，又划过来，说："我是穷人，你是不是嫌钱少？"我没法，收下转给了清华的朋友，跟他说，这笔钱就算你捐给罗先生做铜像吧——当时，我们正在集资给罗征启塑铜像。后来，因罗先生在澳洲的女儿不同意，此事搁浅。石名岗的五百元至今还在一位朋友的账上趴着。

去年7月，我到太原看他。他住在中北大学的女儿家，旧红砖楼，五楼，没电梯。他发微信："不好意思，没法下楼迎你。"他本在客厅的沙发上躺着，看我们进门，挣扎着站起来。我请他坐下，他指指茶几上的碗："半个月没吃东西了，泡了半包方便面，吃不下去。"

我让他接着吃，他端起碗，小心翼翼地扒拉了一口，又放下了。

我问他得了什么病，他说："就是腰疼，住院也没查出什么病，大概是开空调睡觉时把腰吹着了。"

我跟他说："知道你腹笥丰赡，但是你们的《文革在山西》枝蔓横出，议论太多，有的地方离题万里。拜托仁兄，把这两大本压缩成一本。搞一本山西文革史如何？"

"杠头先生"居然没跟我抬杠，爽快地答应了。

四

石名岗的女儿石琼，开车领我们出中北大学。大学门口，我们停车告别，她哭了，说她爸得的是骨髓癌，转成了白血病。家里瞒着他。我心一沉，说，你多尽孝心，我回北京想办法。

回京后，打听到人民医院有治白血病的专家，劝石名岗来北京看病，住在我家。他说，山大医院好，离家近。这时，他已经知道了自己的病情，正在做靶向治疗。22年10月15日微信，我告他靶向的药降价了，问他靶向效果如何？食欲好否？嘱咐他把写作的事放下，身体第一。他回微信："靶向效果还可以。原住的医院山大二院因疫情被封，不能进出，这次住的中北校医院，距家五十来米，就是太冷，晚上就回家住。食欲还可以。我用的靶向可能就是降价后的达雷，据说去年用该药需100多万，人们说只有煤老板能看得起。我女儿正在走关系，尝试能否医保报一部分。我29日住院，几天出院，进行6—8疗程，结果比较好。以后的就隔两周疗一次，能静下心写一些东西了。"

都到这时候了，这个"杠头"，还想写东西！

中国有成千上万煤老板，"杠头"可就这一个。要是这么疗下去，几十万也挡不住。我遂向几位乐山同仁募捐，朋友们慷慨解囊，成千上万地划给我，还叮嘱我别透露他们的姓名。我把这些钱分期分批地划给石名岗。山西那边，李辅先生也在朋友群里为他募捐。一位湖南的朋友，不但把上万元给石名岗划了去，还要我再接再励，继续为石名岗募捐。但是，我打住了。一者，乐山同仁都七老八十，到了多病之秋，不宜再增加他们的负担。二者，乐山之外的人，跟石名岗不熟悉，怎么好向人家张口？更重要的是，民间募捐，杯水车薪，区区几万元只能是表表心意，给病人一点慰藉，解决不了根本问题。

尽管我从一开始就跟"杠头"说，这钱不是我的，是大家捐的，你用不着还。可连一口饭都咽不下去的"杠头"，还是要把抬杠进行到底："很感谢你的雪中送炭，不管报不报，你的援助我是要还的，毕竟你也不易，只是时间迟早问题。"（22-11-14微信）。一个月后，我又给他划去两千，他果真拒收，说："不能收钱了，经姑娘努力达雷能报百分之六十五了，我本计划还你钱了，最近因住院后耽搁了。"

就在疫情肆虐太原，求医不得且牙疼不止之际，我这位"杠头"老兄还惦记着山西文革史："太原疫情也很厉害。我牙疼看牙，牙科医生阳了；到二院看病，血液科医生阳了，住不进院；到中北医院输液，医生也阳了。女婿也让学生传染了，自我隔离在校外新楼里。我牙疼了十几天了，啥也不能干。但是你交给的任务是一定要完成的。"（22-12-23）

还没等我回信，他就来了一个反攻倒算，给我划过来五千元。我也以牙还牙，给他退了回去。他杠心不死，说以后还是要还的。

印红标几次问我对北大国史研究中心有什么意见和建议,其心也诚,其情也切。我本来不想说,但是想到文革资料之失灭,想到文革研究之艰辛,还是给他写了一信,请他转告王奇生主任,当务之急是抢救资料——派学生采访文革亲历者,留下他们的口述。我们区区电影艺术研究中心还采访了数百位老电影人,堂堂北大连这点事还干不了吗?

在这封信里,我列了"只有国史中心才能做的,也最应该做的"三件事:

第一,与地方高校联手,组织历史系高年级学生或硕博士采访文革的亲历者,重点是高校老五届中的著名人物及各地群众组织的头头。

第二,与文革资料的收藏家合作,将他们手中的资料电子化后收藏到中心。像上海二金那样,派博士到收藏者家中挑选资料,整理成电子制后妥存。

第三,与正在撰写高校史和地方史的民间学者建立联系,为他们排忧解难,一是在经济上提供资助。二是为他们的成果提供出版(内部印刷)的平台。三是将他们手中的资料做一整理。为各省市文革资料库打下基础。

尽管我知道,当下的北大国史中心不敢也无力帮助这些学者,但还是忍不住提到了石名岗等人的病情。不过,我没提他们的名字,怕给这些朋友引来无妄之灾。

五

噩耗传来,诸友同哀。周孜仁给我微信:"悲悼!虽然早有预感,但真成痛事,仍难以接受。文革研究同道本已寂落,伤不起呀!宁不大恸?"

同道寂落,不可逆转。一位身染沉疴的老三届朋友告诉我:"你们从事的是夕阳产业"。此言不虚。2006年3月,文革四十周年,我在一个研讨会上说:"文革研究断档,后继乏人……在最应该了解文革的人群(大学生、研究生)之中,没有几个人知道文革。未来的文化人、知识分子很可能成为'失忆的一代',而文革则会成为'失传的学问'。"[2] 2019年11月,文革五十周年,《中华学人文革研究论文集》四卷本历尽坎坷,终于问世。我在编者前言里写了这样一段话:

> 近十年来,文革研究出现了三种趋势:一是从通史转向专史;二是从官方转向民间,三是从政治转向思想文化。专史是通史的基础,基础不牢,地动山摇。官家的方志专史,多政治而少学术,重应景而轻长久。真正有学术价值的单位史和地方史,在间阎不在庙堂,在民间不在官府。这三个转向的关键在作者。
>
> 关于本书的作者,我归纳为"三多一少"。三多:一是亲历者多。40后和50后占了一大半,这些人都是文革的亲历者,多为当年的大学老五届和中学老三届。二是老者多。百分之七十的作者年纪在古稀上下,他们均已退休。少数人吃低保,大多数是养老金领取者。三是业余多。这些作者所学专业与史学无关,其中理工出身者不在少数,……他们的专业离史学远得不能再远,他们投入文革研究,不是教学的需要,不是领导的安排,而是出于兴趣和责任。他们不但挣不上钱,评不了职称,还要做出各种牺牲——从贴钱费力,到失去安全感。
>
> 我所说的"一少",指的是60、70后少。在近五十位作者中,这一年龄段的只有五人,比80后少一半。尽管人在体制内,吃的是专业饭,但是,他们的文革研究被限制,课程被取消,学术成果无处发表。有关研究只能在下面悄悄进行,专业也成了业余。
>
> 这"三多一少"意味着,这本书的大部分文章都出自亲历者、老而退休者和业余者之手。他们为了一个共同的目标,走到一起来了。

以前,我只知道明末清初的三大家:衡阳的王夫之、昆山的顾炎武、余姚的黄宗羲。后来读到北岳出的《霜红龛》,才知道太原还有一位傅山。清廷请他进京殿试,他七日不食。康熙授他"内阁中书",

---

2 郝建编:《2006北京文化大革命研讨会全记录》,美国,溪流出版社,2006年,页173。

他既不接旨，更不谢恩。这些人拒不事清，埋头著述，明知不能付梓，仍旧孜孜矻矻，直至生命的尽头。而大清帝国维稳有成，国势日升。他们的亲友故交剃发易服者有之，子孙后辈入朝做官者有之。他们图什么呢？

2022年11月25日，石名岗发来了《山西文革史·导言》，10800余字，这是《山西文革史》的开篇，也是他的绝笔。

鲁迅说："我们从古以来，就有埋头苦干的人，有拼命硬干的人，有为民请命的人，有舍身求法的人，……虽是等于为帝王将相作家谱的所谓'正史'，也往往掩不住他们的光耀，这就是中国的脊梁。"

乐山同仁，或亡或病，最年轻者，亦近六旬。庾信《哀江南赋》开篇："日暮途远，人间何世。将军一去，大树飘零。壮士不还，寒风萧瑟。"石名岗先生是亲历者中的"大树"，是研究者中的"将军"，是埋头苦干的"壮士"，是傅山先生的传人。

2023-1-17 石名岗逝世翌日初稿，18日修订

【附录三】

为民造福者被开除党籍

——李辅的无愧人生

吴 象

观点说明

本书稿的许多观点可能不同于流行的看法（包括"左的"和"右的"），应该属于"见仁见智"的问题，有必要加以说明。

1. 关于"以经济分析为基础"的社会哲学

近些年，"以经济分析为基础"的社会哲学被冠以"马氏哲学"的决定论予以批评。

如果按"实践是检验真理的唯一标准"的说法，历史决定论无疑值得商榷，因为它的要害部分（如共产主义部分）没有经过实践检验，或者经过实践检验在短期内不能实现。机械地把社会分为奴隶、封建、资本及社会主义等阶段，当然是一种教条主义。其实历史上任何一个稳定的社会都是中间阶级占主要地位，如：所谓奴隶社会自由民是主体；封建社会是自耕农占主体；资本主义社会是小资产阶级占主体，所以，以最下层或最上层命名一个社会形态显然是不对的。但这不是否定"以经济分析为基础"的社会哲学的理由。

"以经济分析为基础"的社会哲学源于亚当·斯密，马氏理论应是亚当·斯密理论的分支。亚当·斯密注重资本与劳动的平衡关系，而马氏理论注重劳动与资本的对立关系，把劳动的作用极端化，马氏理论是资本主义初期在市场上劳资关系极端不平衡的条件下产生的。其实，问题不在于方法，而在于方法的应用，就像用一样的兵法原则，韩信能打胜，而马谡则打败一样。而亚当·斯密所发现的价值规律至今还流行于世界就说明了这一点。

历史决定论产生于通常所说的封建社会向资本主义社会过渡时期，自然有它存在的理由，是那个时代的相对真理。无论这种历史决定论正确与否，它在历史上却起过非常重要的作用。建国后赞成"走资"的决定论与赞成"公社"的非决定论的多次争论构成了党内斗争的主题。1958年由于没有按历史决定论走"新民主主义道路"，不顾经济规律，造成了大灾难。后来改革开放的政策也是建立在"补资本主义课"的决定论理论基础上的。

至于说，用牛顿—达尔文体系比喻"以经济分析为基础"的社会哲学，用爱因斯坦—孟德尔/摩尔根体系比喻"以非经济分析为基础"的社会哲学，似乎也不太恰当。牛顿创立微积分使数学进入的一个新领域，不能说是机械论。他的物理学方面的惯性系也有相对论的概念。爱因斯坦是扩大了牛顿力学的范围，即从低速运动扩大到高速运动、从宏观扩大到微观。在低速的宏观世界里，牛顿力学的公式仍然是正确的，所以，相对论力学并非是对牛顿力学的否定。经典力学与相对论力学体现了物理学发展的不同阶段，而非思想方式的不同。以经济分析为基础的社会哲学也是阶段发展的产物，扣上机械论的帽子似乎不妥。其实，这种比喻也是一种决定论。

自然科学与社会科学还是有着较大区别的。自然科学与社会科学有着不同的发展路线。物理学的发展一直遵循着假说——试验（观察）——验证的路线；社会科学虽然有假说（即理想社会），但个人显然无法进行大规模的试验（个体试验不能说明整体，如欧文的试验）来验证它，如果用巨大的社会资源和力量来进行试验，一旦试验失败，将造成巨大的灾难。

自然科学与社会科学的关系很复杂，自然科学导致了工业革命，改变了人类社会的组织结构；自然科学也制造了大规模的杀伤性武器，导致了人类大规模的灭亡。至少在目前，人类的活动就违背了两大自然界的规律：

第一是人类不断聚集能量的活动，属于熵（无序性）减少的活动，是与热力学第一定律（即熵增加定律）相悖的；

第二是人类追求的"自由、平等、博爱"，是与"物竞天择、适者生存、弱肉强食"进化规律相悖的。

人类向何处去，至少不是目前人类能回答的问题，更无法弄清自然科学与社会科学的关系。不过，只要承认社会发展有规律制约，那就是一种决定论。

2. 关于派性

对于文革中的派性，包括赞同普世价值人士在内的大多数人都嗤之以鼻，认为派性是文革的万恶之源之一。陈独秀、毛泽东都说过类似于这样的话：党外有党，党内有派，历来如此，不过他们没有真正实践他们自己所说的话。毋庸置疑，派性是个性的延展，是民主的基础。无论是党内，还是党外，有了派性的不同观点和争论，才能保持政党和社会的进步。

文革中的派性，来自文革中的四大自由，来自文革中有限的"结社自由"。人们敢于表达"派"的思想，维护自己"派"的利益，无疑是一大进步。如在山西，有一派敢于"反大寨"，无疑是对文革中一统思想的抵制。所以说文革中的派性斗争，既是对自己利益的保护，又是两条路线的争斗。也说明所谓"为毛主席而战"的说法是一种假象（当时喊这种口号的人自己也未必认识到这种假象）。

怎样对待派性，民主和集权有着不同的做法。民主承认派性的合法性，并用民主的方法来检验派性是否有利于多数人，并少数派以保护。集权不承认派性的合法性，使派性的双方成为势不两立的状态，使得少数派的政治安全性得不到保障。文革中派仗打得昏天黑地、你死我活，盖源于此。结论应该是：派性无罪，集权有过。

3. 关于造反派

造反派问题是文革研究中争议最大的问题之一。文革的责任由谁来负，习惯思维认为，革命的责任应该由革命者来负，造反派是革命者，当然应该由造反派来负。这就是造反派臭名昭著的原因。

有人调侃说：一个人因穷而抢劫是犯罪，一万人因穷而抢劫就是革命。这种说法无疑有一定道理，这是量变引起质变的缘故，即一人穷也许是个人的原因，一万人穷肯定是社会管理的原因。所以说，文革的责任在于社会管理者集团，而不在于群众。把文革责任推给群众，是领导者在推卸十七年社会管理不成功而引起文革的责任。

4．关于革命与文革

"民主是个好东西，革命不是好手段"是本书稿的一条基本思路。

近些年来，由于贫富差别拉大，贪污腐败严重，对文革争论越来越多。文革是革命还是动乱，肯定文革还是否定肯文革，在文革研究者和各类回忆录中，有着不同的看法。在大多数看法中，把毛泽东与文革看作一体，忽视了文革是由国内的社会矛盾形成的原因，忽视了文革是中国和中国党内斗争的必然结果这一条件。没有文革，就没有中国社会向具有中国特色的社会主义思想的启蒙。正是文革中"四五"运动表现的民意，支持了粉碎"四人帮"的行动，要不然，就像朝鲜一样，走资派连"走资"的机会都没有。文革后中国的道路发生的改变，证实了文革是一场革命。

但是，文革所采用的极端手段及造成的极大损失，是人们否定文革的原因。本书稿屡次把文革与法国大革命、俄国革命比较引起许多异议。这种认为法国革命、俄国革命要比文革高尚得多的看法，实际上是没有脱离习惯思维的人士。其实，每一次革命都很难断定它到底有多大的进步意义，这是因为在革命中鱼龙俱下，很难分得清楚。如法国大革命，虽然打出了民主自由的旗号，但它创造的违背民主自由的雅各宾专政却贻害了世界二百年，这种专政比路易十六的统治残忍得多；再如俄国革命，它的口号超越了法国大革命，但它的血淋淋的专政超越了沙皇，很难说法国和俄国革命中有多少进步，有多少倒退，很难说革命后的制度进步了多少。就文革而言，它的进步意义在于反腐，它的消极意义在于反资或反修，最终却是腐败和走资同时取得了胜利。文革的手段残酷程度逊于法、俄，之后改革开放的结果似乎强于法、俄，在这个意义上应该承认文革是一场胜于中国革命史上其它革命的大革命。

实际上，世界上任何大革命取得的成就并不大，这是因为不可能脱离当时的实际实现不可能实现的革命理想。无论是政治理想，还是经济理想，都需要必要的充分的条件，所以说，旗号举得越先进的革命，就会越失望。革命造成的损失与结果当然有一个性价比的问题。从历史上的实例看，革命总是得不偿失。而且革命的手段越激烈，损失就越大，因此，革命不如改革和维新。从这个意义上讲，我们应该反对革命，反对文革。

但是革命是社会矛盾积累的结果，只要条件具备，它就要发生。所以革命是没法子的法子。革命不是高尚的事情，而是"逼上梁山"。

有人调侃说：一个人因穷而抢劫是犯罪，一万人因穷而抢劫就是革命。这种说法无疑有一定道理，这是量变引起质变的缘故，即一人穷也许是个人的原因，一万人穷肯定是社会管理的原因。所以说，文革的责任在于社会管理者集团，而不在于群众。把文革责任推给群众，是领导者在推卸十七年社会管理不成功而引起文革的责任。

【附录四】

《山西文革史稿》读后

李飞飞

作为文革亲历者,文革情结终是去不掉的,面对这本六十万言的史书,那个时代一批稚嫩的民主、自由的追求者,火一样的年轻革命者跃然纸上。我曾设想,如果这部史书改编为"风暴来临"一类的灾难片,会更吸眼球,也更切题。而且每个人在这场灾祸面前都会做出本能的反应和事后的反思。

从二十世纪六十年代初到八十年代末,整个世界都不平静。法国"红五月运动",美国"反战运动","嬉皮士"和马丁·路德·金的新和平。捷克的"布拉格之春",印度的"那沙尔邦"以及不发达国家形形色色的革命,再加上日本的"赤旗军"与意大利的"红色旅"。仿佛让人又看到了资本主义的尽头。

苏联修了,欧美乱了,世界都动起来了,毛想当世界领袖而发动一场革命也就不足为奇了。但是这种躁动并不是一场新的共产主义运动,而是有社会责任感的新一代青年对现状不满,要求变革的稚嫩表现。疯狂后的反思必定是人权回归和人性的张扬。

一

进入近代,革命似乎成了一个伟大美好的代名词,这是我们长期接受马列主义教育的结果,其实它是错的,革命一词习惯上为外来语,它从外语转动、变化(revolution)而来,本无褒贬一说。古代以天子受天命称帝,故凡朝代更替,君主易姓,皆称为革命。"汤武革命,顺乎天而应乎人,革之时大矣哉"(《易·革》)。

近代中国广泛应用"革命"则是 1894 年 12 月孙中山买了一张

日文报纸,一条醒目的标题赫然映入眼帘:"支那革命党领袖孙逸仙抵日……"这条消息激起他澎湃的心潮,他感到,称"革命"比他用的"起事""发难"等更能反映他所探索的"振兴中华"的道路,"革命党"的称呼比"会党"更有意义。他对同行的同志说:"'革命'两字出于《易经》'汤武革命,顺乎天而应乎人'一语,意义甚佳,吾党以后即称为'革命党'可也。"此后,"革命"一词成了一个极其深刻的政治术语,从此在中国近代被人们广泛运用至今。

二

美国政治学家迈克尔·罗斯金在《政治科学》中写道:"革命是一场快速、剧烈的系统变革,它意味着将旧体系及其精美一起抛弃。"在人类进化中,革命确实是一个不得不为的极端行为,但几千年的革命过程使人类逐渐认识到它真不是个好手段。历史告诉人们,革命的发动者往往不是什么好人,起因和过程也未必光彩。

中国的农民革命史就是最好的注释。尽管他们的革命总有蛊惑人心的纲领或口号,但是,最终的结果不外乎另一次专制的复辟。可是它的确又是社会主要成分不满现状的必然结果。由于这个两重性,加上习惯思维,人们就根据各自的需要,把自认为好的称作革命,坏的称为暴乱。

革命是战争的另一种形式,是两方或多方利益集团不可妥协的结果。只不过被如马列一类的政治家、史学家美化了。就连恩格斯在晚年也对此形式提出质疑,因为这种激烈的行为有两个致命的特点,这就是它的挟迫性和血腥性。因此后来产生的和平主义者都反对暴力革命,认为革命好比一个坏种子,他一定不会结出好的果实。

随着社会的进步,人们愈来愈觉得不需要革命这一手段,特别是暴力革命,因为它常常被别有用心的人绑架,这样的例子实在太多了。尤其在文明欠发达的国家更是这样。比如柬埔寨波尔布特的革命,当他露出真面目的时候,仅600余万人口的国家已付出近270万生命和血的代价。柬埔寨人把异族越南人赶走波尔布特的日子定为解放日,可见人们是如何仇恨这场革命。

尽管有的革命冠以民主自由的旗帜，但由于采用了革命这一手段，其结果也总是被异化了，如法国大革命，起源于启蒙运动给人们带来对自由民主博爱的追求，可是代表这一精神的三色旗却被被罗伯斯庇尔的恐怖式的专政染成了充满血腥的红色，同时代的革命家罗兰夫人慷慨赴义时痛苦地喊道"自由啊，多少罪恶假尔横行"。由于革命的突发性和暴力性，使得多数人常常是盲动和附从。当大多数参与革命的群众反悟革命成果的时侯，成果早已被窃取，说他是复辟也不为过。

一次次的革命与复辟使人类觉悟，在历史的长河中，逐渐出现的和平主义者和非暴力主义者。印度的甘地领导的自由独立运动和美国黑人领袖马丁·路德·金就是这种温良革命的代表。这种温良行为也曾被杀戮，也有牺牲，但他几乎没有被挟迫者，可他们用自己的牺牲唤醒双方的人性，他们赢了，而且是彻底地赢了。

三

"文化大革命"是很值得研究的一场革命。如果说这次革命是毛用"大民主"的暴民政治既打击异己又完成乌托邦的营造，那么这场革命的过程却成了一次彻底唤醒民众的人权启蒙。文革的爆发有它自己的历史背景和条件。在文革爆发时，上层和下层的矛盾已无法调和。这些社会矛盾主要源于共产党在取得政权后，不但没有兑现他们的庄严承诺，而是发动了一个接一个的运动，镇反、三反、五反、合作化、全面进入社会主义，特别是反右、反右倾和三面红旗运动。"反右"和反右倾使党内外大批有识之士因言获罪牵扯到了数百万人的政治命运，从而彻底否定了中国的"和谐"和民主发展之路。

三面红旗运动发生在1958年，是一场世界上规模最大的共产主义试验。由于这个基于马克思的"乌托邦"的试验是反科学反自然的，试验的失败是毋庸置疑的。这次失败给中国人民带来了巨大的灾难。在之后的三年里，中国人口因粮食不足非正常死亡的数量达三千万人，与八年抗战非正常死亡人数相当，使中国的经济发展比先进国家落后了几十年，也使中国人饿了二十年肚子，并积累了大量社会矛盾。接着的"四清"运动又打击了许多无辜的基层干部，激化了基层的社会矛盾。上层内部的矛盾不但涉及到谁对实验失败负责的问题，而且还有以后走什么道路的问题，更有"睡在身边的赫鲁晓夫"的问题。像如此激烈的阶级矛盾、阶层矛盾、干群矛盾、派别矛盾，就像欲喷的火山，不爆发一场大革命（动乱）倒是很奇怪的事情了。

虽然革命的初期由于人们对毛的敬畏也存在挟迫，但最终是觉醒了，无数林立的各大派性组织就是对党一统的否定，人们在运动中逐渐否定了权威，最后的矛头对准了"四人帮"其实就是毛和他的党。之所以如此多的人出来反对这场革命，最根本的原因就是参加者都认为革命的结果没有达到各自的预期，中国人犹如从一场大梦醒来，"四五"事件爆发了，"四人帮"倒了，毛死了，西单有了民主墙，有了批判"两个凡是"，有了八十年代初理论务虚会议。直至"六四"风波的发生，这一切正是这场大革命的的延续。

"六四"被邓以暴力的形式镇压，这是"文化大革命"的真正终结。当革命理想成为海市蜃楼之后，革命的成果就会灰飞烟灭，历史仿佛回到了原点，旧制度"复辟"使他的成果更加扑朔迷离。

"文化大革命"的发动者和参加者形形色色，毛也许是为使党对他更驯服而建立并巩固自己的帝国，而刘、邓可能是再来一次反右以驯服人民巩固党的统治，党政各级无非是党同伐异，用一言蔽之，只有利害之争而无是非之辩。中国几千年的历史从未逃出其兴也勃，其亡也忽的怪圈。

文革有别于中国历次革命，是继"五四"之后，人的又一次更大的觉醒，人们开始自觉地思索，不受左右地用思想武器向政权挑战，为文革翻案与否定文革等多种思潮的并存，从另一侧面体现了这场革命的复杂性，但迫使当局采用武力来终结这场革命，邓暴力镇压撕掉了所谓"社会主义民主"的最后一块遮羞布，中止了以文明手段进行变革。这一事实从另一面证明了文革的意义。

文化大革命可称作近、现代世界史上的三大革命之一。（这三大革命是1789年的法国大革命、1917年的俄国革命及1966年的中国的无产阶级文化大革命。）没有这一场革命就不会有四五运动和六四事件，也不会有东欧巨变乃至阿拉伯世界的茉莉花革命，这是一场影响和颠覆世界的大革命，而不是一场偶然的无谓的动乱。文革的亲历者有责任把自己参加这场革命理由和这场革命的过程留给后人。对历史负责，就应当从文革的历史作用来评判文革。由于文化大革命实际上否定了十七年，否定了国际运，因此，既不能用"复辟者"立场，也不能用受害者的立场来评判文革。文革对旧制度的"颠覆"作用，对人民的思想解放作用，对民主的启蒙作用，它的世界性的历史意义将被逐渐认识。

随着人权宣言的回归，世界秩序的建立，革命将和战争一样被抛弃，他们都不是好手段，他们的果实是仇恨。正在兴起的和平渐变式的进步将逐渐成为潮流。

www.ingramcontent.com/pod-product-compliance
Lightning Source LLC
Chambersburg PA
CBHW060548080526
44585CB00013B/481